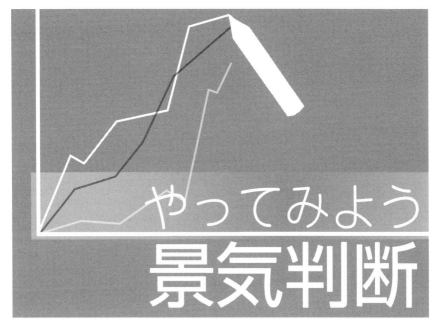

やってみよう 景気判断

指標でよみとく**日本経済**

高安 雄一

学文社

まえがき

　経済は生きています。呼吸している，といったほうが良いかもしれません。経済は無数の主体（個人・世帯や企業，政府など）が相互に影響・依存しあっているがゆえに，ある部分での経済活動の活発化がほかの部門に波及し，経済全体として活動水準の拡大が続いたり，逆に悪循環を通じて全体の活動水準が収縮したりということが避けられません。こうした呼吸にも似た拡大と収縮の繰り返し，すなわち景気循環（Business Cycle）がどのようなメカニズムによるものかは，長らく経済学の一大関心事であり続けてきましたし，その決着はまだついたとはいえませんが，景気循環が雇用，所得，物価，資金調達といった経済のさまざまな側面を通じて私たちの日々の生活に大きな影響を与えていることは間違いありません。

　では，今の景気は良いのか悪いのか。あるいはこれから良くなるのかどうなのか。こうした問いにはどのように答えればよいのでしょうか。たとえば天気がこれからどうなるかは，新聞やネットで専門家による天気予報を見るのが最善です。また，どの新聞やサイト，放送局の天気予報を見ても，伝え方の工夫や詳しさの違いなどはあっても，明日の天気についての予報そのものが大きく食い違うということはありません。しかし話が景気ということになると，「予報」を出している機関（政府を含めて）や専門家は多いのですが，それらが互いに正反対のことを言っていたり，まったく異なる理由づけを示していることが少なくありません。この本を手に取った方々は，必ずしも専門家として景気の現状を判断し，予測した結果を発信する立場に立たなくても，これらの多くの「景気判断」のどれを信じたら良いのかを見極め，ご自身のさまざまな意思決定の参考にしたいと思われることは多いのではないでしょうか。そのためには，自分なりの景気判断の「軸」が必要です。その軸に照らして，専門家の意見を評価・取捨選択していくことになりますが，そうした自分の「軸」を作り上げるためには，自分で景気判断をやってみることが最も近道だと思います。

　もちろん，景気動向を自分で判断することは簡単ではありません。景気を判

断するためには経済指標をよみとくことが大切です。経済指標は数多くありますが，きわめて重要であり時間をかけて動きをつかむ必要があるものから，参考までに見ておけばいいものまで重要度に差があります。よってどの指標が景気判断に重要であるのか知っておくことが必要です。

　経済指標をよみとくためには，その動きの特徴を知ることが必要です。景気の動きとの関係は重要な特徴であり，景気の足下を判断することに適しているのか，先行きを占うことに適しているのかなどが決まります。また毎月の振れが大きい経済指標であれば，数カ月間の平均値の動きで判断することが求められます。さらに経済指標がどういった動きを示せば方向が変わったと見るのか判断する基準，といっても機械的なものではなく，経済指標を長く見ていれば自然と養われてくる勘が重要です。ただし勘がはたらかないうちは，何らかの基準を機械的にあてはめて判断することが現実的です。

　自分の景気判断を地に足の着いたものにするためには，経済指標がどのように作成されているのかを知ることも重要です。指標の作成方法を知らないと，その指標のクセや限界も，本当の意味では理解できません。経済指標の作成方法は実にさまざまです。標本として選ばれた世帯が毎日つけた家計簿，調査員が毎月小売店などに出向き調べた価格など，元となるデータを知れば経済指標に対する理解が格段に深まります。作成プロセスを知ることで，経済指標が無味乾燥な数値ではなく，さまざまな経済主体の動きであることを実感することもできると思います。

　経済指標をよみとくためには，単月の数値をばらばらに知ってもだめで，最新月の数値にいたるまでの動きをつかむ必要があります。新聞には経済指標の記事が出ます。ある指標が何％上昇したという記事を読んでも，これまでの動きを知らなければ暗号のようなもので，数値が書いてあることはわかってもこの数値が何を意味するのか理解できないでしょう。また，景気の動きはある経済部門からほかの経済部門に波及していきます。一つひとつの経済指標の動きをばらばらにつかむだけでは十分でなく，ほかの指標の動きと関連づけることが大切です。指標を単月の数値ではなく数値の連なりとしての動きをつかむことができれば，景気を見る視点が点から線に，さまざまな経済指標の動きを総

体としてつかむことができれば，視点がさらに線から空間になります。

　景気判断は経済指標だけで行うものではありません。経済指標はさまざまな特殊要因から影響を受けます。数値の動きだけで指標の方向を見てしまうと，特殊要因による一時的な動きにより景気判断を誤るおそれがあります。本来であれば，関連する業界などに対し聞き取り調査を行うことが有効ですが，新聞情報だけでも特殊要因のかなりの部分を把握することが可能です。

　本書では，政府の景気判断である内閣府の「月例経済報告」で利用されている経済指標を中心に，その動きから景気を判断する方法を解説します。「月例経済報告」では，経済指標の変動の要因や先行きを左右する要因を丁寧に分析したうえで景気を総合的に判断しています。その際に使われている経済指標や判断の枠組みを知ることで，景気判断が身近なものになってきます。

　本書では，まず第1章で経済指標を使った景気判断の準備として，指標の動きを読むための手法を解説します。また，景気判断なら，GDPや景気動向指数の数値でできるのではないかと考える読者のために，一つひとつの経済指標を丁寧に分析し総合的に景気を判断したほうが，わかりやすさ，説得力の観点からは望ましいことを示します。第2章以降は，さまざまな経済部門の動きをつかみ，さらには景気判断にどのように取り入れるのか解説していきます。具体的には，鉱工業生産・出荷・在庫（第2章），個人消費（第3章），設備投資（第4章），輸出，輸入（第5章），住宅投資，公共投資，政府消費（第6章），企業収益，業況判断（第7章），雇用，物価（第8章），金融（第9章）の順で取り上げていきます。

　第2章以降の各章では，主に関連する厳選された経済指標について，①指標の作成方法，②指標の読み方，③指標の動きやそのほかの情報から各経済部門の基調，さらに景気の局面を判断する方法を説明します。なお指標の作成方法については，かなり詳細に解説を加えているので，とくに景気判断初学者は興味のあるところを斜め読みして，景気判断に慣れてきたら再び読み直すようにしてください。また経済指標の多くは「月例経済報告」の関係資料に一堂に会しています。よって，この資料を最大限利用して経済指標の動きをよみとく方法を説明します。

景気判断と聞くと敷居が高く感じる人が多いと思います。しかし，景気判断のために必要な指標，判断方法のための枠組み，指標判断の基準さえ学べば，それほど難しいことではありません。一方，社会人にとって景気判断は身近な意思決定の場面で重要になってきます。よって大学生の皆さん，社会人になって間もない皆さん，社会人になって時間が経っていますが景気判断なんて考えてもみなかった皆さんに，ぜひ本書を読んでいただければと思っています。

　なお筆者は，経済企画庁（現在の内閣府）に入庁し，現在は大学に移りましたが，「月例経済報告」の作成に携わった経験はありません（隣の課で地域経済の分析を担当したことはあります）。しかし，ユーザーとして，「月例経済報告」やその関係資料を大いに活用してきました。さらに私は韓国の日本大使館に勤務しましたが，日本の「月例経済報告」の景気判断の手法を適用して韓国の景気判断を独自にしていました。本書は「月例経済報告」のユーザーの立場から，「月例経済報告」や関連指標の活用方法を解説しています。なお「月例経済報告」に関する記述は客観的事実などを除き筆者個人の見解です。

　「月例経済報告」やその関係資料は，景気判断のための材料の多くが揃っています。よってこの活用法を会得すれば，景気判断が身近になります。皆さんも，「月例経済報告」やその関係資料のヘビーユーザーとなって，景気判断にチャレンジしてみてください。

　さて本書の執筆に際しては，さまざまな統計作成機関などの担当者の方々からお話しをお聞きし，あるいはアドバイスを受けました。この場を借りて感謝申し上げます。また，株式会社日本総合研究所の西崎文平理事，久留米大学商学部の塚崎公義教授，京都大学経済研究所の広田茂准教授には，本書の草稿を精読していただき，多くのご指摘をいただきました。西崎理事，塚崎教授，広田准教授に厚く御礼申しあげます。

　最後になりましたが，学文社の落合絵理さんには，本書の出版を引き受けていただいたとともに，きわめてタイトなスケジュールのなか編集などで大変お世話になりました。厚く御礼申し上げます。

高安　雄一

目　次

まえがき　　i

凡例　　x

第1章　景気判断を行うための予備知識 …………………………… 1
第1節　月例経済報告の経済指標に着目する理由　2
第2節　指標をよみとくための手法と指標の特性　7
1．指標をよみとくための手法　7
（1）前月比　7／（2）3カ月移動平均　9／（3）季節調整　10
（4）前年同月比　14／（5）寄与度　17
2．景気判断を行うための指標の特性　19
第3節　景気判断のための基礎資料　30
1．月例経済報告　32
2．国内総生産（GDP）　37
（1）GDPの基礎知識　38／（2）四半期GDP成長率は複数回にわたる改定を経て確定　39／（3）GDPが景気判断の主役とならない理由　45／（4）成長率やGDPギャップで景気が判断されない理由　53
3．景気動向指数　56
（1）CIの採用系列　58／（2）景気基準日付とCIの読み方　60
（補論）CIの作成方法　67

第2章　鉱工業生産・出荷・在庫 …………………………………… 76
第1節　鉱工業生産　76
1．鉱工業生産指数が重要な指標である理由と基礎知識　76
2．鉱工業生産指数の作成方法　81
3．鉱工業生産指数の読み方　87
4．業種別指数　鉱工業在庫指数　生産予測指数　96

　　　　（1）業種別指数　97／（2）在庫指数　100／（3）生産予測指数　104

　第2節　第3次産業活動　108

第3章　個人消費……………………………………………………114

　第1節　消費総合指数　117

　　1．消費総合指数の作成方法　117

　　2．消費総合指数の読み方　123

　第2節　需要側の指標―家計調査の1世帯当たり消費支出―　128

　　1．家計調査の調査方法　128

　　2．家計調査の情報収集と留意点　136

　第3節　供給側からの指標　139

　　1．小売業販売額　百貨店販売額　スーパー販売額　140

　　　　（1）小売業販売額　140／（2）百貨店販売額　152／

　　　　（3）スーパー販売額　155

　　2．新車販売台数　156

　　3．旅行取扱金額　160

　　4．家電販売額　163

　　5．外食売上高　164

　第4節　所得　消費者のマインド　166

　　1．実質総雇用者所得　166

　　2．消費者態度指数　169

第4章　設備投資……………………………………………………176

　第1節　現状判断のための供給側指標　180

　　1．資本財出荷指数　180

　　2．資本財総供給指数　182

　　3．資本財出荷指数と資本財総供給指数の読み方　183

　第2節　現状判断のための需要側指標―法人季報の設備投資額　187

　　1．法人季報の調査方法　189

  2．法人季報の設備投資額と指標の読み方　193

 第3節　機械受注額　197

  1．機械受注額の調査方法　197

  2．機械受注額の読み方　199

 第4節　設備投資計画 建築着工工事予定額　202

  1．設備投資計画　202

   （1）日銀短観　202／（2）法人企業景気予測調査　205

  2．建築物投資—建築着工工事費予定額　208

第5章　輸出 輸入 …………………………………………… 213

 第1節　輸出数量指数　213

  1．貿易統計の作成方法と公表　214

  2．輸出数量指数の算出方法　215

  3．輸出数量指数の読み方　221

  4．実質輸出　226

 第2節　輸入数量指数 経常収支　229

  1．輸入数量指数　229

  2．経常収支　230

 （補論）ラスパイレス方式とパーシェ方式　235

  1．ラスパイレス方式　236

  2．パーシェ方式　237

第6章　住宅投資 公共投資 政府消費 ……………………… 239

 第1節　住宅投資（新設住宅着工戸数）　239

 第2節　公共投資　244

  1．公共工事請負金額　245

  2．公共工事受注高　249

  3．公共工事出来高　252

 第3節　政府消費　256

第7章　企業収益　業況判断 …………………………………… 262

第1節　企業収益　262

1．法人季報の経常利益　264

2．日銀短観の経常利益　268

第2節　業況判断　269

1．日銀短観　269

（1）日銀短観の調査方法　271／（2）業況判断DI　273

2．景気ウォッチャー調査　276

第8章　雇用　物価 ………………………………………………… 282

第1節　雇用　282

1．有効求人倍率　283

2．完全失業率　286

（1）労働力調査と完全失業率の求め方　287／（2）完全失業率の情報収集と読み方　295

3．現金給与総額　299

（1）毎月勤労統計調査の調査方法　300／（2）現金給与総額とその内訳　302／（3）現金給与総額の情報収集と読み方　305

第2節　物価　307

1．消費者物価指数　308

（1）消費者物価指数に反映される財やサービス　309／（2）財やサービスの価格調査　313／（3）品目の価格から消費者物価指数の作成　320／（4）消費者物価指数の種類と読み方　326

2．企業物価指数　329

（1）指標の作成方法　330／（2）企業物価指数の情報収集と読み方　336

第9章　金融 ………………………………………………………… 341

第1節　対ドル為替レート（ドル／円）　341

第2節　株価—日経平均株価—　345

第 3 節　金利　353
　　1．コールレート　354
　　2．国債流通利回り　356
第 4 節　通貨量　358

索　引　363

凡例

1．本文のデータおよび表記関連
  （1）本書では原則として2015年12月までのデータを掲載しました。ただし記述の内容については，2016年以降について言及している場合もあります。
  （2）用語の表記は原則として統一していますが，統計調査に関する用語，参考文献および資料名，「　」でくくられた引用部分についてはあえて統一していません。

2．参考文献および資料関連
  （1）「資料」とは，政府などが審議会や研究会などで配布した資料，ホームページ上で公開しておりダウンロードが可能な資料などを意味します。
  （2）「ホームページ上の資料」とは，ホームページ上に記述されている文章であり，ダウンロードできない資料などを意味します。文章が掲載されているページの名称を資料名として記載しましたが，それだけではどの指標などを説明しているページかわからない場合は，「：」で区切り，上位ページの名称を付しました。
  （3）参考文献および資料の名称は「　」で括っていますが，参考文献の名称の中に「　」が含まれている場合，読みやすさを優先して，名称の「　」を原則として省略しました。

第 1 章　景気判断を行うための予備知識

　景気の現状がどのような状態にあるのか知ることは，仕事や家庭生活の場面で役立ちますが，そのためには，幅広い経済部門のさまざまな指標を読むことが必要です。景気判断で使う指標は，さまざまな機関で作成され公表されています。しかし景気判断が主な仕事であるエコノミストでないかぎり，情報収集に費やすことのできる時間は限られています。指標をそれぞれの統計作成機関から入手することは，インターネットで手軽に情報を得ることができるようになった現在でも膨大な労力と時間がかかります。よって時間に制約のある私たちが，必要な指標を一つひとつ集めることは現実的ではありません。

　このような私たちの強い味方が，内閣府が毎月公表する「月例経済報告」の関係資料です。「月例経済報告」からは，政府が現状の景気をどのように判断しているのか知ることができます。そして，関係資料である「主要経済指標」，「月例経済報告等に関する関係閣僚会議資料」（以下，「閣僚会議資料」とします）には，景気判断のために必要な指標に関する情報が一堂に会しています。

　さらに「月例経済報告」では，政府による景気判断が示されています。景気の良し悪しのみを知りたいのであれば，政府の景気判断文を読めばこと足ります。しかし指標の動きを自らが確認しなければ，景気がなぜ現在の状況にあるのか理解することはできません。本書の目的は，主に「月例経済報告」の資料に掲載されている指標をよみとき，さらには自分で景気判断を行えるようにするために必要な知識を紹介することです。本章ではその基礎知識を解説します。本書では「月例経済報告」が景気判断に使っている指標を取り上げます。第1節では，この指標がなぜ大切なのか説明します。第2節では，指標を読むための手法と，指標の主な出所である統計調査から指標の特性を知るための知識を紹介します。そして第3節では，「月例経済報告」について解説するとともに，GDPおよび景気動向指数の景気判断における位置づけについても説明

します。

第1節　月例経済報告の経済指標に着目する理由

　本書では，景気判断の方法を体系的に整理しています。景気判断のためには経済指標が欠かせませんが，本書では「月例経済報告」が景気判断を行う際に取り上げている経済指標に絞ったうえで，「月例経済報告」の関係資料を使って指標の動きを，ひいては景気の動きをつかむ方法を解説しています。

　「月例経済報告」における景気判断の最大の任務は景気の転換点を当てる，すなわち景気が拡張（後退）局面から後退（拡張）局面にいつ転換したのか把握することであり，この任務のため，多数の経済指標を総合的に評価しています。

　本節では，「月例経済報告」と「景気判断」について説明することで，本書が説明する経済指標を，「月例経済報告」が景気判断を行う際に取り上げているものに絞った理由を明確にします。

▶月例経済報告と景気判断

　「月例経済報告」は，日本経済の現状を包括的に把握し，閣僚会議に報告し，公表するものです。その中心は「景気判断」であり，日本経済の現状が簡潔な文章で要約されます。そこでまずは，「景気」，「景気判断」について整理したいと思います。

　「景気」とは「総体的な経済活動の水準」です。「総体的」とは，経済のさまざまな「側面」を総合的にとらえることを意味します。経済のさまざまな「側面」について，何がそれに該当するか明確に決まっているわけではありません。たとえば，「月例経済報告」では，①個人消費，②設備投資，③輸出，④生産，⑤企業収益・業況判断，⑥雇用情勢，⑦消費者物価について基調を判断しています。そのほか，住宅，公共投資，金融などについても見ています。

　景気は一定の水準にとどまることなく，さまざまな要因により動いていきます。景気の動き，すなわち「景気変動」は拡張と収縮を示すことから，これを

「景気循環」と呼ぶほうが自然です。そうして，拡張と収縮がある以上，山と谷，総称して「景気の転換点」があり，それこそが「景気循環」の本質です。

いったん転換点に達すると，景気拡張ないし収縮は自律的に波及（浸透）していく特性をもちます。したがって，景気の転換点を迅速かつ的確にとらえることが政策担当者にとっては重要です。「景気判断」は何よりも景気の転換点をできるだけ早く，かつ的確に当てることが最大の任務です。「景気の転換点をできるだけ早く，かつ的確に当てる」ことが景気判断の使命であることから，景気判断に際しては次のような視点が要求されます。

第一に，景気は総体的な経済活動の「水準」ですが，水準が高いか低いかよりも，その水準が上向きなのか，下向きなのかという「方向」の判断こそが基本です。そうして，たとえば上向きから下向きに転じつつあれば景気の山の近辺にいるということになります。第二に，「転換点を当てる」という作業は，本質的には「予測」であるということです。予測である以上，非常に難しいものであり，実際にも当てられないことが多いのです。それにもかかわらず，政策担当者は，最善を尽くして当てようと努力しています。

「月例経済報告」で注目されるのは「景気の現状判断」ですが，「現状」というのは，たとえば2016年3月の「月例経済報告」では，2016年3月時点の状況を指します。ところが，信頼性の比較的高い経済指標は早いもので2月の分，大部分は1月の分しか出ていないので，3月の状況は予測せざるをえません。このようなことから，将来の予測をフォーキャスティングというのに対して，現在の予測を「ナウキャスティング」と呼ぶことがあります。

また，転換点を当てるためには，2016年3月時点の状況を予測するだけではだめで，その後数カ月間，景気がどちらの方向に向かうかをあわせて予測しなければなりません。そのため，「月例経済報告」では，景気の現状判断において「景気の基調」という言葉を用いることがあります。これは，たとえば，「1月，2月は一時的な要因で景気が下押しされたが，おそらく現在の3月，あるいは4月にはその要因が剥落してなかったことになるだろう」というような場合，「一時的に景気に弱さがみられるが，景気の基調に変化はない」などと説明します。「景気の転換点を当てる」観点からは一時的な動きよりも「基

調」が重要ですから，その部分を強調して，景気の現状判断を「景気の基調判断」ということもあります。さらには5月，6月，7月がどうなりそうなのかもあわせて判断が必要となります。そこで「月例経済報告」では，数カ月先までの予測を「先行き」として文章にしています。

以上まとめると，「月例経済報告」における景気判断は転換点を当てることが最大の任務で，そのためには景気の水準よりも変化の方向を見極めることに力点がおかれるとともに，その作業は本質的に予測作業であり，一時的な動きと基調的な動きをきっちりと分けること，数カ月先の見通しの提示をあわせて行っています。

▶ GDP および景気動向指数と景気判断

「月例経済報告」では，上記のような現状判断を含む予測作業を行っています。景気をひとつの指標に集約して，「現状がいくら」，「3カ月後はいくら」というように数値で予測しているわけではありません。そうしたほうが客観的でわかりやすいかもしれません。実際に，政府が毎年行っている経済見通しは，GDP（成長率）という単一の指標に焦点を当てて行われています。しかし，「月例経済報告」ではもっと多数の経済指標を総合的に評価したうえで，景気判断を行っています。

景気判断のベースとなる指標は少数の代表性の高いものがあれば，判断がしやすく，判断結果についてのコミュニケーションもとりやすくなります。この観点から見れば，まずは GDP が景気判断を行うための指標の候補となります。景気が「総体的な経済活動の水準」であるとすれば，GDP を見ればすべてではないにしても，ほぼ十分という立場はあり得ます。とくに，理論的には「三面等価」があるので，生産，支出，分配とほぼ全面的に経済の状況をとらえることができます。したがって，もし GDP が月次で，かつ速報性をもって公表されていれば，GDP が景気判断の中心に据えられている可能性は高いといえます。実際にこれを試みた例が，第3章で紹介する，GDP のうち個人消費に相当する家計最終消費支出を月次で推計するための指標である「消費総合指数」です（「設備投資総合指数」や「住宅投資総合指数」も推計されていた時期が

ありました）。

　もちろん，かりに月次の GDP があっても，ほかのさまざまな経済指標が不要になることはない点にも注意が必要です。なぜなら，かりにそうだとしても，結局，GDP のナウキャスティングや数カ月先までの予測を立てないといけません。しかし，過去の GDP の系列だけから現在および将来の GDP を予測することはナンセンスであり，ほかのさまざまな指標を見ることで情報を最大限に取り込み，予測を立てることになります。ただ，いずれにせよ，現実には月次 GDP は存在しないので（民間のシンクタンクが推計していることは承知しています），景気判断の主役にはなりにくいといわざるをえません。

　GDP の次の候補としては景気動向指数が挙げられます（以下で出てくる「ヒストリカル DI」や「CI」などについては，本章の第 2 節 2. で詳しく説明します）。実は「月例経済報告」の景気判断が当てるべき転換点は景気動向指数のヒストリカル DI をもとに設定されますので，いいかえれば，「月例経済報告」はヒストリカル DI を当てようとしているとみることができます。しかし，ヒストリカル DI は長期の移動平均をかけることで導かれるものであり，迅速性が求められる景気判断には使えません。

　使えるとすれば CI であり，とくに先行指数でいち早く転換点を予測し，一致指数でそれが確認できるのであれば，「月例経済報告」はそれらを中心に据えたほうが，客観的で，かつ，わかりやすいでしょう。実際，CI，とくに一致指数は景気判断のうえで重要であり，「月例経済報告」では事実上かなりこれを意識した判断をしています。一致指数は全部で 10 の個別指標からなります。このうち半分の 5 指標，すなわち生産指数，生産財出荷指数，耐久消費財出荷指数，投資財出荷指数（除輸送機械），中小企業出荷指数（製造業）は鉱工業生産関連の指標です。一致指数はそもそも相互の連動性という観点から選ばれているので，結局，鉱工業生産（出荷は生産とかなり似た動きをする）の動向によって，一致指数の動きがほぼ決まってきます。「月例経済報告」における景気判断にあたっては鉱工業生産をとくに重視しているのは，このように CI の一致指数との連動性が高いためであり，その一致指数は結局，ヒストリカル DI を通じて景気の転換点を規定するからです。

そこまでCIを尊重しているなら，なぜCIの局面判断をそのまま「月例経済報告」の判断としないのでしょうか。それではあまりにも機械的だからです。CIの局面判断は一致指数の動き（移動平均）のみにもとづいており，（CIの先行指数も含め）予測に有用なそのほかの情報を一切使っていません。たとえば，鉱工業生産には予測調査があり，その名のとおり当月，翌月の生産を予測するのに有用な情報です。しかし，CIはそれを無視して判断文を決めるようになっています。また，指標の動きが天候や災害その他の一時的要因によるのかどうかを度外視して判断がなされます。

したがって，CIは景気判断に際して参考にはなるものの，結局は，鉱工業生産指数を中心として，指標の変動の要因や先行きを左右する要因を丁寧に分析したうえで総合的に判断していくほうが，むしろわかりやすさ，説得力という点では望ましいと考えられます。

▶月例経済報告と本書との関係

「月例経済報告」では，日本経済の現状が「判断文」の形で簡潔な文章で要約され，これが最も主要な部分です。そして関係資料には，現状判断の基礎である経済指標の動きが把握できるように，数値あるいはグラフが掲載されています。

本書では「月例経済報告」の最重要部分である判断文の読み方は紹介していません。一方で，「月例経済報告」の景気判断で使われている経済指標について，指標から日本経済のどの側面が読み取れるのか，指標がどのように作成されるのか説明しています。さらに，「月例経済報告」の関係資料の数値やグラフを使った経済指標の読み方も解説しました。これは，本書が，「月例経済報告」の読み方ではなく，景気を見るうえで重要な経済指標の動きを自ら判断するための知識を伝えることを目的としているからです。

時間も情報も限られた私たち（景気判断の初学者を想定しています）が，「月例経済報告」のような精緻な判断を行うことは現実的ではありません。一方，重要な経済指標がどのような状況（増加しているのか減少しているのかなど）にあるかをつかんでおくことは有用です。数値やグラフから得られる情報を中心

とした判断には限界がありますが，指標の動きをまったく知らずに景気の現状を理解できるわけがありません。不完全であっても，使える情報の範囲内で経済指標の動きを分析してみることが，景気判断の第一歩といえます。

　本書が取り上げた経済指標は，原則として「月例経済報告」の経済指標です。そして，経済指標の動きを把握するための資料も，「月例経済報告」の関係資料が中心です。「月例経済報告」には，景気判断に必要な経済指標が網羅されています。この数値やグラフが掲載されている「月例経済報告」の関係資料を徹底的に活用し，自らの力で経済指標，ひいては日本経済の現状を判断することの助けとなることが本書の目指すところです。

第2節　指標をよみとくための手法と指標の特性

　景気を判断するためには，各種経済指標の動きをよみとく必要があります。指標の動きは水準ではなく方向で測ることが大半ですので，指標の方向を測るためには前月比が最も重要です。ただし，単に前月比の計算方法を知るだけでは十分ではなく，前月比で指標の方向を測るために必須の作業である季節調整をはじめ，そのほかの手法も知る必要があります。また指標には必ず出所である統計調査がありますが，統計調査がどのようにして指標の元となるデータを入手しているのか知ることで，指標の特性がある程度わかります。以下では，指標を読むための手法と指標の特性を知るための知識を解説します。

1．指標をよみとくための手法
（1）前月比
▶指標の動きは原則前月比でつかむ

　指標には，毎月公表される月次データ，3カ月ごとの四半期データ，1年間ごとの年次データなどがありますが，足下の景気の動きを迅速に把握するためには，やはり毎月入手可能な月次データを使うことが基本です。そしてほかに実用に耐えうる指標がないといったやむをえない場合のみ四半期データを使います。ちなみに四半期データは，1-3月期（第1四半期），4-6月期（第2四

半期），7-9月期（第3四半期），10-12月期（第4四半期）で，それぞれ，「イチサン」，「シロク」，「シチク」，「ジュウジュウニ」と略して呼ばれます。

　指標から経済の好不調を判断する際には，指標の方向を見ることが一般的です。指標の方向を測るためには，月次データの前月比，すなわち，ある月の数値が前の月の数値から何％変化したかを示す数値を使うことが基本です。たとえば，2015年12月の前月比は以下のように算出します。

$$2015年12月の前月比 = \left(\frac{2015年12月の数値 - 2015年11月の数値}{2015年11月の数値}\right) \times 100\%$$

　また，やむをえず四半期データを使う必要がある場合は，ある期の数値が前の期の数値から何％変化したか（たとえば，2015年7-9月期の場合は，2015年4-6月期からの変化を見ます）を示す前期比を算出します。さらに，指標が失業率のようにもともと比率である場合は，ある月の数値を前の月の数値から引くことで算出する前月差を使います。

　前月比の符号がこれまでの逆となった場合，指標の方向が変化した可能性が出てきます。ただし多くの場合，指標は明確には方向の変化を示してくれません。たとえば，1月にはプラスであった数値が，2月にはマイナスとなり，3月に再びプラスになることなど日常茶飯事です。単月の動きだけ見てしまうと，毎月，「良くなった」，「悪くなった」と判断を変えなければいけません。よって単月ではない傾向（もしくは趨勢）を見る必要があります。

　なおマイナスの数値をとりうる指標は前月比を計算することができません。たとえば，ある指標の値が，1月に50，2月に-50，3月に50となったとします。2月の前月比は$((-50-50) \div 50) \times 100\% = -200\%$になります。指標の値は減少しており，前月比もマイナスなのでこれは妥当な数値といえそうです。しかし3月の前月比は数値が増加しているにもかかわらず，$((50-(-50)) \div (-50)) \times 100\% = -200\%$と，マイナスになってしまいます。実際は増加（減少）しているにもかかわらず，前月比がマイナス（プラス）になる現象は，分母となる前月の数値がマイナスである場合に起こります。分子はきちんと指標の増加幅（減少幅）を示しているのですが，分母の符号がマイナスであれば，前月比を反対の符号に変えてしまうわけです。また，マイナスの値をとる指標

は在庫増減や純輸出など，そもそも差分である場合が多く，そうした差分を分母にして変化率を計算すると数百％，数千％といった極端な数字になりやすく，素直な解釈が困難です。よってマイナスの値をとる指標は前月比をとることができず，前月差（今月の数値 − 前月の数値）や後述する全体の変化に対する寄与度で評価します。

（2） 3カ月移動平均
▶前月比のデコボコをならすため3カ月移動平均

　移動平均とは，ある月の数値だけではなく，前後の月の数値を加えた複数月の数値の平均値を算出することで，単月の細かな変動を滑らかにして傾向を把握するための手法です。

　たとえば，T月の3カ月後方移動平均は次のように算出します。

$$T月の移動平均 = \frac{(T-2月の数値) + (T-1月の数値) + (T月の数値)}{3}$$

　T月が2015年12月であれば，2015年10月，11月，12月の平均値を算出します。またT月が2015年11月であれば，2015年9月，10月，11月の平均値です。このようにTを現在から過去へ移動させながら（過去から現在へ移動させても同じです），単月の変動を滑らかにしていきます。

　本書では3カ月後方移動平均を単に「3カ月移動平均」とします。3カ月移動平均は英語では"3 Month Moving Average"であり，略して「3MA」と表記されます。なお3カ月でなく7カ月など，より長い期間の平均をとることもありますが，あまり期間が長いと過去の数値に引きずられて素早い判断ができなくなります。

　図表1-1では，鉱工業生産指数の季節調整値について，①移動平均なし，②3カ月移動平均，③7カ月移動平均のグラフを掲載しています。7カ月移動平均は滑らかな動きをしていますが，移動平均なしと比較して山・谷のタイミングが遅れます。すなわち，景気判断において重要な素早い判断が難しくなります。3カ月移動平均は，7カ月移動平均より滑らかさがなくなりますが山・谷のタイミングは早くなります。3カ月移動平均は，単月の振れを滑らかにで

図表 1 - 1　鉱工業生産指数の移動平均なし，3カ月移動平均，7カ月移動平均の比較
　　　　　（季節調整値：月次データ）

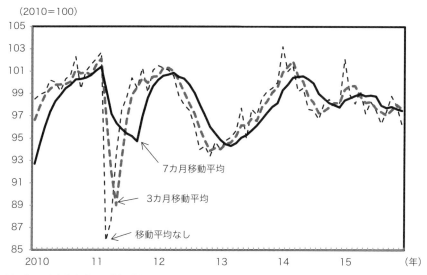

（出所）経済産業省「鉱工業指数」により作成。

きるとともに，山・谷のタイミングがそれほど遅れないため，景気判断では多用されています。

（3）季節調整
▶前月比を使う際には季節調整が必要

　次に景気判断に必要な作業，すなわち指標の原系列に季節調整をかける作業について説明します。ちなみに系列とは，指標の具体的な数値が時間の順番で並べられたものを意味し，また原系列とは季節調整をかける前の系列です。系列をイメージしてみましょう。たとえば，百貨店販売額の1980年1月から2015年8月までの系列です。系列の最初の値は1980年1月の百貨店販売額の値で，この数値も含めその後に，$35 \times 12 + 8 = 428$カ月（1980〜2014年の35年間は12カ月分の数値があり，2015年は8カ月分の数値があるため）分の販売額の数値が時間順に並んでいます。

指標の原系列には何らかの季節変動があるので，単純に前月比を見ると致命的な誤りを犯すことになります。季節変動とは何でしょうか。**図表1-2**を見てみましょう。ここには，経済産業省が毎月公表している百貨店販売額について，2010年1月から2015年12月までの原系列がグラフで示されています。グラフからは，毎年7月や12月の数値がほかの月と比較して高いことが見て取れます。これはボーナスの支給が大きな影響を与えています。また12月には，お歳暮として送るための商品，クリスマス・プレゼント，お正月のための商品などが売れます。

　鉱工業生産指数にも季節変動があります。1月，5月，8月は原系列の数値がほかの月より低く出ますし，3月は高く出る傾向にあります。要因のひとつは稼働日数です。1月は正月休み，5月はゴールデンウィーク，8月はお盆休みで稼働日数が減り生産も減ります。3月は企業年度の締めの月であり，決算対策などから増産する企業が多いようです。(1)

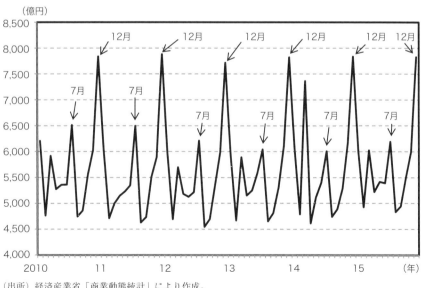

図表1-2　百貨店販売額（原系列：月次データ）

（出所）経済産業省「商業動態統計」により作成。

このような季節変動を無視して前月比を利用したらどのようなことになるでしょうか。百貨店販売額の場合，12月の前月比は必ず大幅なプラス値となり，1月の前月比は必ず大幅なマイナス値となります。百貨店販売額の単純な前月比を計算してみましょう。2011年から2015年までの5年間における12月の前月比は，それぞれ，33.8%，29.0%，28.1%，27.0%，30.6%となり，30%前後といった大きな増加を示しています。一方，2011年から2015年までの5年間における1月の前月比は，それぞれ，－23.2%，－24.2%，－23.5%，－22.7%，－23.5%と，20%を大きく超える減少を示しています。これでは，12月や1月に景気変動によって指標の動きが変化しても，これを把握することはまったく不可能です。

　百貨店販売額の季節変動はボーナスの支給や贈り物文化などによるものですが，各月における稼働日数の違い，決算期が特定の月に集中するといった事情，各月における気温や天候の変動など，実にさまざまな要因により季節変動が引き起こされています。この結果，すべての指標の原系列には多かれ少なかれ季節変動があり，そのまま前月比を見てしまうと景気変動による指標の動きが，季節変動により隠されてしまいます。このため，前月比を計算する前に，指標の原系列から季節変動を取り除く作業，すなわち季節調整をかけて季節調整系列を導出する必要があります。具体的には，毎年決まった月に観測される周期的な季節変動を統計的な手法で抽出し，原系列から周期的な変動を取り除く処理が行われます。

▶季節調整はプロにお任せ

　前月比は季節調整系列さえ入手できれば，表計算ソフトによってだれでも簡単に計算できますし，電卓でも算出できます。しかし季節調整については，四則演算からかけ離れた複雑な統計処理が必要です。指標の中には，データを作成する機関が季節調整系列を公表しており，それを利用することができる場合があります。しかし，残念ながら季節調整値が公表されていない指標もあり，

（1）　経済産業省大臣官房調査統計グループ経済解析室「鉱工業生産指数のしくみと見方」（平成26年3月）30ページによる。

この場合は指標を作成する機関以外が原系列に季節調整をかけるしかありません。しかしこれは大変な作業です。

　原系列に季節調整をかけるためには，たとえば，EViewsなど計量経済分析用のソフトウェアを使うことが考えられます。しかし，ソフトウェアがあったとしても，簡単な操作で原系列から季節調整系列を導出できるというわけではありません。少し専門的な話になりますが，季節調整をかける際にはX-12-ARIMA（ARIMAは「アリマ」と呼びます）という手法を使っています。これはアメリカ商務省センサス局（強いていえば，日本の総務省統計局に近い政府組織です）が開発した季節調整の手法で，国際的に信頼を得ています。

　X-12-ARIMAを使って原系列に季節調整をかける機能を使う場合，外れ値の調整，曜日調整や閏年調整を含め，さまざまな準備を行う必要があります。なかでも外れ値の調整が重要です。外れ値とは，特殊要因による異常な値であり，2014年3月に観測された消費税引上げ直前の駆け込み需要による百貨店販売額の売上額の急増が一例です。計量経済分析用のソフトウェアを使えば統計的な手法により外れ値を自動に検出することができますが，系列が短い場合には，外れ値が検出できないことがあります。よって，きちんと季節調整をかけるためには，原系列を見つつ何が外れ値であるのか判断することが求められます（ただし，恣意性を避けるため，あえて外れ値を自動的に検出する場合も少なくありません）。

　以上のように，原系列に季節調整をかける場合，計量経済分析用のソフトウェアが必要であるだけではなく，かりにソフトウェアが使用できる環境にあっても，ある程度の熟練がなければ使いこなすことは難しいといわざるをえません。景気判断を行うためには季節調整が最初の第一歩であり，季節調整が丁寧に行われていなければ，その後いかに精緻な議論を行っても，その意味がなくなってしまいます。「景気判断は季節調整に始まり，季節調整に終わる」といっても過言ではないほど，季節調整は大切です。

　しかし悲観することはありません。統計作成機関が季節調整値を公表していない指標の中で景気判断に重要なものについては，内閣府が独自に季節調整をかけ，「月例経済報告」の関係資料に結果を掲載しています。たとえば，新車

販売台数は統計を公表している機関が季節調整をかけていません。しかし「月例経済報告」の関係資料を見れば，季節調整をかけた新車販売台数がここ数年間どのように動いているか，グラフから読み取ることができます。餅は餅屋ではありませんが，季節調整をかける作業はプロに任せて，私たちはその結果を使うようにするのが得策です。

（4）前年同月比
▶前年同月比をあまり使わない理由
季節変動を除去する方法として前年同月比があります。原系列を使うのですが，前月ではなく前の年の同じ月からの変化率を求めます。たとえば，2015年12月の前年同月比は以下のように算出します。

$$2015年12月の前年同月比 = \left(\frac{2015年12月の数値 - 2014年12月の数値}{2014年12月の数値}\right) \times 100\%$$

この手法であれば，同じ月の数値を比較しているのですから，季節変動の影響は受けません。百貨店の販売額であれば，今年であれ昨年であれ，12月に商品が売れる状況には変わりがないわけですから，同じ12月の数値を比較するのであれば，季節要因が相殺されます。

前年同月比は，表計算ソフトがあれば簡単に算出でき，季節変動の影響を消すことができるので大変便利な手法のように見えます。しかし，前年同月比には，指標の方向の変化を把握するうえで致命的な問題点，具体的には，指標の方向が変わったことを，いち早くつかめないという問題点があるため，景気判断を行っている機関が，前年同月比を使うことはあまりありません。

例としてリーマン・ショック後の鉱工業生産指数の動きを挙げましょう。図表1-3には鉱工業生産指数の原系列および季節調整系列が示されています。原系列は季節変動の影響を受けていますが，これを除いた季節調整系列の動きを見ると，2008年は緩やかに下落した後，11月以降に急落しています。そして，2009年2月に底を打ち，それ以降は一貫して上昇傾向が確認できます。これは季節調整済前月比からも確認できます。2008年11月は−6.7％，12月は−8.3％，2009年1月は−8.8％，2月は−8.6％と大きなマイナス値が続きました。しか

図表1-3　前年同月比をあまり使わない理由

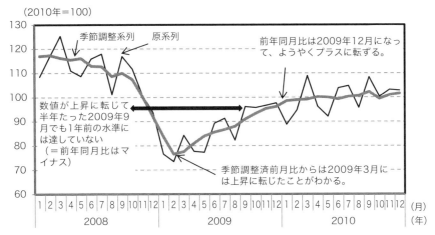

（出所）鉱工業生産指数の原系列および季節調整系列は「鉱工業指数」による。

し，3月以降は，14カ月連続のプラスを記録するなど，明確に指標が上向いたことがわかります。

一方，原系列の前年同月比を見てみましょう。2009年3月は－32.7％，4月は－30.0％と大幅なマイナス値であり，5月から7月は20％台のマイナス値，8月から10月は10％台のマイナス値となかなかプラスに転じませんでした。実際に前年同月比がプラスになったのは2009年の12月であり，季節調整済前月比が一貫したプラスに転じてから9カ月もたってからでした。

▶前年同月比では指標の方向の変化をいち早く判断できない理由

なぜ，前年同月比では指標の方向の変化をいち早くつかめないのでしょうか。これは，前年同月比が比較対象とする時期が，前月比より大昔（景気判断の次元で大昔）であるためです。前年同月比は，季節変動こそ取り除かれますが，比較対象となる数値は，12カ月も前のものです。たとえば，12カ月の間に数値の水準が大きく下落すると，数値が上昇に転じてもすぐには，12カ月前の水準に達することはありません。よって前年同月比はマイナスが続きます。そ

してある程度の期間，数値が上昇を続けることで，ようやく前年同月比がプラスに転じます。この例のように，12カ月の間に数値の水準が大きく上昇（下落）した場合は，季節調整済前月比が下落（上昇）に転じても，しばらくの間，前年同月比はプラス（マイナス）が続きます。

季節調整済前月比は，指標の方向が変化すれば，符号もすぐに変化するため（プラスからマイナス，あるいは，マイナスからプラス），これをいちはやく把握することができます。一方，前年同月比は指標の方向が変化しても，しばらく符号が変化しないことが起こり得ます。これでは，指標の方向の変化をいち早くつかめるはずがありません。

前年同月比は，簡単な計算で導出することができる点は魅力的なのですが，指標の方向が変わったことをいち早く把握することができないといった問題点があることから，この手法を使うことはなるべく避けなければなりません。

▶ 前年同月比で指標を見る場合

景気を判断するために指標を読む際には，季節調整をかけたうえで前月比を見る必要があります。景気判断をするために必要な指標については，「月例経済報告」の関係資料を探せば，季節調整がかかった指標の動き，前月比などが手に入ります。

しかし，統計作成機関あるいは内閣府が季節調整をかけていない指標を分析する場合はどうしたらいいのでしょうか。また景気分析からは逸れますが，自分の店の販売額を分析したい場合なども，自分で季節調整をかけることは簡単ではないため，前月比で指標の動きを評価することはできません。かりに計量経済分析用のソフトウェアで季節調整をかけられたとしても，系列の長さが短いと過去の季節パターンを明確に識別できないため，季節調整の精度は低くなってしまいます。

このような場合は，次善の策として前年同月比から指標の動きをつかむことが現実的です。繰り返しになりますが，前年同月比の最大の欠点は，比較対象となる数値が12カ月も前のものであることです。よって12カ月の間に数値の水準が大きく下落すると，数値が上昇に転じても，12カ月前の水準に達するまで

時間がかかるため，季節調整済前月比が下落に転じても，しばらくの間，前年同月比はプラスが続きます。

そこで前年同月比から指標を判断する場合，大幅な減少から回復する過程では減少幅の動き，大幅な増加から後退する過程では増加幅の動きを見ていきます。先ほど例に出したリーマン・ショック後の鉱工業生産指数の動きを再び見てみましょう（もう一度，図表1-3を見てください）。原系列の前年同月比を見ると，季節調整済前年同月比がプラスに転じた2009年3月も－32.7％と大幅なマイナスでした。そして原系列の前年同月比がプラスに転じたのは2009年12月まで待たなければなりませんでした。

しかし，マイナス幅に着目すれば，2009年1月は－29.4％，2月は－37.2％とマイナス幅が拡大していましたが，3月は－32.7％と縮小し，さらに，5月に20％台，8月に10％台，11月に一桁と着実に縮小を続けました。季節調整をかけない値の前年同月比を見る場合は，減少幅あるいは増加幅が縮小しているか否かで，方向に変化があらわれているかある程度判断することができます。

また，季節調整値の振れが大きいので，あえて前年同月比で見ることで振れをならすこともあります。たとえば，後述するCIの一致指数では，商業販売額（小売業），同（卸売業）の前年同月比を採用系列としています。本書で取り上げる指標の中にも，あえて前年同月比で見る指標があります。

（5）寄与度
▶寄与度の計算方法

指標の数値がいくつかの項目の合計であることがあります。たとえば，需要側から見たGDPは，個人消費，設備投資，輸出などの需要項目の合計です。その場合，指標の動きの原動力となった項目を，各項目の寄与度を計算することで知ることができます。

ある指標（仮にYとします）が，A，B，Cの合計値であるとします。YのT月（たとえば2015年12月）の前月比は，以下のように計算します。

$$YのT月の前月比 = \left(\frac{Y_T - Y_{T-1}}{Y_{T-1}}\right) \times 100\%$$

ちなみに Y_T は Y の T 月の値を意味します。T − 1 とは T 月より 1 カ月前を意味します。次に A の寄与度は以下のように計算できます。

$$Y の T 月の前月比に対する A の寄与度 = \left(\frac{A_T - A_{T-1}}{Y_{T-1}}\right) \times 100\%$$

ちなみに最初の式の分子は $Y_t - Y_{t-1}$ ですが，Y = A + B + C ですので，$Y_t - Y_{t-1}$ は $(A_t + B_t + C_t) - (A_{t-1} + B_{t-1} + C_{t-1})$，さらに，$(A_t - A_{t-1}) + (B_t - B_{t-1}) + (C_t - C_{t-1})$ と書き換えることができます。

最初の式の $(Y_t - Y_{t-1})$ を $\{(A_t - A_{t-1}) + (B_t - B_{t-1}) + (C_t - C_{t-1})\}$ で置き換えて，整理してみましょう。そうすると，Y の T 月の前月比 = A の寄与度 + B の寄与度 + C の寄与度であることがわかります。

上記の例で考えれば，寄与度は A 以外の B，C が前月と同じ値であったら（すなわち $B_T - B_{T-1} = 0$，$C_T - C_{T-1} = 0$ であったら）Y が何 % 増えるか示した数値ともいえます。なお前期比の寄与度の場合は，「月」をすべて「期」に置き換えます。

▶寄与度計算の具体例

例を挙げて具体的に計算しましょう。GDP が T − 1 期の500兆円から，T 期に510兆円になったとします（数値は 4 倍して年間の数値に変換したものとします）。最初の計算式から T 期における GDP の前期比は 2 % であることがわかります。

次に GDP の需要項目を少し簡略化して，GDP = 家計最終消費支出 + 民間企業設備 + 政府最終消費支出 + 純輸出（輸出 − 輸入）とします。そして，家計最終消費支出は T − 1 期の300兆円から T 期には303兆円に，同様に民間企業設備は100兆円から105兆円に，政府最終消費支出は90兆円で変わらず，純輸出は10兆円から12兆円になったとしましょう（T 期の各需要項目の合計金額が T 期の GDP と一致することを確認して下さい。T − 1 期も同様です）。

まず家計最終消費支出の寄与度は，家計最終消費支出が T − 1 期から T 期にかけて変化した額（303兆円 − 300兆円）である 3 兆円を，T − 1 期の GDP の金額である500兆円で割った0.006です。これに100をかけてパーセント表示に

すると，0.6％です。GDPの前期比は2％ですが，そのうち家計最終消費支出の金額が変化したことにより0.6％が説明できる（0.6％分寄与した）ことがわかります。

同様に計算してみると，民間企業設備は1.0％，政府最終消費支出は0.0％，純輸出は0.4％の寄与度となります。すなわち，T期におけるGDPの前期比2.0％に対する，各需要項目の寄与度は，民間企業設備が最も大きく1.0％，次いで家計最終消費支出の0.6％，さらに純輸出の0.4％となります。そして政府最終消費支出は寄与していません。また，寄与度を合計するとGDPの前期比と一致することを確認してください。今回の例ではマイナスの寄与度が出てきませんでしたが，当然，マイナスの寄与度もあり得ます。

このように寄与度を計算すれば，指標の前月比（前期比）に対して，指標の内訳となる細かい項目の何が主に影響を与えたのかを知ることができ，指標の動きの背景を知るための強力なツールとなります。

２．景気判断を行うための指標の特性

指標には必ず出所である統計がありますが，それぞれの統計がどのようにして作られているのかを知ることが必要です。以下では，①調査方法，②指標が客観的な事実をあらわすか，主観的な考えをあらわすか，③具体的な数値か指数か，④実質値か名目値かなど指標の特性につき解説していきます。

▶標本調査による指標が景気判断の主役

第一の特性は調査方法です。指標を作成する際には，何らかの方法で指標の元となるデータを得ることが必要ですが，方法は大きく，調査票に回答してもらうことによる調査かそれ以外の方法に分かれます。調査票に回答してもらうことによる調査は，世帯や企業などに調査票を渡しこれに回答してもらうことでデータを得ます。

次にそれ以外の方法ですが，たとえば，政府などへの届け出や申告などの義務を根拠に，届けられた件数などを集計することによりデータを得るものがあります（これを業務統計といいます）。「貿易統計」は，輸出品あるいは輸入品が

税関を通過する際に提出される申告書などによって指標が作成されていますし，住宅着工戸数も，建築基準法にもとづく届け出により指標が作成されています。

　届け出や申告義務を根拠に得たデータで作成された指標は，全数を迅速に把握することができるため，景気判断を行ううえでこれほど頼もしい指標はありません。しかし，届け出や申告は，行政上の重要な目的を果たすため義務づけられているわけで，これを使った統計の作成はあくまでも付随的なものです。そもそも，いかに政策立案に役立つ統計であっても，それを作成することを目的に届け出や申告などの義務を課すことは簡単ではありません。届け出や申告などは報告者に大なり小なり事務負担をかけることになるため，行政目的に即した最低限のものとすることが必要です。また，事業者は自らの業務内容についての情報が，直接の担当部局の外（ここでは統計作成機関）に出ることに不安を感じる傾向があります。業務統計を活用した指標の作成は，新たに調査統計を作ったりするよりは官民ともコストが少なくてすみ，本来は望ましいことです。政府内での守秘義務の徹底を担保するシステムの構築などを通じて国民の信頼を得ていく努力が求められます。

　さらに業界団体が独自に調査するなど，民間機関が独自に指標を作成する場合もあります。これらの指標についても速報性があり，全数を把握できる場合もあります。ただし国の機関以外が作成する指標は多くはありません

　よって大半の指標について，その元となる調査では，国の機関が対象に調査票を配り，これに回答してもらうことによりデータを得ています。調査票に回答してもらうことによる調査は，大きく全数調査，据切り調査，標本調査に分けることができます。

　全数調査は，母集団のすべてに対し調査票に回答するよう依頼しますが，一番知られているものとしては「国勢調査」を挙げることができるでしょう。全数調査は「センサス」とも呼ばれます（以下，「センサス調査」とします）。

　しかしセンサス調査には，多大な費用と労力がかかるため，通常は5年間ごとに調査が行われるなど，頻繁に行われるわけではありません。また集計・公表にも長い時間がかかります。センサス調査は，ほかの統計の基準となる数値

を定期的に提供することで統計の正確性を担保する役割，標本調査を設計する際の基礎としての役割を担っています。しかし，月次データ（最悪でも四半期データ）でかつ速報性が求められる景気判断において，センサス調査により得られた指標が直接使用されることはありません（なお，母集団の一部，たとえば資本金が大きい企業，従業員が多い事業所のすべてを調査する場合があります。本書では，これも「全数調査」と呼びます）。

次に裾切り調査です。これは母集団の中から，従業員数など外形的な基準を決め，これが一定以上の数値となる対象のみ調査するものです。たとえば，「工業統計調査」は従業員が4名以上の事業所を対象とし，3名以下の事業所は調査されません。鉱工業生産指数は重要な景気判断指数ですが，その基礎統計である「生産動態統計調査」は，裾切り調査で行われています。

最後に標本調査です。標本調査とは，本当はすべてを調査したい母集団から，統計上の抽出方法にもとづき一定数の標本を選び，そこから得られたデータから指標を作成するものです。たとえば，国民生活における家計収支の実態を把握することを目的とする「家計調査」の母集団は，全国の世帯全体となります。そして世帯全体から，統計上の抽出方法にもとづき選ばれた約9,000世帯に対して調査票への回答を依頼しています。

なお，本書では「標本世帯」，「標本事業所」といった用語が頻出します。しかし「標本」とは厳密には母集団の一部のグループをいいます。よって，調査対象となる世帯は，「標本に含まれる世帯」，「抽出単位」，事業所は「標本に含まれる事業所」，「抽出単位」などとしたほうが正確です。しかし，本書では簡便化のため，「標本世帯」，「標本事業所」などと表記します。

さて，これらの統計調査のうち，とくに重要なものを統計法では基幹統計調査として位置づけています。基幹統計調査については，対象となった世帯や企業には報告義務がありますし，拒んだ場合の罰則もあります。ただ，「家計調査」も基幹統計調査ですが，「家計調査」の報告を拒んだら処罰されるというのは非現実的で，これらの規定は社会における統計の重要性を象徴的に示したものということができると思います。むしろこれらの基幹統計調査の調査主体である国には，上記の業務統計のところでもいいましたが，信頼できて有益な

統計を効率的に作成することを通じて，国民の理解を得ながら協力を求める姿勢が不可欠でしょう。

▶標本調査で母集団の数値を推計

2010年に行われた「国勢調査」によれば，日本全国の世帯数は5,200万を少し割る程度です。母集団である約5,200万世帯の消費支出額を，約9,000世帯に対する調査で推計できるのでしょうか。

真の値を得ることができるかと問われればいうまでもなく答えはNoです。しかし誤差が許されるのであれば答えはYesに変わります。ただし，誤差がどのように大きくても許されるわけではなく，何を推計するのか，どのような目的で使うのかによって許容される誤差の大きさが異なります。

標本調査の基本は，きちんとした手順を踏んだ無作為抽出です。無作為抽出により標本を選び回答を得ることで，真の値を得ることはできないものの，誤差をともなった数値を得ることが可能です。誤差の大きさを評価するためには標準誤差率が重要であり，標本調査による統計調査の原典にあたれば，標準誤差率について言及しているはずです。統計調査によっては，標準誤差率を公表しているものもありますが，標準誤差率を一定以下（たとえば5％など）にするように標本を選んだと説明しているものもあります。

標本調査による指標には誤差は宿命であり，指標をあつかう際には，誤差の相対的な大きさを示す標準誤差率を知っておく必要があります。標準誤差率を正確に理解するためには統計学の知識が必要です。本書では統計学による説明には踏み込まず，標準誤差率とは何を意味するかのみ説明します。

架空の例で説明します。A国が標本調査によって1カ月当たり1世帯の消費額を推計しようと試みたとします。標本調査は無作為抽出により行われ，標本世帯の平均消費額が10万円でした。そして標準誤差率が1％であると公表されました。この場合，母集団であるすべての世帯の消費額の平均が実際に10万円ちょうどとは限りませんが，少なくとも以下の範囲内に入る確率は95％であるということを意味しています。

標本平均 −（標準誤差×1.96）＜母集団の平均値＜標本平均＋（標準誤差×1.96）

　1.96という数値については後に説明することとして，まずは具体的な数値例を見てみます。標準誤差率は，標準誤差を標本平均で割った数値であるので，標準誤差＝標準誤差率×標本平均です。ここから標準誤差は1,000円とわかりますので，標準誤差×1.96＝1,960円です。つまり母集団の平均値，すなわち，A国の1世帯当たり平均消費額は，95％の確率で，98,040円（100,000−1,960円）から101,960円（100,000＋1,960円）の間に入っているといえます。

　この背景にあるのは，以下のような考え方です。全数を調査するのでなく，かわりに標本を抽出して平均を計算する以上，「どの標本（世帯，事業所，企業など）が選ばれるか」という偶然によって，標本平均は影響を受けます。たまたま消費の少ない世帯が多く選ばれたことにより，（全数を調査した場合に得られる）真の平均値からかけ離れた平均が計算されてしまうかも知れません。しかしそのように極端に離れてしまうようなケースは確率的にそうそう起こりません。この例では，10万円±1,960円という範囲から外れてしまう確率は5％（100％−95％）です。

　標準誤差に乗じている1.96という数字は何でしょうか。これは母集団の平均値が一定の範囲内に入る確率を95％にするために必要な数字です。もし範囲から外れてしまう確率を1％以下に抑えたいなら，2.58をかける必要があります。この場合，「真の平均値が入る範囲」は当然のことながら広がってしまいます。

　統計をあつかう場合，5％の確率で「いえない」場合があったとしても，「いえる」としても差し支えないと考えることが多いです。よって，通常は確率を95％として，母集団の平均値が入っていると考える範囲を定めます。ちなみに計算を楽にするため，1.96を少し丸めた2として（数値が上がると確率も上がります），95％以上の確率とすることも少なくありません。

　ここでいえることは，標準誤差率が小さければ小さいほど，95％という「確からしさ」を所与として，母集団の平均値が入っていると考えられる範囲が狭まる，つまり母集団の平均値の推計精度が高まるということです。景気判断で使われる指標の多くは標本調査ですが，標準誤差率が基本的にそれほど大きく

ならないように設計されています。しかし，かつての高度成長期であればともかく，現在のように日本経済の基礎的な成長力が低く，成長率もえてしてゼロ近くといった場合には，景気判断で要求される標準誤差率は小さく，指標によってはこれを満たしていないことが問題であるとされています。

▶標本調査で指摘される問題点の例

総合研究開発機構（NIRA）が，市場分析専門家に対して，経済統計の現状の課題としてどのような問題点をもっているかなどを尋ねた調査があります。アンケートでは23の経済統計調査が取り上げられました。なかでも標本調査については，標本数の少なさにより指標の動きが振れ，標本の入れ替えにより指標の動きに断層が生ずることなど，標本に関する問題が多く指摘されました。

たとえば「家計調査」に対しては，「サンプルバイアスが大きすぎる。四半期平均でも変動が大きすぎて，景気指標としてはとても信頼ができない」，「サンプルが少数のうえに頻繁に入れ替えられるため，消費の実態を捉えきれているかどうか疑問が常に残る」，「サンプルの少なさから，月次では不安定に動きになることが多く，景気判断に用いることが難しい」といった意見が出されています。

また「法人企業統計調査」についても，「サンプル調査となる部分では，その入れ替えに伴う段差は避けられないのですが，出来るだけ段差が小さくなるようにできないだろうか」，「サンプルバイアスが大きすぎる（特に中小企業）」，「中小企業のサンプル替えの影響が大きくでた場合，マーケットをミスリードすることになる」，「とくに中小企業におけるサンプルの入れ替えの影響で，時系列データの信頼性は薄い」，「サンプル替えに伴って大きな断層が発生する場合があり，景気判断が困難になる場合がある」といった意見が出されています[2]。

つまり標本調査の場合，標本数の少なさにより指標が振れる，標本の入れ替えにより指標の動きに断層が生ずるといった可能性に留意しつつ，指標ごとに

（2） 総合研究開発機構（2008）95-97ページ，109ページに掲載された意見を引用した。

そのクセを把握しておく必要があります。

▶ **客観的な事実をあらわすか主観的な考えをあらわすか**

　第二の特性は，それぞれの指標が客観的な事実をあらわすか，主観的な考えをあらわすかです。まず客観的な事実をあらわす指標の例を見てみましょう。
　「家計調査」では消費支出を把握するため，標本世帯に家計簿をつけてもらいます。家計簿には，毎日，豚肉を330グラム330円で買った，ポロシャツを1枚2,650円で買ったなど，詳細な情報を書き込みます。これは標本世帯が実際に購入した情報を書き込んでいるので，消費支出は客観的な事実をあらわす指標です。「生産動態統計調査」では，調査対象事業所が，毎月の生産量，出荷量，月末在庫などを調査票に記入します。回答をもとに鉱工業生産指数，同出荷指数，同在庫指数などが導出されますが，事業所は実際の数値を記入しているので，これら指数も客観的な事実をあらわす指標です。
　一方で，日本銀行「全国企業短期経済観測調査」（略して「短観」と呼ばれます。以下，「日銀短観」とします）では，標本企業に対して，収益を中心とした，業況についての全般的な判断について，「良い」，「さほど良くない」，「悪い」の3つの選択肢から選んで回答してもらっています。これをもとに業況判断DIが算出されていますが，業況が良いのか悪いのかは，客観的な事実ではなく，回答する企業の主観によります。よって業況判断DIは，主観的な考えをあらわす指標です。
　また「消費動向調査」では，標本世帯に，「あなたの世帯の暮らし向きは，今後半年間に今よりも良くなると思いますか，悪くなると思いますか」などと尋ねています。この回答などによって消費者態度指数が導出されていますが，何をもって暮らし向きが良くなるのかは本人の主観に委ねられています。よって消費者態度指数も主観的な考えをあらわす指標です。
　指標の数から見れば，客観的な事実をあらわす指標が多いですが，主観的な考えをあらわす指標からは，消費者や企業のマインドの動きを知ることができます。後で説明するように，景気判断のための主要な指標のほとんどが客観的な事実をあらわす指標ですが，客観的な事実をあらわす指標も，その動きの背

景として家計や企業のマインドが影響を与えていることが少なくありません。よって，主観的な考えをあらわす指標も把握しておくことも重要です。

▶具体的な数値と指数

第三の特性は，単位をともなう具体的な数値か指数かです。単位をともなう具体的な数値とは，金額，数量（台，戸），人数などであり，指標を見れば，公共工事を何億円受注したか，新車を何台販売したか，住宅が何万戸新しく着工されたか，雇用者数が何万人であるか，具体的にわかります。

一方，指数には単位がなく，数値を見ただけでは具体的なイメージがわきません。そこで以下では指数について説明を加えます。指数とは，具体的な数値を，基準となる時点を100とした数値に変換したものです。基準時点は100である必要はなく，1などでもいいのですが，ほぼすべての経済指標は100にしています。以下では2010年を基準年として2015年12月の具体的な数値を指数に変換する式を示します。

$$2015年12月の指数 = \left(\frac{2015年12月の具体的な数値}{2010年の具体的な数値}\right) \times 100$$

なお，2010年の具体的な数値とは2010年の12カ月分の月次データの平均値です。

イメージがわくように具体的な例で見ていきましょう。季節調整をかけた新車販売台数は，2015年7月が33万8,700台，8月が35万8,400台，9月が35万4,900台です。新車販売台数は具体的な数値で公表されているのですが，ここでは具体的な指数化の例として数値を使います。2010年を基準時点としますと，2010年の販売台数が421万1,900台ですので，月間販売台数の平均値は35万2,000台です。よって各月の具体的な数値を2010年の平均値で割って100を乗ずれば，2015年7月96.2，8月101.8，9月100.8と指数化されます(3)。

具体的な数値の方が，数値のもつ意味がイメージしやすいにもかかわらず，なぜわざわざ指数化を行うのでしょうか。理由のひとつとしては，数字が単純

---

(3) 2015年11月の数値が最近であった時点における季節調査値。100台単位で数値を丸めている。

化されるため比較しやすくなることが挙げられます。とくに，基準時点からどの程度伸びたのか把握しやすく，指数を見れば一目瞭然です。

　しかし指数の本領は，異なった指標の合成にあります。鉱工業生産指数は異なった品目の生産量の変化を合成して作成した指標です。トンや台といった単位が異なった生産量を合成することはできません。しかし指数化された生産量はウェイトさえ決まれば合成できます。鉱工業生産指数の採用品目はそれぞれのウェイトが決まっていますので（ウェイトの決め方は第2章で説明します），各品目の指数にウェイトを乗じた数値を単純に足し合わせるだけで，鉱工業全体の生産量をあらわす指数が計算できるのです。

　さて指数については理解が深まったと思いますので，経済指標の中で水準自体がパーセントや倍率で示されるものについても触れておきます。一番代表的な指標は完全失業率です。失業率については第8章で詳しく説明しますが，失業者数を労働力人口で割った数値のパーセント表示（＝100を乗じてパーセントの単位をつける）が完全失業率です。有効求人倍率は，求人者数を求職者数で割った数値であり，単位は倍率です。

　このように経済指標には，ある指標をほかの指標で割ることで求めた比率をパーセントで表示したものもありますし，金利のようにもともとの単位がパーセントのものもあります。ちなみに前述しましたが，パーセント表示されている指標については，変化を判断するために前月比を見ることはせず，前月差，すなわちある月に値から前の月の値を引いた数で判断します（2015年12月の前月差は，2015年12月のパーセント―2015年11月のパーセントです）。

　さらに「％ポイント」という用語も頻出します。たとえば，失業率が5％から6％に高まったとしましょう。この場合，失業率が1％ポイント（6％－5％＝1％ポイント）高くなったと表現します。これは，失業率が「1％」高まったとしてしまうと，5％から5.05％に高まったと勘違いされる可能性があるからです（(5.05－5)／5＝0.01＝1％）。

▶実質値と名目値

　第四の特性は，実質値か名目値かです。金額が単位の指標（あるいは金額を

指数化した指標）は，数量の動きのみならず，価格の動きによっても変化します。名目値とは価格の変化の影響を除かない値であり，実質値は価格変化の影響を除いた値です。金額は数量×価格ですが，名目値は，数量も価格も各時点のものを使いますので，各時点の数量×各時点の価格となります。一方，実質値は，数量は各時点のものを使いますが，価格は基準となる時点の価格を固定してほかの時点でもその価格を使いますので，各時点の数量×基準時点の価格となります（この方法を使う場合が多いのですが，別の方法を使う場合もあります）。

イメージをつかむために景気を判断する指標ではないですが，架空のスーパーにおけるレタスの販売額の推移といった単純な例によって実質値と名目値の説明をします。2015年の8月に，価格が150円であったレタスが1,000個売れ，販売額が15万円であったとします。そして翌月の9月には，販売個数は900個にとどまりましたが，価格が180円に高まったため，販売額は16万2,000円に上昇したとします。名目販売額は15万円から16万2,000円に上昇しているわけですから，9月の前月比は8％増です。しかしこれは価格が150円から180円へと20％上昇した影響によるものです。そこで8月から9月の価格の変動がなかったと仮定した販売額を計算してみましょう。これは2015年8月を基準とした実質販売額と考えられますが，計算の結果13万5,000円（8月の価格150円×9月の個数900個），前月比で10％減となります。そして当然のことながら，実質販売額の前月比は，販売個数の前月比と一致します。

重要な経済指標であるGDP成長率も，通常は実質GDP成長率を見ます。理由は，価格によって水増しされない数量的な生産力を見ることができるからです。景気判断で使われる指標の多くも実質値です。数量が単位である指標（あるいは数量指数）はそもそも価格が反映されていないので実質値ですし，金額が単位であっても，価格を基準年に固定した実質値を見ることが多いです。

▶**指標の数値は何回か改定される**

指標は，ひとたび世に出れば数値が変わらないわけではなく，何度か数値が改定されます。改定は大きく，①速報値から確報値へ改定，②年間補正による

改定，③基準改定による改定の3つに分かれます（なお，改定されない指標もあります）。

　第一に速報値から確報値への改定です。指標の多くは速報性を重視するため，指標を作成するために必要な情報の一部が入手できていない状態で公表されます。景気判断で使用できる指標は，月次指標であれば，遅くとも翌月末，すなわち8月の数値が9月末には公表されることが求められます。この間にすべての情報が入手できればいいのですが，そうではない場合は，入手できた情報で指標を作成します。

　入手できた情報で作成された数値は速報値と呼ばれます。数値の左側に「P」が付けられている場合がありますが，これは速報値を意味しています（Pとは速報値の英語である preliminary の頭文字です）。速報値については，概ね1カ月程度で確報値が出て，その際に指標の数値が改定されます。

　第二に年間補正による改定です。年間補正とは，毎年1回，過去1年間に公表した指標の値の見直しを行う作業です。たとえば，鉱工業生産指数の場合，経済産業省は年間補正にあたって，（1）「毎月の作業で集計に間に合わなかったデータや集計後に判明した訂正を反映して原指数を再計算する」，（2）「最新の1年分を含めた過去8年分の原指数により季節指数を計算し，その季節指数を用いて季節調整済指数を再計算する」といった作業を行っていると説明しています。[4]

　第三は基準改定です。複数の指標を合成する際には，一定年数に1度（5年ごとが多いです）行われるセンサス調査の結果などをもとに，個別の指数のウェイトを決めています。しかしウェイトを決めるセンサス調査が行われた時点から遠ざかるにつれて，ウェイトが経済の実態から乖離してしまうことが少なくありません。そこで新しくセンサス調査の結果が出た段階で，そのデータにもとづきウェイトを変更します。そして，この変更にもとづき指標の値が遡及して改定されます。

（4）　経済産業省「鉱工業指数（IIP）：Q&A　質問：年間補正とは」より引用。

第3節　景気判断のための基礎資料

　まずは，内閣府の景気動向指数研究会に提出された資料で紹介された考え方をもとに「景気循環」を定義します。「景気循環」は，(1)「総体的」な経済活動の変動（主に私企業の），(2) 拡張（回復）と収縮（後退）を示すと定義されます。そして (1) の「総体的」とは経済のさまざまな「側面」に変動がおよぶこと，(2) は明確な好不調の波を描くことと説明されています。[5]

　経済のさまざまな「側面」について，何がそれに該当するか明確に決まっているわけではありません。後に説明する景気動向指数では，幅広い経済部門を，①生産，②在庫，③投資，④雇用，⑤消費，⑥企業経営，⑦金融，⑧物価，⑨サービスに分類しています。内閣府の「月例経済報告」でも，①個人消費，②設備投資，③輸出，④生産，⑤企業収益・業況判断，⑥雇用状勢，⑦消費者物価について基調判断を行っており，住宅，公共投資，金融などについても見ています。本書では，原則として「月例経済報告」による分類が，さまざまな経済の側面（以下，「経済部門」とします）に該当すると見なします。

　景気については波及の流れと，景気に影響を与える外的ショックについて，その概略をつかんでおくと便利です。外的ショックとは国外より伝わるショックという意味ではなく，景気の波及経路の外で発生したショックのことです。国外発のショックもありますが，政府の政策など国内発のショックもあります。景気の波及の流れや外的ショックについは複雑であり，網羅的な説明はできませんが，**図表1-4**でその一部を説明します。

　景気の波及の流れには始めと終わりがなく循環していますが，便宜的に需要を出発点とします。需要が増えれば，企業部門は生産を増やします。これが順調に出荷されれば，企業の売上高が伸び，企業収益も高まります。企業収益が高まれば，企業は設備投資を増やすとともに，雇用者を増やす，あるいは賃上げを行います。設備投資の増加は総需要増につながります。雇用者増や賃上げ

---

(5)　内閣府「現行CIを中心とした景気動向指数の公表に向けた課題」（第8回景気動向指数研究会　資料2：2007年12月17日），森（1997）123ページによる。

図表1-4 景気の波及の流れと景気に影響を与える外的ショック

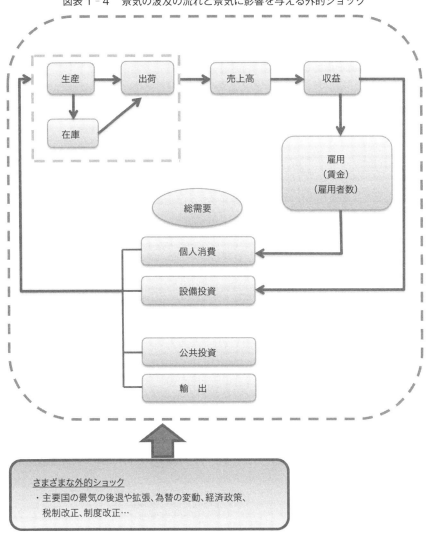

(出所) 景気の波及の動きに関するさまざまな議論をもとに作成。

は家計の所得を増やし，これは個人消費の増加，さらに総需要増につながります。総需要が増加すれば，生産も増加します。景気の波及の流れはこれで一巡

し，さらなる好循環が続きます。景気が悪化した場合の波及の流れは，増加を減少に置き換えます。なお，断定調で書きましたが，この順番でよどみなく景気が波及していくわけではありません。企業収益が増加しても，企業が設備投資を行わず，雇用増や賃上げに消極的である場合もめずらしくありません。

　また外的ショックの動きにも注意が必要です。アメリカなど主要国の景気は，輸出のみならず，株価や企業マインドを通じて総需要に大きな影響をおよぼします。政府の政策も重要です。公共投資を増やせば総需要は増加します。補助金や減税は個人消費の増加，これにともなう総需要の増加につながります。ただし消費税率の引上げのように，駆け込み需要を発生させることで一時的に個人消費を増やし，その後の反動減を引き起こすことで，景気の流れを攪乱させることもあります。株価上昇は企業マインドや消費マインドを高め，個人消費などを増加させます。

　景気を判断する際には，指標の動きから，景気が好循環しているのか，または悪循環にはまっているのか，さらには好循環の兆しが見えるにもかかわらず循環が滞っているのかなど把握することが必要です。景気の流れを逆転させる可能性がある外的ショックの有無も，指標から読み取ることが重要です。

　いずれにせよ，景気を判断するにあたっては，さまざまな経済部門の指標の動きから，その好不調を読み取る必要があります。本書では内閣府の「月例経済報告」の関係資料に掲載されている指標の動きを自らが読み取り，景気を判断できるようにするための知識を示します。そこでまずは「月例経済報告」についてその基本構造について説明するとともに，GDP，景気動向指数についても解説を加えます。

1．月例経済報告
▶月例経済報告の資料は３つ

　内閣府の「月例経済報告」は，幅広い経済部門の状況を網羅的にさまざまな指標から判断し，さらに景気の総括判断を行っています。もちろん経済部門にも軽重があり，景気判断に強く反映される部門がある反面，あまり重視されない部門もあります。また，経済部門の状況を判断する際にも，動きが強く反映

される指標，そうでない指標があります。「月例経済報告」では，総括判断にそれほど反映されない経済部門についても判断を行い，重視されていない指標についても情報を提供しています。よって私たちが「月例経済報告」の指標から，各経済部門の好不調，ひいては景気の判断をする場合には，どの経済部門が景気判断といった観点から重要であって，またどの指標が重要であるのか見極める必要があります。経済部門や指標の重要性の見極めについては，第2章以降に説明を譲り，以下では「月例経済報告」とその関係資料について説明します。これらはすべて内閣府「月例経済報告」のウェブページ（図表1-5）

図表1-5　月例経済報告のウェブページ

内閣府ホーム＞内閣府の政策＞経済財政政策＞月例経済報告関係資料＞月例経済報告

月例経済報告

月例経済報告（月次）

【予定】平成28年2月の公開予定日：未定
　主要経済指標
　月例経済報告等に関する関係閣僚会議
　消費総合指数（Excel形式：49KB）（平成28年1月15日更新）

平成28年

1月（48KB）					

平成27年

1月（52KB）	2月（51KB）	3月（51KB）	4月（49KB）	5月（49KB）	6月（48KB）
7月（49KB）	8月（49KB）	9月（48KB）	10月（48KB）	11月（49KB）	12月（49KB）

平成26年

1月（48KB）	2月（48KB）	3月（48KB）	4月（50KB）	5月（50KB）	6月（49KB）
7月（50KB）	8月（51KB）	9月（49KB）	10月（50KB）	11月（50KB）	12月（52KB）

過去の資料

（注）ウェブページを筆者が再現したものである。よって実際のウェブページとは一致しない部分がある。あくまでも，ウェブページのイメージをつかむためのものであることに留意願いたい。
（出所）内閣府の「月例経済報告」ウェブページ（2016年2月3日現在）より引用。

から入手することができます。

　メインとなる資料は「月例経済報告」です。ここでは景気の総括判断，経済部門別の判断などがなされており，一読すれば，政府が景気の現状についてどのような判断を下しているのかを読み取ることができます。また「月例経済報告」には，海外経済の景気判断が掲載されています。本書では，海外経済に関する指標は説明していませんが，海外経済は日本の景気の先行きを見るうえで決定的に重要です。具体的には，「月例経済報告」では，世界景気とともに，アメリカ，アジア地域（中国，韓国，台湾，インドネシア，タイ，インド），ヨーロッパ地域（ユーロ圏，ドイツ，イギリス）といった国や地域の景気判断がなされています。

▶主要経済指標では各経済部門の指標が網羅的に掲載

　「月例経済報告」の関係資料は2種類あります。ひとつは「月例経済報告 主要経済指標」（以下，「主要経済指標」とします）です。これは，「月例経済報告」のウェブページの「主要経済指標」をクリックして「月例経済報告 主要経済指標」のページに入ると，各報告月の資料が入手できます。

　主要経済指標は，①国民所得統計速報，②個人消費，③民間設備投資，④住宅建設，⑤公共投資，⑥輸出・輸入・国際収支，⑦生産・出荷・在庫，⑧企業収益・業況判断，⑨倒産，⑩雇用情勢，⑪物価，⑫金融，⑬景気ウォッチャー調査に分かれています。いくつかの例外を除き，それぞれ2ページで構成され，最初が表のページ，次が図のページです。

　表のページでは指標の数値データが掲載されています。直近2年分のデータ，直近3期分の四半期のデータ，直近3カ月分の月次データが表にまとめられています。たとえば2015年11月が最新のデータであれば，2013年度（年），2014年度（年），2015年1-3月，同4-6月，同7-9月，2015年9月，同10月，同11月のデータが，指標ごとに掲載されています（図表1-6）。

　表のページについては，2つほど注意が必要です。第一に，関連指標を網羅的に集めているため，景気判断に直接使わない指標も含まれている点です。第二に，データは前年同月（期）比が中心である点で，指標を作成する機関が季

図表1-6　主要経済指標の表のページの例

7．生産・出荷・在庫
　　生産は，このところ横ばいとなっている。　　　　　　　　　　　（％）

	[2013年] 2013年度	[2014年] 2014年度	2015年 1-3月期	4-6月期	7-9月期	2015年 9月	10月	11月	
鉱工業生産指数	[▲0.8] 3.2	[2.1] ▲0.4	(1.5) ▲2.1	(▲1.4) 0.5	(▲1.2) ▲0.4	(1.1) ▲0.8	(1.4) ▲1.4	(▲0.9) 1.7	予測調査 12月 0.9％ 1月 6.0％
鉱工業出荷指数	[▲0.6] 2.9	[1.3] ▲1.1	(1.7) ▲2.4	(▲2.4) 0.3	(▲0.6) 0.6	(1.4) ▲1.5	(2.1) ▲0.8	(▲2.4) 0.7	
鉱工業在庫指数	[▲4.3] ▲1.2	[6.2] 6.2	(1.0) 6.2	(1.1) 4.0	(▲0.9) 2.1	(▲0.4) 2.1	(▲1.9) 0.2	(0.4) ▲0.4	
製造工業生産能力指数 （2010年＝100）	[97.1] 96.1	[95.3] 95.5	95.5	95.4	95.1	95.1	95.3	95.2	
製造工業稼働率指数 （2010年＝100）	[97.3] 100.0	[101.3] 100.6	101.7	97.6	96.8	97.4	98.7	98.6	
第3次産業活動指数	[0.8] 1.2	[▲0.4] ▲1.1	(1.1) ▲0.9	(▲0.2) 1.9	(0.2) 1.6	(▲0.3) 0.8	P (0.7) P 1.4	P(▲0.8) P 1.3	

（注）この表は，主要経済指標の表のページを筆者が再現したものである。よって実際の主要経済指標の表のページとは一致しない部分がある。あくまでも，主要経済指標の表のページのイメージをつかむための表であることに留意願いたい。
（出所）内閣府「月例経済報告 主要経済指標」（2016年1月）の「7．生産・出荷・在庫」より引用。

節調整値を公表している場合に限り，前年同月（期）比のデータの上に，季節調整済前月（期）比のデータが（　）内に書かれており，内閣府が独自に季節調整をかけた指標については，前月（期）比が示されていません（一部，例外があります）。1ページ目は，季節調整済前月（期）比がある指標，すなわち（　）に囲われている数字に注目することが必要です。

　図のページは重要です。後述する「閣僚会議資料」と重なっているグラフもありますが，こちらにしかないグラフも多く，季節調整がかかった指標の動きを視覚的に把握できます。またグラフの横に，最新月の季節調整済前月比，3カ月移動平均の前月比が記されています。

▶閣僚会議資料には重要指標のグラフが集う

もうひとつの「月例経済報告」の関係資料は,「月例経済報告等に関する関係閣僚会議資料」（以下,「閣僚会議資料」とします）ですが,「月例経済報告」のウェブページの「月例経済報告等に関する閣僚会議」をクリックして,そのページに入ると,各報告月の資料が入手できます。

これは,内閣府特命担当大臣（経済財政政策担当）および政府のチーフエコノミストともいうべき内閣府政策統括官（経済財政分析担当）が「月例経済報告等に関する関係閣僚会議」で説明するための資料です。この会議は,総理以下閣僚の大部分がメンバーであるとともに（あまり経済とは関係がない防衛大臣などは外れます），与党幹部および日本銀行総裁などが出席し,「月例経済報告」の説明を聞きます。短い時間でわかりやすく景気の状況を説明する必要があるので,資料に載せられている指標は,景気判断に必要なものに絞られています。よってどの経済部門,どの指標が景気判断のためには大切かがこの資料からわかります。

また指標については,その動きが視覚的にわかるようにグラフによって説明されていますが,グラフの横に季節調整済前月比が直近1～3カ月分,また場合によっては3カ月移動平均値が数字で示されます。さらに指標ごとに判断が簡潔に書かれており,指標が上向いているのか下向いているのかなど政府の判断を知ることができます。「月例経済報告」の資料に掲載されている指標の読み方については,その作成方法や具体的な読み方に至るまで,第2章以降で説明します。

「月例経済報告」（本体）および「主要経済指標」については基本的にフォーマットが決まっており,掲載される指標も変わりません。これに対し,「閣僚会議資料」のグラフはしばしば入れ替わります。これは,そのときそのときの景気の状況に応じて,何をどう説明すべきか,説明しなければならないかについての内閣府の認識を反映しているといえます。新聞紙上や国会などで議論になっている問題について,政府としてどう考えているかをおうおうにしてうかがい知ることができます。

２．国内総生産（GDP）

　経済関連の指標の中で一番重要な指標は何かと聞かれれば，迷わず国内総生産（GDP）と答えます。GDPについてはとくにその増加率，すなわち経済成長率が注目され，数多くある指標のうちでも経済成長率が公表された際には，新聞やテレビでも別格の報道がなされます。

　標準的なマクロ経済学の教科書ではGDPが経済変数の主役です。マクロ経済学の教科書で一番多く出てくる変数はY（生産量＝需要量）ですが，Yを把握するための統計は「国民経済計算」（GDP統計）であり，Yの具体的な数値こそGDPです。また教科書では，需要量が完全雇用生産量（教科書によって名称は少しずつ異なります）に等しい状況が，一国の経済にとって望ましいと説明されています。ある教科書では，完全雇用生産量とは，「現在の資本ストックの水準と生産関数のもとで，雇用が完全雇用水準にあるときに生産される総産出量」と説明されています[6]。需要不足を原因とした失業，また需要超過を原因としたインフレが起こらないため，経済にとって望ましい状態です。

　政府は，何らかのショックにより需要量が完全雇用生産量から離れた場合，コントロール可能な変数を変えることを通じて需要を増減させ，需要量を完全雇用生産量に近づけることを試みます。そのための政策が，財政政策や金融政策であり，GDPはまさに政府の政策目標です。そしてこの観点から見れば，GDPこそが景気判断の主役となっても不思議ではありません。

　しかし，実際には景気はさまざまな指標の動きから総合的に判断されており，GDPは景気判断の主役として位置づけられていません。このため，「四半期GDP成長率が1.4％，年率換算5.7％と高成長を記録した」と大きく報道された後に，景気判断を下方修正するということもあり得ます。その場合世間から「政府の景気判断がずれている」と批判されるかもしれませんが，この批判は妥当でないように思えます。

　景気判断におけるGDPの位置づけは，最終的な判断に影響を与える可能性はありますが，景気判断の主役ではありません。最重要な経済指標であるにも

---

(6)　エーベル・バーナンキ（伊多波良雄　他訳）（2007）465ページによる。

かかわらず，GDP が景気判断の主役となりえない理由を以下で説明しますが，その前に GDP の基礎知識に加え，GDP のなかでも四半期別 GDP の数値が何度も改定されることにつき解説していきます。なお本書では「名目 GDP」としない場合，すべて実質 GDP を意味します。

（１）GDP の基礎知識
▶ GDP は国内で生みだされた付加価値の合計

国内総生産（Gross Domestic Product：GDP）とは，国内で一定期間内に生産された財・サービスの付加価値額です。一定期間とは，1 年あるいは 3 カ月（四半期）であり，前者は単に GDP，後者は四半期別 GDP と呼ばれます。とくに四半期別 GDP の速報値は QE（Quarterly Estimates）と呼ばれます。

企業や政府は一定の技術のもとで各種の労働や資本といった生産要素を組み合わせて使い，原材料（中間財）を投入して，財・サービスを生産しています。産出された財・サービスは，企業が原材料として用いるときの消費である中間消費，国内最終需要（個人消費，設備投資など），輸出向けに販売されます[7]。

付加価値額とは，財・サービスの生産額から，ほかの経済主体から購入した財・サービスの購入額，すなわち中間投入額を差し引いたものであり，企業や政府といった生産者が新たに生み出した価値の合計額です。たとえば，パンの生産額の中には，パン屋が自分で生産しない小麦粉，水，イーストなどの原材料，パンを焼くための燃料が含まれています。一方，パン屋はパンを生産するために，労働や資本（パン焼き器など）を使っています。パンの生産額のうち，中間投入額である原材料費や燃料費を除いた金額が，パン屋により新しく生み出された付加価値額です。

日本には，数多くの企業が存在し，付加価値を生産しています。また政府も主に公共サービスを生産しています。これら生産者が生み出した付加価値額をすべて足し合わせた総額が GDP であり，物価変動を考慮しない名目 GDP は

---

[7] 内閣府「国民経済計算（GDP 統計）：SNA の見方」を適宜引用しつつ記述した。

2015年で499兆円です。⁽⁸⁾

▶需要項目

GDP統計からは，GDPがどのような需要項目に支出されたか，どのように分配されたか，どのような産業から生産されたかといったデータなどを得ることができます（QEでは支出と分配のみ）。そのなかで，景気といった観点からは，どのような需要項目に支出されたかが重要です。マクロ経済学の標準的な教科書で必ず出てくる需要式は以下のとおりです。

$$Y = C + I + G + EX - IM$$

この式は，総需要（Y）は，消費（個人消費）（C），民間投資（I），政府支出（G），輸出（EX）マイナス輸入（IM）（EX-IMは純輸出と呼ばれます）の和ということをあらわしています。一方，GDP統計の需要項目は，民間投資が，設備投資（Ip），住宅投資（Ih），民間在庫投資に分割されます。また政府支出は，公共投資（Ig），政府消費（G），政府在庫投資に分割されます。民間在庫投資と政府在庫投資をあわせて在庫投資（Iv）とすると，需要式は以下のとおりです。

$$Y = C + Ip + Ih + Ig + Iv + G + EX - IM$$

GDP統計では，Cの部分を民間最終消費支出と呼びます（民間最終消費支出の大部分は家計最終消費支出ですので，以下では「家計最終消費支出」とします）。また，Ipを民間企業設備，Ihを民間住宅，Igを公的固定資本形成，Ivを在庫品増加（民間＋公的），Gを政府最終消費支出，EXは財貨・サービスの輸出，IMを財貨・サービスの輸入と呼びます。

（2）四半期GDP成長率は複数回にわたる改定を経て確定

GDPは一定期間に生産された財・サービスの付加価値額です。年間GDPも

---

(8) 2015年10-12月期2次速報値の数値である（2015年1-3月期～同10-12月期の4四半期の合計値）。

第3節　景気判断のための基礎資料　039

四半期別GDPも同様ですが，国内に数多くある企業すべてに対して，それぞれが生産した財・サービスの付加価値額を調査することは現実的ではありません。そこでGDPはほかの統計調査の結果を組み合わせることで推計されています。こうした統計を加工統計（または二次統計）といいます。

　GDPは時間をかければかけるほど，推計のために使える基礎統計が増えるため，より正確な推計値を得ることができます。加工統計一般にいえることですが，四半期別GDP統計は，速報性と正確性がトレードオフの関係，すなわちどちらかを取れば，どちらかをあきらめなければならない関係にあります。

　最重要の経済指標のひとつであり，注目度も高い四半期GDP成長率は，速報性を求めるニーズが大きく，これに応える形で早い段階で，四半期終了後1カ月と2週間後には1次QEが出ます。その後，2次QE（1次QE後1カ月後），確報（翌年12月），確々報（翌々年12月）と数値が改定されていきます。

▶ 1次QEから2次QE

　四半期別GDPは，四半期が終了してから1カ月と2週間後頃に1次QEとして公表されます。四半期GDPの速報値は，1次QEと2次QEを問わず，需要項目ごとに金額が推計され，これを積み上げることで算出されています。

　各需要項目を推計するための基礎統計は，第2章以降で順次説明していきますので，ここでは基礎統計の詳しい説明は省き推計方法を説明します。第一に家計最終消費支出です。家計最終消費支出は，①家計が消費した財・サービスの総額の推計値，②家計に対して販売された財・サービスの総額の推計値を合成することで算出します。①と②は，同じ家計最終消費支出を需要側あるいは供給側から見たものであり，本当は同じ値になるはずです。しかしながら，①は少ない標本世帯の消費額から全世帯の消費額を推計しているため，精度が十分ではありません。

　②については，しかるべき基礎統計を使えば精度の高い推計ができますが，QEで利用できる基礎統計では粗い推計しかできません。具体的には，①は主に「家計調査」により推計されます。そして②は，コモディティ・フロー法（コモ法）（コモ法については後述します）を相当程度簡略化した方法で推計され

ています。コモ法は確報値や確々報値の推計で使われる方法で，これによって家計最終消費支出や民間企業設備の金額を高い精度で推計できます。具体的には，コモ法でGDPの確報値を推計する際，財・サービスを2,000以上に細かく分けた品目分類を採用しています。しかしQEではコモ法による推計に必要な年次統計である「工業統計調査」が使えないため，月次統計ではあるものの情報量が少ない「鉱工業指数」，「生産動態統計調査」などを使わざるをえません。よってQEの推計には，91品目分類といった粗い品目分類を使うなど簡便な方法を利用しており，精度が高い推計ができなくなっています。

①も②も（②はQEの段階）精度が十分ではないため，同じ家計最終消費支出を2つの側面から推計し，2つの推計値を合成（加重平均）することで少しでも精度を高めようと試みています。名目値が求められたところで，これを実質化する作業が残っています。実質化に当たってはデフレータが重要です。デフレータとは，名目価額から実質価額を算出するために用いられる価格指数のことです。家計最終消費支出においては，財・サービスが88の目的分類に分類されています。名目値を実質化する作業にあたっては，目的分類ごとに求められたデフレータによって実質値を算出しています。[9]

家計最終消費支出の推計のために使われる基礎統計は，1次QEも2次QEも同じですが，2次QEでは，1次QEを作成するための作業で使えなかったデータ，具体的には②の推計値を求めるために必要な基礎統計のデータの一部（四半期の最終月のデータが間に合わない基礎統計があります）を補完します。よって1次QEの数値は2次QEで改定されます。

第二に民間企業設備です。2次QEでは民間企業設備を，①民間企業が行った設備投資の総額の推計値，②民間企業の設備投資用に販売された財・サービスの総額の推計値を合成することで算出します。①も②も，同じ民間企業設備を需要側あるいは供給側から見たものであり，本当は同じ値になるはずです。

（9）　家計最終消費支出の88目的分類別の名目値は，目的分類ごとに求められたデフレータで割ることで，それぞれ実質値とされる。実質化された各目的分類の実質値を合計すると，家計最終消費支出全体の実質値が算出できる。このように算出された家計最終消費支出の実質値を名目値で割ることで，家計最終消費支出のデフレータは事後的に求められる。

しかしながら、①は「法人季報」(「法人企業統計調査」の四半期別統計) を基礎統計として推計しているのですが、これは標本調査であり、とくに小規模な企業の標本数が少ないため精度が十分ではありません。そして②は、簡略化したコモ法で推計しているため精度が十分ではありません。よって①と②の推計値を合成することにより少しでも精度を高めようとしています (これは家計最終消費支出と同様です)。名目値を実質化する作業にあたっては、民間企業設備についてもデフレータを作成し、これによって実質値を算出しています。

民間企業設備については、1次QEの推計作業に「法人季報」が間に合いません。よって1次QEでは②の推計値、すなわち供給側からの推計値だけを使っています。2次QEでは、「法人季報」を使って①の推計値、すなわち需要側からの推計値を使えるようになり、また、②も必要な基礎統計のデータの一部が補完されることで推計値が改定されます。よって、民間企業設備についても、1次QEの数値が2次QEで改定されます。

民間在庫品増加、財・サービスの輸出および輸入についても、1次QEでは使えなかった基礎統計あるいは基礎統計の一部のデータが2次QEで使えるようになることから数値が改定されます。このように、2次QEで推計値が改定される需要項目があるため、需要項目の金額の推計値を積み上げた四半期別GDPとその成長率も、2次QEで改定されることになります。

▶速報値から確報値

四半期別GDPの速報値は、1次QEと2次QEを問わず、需要項目ごとに金額が推計され、これを積み上げることで算出されますが、確報値は根本的に推計方法が異なります。

内閣府のSNA推計手法解説書にしたがって、GDPや需要項目別の金額をどのように推計しているか説明します。推計額は簡略版ではないコモディティ・フロー法 (コモ法) により求められています。コモ法による推計にあたっては、財・サービスを2,000以上の品目に分類します。そして品目ごとに生産、輸出入、在庫増減などを把握して国内総供給を求め、これら品目を流通段階ごとに消費、投資などの需要項目別に金額ベースで推計します。

具体的には品目ごとの生産額あるいは出荷額をもとに，輸出入，在庫増減による調整を加えて国内総供給額を求めます。次にあらかじめ設定した流通経路において，最終的に中間需要向け（中間消費，建設向け），最終需要向け（家計消費，固定資本形成）に需要されるかを金額ベースで推計します(10)。商品ごとの需要先別の比率は「配分比率」と呼ばれます。また商品の流通段階で発生するマージン額や運賃も，マージン率，運賃率という形で，推計プロセスに組み込まれています。コモ法の概念図は図表1-7のとおりです。

　コモ法によって各品目が，中間需要，在庫，家計消費，固定資本形成のどこに行きつくのか推計する際には，配分率，マージン率，運賃率が重要ですが，この数値は，総務省が5年に1回作成する「産業連関表」より得ています(11)。「産業連関表」は，国内経済において一定期間（1年間）に行われた財・サー

図表1-7　コモディティ・フロー法の概念図

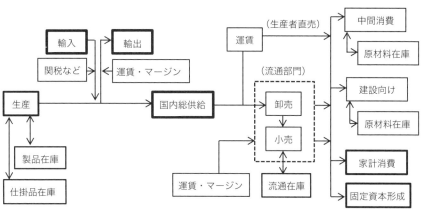

(出所）得能（2007）1ページの図を引用した。引用に際しては中村（1999）27ページなどをもとに一部に修正を加えた。

---

(10)　コモ法からは，国内で行われた固定資本形成の合計額を得ることができる。なお，「財政推計」により公的固定資本形成など，「住宅着工統計」により民間住宅投資が得られ，固定資本形成からこれらを控除した残りが民間企業設備となる（中村（1999）29-30ページによる）。
(11)　コモディティ・フロー法については，内閣府経済社会総合研究所「SNA推計手法解説書（平成19年改訂版）」（平成19年10月）9ページを適宜引用しつつ記述した。

ビスの産業間取引などを行列形式で示しています。部門（品目の集まり）を横方向（行方向）に見ると，その部門の財・サービスの国内生産額および輸入額が，中間需要，消費，投資，在庫純増，輸出のどこに行ったのかがわかります。また縦方向（列方向）に見ると，その部門の財・サービス生産の生産に用いられた投入費用の内訳がわかります。

　最新の「産業連関表」は2011年のもので，最も細かい基本分類として，518部門（行）×397部門（列）の数値が公表されています[12]。コモ法では，「工業統計調査」や「産業連関表」の情報をもとに，財・サービスをさらに細かい2,000以上の品目に分けることで精度を高めています。

　速報値の推計では使えなかった簡略化しないコモ法を確報値の推計で使える理由は，1年に1度公表される「工業統計調査」を利用できるからです。2,000品目以上に財・サービスを分類し推計を行うことで需要先（配分先）推計の精度を向上させることができます。分類を細分化することにより，財・サービスごとの配分先を中間消費，家計消費，建設資材，固定資本形成（建設を除く）の4部門のいずれかに特定できる割合が高まります。一方，QEを推計する際に使う簡便法では，財・サービスの品目分類は91にすぎず，これでは財・サービスごとの配分先が実際とは異なったものになる可能性が高まります。

　コモ法によって推計されるGDPや需要項目ごとの金額は年間の数値ですが，需要項目ごとに四半期別に分割され，これを積み上げることで四半期別GDPの確報値が推計されます。このようにQEと確報値では推計方法が異なるため，QEで示された速報値が改定され確報値となります。なお確報値の推計作業の際には出ていなかった「工業統計調査」の品目別データが，翌々年の確々報の推計作業で利用可能となるため，確報値はさらに改定され確々報値となります[13]。

---

(12) 「産業連関表」については，総務省「平成23年（2011年）産業連関表―総合解説編―」（平成27年6月）4ページおよび61ページによる。

(13) QEの推計法は，内閣府経済社会総合研究所国民経済計算部「推計手法解説（四半期別GDP速報（QE）編 平成17年基準版）」（平成24年11月8日；平成27年4月28日一部改訂）などによる。また，確報および確々報の推計法は，内閣府経済社会総合研究所国民経済計算部「推計手法解説書（年次推計編）平成17年基準版」（平成24年11月16日）による。

▶ GDP 統計の情報収集法

 GDP 統計の中でも速報値である QE についての情報は，内閣府の「国民経済計算（GDP 統計：四半期別 GDP 速報）」ウェブサイトから，速報値の説明資料，四半期，暦年（1～12月の合計），年度（4月から翌年3月の合計）別の，（実質 or 名目）×（原系列 or 季節調整系列）の実額や増加率（四半期データの場合，年率換算された増加率も）のデータを入出することができます。

 しかし簡単に GDP の動きを知る方法は，内閣府「月例経済報告」の関係資料である「主要経済指標」（1．国民所得統計速報）を見ることです。最初の表のページは，実質四半期別 GDP の季節調整済前期比が，直近5四半期分掲載されています。また需要項目ごとの前期比も示されており，最新の四半期については，各需要項目の動きが四半期別 GDP 成長率にどのように影響したかを示す寄与度も記されています。また，実質 GDP（季節調整値）の動きが示されたグラフも掲載されています。

 よって四半期別 GDP の動きをつかみたい場合は，まず「主要経済指標」を見て，詳しい内容については，「国民経済計算（GDP 統計：四半期別 GDP 速報）」ウェブサイトから必要な情報を得ることがお勧めです。

（3）GDP が景気判断の主役とならない理由

 景気を判断する基準は，水準ではなく方向ですが，GDP を判断するために，方向性を示す成長率，水準を示す GDP ギャップを見る方法があります。以下では，まず成長率，GDP ギャップについて説明します。そして成長率や GDP ギャップだけで景気を判断することが難しい理由を説明していきます。

▶ GDP 成長率

 GDP は水準ではなく，GDP 成長率（GDP の前年比），あるいは，四半期別 GDP（季節調整値）の前期比に注目が集まります。ちなみに GDP については，前年比や前期比よりは成長率という用語が使われます。GDP 成長率について，2015年を例にとって算出方法を示します。

$$2015年のGDP成長率 = \left(\frac{2015年のGDP - 2014年のGDP}{2014年のGDP}\right) \times 100\%$$

　四半期別のGDPには季節的な変動があり，季節調整をかけた四半期別GDPの前期比（四半期GDP成長率）も，経済の状況を判断するうえで大変重視されます。四半期GDP成長率も上記の式と同じですが，2015年7-9月期の四半期GDP成長率を例に計算方法を示します。

$$2015年7-9月期GDP成長率 =$$
$$\left(\frac{2015年7-9月期のGDP - 2015年4-6月期のGDP}{2015年4-6月期のGDP}\right) \times 100\%$$

　なお四半期GDP成長率については，年率換算についても知る必要があります。四半期GDP成長率が4四半期，すなわち1年間続いた場合，1年間でGDPが何％成長するか示した数値が，年率換算された四半期GDP成長率です。1％の四半期GDP成長率を年率換算すれば4.1％，2％であれば8.2％です。[14]

　景気の動きに関心がある場合，四半期GDP成長率が重要です。**図表1-8**では，2000年1-3月期から2015年10-12月期の四半期GDP成長率が示されています。高い場合は1％台の成長率となりますが，マイナスの成長率もめずらしくなく，期間中の平均値は0.2％です。

▶潜在GDPの推計法 ─TFPを求めるまで─

　GDPの水準で経済の状況を測るならば，基準として完全雇用生産量を使うことが考えられます。しかし完全雇用生産量といった名称の指標はなく，これに近い指標として潜在GDPを挙げることができます。潜在GDPはいくつかの機関で試算されており，内閣府もそのひとつです。内閣府は，潜在GDPを「経済の過去のトレンドから見て平均的な水準で生産要素を投入した時に実現可能なGDP」と定義していますので，完全雇用生産量とは異なります。

---

(14) 四半期で1％成長するとは，1であった数値が四半期後に1.01になることである。これが4四半期続けば，1であった数値が，$(1.01)^4 ≒ 1.041$になる。1が1.041になるということは，4.1％成長したことを意味する。

図表 1-8　実質四半期 GDP 成長率（季節調整値：四半期データ）

（出所）内閣府「四半期別 GDP 速報」により作成。

　小峰・村田（2012）によれば，著者のひとりである小峰隆夫教授がエコノミスト（内閣府，当時は経済企画庁に所属）になりたての1970年代は，資本，労働をフル回転させた状況（つまりかつての最高の稼働率，残業時間などを前提とする）を基準にすることが多かったそうです。しかしこの基準は高すぎるため，過去の平均的なレベルで資本や労働が投入された場合の GDP が基準とされるようになりました。そのうえで，長期的には資本，労働が適切に利用されると仮定すれば，過去の平均が基準というのも合理的な選択であると説明されています[15]。

　まずは内閣府がどのように潜在 GDP を推計しているか内閣府の説明に若干文言をつけ加えつつ紹介していきます。推計の出発点は生産関数を仮定することです。内閣府は，経済学では最もおなじみの生産関数，すなわちコブ・ダグラス型の生産関数を仮定しています。

---

(15)　小峰・村田（2012）52ページによる。

$$Y_t = A_t (L_t \times H_t)^a \times (K_t \times S_t)^{(1-a)}$$

Yは実際の生産量（GDP），AはTFP（Total Factor Productivity：全要素生産性），L×Hは稼働労働量で，Lは就業者数，Hは労働時間，K×Sは稼働資本量で，Kは資本ストック，Sは稼働率，aは労働分配率の値を示しています。

稼働労働量は労働投入量，稼働資本量は資本投入量，TFPは広い意味の技術水準と言い換えることもできます。労働分配率（a）は所得のうち労働に分配される比率でありGDP統計により算出されます。この数値は四半期ごとに変化させず，1980年1－3月期以降の平均値（2014年7－9月期までの平均値は0.69です）に固定されています。

最初にこの生産関数からどのように潜在GDPを求めるか概略を示します。まず，A（TFP），L（就業者数），H（労働時間），K（資本ストック），S（稼働率）のそれぞれの四半期データ（1980年1－3月期以降の数値）を集めて，景気循環による変動を取り除くため，それぞれのトレンドを除去します。次にトレンドを除去したA，L，H，K，Sのデータを生産関数に代入すれば，潜在GDPが求まります。たとえば，2015年1－3月期の，A，L，H，K，Sのデータ（トレンド除却済）を，上記のコブ・ダグラス型の生産関数に代入すれば，2015年1－3月期の潜在GDPを求めることができます。ただし問題はA（TFP）です。TFPは直接観測できないため，これを把握するための統計データがありません。よってAについては別途求める必要があります。以下では潜在GDPを求める方法を，①L，H，K，Sを把握するための具体的な統計データ，②A（TFP）の求め方，③潜在GDPの求め方，の順で説明していきます。

第一に，L，H，K，Sを把握するための具体的な統計データです。就業者数（L）は，「労働力調査」（第8章で説明），労働時間（H）は「毎月勤労統計調査」（こちらも第8章で説明）の総実労働時間（労働者が実際に労働した時間数および実際に出勤した日数）から得ることができます。また稼働資本量は製造業と非製造業で統計が異なります。資本ストック（K）は，企業などの生産要素のひとつである資本，すなわち生産設備の存在量（蓄積量）であり，製造業，非製造業とも，内閣府がGDP統計の一環として作成している「民間企業資本スト

ック」の指標を使っています。

　稼働率（S）は，生産設備のうち稼働している部分の比率です。生産設備がすべて動いているとは限らず，稼働が止まっている設備もあります。稼働率は，製造業については，「鉱工業指数」（第2章で説明）の製造工業稼働率を使っています。非製造業については，直接使える指標がありません。そこで一定の仮定をおいて非製造業の稼働率を推計しています。製造業について，計算上の稼働率指数（製造工業生産指数÷資本ストック）を導出し，実際の稼働率指数（製造工業稼働率指数）との関係を見出します。そして非製造業についても，計算上の稼働率指数と実際の稼働率に，製造業で見出したものと同じ関係があると仮定します。計算上の稼働率については，非製造業の生産指数に近い第3次産業活動指数（第2章で説明）を非製造業資本ストックで割れば出ますので，製造業の関係を当てはめて，非製造業の実際の稼働率を推計しています。

　第二に，A（TFP）の求め方です。実際のGDP（Y）は，四半期別GDPです。Y，L，H，K，Sは統計データが得られるため，各四半期の生産関数で足りない数値はTFP（A）だけとなります。つまり既知の変数を生産関数に入れることにより四半期別のTFP（A）の値が求まります。

▶潜在GDPの推計法　—潜在GDPを求めるまで—

　第三に，潜在GDPの求め方です。潜在GDPは，経済の過去のトレンド（景気を除去した動き）からみて平均的な水準で生産要素を投入した時に実現可能なGDPです。そこで，生産要素やそれを計算するための指標の，「経済の過去のトレンドから見て平均的な水準」（これは景気循環の影響を除いた当該四半期の水準と考えます。名称の前に「潜在」をつけます）を，四半期ごとに算出します。

　潜在稼働労働量は，潜在就業者数×潜在実労働時間で求めます。潜在就業者数は，15歳以上人口に潜在労働力率（景気循環の影響を除去した労働力率）を乗じた潜在労働力人口から，摩擦的・構造的失業者の数を引くことで求めます。潜在労働力率に入る前に，まず労働力人口について説明します。労働力人口とは，15歳以上の人で，実際に働いている人に失業者（求職活動をしていますが職

に就けていない人）を加えた数です。15歳以上の人が必ず仕事をしている，あるいは仕事を探しているわけではありません。15歳以上人口に占める労働力人口の比率が労働力率です。労働力率は，景気によっても変化しますが（景気が良いと上がり，景気が悪いと下がる），女性の社会進出（上昇要因），高齢化（下落要因）などの構造的な要因でも変化します。潜在労働力率とは，実際の労働力率から景気循環による変動分を除いて求めます。

　さらに摩擦的・構造的失業者です。労働力人口のうち，失業者は実際には働いていませんので，潜在就業者数を求めるためには，景気変動の影響を除いた失業者数を引かなければなりません。失業率は景気変動の影響を強く受けますが（景気が良いと低下し，景気が悪いと高まります），職探しに時間がかかるなどの理由や就業機会が地理的に偏在することなど景気変動と関係のない要因からも影響を受けます。失業率のうち，景気変動の影響を受けない部分を摩擦的・構造的失業率と呼びますが（第8章では「均衡失業率」としています），これに潜在労働力人口をかけた数値が，摩擦的・構造的失業者数です。摩擦的・構造的失業率は，失業率と欠員率（在籍労働者に対する未充足求人数の割合）の関係から推計できます（これをUV分析と呼びます）。なお，潜在実労働時間は，実際の実労働時間の動きを統計的な手法により平滑化した値を使用しています。

　潜在稼働資本量は，資本ストック×潜在稼働率で求めます。前述のとおり資本ストックは「民間企業資本ストック」から四半期データが入手できます。潜在稼働率は，製造業および非製造業の実際の稼働率（すでに説明しました）から，「日銀短観」（第7章で説明）の生産・営業用設備判断DIを使って，景気循環による変動部分を除去します。生産・営業用設備判断DIからは，設備が足りないと企業が感じているのか，余っていると感じているのかがわかります。景気が良ければ設備不足感が高まり（DIの値が低くなる），景気が悪ければ過剰感が高まります（DIの値が高くなる）。製造業と非製造業とを別に，稼働率と生産・営業用設備判断DIの関係を調べ，景気要因を取り除いた構造的な稼働率を，それぞれの潜在稼働率とみなしています。

　最後に技術水準を表すTFP（A）です。TFPについては，既知の指標のデータから四半期ごとの数値を求めましたが，潜在実労働時間を求める際に使用

した統計的な手法によって，これを平滑化します。

さて求めた数値から以下のように T 期の潜在 GDP を求めることができます。

$$Y_t^* = A_t^* \times (L_t^* \times H_t^*)^a \times (K_t \times S_t^*)^{(1-a)}$$

Y*は潜在 GDP，A*は平滑化した TFP，L*は潜在就業者数，H*は潜在実労働時間，S*は潜在稼働率の値です。[16]

▶ GDP ギャップと潜在成長率

GDP を水準で判断するためには，実際の GDP が潜在 GDP からどの程度乖離しているのかをあらわす指標が便利です。これは GDP ギャップと呼ばれ，以下のように求めます。

$$\text{T 期の GDP ギャップ} = \left(\frac{\text{T 期の実際の GDP} - \text{T 期の潜在 GDP}}{\text{T 期の潜在 GDP}} \right) \times 100\%$$

たとえば四半期 T の潜在 GDP が100兆円，実際の GDP が95兆円であれば，GDP ギャップは((95−100)÷100)×100％で，−5％となります。

GDP ギャップの動きを実際に見てみましょう。**図表１-９**では，内閣府が推計した，1990年１-３月期から2015年４-６月期の GDP ギャップが示されています。バブル崩壊期の1992年７-９月期まではプラスが続いていましたが，総じてマイナスの状況にあり，プラスになった時期は，1996年10-12月期から1997年10-12月期，2006年10-12月期から2008年４-６月期にすぎません。なお指標の方向を見ると，景気循環とおおむね並行した動きをしているように見えます。

さて GDP の前年（期）比は成長率ですが，潜在 GDP の前年（期）比は，潜在成長率と呼ばれます。[17] 経済の過去のトレンド（景気を除去した動き）から見

---

(16) 潜在 GDP の推計方法については，内閣府「日本経済 2011-2012」172-173ページによる。
(17) 潜在成長率も潜在 GDP と同様，資本や労働をフル回転させた場合ではなく，過去のトレンドからみて平均的な水準で資本や労働が投入された場合を基準としている。

図表 1-9　GDP ギャップ（四半期データ）

(注) シャドウ部分は，内閣府が設定した景気基準日付の景気後退期。
(出所) 内閣府「GDP ギャップ，潜在成長率の最新データ」（今週の指標のウェブページ）により作成。

た生産要素の平均的な水準は変化します。よって潜在成長率も変化します。T期の四半期潜在成長率は，以下の式で求めます。

$$\text{T 期の潜在成長率} = \left(\frac{\text{T 期の潜在 GDP} - (\text{T}-1)\text{期の潜在 GDP}}{\text{T}-1\text{期の潜在 GDP}} \right) \times 100\%$$

さらにT期の潜在成長率は，T期の技術水準（TFP）の上昇率，T期の労働投入（潜在稼働労働量）の増加率に労働分配率をかけた数値，T期の資本投入（潜在稼働資本量）の増加率に資本分配率（＝1－労働分配率）をかけた数値の合計となります。

潜在成長率＝
技術水準（TFP）の上昇率＋a×（労働投入の増加率）＋（1－a）（資本投入の増加率）

　景気から話がそれますが，日本経済新聞によれば，1960年代の日本の潜在成長率は10％近い数値を示していましたが，2015年7-9月期の日本の潜在成長率は，年率換算で0.4％にすぎません。[18] この要因はさまざまですが，ひとつは

技術のキャッチアップが挙げられます。欧米に技術を学ぶ余地があった高度成長期は技術水準の上昇率が高かったのですが、欧米に技術が追いつくと学習により早いペースで技術水準が高まることは難しくなります。また少子高齢化も大きな原因です。かつては労働力人口が比較的高い伸び率で増えていましたが、少子高齢化で伸び率が低下し、さらには減少に転じてしまいました。これに労働時間の短縮が追い打ちをかけ（労働者にとっては良いことですが）、労働投入の伸び率が低下し、近年はマイナス幅が拡大しています。

また高齢化は資本投入の伸びを鈍化させます。高齢化が進むとマクロでみた貯蓄率が低下します。これは高齢者の多くは所得が少ない一方で、消費はしなければならず、マイナスの貯蓄率となります。よって高齢者の比率が高まれば、マクロでみた貯蓄率は低下してしまいます。家計部門の貯蓄は、銀行など金融機関の仲介を経て企業の投資の源泉になります。貯蓄率の低下により貯蓄が減少すれば、投資の減少につながります。毎年の投資が積み重なって資本蓄積となりますので、設備投資の減少は資本蓄積の伸び率を低下させます。

潜在成長率の低下の背景は、技術水準のキャッチアップに加えて、近年は少子高齢化が進んだことなどが背景にあるといえます。ただし、それだけで潜在成長率の低下が説明できるわけではありません。たとえば、なぜわが国からはアップル社の製品のように世界中の人々を魅了する商品が近年出ていないのか、グーグル社のようにネットの利便性を大きく向上させるサービスが打ち出されないのか、つまり広い意味でのイノベーションが停滞している理由も問われなければなりません。

（4）成長率やGDPギャップで景気が判断されない理由

四半期別GDPの方向性で景気を判断するならば四半期GDP成長率、水準で判断するならばGDPギャップが判断のための指標となります。しかしなが

---

(18) 日本経済新聞朝刊（2014年12月26日）には、日本の潜在成長率の推移がグラフで示されている。これによると、1960年代の潜在成長率は10％を超えている。2015年7-9月期の潜在成長率は、内閣府「GDPギャップ、潜在成長率の最新データ」（今週の指標のウェブページ）による。

ら，これらは景気判断のための指標としては使い勝手がよくありません。以下ではその理由を示します。

▶四半期GDP成長率で景気が判断されない理由

　四半期GDP成長率は経済指標に関する数値の中でも最も注目されます。それにもかかわらずこれで景気が判断されない理由は，四半期統計でかつ公表が遅いことです。景気の状況は刻々と変化していきます。為替や株価のように1日単位で動きを見る必要はありませんが，景気の動きをつかむためには少なくとも月次統計を見る必要があり，四半期統計で景気の局面変化を把握することは困難です。また景気判断に使われる指標は，遅くとも翌月末（5月の数値は6月末）の公表が求められています。月次かつ速報性のある指標を使っても，景気判断をする際には2カ月前の指標の数値を見ています。GDPは四半期統計であり，数値は四半期終了後1カ月と2週間後に公表されます。すなわち，4月に景気の局面に変化があらわれても，これが四半期GDPの数値で確認できるのは，8月中旬であり，変化からは4カ月も遅れます。これは景気を判断するうえで決定的な遅れといわざるをえません。

　四半期GDP成長率の1次速報値（1次QE）が，2次速報値（2次QE）で大きく改定されることが少なくないことも景気判断に使うことを難しくしています。最近の例として，2015年7-9月期を挙げることができます。この四半期の1次速報値は－0.2％，年率換算では－0.8％でしたが，2次速報値では，それぞれ0.3％，1.0％に改正されました。この大きな要因は民間企業設備であり，－1.3％から0.6％と1.9％上方に改定されました。民間企業設備は，1次速報値は供給側の基礎統計のみで推計されます。一方，2次速報値は需要側の基礎統計，具体的には「法人季報」によっても推計され，両面から推計した値が合成されますので，しばしば大きな改定がなされます。

　もちろん，月次指標の中にも，速報値がおおむね1カ月後に改定されるものが少なくありません。しかし多くの月次の指標の動きから総合的に景気を判断する場合は，いくつかの指標に改定があっても，さほど大きな影響は受けません。なぜなら，月次指標の場合は単月の数値だけで動きを判断することはあり

ませんし（少なくとも2カ月分の動きは見ます），多くの指標が一方向に偏って改定されることが多いとは思えないからです。しかし，主に四半期GDP成長率で景気を判断するならば，数値が大きく改定された場合は，景気判断の信頼性が揺るぎかねません。

また四半期別GDPで状況を把握できる経済分野は限定されます。GDPでは，雇用，企業経営，金融，物価といった経済部門の状況は把握できません。四半期GDP成長率が高い値を示しても，雇用分野にまで波及していないことはめずらしくありません。

四半期GDP成長率は，数多くの経済指標の中でも最も注目される指標であり，生産や需要を包括的にひとつの指標で見ることができるため，景気判断の主役としてあつかわれてもよさそうです。実際に数値が景気判断に影響を与えることは否めませんが，上記のような点が指摘されているため，景気判断のために四半期GDP成長率は使いにくいといわざるをえません。

▶ GDPギャップは景気判断のための指標として不適

四半期GDP成長率は，景気判断の指標といった観点から，いくつかの問題を抱えています。しかしGDP統計には国際的な基準があります。国によってGDPの推計のために使える基礎統計が異なるため推計方法も国によって異なりますが，各国とも利用可能な基礎データを利用しつつ，可能な限り国際基準に合致した推計を行っています。よって四半期GDP成長率は，景気判断のタイミングが遅れる，数値が改定されるといった問題点はあるものの，指標の定義や作成方法には疑いを挟む余地が多くありません。[19]

一方，GDPギャップを算出するための基礎となる潜在GDPは，推計手法や何を潜在投入とするかは，コンセンサスがあるわけではありません。試算を行う機関により推計手法などが異なり，結果の違いが大きくなっています。先に紹介した内閣府によって採用されている計算方法や潜在投入の考え方は，潜在GDPを試算するための一例にすぎません。

---

[19] 作成方法は国際基準に完全に準拠しているわけではなく，細い議論の余地はある。

内閣府の推計手法は生産関数アプローチと呼ばれるもので，マクロ生産関数を推計したうえで，生産関数に潜在的な資本投入量，潜在的な労働投入量，投入要素の生産効率を意味する全要素生産性（TFP）（技術水準）を代入することで潜在GDPを推計しています。ただし推計手法はこれだけではなく，時系列アプローチ，理論モデルアプローチもあります。時系列アプローチとは，観察される現実のGDPを統計的手法で平滑化し，これにより得られるトレンドを潜在GDPとみなします。理論モデルアプローチは，経済理論モデルの枠組みの中で，潜在GDPを求めます。推計手法が異なれば，潜在GDP，ひいてはGDPギャップの推計値も異なります。[20]

　また，同じ生産関数アプローチで推計しても，何を潜在概念とするのかで結果が変わります。内閣府は，「資本ストックや労働力を過不足なく活用した場合に達成し得る経済成長率」と定義し，潜在的な投入量として過去の傾向から導かれる平均的な値を用いています。一方，かつて日本銀行は，潜在概念を「現存する経済構造のもとで資本や労働が最大限に利用された場合に達成できると考えられる経済活動水準」と定義していました。このように潜在概念の定義が異なれば，同じ生産関数アプローチで推計しても，結果が異なります。[21]

　潜在GDPの試算方法にはさまざまなバリエーションが考えられ，それぞれの試算結果は幅を持って見る必要があります。よって潜在GDPをもとに算出されるGDPギャップも幅をもって見る必要があり，景気判断に使うことは適切ではありません。GDPギャップは物価の先行きを判断する際のひとつの材料として活用されてはいますが，景気判断には使えません。

3．景気動向指数

　景気の動きを単一の指標によって把握しようとする試みのもと作成されている指標が景気動向指数です。内閣府「月例経済報告」は，幅広い経済部門の数多くの指標を総合的に勘案して景気をとらえています。一方，景気動向指数は，各経済部門の中でも重要かつ景気に敏感に反応する指標の動きを，ひとつ

---

(20)　3つの推計手法については，浦澤・清谷（2008）14-15ページによる。
(21)　浦澤・清谷（2008）14ページによる。

に統合した動きとして示すことで作成されます。

　指標の動きを点数にたとえるならば，「月例経済報告」は，各経済部門の関連指標を幅広く集め，それぞれの点数を眺めつつ景気に点数をつけますが，景気動向指数は少数精鋭の指標で構成された選抜チームの総合得点をそのまま景気の点数とするイメージです。

　景気動向指数は景気の循環的な局面を正確に把握することが主目的であるため，指標として選ばれるためには，景気とのタイミング，景気循環との対応性，データの平滑性など6つの基準を満たさなければなりません。「月例経済報告」の目的も景気判断ですが，ただ単に拡張局面にある，後退局面にあるといった方向性だけではなく，経済のどの部分がどのような動きをしているのか，その家計への影響はどうか，企業への影響はどうかなど，経済の局面の全体像を描き出そうとするため，幅広い指標から判断しています。このため指標の中には，景気循環とそれほど対応していないもの，不規則な動きがしばしばみられるものもあり，「月例経済報告」で重視される指標であっても，必ずしも景気動向指数の指標として採用されるわけではありません。反対に，6つの基準はきちんと満たし，景気動向指数の指標として採用されているものの，「月例経済報告」の資料に掲載されない指標もあります。景気動向指数は，景気循環の局面の方向性を把握することに秀でた少数精鋭の指標を使って，経済全体が拡張局面にあるのか後退局面にあるのか，システマティックに判断することに特化した指標といえます。

　景気動向指数は大きく分けてCIとDIがあります。CIとはComposite Index（コンポジット・インデックス）の略であり，景気変動の大きさやテンポといった量的側面（量感）を把握するための指標です。一方，DIとはDiffusion Index（ディフュージョン・インデックス）の略であり，景気変動の各経済部門への浸透度，波及度を把握できますが，CIのような景気の量感を把握することはできません。

　2008年3月まではDIがメインの指標でしたが，現在はCIにその地位を明け渡しています。CIには先行指数，一致指数，遅行指数があり，景気の現状を示しているCI一致指数を用いて，あらかじめ設定した基準に機械的にあて

はめた基調判断も公表されています。先行指数は景気の先行きを予測するために利用されます。[22]一方，遅行指数は，一致指数に数カ月から半年遅れて動くことから，景気の動きを事後的に確認するために利用されます。なお，CIの作成方法は本章の補論で詳しく説明しています。

（1）CIの採用系列
▶採用系列の6つの基準

CIをはじめとした景気動向指数を作成するための採用系列（以下では「指標」とします）には6つの選定条件があります。また一度選ばれた指標も，節目において条件を満たしているかチェックされ，ほかの指標と入れ替えられることもあります。

第1の条件は経済的重要性です。これは景気動向を把握するうえでとくに重要なものであり，経済活動の一分野を代表するものであることが必要です。第2の条件は，統計的充足性です。基本的には月次統計であり，時系列データとして長期間整備されている必要があります。またデータのカバレッジが広く，信頼性が高いものであることも求められています。先に第6の条件を示しますが，これは統計の速報性で早期かつ定期的に公表されることが求められます。景気動向指数を作成するためには，長期間の時系列データが必要であり，景気の現状を早期に把握するためには景気動向指数の公表は早い方が望ましく，指数作成に使う指標も速報性が求められます。また経済的代表性や信頼性がないと，景気動向指数の意義が失われてしまいます。

第3から第5の条件が景気循環と関係する条件です。第3の条件は景気循環との対応度です。これは，過去に確定した景気循環に対応して，指標にも転換点が適切についているか否かです。景気循環のひとつの局面（景気の谷から山，山から谷）の中で余分な転換点がついている，あるいは景気循環に対応した転換点がついていないことが多いと条件を満たしていないと評価されます。

---

[22] ただし，CIの先行指数の先行性は，「数カ月」という形でいえるほど安定していない。一致指数と同じタイミングで山をつけたり，1年以上前に山をつけたりする。先行指数のパフォーマンスはあまり良いとはいえず，改善の余地がある。

第4の条件は景気の山・谷との関係です。景気基準日付（景気の山・谷）に対するリード・ラグ（先行する月数，遅行する月数）が安定していること，言い換えれば，リード・ラグの動きが保持され，その時間的ズレがある程度一定していることです。景気循環日付を基準として，景気の山（谷）に対して指標の転換点が後ろにずれることはラグ，前にずれることはリードと呼ばれます。一致指数の場合は景気の山（谷）と，指標の転換点がずれないことが求められますが，数カ月単位のリードやラグが何度も生じるようだと条件を満たしていないと評価されます。

第5の条件はデータの平滑度です。これは不規則変動の回数が少なく，データの動きが滑らかで特異な動きが少ないことです。ある月に大きく増加した後に反動減がよく起こる，あるいは毎月の増減が激しい場合，この条件を満たしているとはいえません[23]。

▶景気動向指数の採用系列

一致指数には10の指標が採用されています。経済部門別に見ると生産（製造業関連）が3つの指標を占めています[24]。3つとは，鉱工業生産指数，鉱工業用生産財出荷指数，中小企業出荷指数です。鉱工業生産指数（第2章で説明）は，主に製造業の生産動向を示す指標で，「月例経済報告」でも最も重視されている指標のひとつです。鉱工業用生産財出荷指数は，生産財のうち鉱工業向けの原材料などとして出荷される財の出荷の動きを示します。生産された財は，在庫として残るか出荷されます。また鉱工業製品は，大きく最終需要財と，鉱工業やほかの産業に原材料などとして投入される生産財に分かれます。よって鉱工業用生産財出荷指数は，鉱工業出荷指数をブレークダウンした指標です。中小企業出荷指数は，「鉱工業指数」に基礎データを提供する経済産業省「生産動態統計調査」の事業所データのうち，中小企業に分類されたものを集計して

---

[23] 6つの条件については，内閣府「6つの選定基準」（第16回景気動向指数研究会 資料1「景気動向指数の第11次改定について（案）」別紙1：2015年7月24日）による。
[24] 景気動向指数に採用されている指標の経済部門は，内閣府「採用系列の経済部門別内訳」（第11回景気動向指数研究会 資料3-2「参考図表」図表3：2009年7月10日）による。

おり，鉱工業出荷指数をブレークダウンした数値ともいえます。この指標により中小企業にも景気が波及しているかを測ることができます。

次に消費部門ですが，こちらも3つの指標が採用されています。3つとは，耐久消費財出荷指数，商業販売額（小売業），商業販売額（卸売業）です。耐久消費財出荷指数は，最終需要財のうち，原則として想定耐用年数が1年以上で，比較的購入単価が高い耐久消費財として出荷される財の動向を示します。よって耐久消費財出荷指数は，鉱工業出荷指数をブレークダウンした指標です。商業販売額（小売業）（第3章で説明）と商業販売額（卸売業）は，それぞれ，小売業と卸売業の販売額を示しています。

投資部門では，投資財出荷指数（除輸送機械）が採用されています。最終需要財は大きく消費財と投資財に分かれますが，投資財出荷指数は後者の動きを示す指標で，鉱工業出荷指数をブレークダウンした指標です。雇用部門では，所定外労働時間指数と有効求人倍率の2つが採用されています（後者は第8章で説明）。所定外労働時間指数は残業時間の動きを示します。最後に企業経営部門から営業利益（第7章で説明）が採用されています。

先行指数と遅行指数の採用指数は簡単に紹介します。先行指数には11の指標が採用されています。生産部門からの採用指標はありません。在庫部門からは2つ，消費部門からは1つ，投資部門からは2つ，雇用部門からは1つ，企業経営部門からは2つ，金融部門からは2つ，物価部門からは1つの指標が採用されています。また，遅行指数には9の指標が採用されています。在庫部門からは1つ，消費部門からは1つ，投資部門からは1つ，雇用部門からは3つ，企業経営部門からは1つ，物価部門からは1つ，サービス部門から1つの指標が採用されています。

（2）景気基準日付とCIの読み方
▶景気基準日付

内閣府では，景気循環の局面判断などのため主要経済指標の中心的な転換点である景気基準日付（山・谷）を設定しています。景気基準日付は，ヒストリカルDIにもとづき，景気動向指数研究会での議論を経て設定されます。DI

とヒストリカル DI について説明しましょう。DI の作成方法は CI と比較して簡単です。DI を作成するための指標は CI と同一です。

　DI の作成にあたって最初の作業は，採用指標の各月の値を 3 カ月前の値と比較し，増加した時には＋を，横ばいの時には 0 を，減少した時には－をつけることです。＋がついた指標数（0 がついた指標は0.5としてカウント）の指標数の比率をパーセンテージで表示したものが DI です。たとえば，一致指数の場合の指標数は10ですが，そのうち＋の指標が 4 つ，－の指標が 6 つであれば，(4÷10)×100％で，DI は40％となります。

　ヒストリカル DI は，＋や－をつける基準が DI と大きく異なります。まず，個々の指標に山と谷を設定します。そして谷から山にいたる期間はすべて＋，山から谷にいたる期間はすべて－として DI を算出します。

　景気基準日付を設定する基準は 3 つの D，すなわち Diffusion（波及度），Depth（量的な変化），Duration（景気後退・拡張の期間）です。波及度については，ヒストリカル DI で判断します。ヒストリカル DI が50を上回る（下回る），すなわち過半の指標が上昇（下降）局面となる直前の月が，景気の谷（山）の候補となります。量的な変化については，CI で判断します。CI を参照し，顕著に反転したことを確認しますが，その際の目安は，過去の参照すべき拡大（後退）期間のうち，上昇（下降）が小さかった例と同等以上に上昇（下降）していることです。最後に景気後退・拡張の期間ですが，目安としては，景気の谷（山）が，直前の景気の山（谷）から 5 カ月以上経過し，かつ前の景気循環の谷（山）から15カ月以上経過していることが必要です。

　このほか，実質 GDP や「日銀短観」などの景況感の動きなどを確認したうえで，暫定的に景気の山・谷が設定されます。その後，時間をおいて景気基準日付が確定（景気の山・谷を同時に確定）されますが，暫定的な日付が変更されることもあります。なお参考までに第10循環以降の景気基準日付を**図表 1 － 10**に掲載しますが，景気基準日付は過去の景気局面における指標の動きなどを見る場合，拡張期あるいは交代期の時期を特定するうえで大変役に立ちます。なお，基準日付といっても，年月までであり，さすがに日の特定はされていません（そもそも無理です）。

図表1-10　内閣府の景気基準日付

循環	谷	山	谷	期間		
				拡張	後退	全循環
第10循環	1983年2月	1985年6月	1986年11月	28ヵ月	17ヵ月	45ヵ月
第11循環	1986年11月	1991年2月	1993年10月	51ヵ月	32ヵ月	83ヵ月
第12循環	1993年10月	1997年5月	1999年1月	43ヵ月	20ヵ月	63ヵ月
第13循環	1999年1月	2000年11月	2002年1月	22ヵ月	14ヵ月	36ヵ月
第14循環	2002年1月	2008年2月	2009年3月	73ヵ月	13ヵ月	86ヵ月
第15循環	2009年3月	2012年3月	2012年11月	36ヵ月	8ヵ月	44ヵ月

(出所）内閣府「景気動向指数：景気基準日付」により作成。

▶ CIの動き

CIの一致指数の動きを見てみましょう（図表1-11）。CIは景気変動の大きさやテンポといった量的側面（量感）を把握するための指標であり，山・谷のタイミングのみならず，山の高さや谷の深さもつかむことができます。

1986年11月から1991年2月までの拡張局面は「バブル景気」とも呼ばれますが，ほかの景気拡張局面と比較して拡張の規模が大きかったことがCIから読み取れます。またこれに続く，1991年2月から1993年10月までの後退局面は，バブル崩壊の影響もあり，ほかの後退期と比較して後退の規模が大きかったことも見て取れます。

2002年1月から2008年2月までの拡張局面は，「バブル景気」のみならず，最長記録を長年保持した「いざなぎ景気」（1965年10月から1970年7月）の期間を1年以上も更新する息の長いものでした。拡張の規模も「バブル景気」ほどではないにしても比較的大きなものであったことも読み取れます。さらにリーマン・ショックをまたいだ2008年2月から2009年3月の後退局面は，期間こそ

図表1-11　CI一致指数（月次データ）

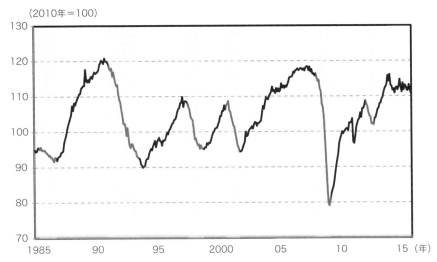

（注）シャドウ部分は，内閣府が設定した景気基準日付の景気後退期。
（出所）内閣府「景気動向指数」により作成。

短かったものの，後退の規模が極めて大きかったことがわかります。なお特筆すべきは2014年半ばからの動きであり，これまでのような比較的明確な循環を示していないようにも見えます。

▶ CIの一致指数による景気の基調判断

内閣府はCIの一致指数を用いて景気の基調判断を行っています。この基調判断は，「月例経済報告」を担当している政策統括官（経済財政分析担当）ではなく，経済社会総合研究所景気統計調査部が担当しています。

「月例経済報告」では，多数の経済指標を総合的に評価したうえで景気判断を行っています。一方で，CIの一致指数による景気の基調判断は，ひとつの指標で判断し，判断基準があらかじめ定められています。以下ではこの基準を内閣府の資料より紹介します。

景気の基調判断には，「改善」，「足踏み」，「局面変化」（上方への局面変化，下方への局面変化），「悪化」，「下げ止まり」の5つがあります。基調判断のイ

メージは図表1-12のとおりです。

　まず「改善」です。これは「景気拡張の可能性が高い」ことを示します。この判断をする際の基準は，①「原則として3カ月以上連続して，3カ月後方移動平均が上昇」，②「当月の前月差の符号がプラス」の両方を満たした場合です。これに対比する基調判断として「悪化」があります。これは「景気後退の可能性が高い」ことを示します。基準は，①「原則として3カ月以上連続して，3カ月後方移動平均が下降」，②「当月の前月差の符号がマイナス」の両方を満たした場合です。「改善」の基準の「上昇」および「プラス」を「下降」および「マイナス」に置き換えれば「悪化」の基準となります。なおCIの一致指数による景気判断では，指数の前月比ではなく，指数の前月差を用いていることに注意が必要です。

　次に「足踏み」です。これは「景気拡張の動きが足踏み状態になっている可能性が高い」ことを示します。この判断をする場合の基準は，①「3カ月後方

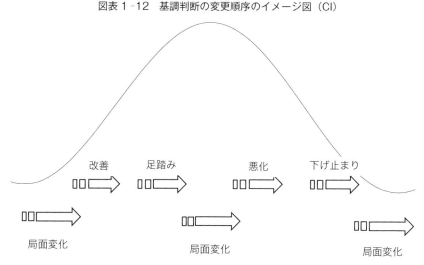

図表1-12　基調判断の変更順序のイメージ図（CI）

（出所）「CIによる景気の判断の基準の一部見直し（案）について」（第11回景気動向指数研究会 資料2-1：2009年7月10日）4ページを引用。資料の引用に際しては，筆者が図などを再現したため，実際のものと若干の違いがある。

移動平均（前月差）の符号がマイナスに変化し，マイナス幅（1カ月，2カ月または3カ月の累積）が1標準偏差分以上」，②「当月の前月差の符号がマイナス」の両方を満たした場合です。これに対比する基調判断として「下げ止まり」があります。これは「景気後退の動きが下げ止まっている可能性が高いこと」を示しています。基準は，①「3カ月後方移動平均（前月差）の符号がプラスに変化し，プラス幅（1カ月，2カ月または3カ月の累積）が1標準偏差分以上」，②「当月の前月差の符号がプラス」の両方を満たした場合です。「足踏み」の基準の「マイナス」を「プラス」に置き換えれば「下げ止まり」の基準となります。

「足踏み」と「下げ止まり」の基準については若干の説明を加えます。第一に「標準偏差」についてです。基調判断を「足踏み」と「下げ止まり」とする条件には（後述の「局面変化」とする条件も同様です），前月差の「符号」のみならず「大きさも」含まれています。つまり符号が変化して，変化がある程度大きい場合，これらの基調判断が行われます。しかし，符号はプラスかマイナスかで簡単に判断できますが，「ある程度大きい」と判断するためには何らかの基準が必要です。その基準として使われているのが標準偏差です。

標準偏差とはデータのばらつきを示す尺度です。標準偏差は，偏差（データの個々の値と平均値の差）の2乗を平均した値の平方根で求めることができます。データの個々の値が平均値からどれだけ離れているか示した数値といえ，標準偏差が大きな指標は動きが大きく，標準偏差が小さな指標は動きが小さいと考えることができます。基調判断では，CIの一致指数の変化が1標準偏差分（＝標準偏差×1）を超えれば，変化が「ある程度大きい」と見なしています。

第二に「1カ月，2カ月または3カ月の累積」です。マイナス幅を例として考えてみましょう。符号がマイナスに転じた月をT月，3カ月移動平均の標準偏差が1.01であるとしましょう。T月の前月差が－1.02（たとえば，T月の指数が100.00，T－1月の指数が101.02であればこの前月差になります。なお，指数は小数点一桁まで，指数の前月差は小数点二桁まで公表されています）であったとすれば，マイナス幅が1標準偏差分の大きさを超えていますので（もちろんT月の符号もマイナス），基調判断は「足踏み」となります。一方，－0.50であれば

条件を満たしません。翌月であるT＋1月の前月差が－0.90であれば，T月とT＋1月の累積が－1.40（－0.5－0.9）になりますので条件を満たします。しかし，－0.40（－0.50－0.40＝－0.90）であればまだ条件を満たしません。さらに翌々月であるT＋2月の前月差が－0.20であれば，T月からT＋2月の累積が－1.10（－0.50－0.40－0.20）になりますので条件を満たしますが，－0.10であれば条件を満たしません（－0.50－0.40－0.10＝－1.00）。累積する期間は最大3カ月ですので，T＋3月の前月差が－0.10であっても，T＋1月からT＋3月の累積は－0.60（－0.40－0.10－0.10）であるので条件を満たしません。ちなみに途中で前月比がプラスの月が入れば，累積は中断されます（最初からやり直し）。つまり，毎月のマイナス幅の大きさが基準を満たさなくても，マイナス幅が続く限り3カ月分までは累積して判断が行われています（「下げ止まり」の基準については「マイナス」を「プラス」に置き換えて考えて下さい）。

　さらに「下方への局面変化」です。これは「事後的に判定される景気の山が，それ以前の数カ月にあった可能性が高い」ことを示します。この判断をする場合の基準は，①「7カ月後方移動平均（前月差）の符号がマイナスに変化し，マイナス幅（1カ月，2カ月または3カ月の累積）が1標準偏差分以上」，②「当月の前月差の符号がマイナス」の両方を満たした場合です。これに対比する基調判断として「上方への局面変化」があります。これは「事後的に判定される景気の谷が，それ以前の数カ月にあった可能性が高い」ことを示しています。基準は，①「7カ月後方移動平均（前月差）の符号がプラスに変化し，プラス幅（1カ月，2カ月または3カ月の累積）が1標準偏差分以上」，②「当月の前月差の符号がプラス」の両方を満たした場合です。「下方への局面変化」の基準の「マイナス」を「プラス」に置き換えれば「上方への局面変化」の基準となります。これら基準は，「足踏み」と「下げ止まり」の基準の「3カ月後方移動平均」を「7カ月後方移動平均」にそれぞれ置き換えたものです。つまり，「局面変化」については，少し長めの傾向から判断するために，7カ月移動平均で見ています[25]。

　なお，CIの一致指数による景気の基調判断の基準については，第2章以降に紹介する指標のうち，とくに重要なものの動きを見るために準用しますの

で，是非，基準については理解してください。

（補論） CIの作成方法

　CIは景気に敏感な指標の量的な動きを合成した指標で，この指標により景気変動の量感（大きさ）を測定できます。先行指数，一致指数，遅行指数のすべては同じ方法で作成されます。以下ではCIを深く知るために作成方法を説明します。

　CIはすべての指標を合成した数値といえ，基準年を100とした指数の形をとります。第2節では，各月の具体的な数値を基準年の数値で割り100をかけることで，基準年を100とした数値に変換したものが指数であると説明しました。しかしCIはそのような指数ではなく，厳密にいえば元となる具体的な数値がありません。CIの正体は何かといえば，基準年の数値を100として，採用されている指標の合成された動きを累積していくことで得られる指数です。なお指標ごとに平均的な動きの大きさに差があります。よって指標の動きを単純に合成すると，CIの動きが，主に変動の大きな指標の動きに左右されることになるので，指標の動きを標準化することで合成可能とします。

　CIを作成するためには，①指標の動きの大きさ（方向も含みます）を測る，②指標の動きの大きさを標準化するために統計的な処理をする，③標準化された指標の動きの大きさを合成する，④標準化され合成された指標の動きの大きさについて標準化の逆の統計処理をする，⑤基準年を100として，合成変化率から算出する変動の大きさを累積することで指数（＝CI）を導出するといった作業が必要です。以下では作業の方法を，順を追って説明していきます。

▶指標の動きの大きさを測るための基本は対称変化率

　最初の作業は，指標の動きの大きさを測ることですが，その準備として，指標の動きの大きさを測る尺度を決めなければなりません。指標の動きの大きさ

---

(25)　CIの一致指数による景気の基調判断の基準については，内閣府「CIによる景気の基調判断の基準」を適宜引用しつつ記述した。

と方向を測るためには変化率，すなわち前月比を使うことが一般的です。しかし前月比には欠点があります。100から110になる，110から100になることは対称的な変化です。しかし対称的な変化であっても，変化率にすると絶対値の数値が異なります。100から110への変化率は，（(110 − 100) ÷ 100）× 100で10％ですが，110から100への変化率は，（(100 − 110) ÷ 110）× 100で − 9.1％です。

何がマズイかというと，指標が100から110に増加した後，再び100に戻った場合，数値は10増加して10減少して元に戻っただけですが，増加の大きさと減少の大きさに差が出てしまいます。そこでCIを作成する場合には，このように対称変化が起こった場合でも，変化の大きさが異ならないように，対称変化率で変化の大きさと方向を測定します。指標YのT月の対称変化率は以下のとおりです。

$$T月の対称変化率 = \left(\frac{Y_T - Y_{T-1}}{\frac{(Y_T + Y_{T-1})}{2}} \right) \times 100\%$$

YがT − 1月からT月の間に，100から110になる場合，T月の対称変化率は9.5％となります。一方，110から100になる場合，T月の対称変化率は − 9.5％となります。変化の方向はプラスとマイナスで異なりますが，変化の大きさは等しくなります。また一般的な変化率は，− ∞％から∞％を取り得ますが，平均変化率は − 200％から200％の間におさまります。このような利点があるため，指標の変化の大きさを測るためには，対称変化率を使います。

ただし2点ほど注意が必要です。まずマイナス値をとり得る指標，比率は対称変化率ではなく前月差を使用します（以下では前月差も含めて「対称変化率」とします）。たとえば，失業率が3.5％から3.3％になった場合は，− 0.2％ポイントです。さらに指標の中には景気拡大局面で数値が下がる指標（逆サイクル）がありますが，この場合は対称変化率の符号を逆転させます（− → ＋，＋ → −）。

▶対称変化率の振れ幅を指標間で等しくするための準備

2番目の作業として，指標の動きの大きさを標準化するために統計的な処理を行います。一致指数のCIでは，10の指標が採用されています。しかし指標

によっては対称変動率の振れ幅が大きいものがある反面，振れ幅が小さい指標もあります。指標の対称変動率を単純に平均してしまうと，振れ幅が大きい指標の影響が強くなってしまいますので，指標間の対称変化率の振れ幅を等しくする作業を行います。

振れ幅の大きさを測る尺度としては四分位範囲を使っています。四分位範囲とは，数値を大きい順に並び替えて，上位25％値と下位25％値との差をとることで求めることができます。たとえば，11，10，9，8，7，6，5，4，3，2，1といった数値があるとしますと，9が上位25％値，2が下位25％値ですので，四分位範囲は7になります。四分位範囲は数値の振れ幅が大きくなるほど高い値を取ります。よって，対称変化率を四分位範囲で割ることで，各指標の対称変化率の振れ幅を等しくできます。

各指標の四分位範囲は，1980年1月から直近12月までの期間の各指標の対称変化率を大きい順から並べ，上位25％値から下位25％値を引くことで求めます（2015年10月であれば，1980年1月から2014年12月までの毎月の対称変化率）。

▶対称変化率の標準化

各指標の対称変化率を四分位範囲で割ることで振れ幅を等しくできます。しかしその前にトレンドの除去を行わなければなりません。各指標にはトレンドがあることが少なくありませんが，トレンドを除去しないまま対称変化率を四分位範囲で割ると，振れ幅の大きい指標のトレンドが過小評価されてしまいます。たとえば，対称変化率の振れ幅が大きな指標に上方トレンドがあり，小さな指標に下方トレンドがあると，最終的なCIのトレンドに下方バイアスがかかってしまいます。

そこで各指標からトレンドを除去したうえで，四分位範囲で割ることが必要です。トレンドは一定期間の対称変化率の平均値をとることで求められます。対称変化率の平均値がゼロであればトレンドなし，プラス値なら上方トレンド，マイナス値なら下方トレンドがあることを意味します。各指標のトレンドは，指標の系列に外れ値処理[26]をしたうえで，60ヵ月後方移動平均をとることで算出します。各指標のT月のトレンドは以下のとおりです。

$$\text{T月のトレンド} = \frac{(\text{T}-59)\text{月の対称変化率} + \cdots\cdots + \text{T月の対称変化率}}{60}$$

各指標のトレンドを算出したら，各指標のT月の対称変化率を以下のように基準化することで基準化変化率を求めます（すべてT月の数値です）。

$$\text{基準化変化率} = \frac{\text{対称変化率} - \text{トレンド}}{\text{四分位範囲}}$$

これで各指標の対称変化率からトレンドが除去され，各指標の振れ幅も等しくなりましたので，各指標の基準化変化率を単純平均します（合成基準化変化率）。これが3番目の作業です。一致指数の場合は採用指標が10あります。指標が10あるとして順番に番号をつけると，T月の合成基準化変化率は以下のようになります（すべてT月の数値です）。

$$\text{合成基準化変化率} = \frac{\text{指標1の基準化変化率} + \cdots\cdots + \text{指標10の基準化変化率}}{10}$$

合成基準化変化率は採用系列すべての対称変化率の動きが反映されていますが，振れ幅が四分位範囲で割られており，トレンドも除去されているので，これを元に戻して実際の振れ幅とトレンドを再現する作業が必要です。これが4番目の作業です。

▶ CIの算出

振れ幅が四分位範囲で割られており，トレンドも除去されている合成基準化変化率を元に戻して，実際の振れ幅とトレンドを再現します。具体的には，合成基準化変化率に，各指標のトレンドの平均値（合成トレンド）を加え，各指標の四分位範囲の平均値（合成四分位範囲）をかけます（すべてT月の数値です）。

$$\text{合成トレンド} = \frac{\text{指標1のトレンド} + \cdots\cdots + \text{指標10のトレンド}}{10}$$

---

(26) 外れ値処理とはCIの振れを抑えるため，各指標の変動のうち急激な部分を，具体的にはある一定の基準値を超えたものを，基準値に置き換える処理のことである。本書では外れ値処理の説明には踏み込まない。

$$\text{合成四分位範囲} = \frac{\text{指標1の四分位範囲} + \cdots\cdots + \text{指標10の四分位範囲}}{10}$$

合成基準化変化率を元にもどした値が合成変化率です（すべてT月の数値）。

$$\text{合成変化率} = (\text{合成基準変化率} + \text{合成トレンド}) \times \text{合成四分位範囲}$$

5番目の作業は，基準年を100として，合成変化率をもとに算出する動きの大きさを累積することで指数（＝CI）を算出することです。そのためにT月のCIとT－1月のCIの関係を対称変化率の定義から導き出します。合成変化率は各指標の対称変化率を合成したもの，CIはすべての指標を合成したものと考えられますので，対称変化率の定義から，合成変化率は以下のようにあらわすことができます。なおT月の合成変化率をV_Tとします。

$$V_T = \left(\frac{CI_T - CI_{T-1}}{\frac{(CI_T + CI_{T-1})}{2}} \right) \times 100$$

最初に示した対称変化率の定義の対称変化率を合成変化率（V_T）に，YをCIに置き換えたものがこの式です。最初に示した式は個々の変数に対応したものでしたが，この式は合成された変数に対応しているのでYがCIに置き換わっています。この式をCI_TとCI_{T-1}の関係式に変形します。

$$V_T = \left(\frac{CI_T - CI_{T-1}}{(CI_T + CI_{T-1})} \right) \times 200 \Rightarrow V_T = \left(\frac{\left(\frac{CI_T}{CI_{T-1}} - 1\right)}{\left(\frac{CI_T}{CI_{T-1}} + 1\right)} \right) \times 200$$

$$\Rightarrow V_T \left(\frac{CI_T}{CI_{T-1}} + 1 \right) = \left(\frac{CI_T}{CI_{T-1}} - 1 \right) \times 200$$

$$\Rightarrow V_T \left(\frac{CI_T}{CI_{T-1}} \right) + V_T = 200 \times \left(\frac{CI_T}{CI_{T-1}} \right) - 200$$

$$\Rightarrow (200 - V_T) \times \left(\frac{CI_T}{CI_{T-1}} \right) = 200 + V_T \Rightarrow \left(\frac{CI_T}{CI_{T-1}} \right) = \frac{200 + V_T}{200 - V_T}$$

この変形を経て，以下のCI_TとCI_{T-1}の関係式が得られます[27]。

$$CI_T = CI_{T-1}\left(\frac{200 + V_T}{200 - V_T}\right)$$

つまりT月のCIは，T−1月のCIとT月の合成変化率から得られることがわかります。また当然ですが，T−1月のCIは，T−2月のCIとT−1月の合成変化率から得られる数値をかけることで得られます。

$$CI_{T-1} = CI_{T-2}\left(\frac{200 + V_{T-1}}{200 - V_{T-1}}\right)$$

これの式を，CI_Tを求めるための式に代入すれば，

$$CI_T = CI_{T-2}\left(\frac{200 + V_{T-1}}{200 - V_{T-1}}\right) \times \left(\frac{200 + V_T}{200 - V_T}\right)$$

となり，T月のCIは，T−2月のCIとT月およびT−1月の合成変化率から得られることになります。これを延々と続けていくと，T月のCIは，①2010年1月のCI，②2011年1月からT月までの各月の合成変化率によって表現できるよう変形できます。

なぜ2010年1月のCIかというと，この月のCIを発射台とできるからです。2010年は現時点におけるCIの基準年であり，基準年のCIは100とされています。基準年のCIは，2010年1月から12月までのCIの平均値です。

2010年X月のCIは，2010年1月のCI，2010年2月からX月までの合成変化率によって表現できます。よって2010年1月から12月までのCIの平均値は，2010年1月のCI，2010年2月から2010年12月までの合成変化率で表現できます。2010年1月から12月までのCIの平均値は100であり，2010年2月から2010年12月までの合成変化率も計算できます。よって2010年1月から12月までのCIの平均＝100を解くことによって，唯一の未知の数値である，2010年1月のCIを導き出すことができます。

2010年1月のCIの値がわかれば，これを発射台として，前後の月のCIが芋づる式に計算されていきます。整理しますと，各月のCIは，採用されている指標の数値よりすべての月の合成変化率を計算し（1985年1月から2015年10月

---

(27) この変形は白川（1995）73ページによる。

までの系列であれば，この間の月のすべてについて合成変化率を計算します），この数値を使って基準年のCIの値である100を前後に延ばしていくことで導出されます。[28]

---

(28) CIの作成方法などについては，内閣府「新たな外れ値処理手法の詳細」，同「景気動向指数：景気動向指数の利用の手引」，同「景気動向指数：個別系列の概要などによる。

〈第 1 章の参考文献・資料〉

【文献】

浦沢聡士・清谷春樹（2008）「景気循環成分の推計制度：シミュレーション手法による GDP ギャップの信頼区間の導出」（ESRI Discussion Paper Series No. 194）内閣府経済社会総合研究所．

エーベル・バーナンキ（伊多波良雄 他訳）（2007）『マクロ経済学 下 マクロ経済政策編』シーエーピー出版．

小峰隆夫・村田啓子（2012）『最新日本経済入門［第 4 版］』日本評論社．

白川一郎（1995）『景気循環の演出者』丸善ライブラリー．

得能雅之（2007）「GDP の値はなぜ改定されるのか〜速報・確報の作成方法について」（内閣府経済社会総合研究所国民経済計算部『季刊国民経済計算』No. 134），1-6 ページ．

総合研究開発機構（2008）「市場分析専門家の立場から見た経済統計に関するアンケート」（総合研究開発機構『統計改革への提言』NIRA 研究報告書2008 10），79-165ページ．

中村洋一（1999）『SNA 統計入門』日本経済新聞社．

森一夫（1997）『日本の景気サイクル』東洋経済新報社．

【資料】

経済産業省大臣官房調査統計グループ経済解析室「鉱工業生産指数のしくみと見方」（2014年 3 月）．

総務省「平成23年（2011年）産業連関表─総合解説編─」（2015年 6 月）．

内閣府「新たな外れ値処理手法の詳細」．

内閣府「現行 CI を中心とした景気動向指数の公表に向けた課題」（第 8 回景気動向指数研究会 資料 2：2007年12月17日）．

内閣府「採用系列の経済部門別内訳」（第11回景気動向指数研究会 資料 3 - 2「参考図表」図表 3：2009年 7 月10日）．

内閣府「CI による景気の基調判断の基準」．

内閣府「日本経済 2011〜2012」．

内閣府「6 つの選定基準」（第16回景気動向指数研究会 資料 1「景気動向指数の第11次改定について（案）」別紙 1：2015年 7 月24日）．

内閣府経済社会総合研究所「SNA 推計手法解説書（平成19年改訂版）」（2007年10月）．

内閣府経済社会総合研究所国民経済計算部「推計手法解説（四半期別 GDP 速報（QE）編 平成17年基準版）」（2012年11月 8 日：2015年 4 月28日一部改訂）．

内閣府経済社会総合研究所国民経済計算部「推計手法解説書（年次推計編）平成17

年基準版」(2012年11月16日).

【ホームページ上の資料】
経済産業省「鉱工業指数(IIP):Q&A　質問:年間補正とは」.
内閣府「景気動向指数:景気基準日付」.
内閣府「景気動向指数:景気動向指数の利用の手引」.
内閣府「景気動向指数:個別系列の概要」.
内閣府「国民経済計算(GDP統計):SNAの見方」.

第2章　鉱工業生産・出荷・在庫

　経済は大きく供給側と需要側に分けることができます。供給側によって財やサービスが生産され，需要側は財やサービスを購入します。供給側の指標とは，財やサービスがどれだけ生産されたかを示す指標です。一方，需要側の指標とは，財やサービスがどれだけ購入されたかを示す指標です。

　本章では供給側の指標を取り上げ，次章以降で需要側の指標を取り上げます。供給側の指標としては主に鉱工業生産指数を取り上げます。この指標は，CIの一致指数と連動しており景気の転換点の把握に有用で，かつ標本調査でないためサンプリングによる振れの問題がありません。よって，景気判断のための最重要な指標といえます。また，鉱工業生産の動きを見るうえで，出荷・在庫ギャップ，生産予測指数なども重要であり，これらについても取り上げます。なお，足下の景気判断にとっては重要とはいえませんが，第3次産業の活動を月次で把握できる第3次産業活動指数も参考として紹介します。

第1節　鉱工業生産

　鉱工業生産を把握できる月次指標は鉱工業生産指数です。鉱工業生産指数は景気を判断するうえで，最重要といっても過言ではありません。以下では，生産指数（実績および予測指数），出荷指数，在庫指数について，業種別系列も含め取り上げます。

1．鉱工業生産指数が重要な指標である理由と基礎知識

　経済産業省が毎月公表している「鉱工業指数」の鉱工業生産指数は景気判断で最も重要な指標といっても過言ではありません。その理由は，指標が景気の動きに敏感に反応するとともに一致して動くことです。さらに，毎月公表され

速報性があること，指標の信頼度が高いことも重要です。ちなみに鉱工業生産指数はIIP（アイアイピー）と呼ばれることも多いですが，これは英語のIndex of Industrial Productionを略した呼び方です。ちなみに「鉱工業指数」は○×統計といった名称ではありませんが立派な統計です（ただし「生産動態統計調査」などを加工して作られる加工統計ですので，「鉱工業指数」を作成するためだけには統計調査は行っていません）。

　鉱工業生産指数が重要である理由について順番に説明していきましょう。まず指標が景気の動きに敏感に反応することについてです。経済産業省の「鉱工業指数のしくみと見方」によれば，鉱工業生産は，『景気が悪くなって在庫が積み上がれば生産を縮小して在庫調整を行い，逆に景気が良くなれば将来の需要拡大を見越して在庫を積み増すなど，景気に対する反応が大きい』といった特徴を有します。さらに，景気と一致して動く特徴があり，景気の転換点を把握するために有用です。次に速報性です。「鉱工業指数」は翌月末に公表されるので速報性に問題ありません。さらに鉱工業生産指数については，2カ月先の見込みが生産予測指数として公表される点が強みです。

　最後に指標の信頼度が高いことについてです。景気判断に使用する指標には速報性が求められるため，限られた標本数から数値を推計します。しかし標本数が少ないと，推計した数値の誤差が大きくなり，指標の振れが大きくなります。話を先取りしますと，第3章以降で紹介する需要側の指標には，標本数の少なさゆえに振れが大きなものが少なくありません。一方，鉱工業生産指数は裾切り調査のデータを加工して求められており，標本調査の場合に避けられない数値の振れなどの問題がなく，信頼度が高くなっています。[1]

▶基礎知識1：生産・出荷・在庫

「鉱工業指数」では，①生産指数，②出荷指数，③在庫指数，④在庫率指数，⑤生産能力指数，⑥稼働率指数，⑦生産予測指数といった指数が公表されてい

---

(1) 鉱工業生産指数が重要な指標である理由については，経済産業省大臣官房調査統計グループ経済解析室「鉱工業生産指数のしくみと見方」（平成26年3月）1ページなどによる。

ます（季節調整値も公表されています）。本書では，鉱工業生産指数を主に取り上げますが，生産のみならず，出荷，在庫といった指標も景気判断に関する議論の中で大変よく出てきます。よってここで，生産，出荷，在庫を中心にこれらの用語の意味と相互関係を，政府の資料をもとに説明します。

　生産を起点として見てみましょう。生産された製品は，出荷されるか，在庫となるかに分かれます（在庫もいつかは出荷されます）。出荷とは，生産された製品が販売されるなどして生産者の手から離れることを意味します。また在庫については，本来は，製品を作るための原材料の形で生産者のもとにある原材料在庫，製品が完成していない状況で生産者のもとにある仕掛品在庫（生産ラインの途中にある完成していない自動車など），完成した製品の形で生産者のもとにある製品在庫，生産者の手を離れて流通の段階にある流通在庫の4つに分かれます。しかし鉱工業生産指数での在庫とは製品在庫のことを指します。本書でも特別に断らないかぎり，在庫とは出荷されず生産者の段階に残っている完成した製品と考えてください。

　鉱工業生産指数に限らず，本書で頻出する用語は，「生産」，「出荷」，「在庫」ですが，以下では鉱工業生産活動に関するほかの用語も簡単に説明しておきます。最初に在庫率ですが，これは在庫量を出荷量で割ることで求められる比率です。次に生産能力です。出荷された財については，原材料としてほかの財を生産するために使われるか，最終的に需要されるかの大きく2つに分かれます。最終的に需要される場合，輸出されて海外に行くか，国内で消費あるいは設備投資されるかに分かれます。消費される，あるいは輸出された場合は鉱工業生産活動との関係は切れますが，鉱業や製造業に設備投資された場合は，生産設備となり生産能力を高めます。生産能力とは，生産者が所有している設備などを使って生産可能な生産量の最大値を意味します。最後の稼働率です。実際の生産量を，生産能力を最大限発揮した場合に生産可能な数量で割ることで求められる比率が稼働率です。[2]

---

(2) 　生産，出荷，在庫などの用語の意味と相互関係については，内閣府統計委員会「諮問第31号の答申　鉱工業指数の基幹統計としての指定について（案）」（第40回統計委員会　資料4：2010年11月19日）などによる。

生産，出荷，在庫に話を戻すと以下のような関係が得られます。

$$生産量＝出荷量＋在庫量増加（期末在庫量－期首在庫量）$$

ここで注意すべきは，生産量，出荷量はフロー指標，在庫量はストック指標である点です。生産量や出荷量は一定期間に生産あるいは出荷された財の量ですが，在庫量はある時点において在庫として生産者の段階に残っている財の量です。たとえば，2015年10月における乗用車の生産量が10,000台であるとは，10月1日から31日の1カ月間に，10,000台の乗用車が生産されたことを意味します。一方，在庫量は特定の一時点で存在する在庫の量を意味するため，たとえば10月1カ月間の在庫量といった概念はありません。そのかわり，10月1日（期首）時点での在庫量，10月31日（期末）時点での在庫量という形で計測します。10月の期首在庫量が200台であれば，10月1日が始まる段階で200台の乗用車が在庫として残っており，期末在庫が300台であれば10月31日が終わった段階で300台の在庫が残っていることを意味します。この1カ月間に増えた在庫の量は，上の式にあるように在庫量増加といいます。また，10月の在庫指数や在庫率指数は，10月末日が終わった時点での在庫量から求めます。

鉱工業生産指数の説明に限らず，個人消費や設備投資などの説明の際，生産，出荷，在庫の関係が重要になってきますので，是非，これら用語については，これを機に理解しておいてください。

▶基礎知識2：事業所　業種　品目

「鉱工業指数」に限らず，統計を作成する際に，統計作成機関は事業所に質問票を送ることが大半を占めています。「生産動態統計調査」も，統計作成機関である経済産業省が，事業所に調査票を送り生産量などを報告してもらっています。また，企業に調査票を送る場合も，事業所単位での回答を求めることも少なくありません。そこで，統計の作り方を説明する際には，「事業所」という用語が頻出します。よって事業所とは何か知る必要があります。

事業所とは，財の生産や販売，サービスの提供などが，①単一の経済主体のもと，②一定の場所を占めて，③従業者と設備を有し，④継続的に行われてい

るものをいいます。

　銀行には多くの支店がありますが，各支店は別々の場所にあり，それぞれが金融サービスを提供しています。よって同じ銀行の支店であっても，支店はそれぞれ異なった事業所です。また家電メーカーが国内にいくつか工場を持っており，別々の場所で家電を生産する場合，工場はそれぞれ異なる事業所です。本社，支社，営業所，工場，倉庫（従業員がいる），配送センター，車両整備所，研究・開発センター，社員研修センター，ショールーム，お客様センター，資料館，管理人のいる寮，保養所なども，経営主体が同じであっても別々の場所にある場合は，それぞれ個々の事業所です。

　またひとつのまとまった場所で財・サービスを生み出していても，経営している主体が異なれば別々の事業所です（雑居ビルに，医院，弁護士事務所，さまざまな小売店などが入っている場合，経営が異なればすべて別々の事業所です）。

　企業が多くの事業所を有する場合もありますが，企業がひとつしか拠点を持たずそこで経済活動が完結していることもあります。個人経営の商店，飲食店，旅館，学習塾などはその典型例ですが，この場合は，企業＝事業所となります。

　統計の作成機関が，企業単位での回答を要請する場合，企業はすべての事業所の情報を一括して報告します。たとえば，メーカーの本社に企業としての生産量を報告するよう要請した場合，メーカーは傘下のすべての工場の生産量を報告します。一方，事業所単位で鉄鋼生産量の報告を要請した場合，各工場がそれぞれ生産量を報告します[(3)]。

　鉱工業生産指数の説明の際には，「業種」と「品目」という用語が頻出します。世の中にはさまざまな財・サービスを生産する主体がありますが，これらを類似したものに集約したものが業種あるいは産業と呼ばれます。また世の中にはさまざまな財がありますが，無数にある財を類似するものに集約したものが品目です。

（3）　事業所に関する記述は，総務省統計局「事業所・企業統計調査って何？」，総務省・経済産業省「平成28年経済センサス－活動調査企業構造の事前確認票の記入のしかた」19－21ページなどによる。

２．鉱工業生産指数の作成方法

　鉱工業生産指数に限らず指標の特徴を正確に理解するための早道は，その作成方法を知ることです。指標の名称から，鉱業と製造業（工業）の生産を指数化したものであることはわかります。しかし生産とは生産量を意味するのか，生産額を意味するのかによって指標の性格が大きく異なります。生産量であれば価格変動の影響を受けない実質値，生産額であれば価格変動の影響を受ける名目値となります。生産額であれば，金額という共通の尺度で測れますので，単に足し上げることで鉱工業全体の生産額にまとまります。一方，生産量であれば，品目によって単位が異なるため，品目別に指数化してこれを加重平均していることが想定されます。その際，品目のウェイトをどのように求めているかで指標の特徴が変わってきます。

　さらに生産をどのように把握するかも重要です。事業所から生産に関する情報を得ていることが想定されますが，調査対象となる事業所をどのように選択しているかは，指標の信頼度に大きく影響します。以下では，鉱工業生産指数の作成方法を説明しますが，作成方法を理解する過程で，この指標の特徴を正確に理解してください。

▶鉱工業生産指数は生産動態統計調査のデータを基礎に作成

　鉱工業生産指数をはじめとして出荷指数や在庫指数の動きの基礎となるデータは，月次調査である「生産動態統計調査」から得ています。「生産動態統計調査」より詳しい調査として年次調査の「工業統計調査」があり，後で見るように指数作成に欠かせないウェイトの算出などに使われていますが，鉱工業生産指数の月々の動きは主に「生産動態統計調査」の結果が反映されています。そこで鉱工業生産指数の基礎統計である「生産動態統計調査」がどのような調査であるのか見ていきましょう。

　「生産動態統計調査」は，鉱工業製品の生産・出荷・在庫の数量や金額などを調べています。具体的には，各業種の調査対象事業所に毎月調査票を配布・送付し，品目別に，生産量，出荷量，月末在庫量を報告してもらっています。調査票は業種ごとに異なり109種類（平成28年度調査時点）あります（図表２-

1は自動車の調査票です）。しかし月次調査であるため，すべての品目，すべての事業所を対象にすることは不可能であり，対象となる品目や事業所を絞って調査しています。そこでまずは，調査対象となる品目や事業所をどのように選んでいるのか説明します。

最初に品目です。品目は，原則として，「工業統計調査」における生産金額や出荷金額が上位の品目を調査しています。次に事業所です。調査の対象となる事業所は無作為に抽出しているわけではなく，一定の基準を満たした事業所を対象としています。「工業統計調査」の調査対象は，製造業に分類される従業者4名以上の事業所です。調査対象を一定規模以上として，それ以下を対象から外す調査を「裾切り調査」と呼びます。「生産動態統計調査」も「工業統計調査」と同様に裾切り調査です。「生産動態統計調査」は，一部業種についてはすべての事業所が対象ですが，多くの業種においては従業員数が一定以上（業種によって5名以上から100名以上と決まっています）の事業所のみが対象とされています。

前述のとおり「工業統計調査」は，従業員が3名以下の事業所のみが対象外になっています。一方，「生産動態統計調査」は，業種によっては従業員が99名以下の事業所でも対象外になります。したがって，「生産動態統計」の対象となる事業所は，「工業統計調査」より相当程度絞られています。具体的には，「工業統計調査」の調査対象事業所数が約22万のところ，「生産動態統計調査」の調査対象事業所数は約2万であり，「工業統計調査」の10分の1以下にとどまっています。ただし，両調査で共通に把握されている品目の出荷額で見ると，「生産動態統計調査」は「工業統計調査」の約80％をカバーしています[4]。

「生産動態統計調査」は，月次でかつ速報性を重視しているといった統計の特徴から，対象となる品目数や事業所数が絞られています。しかし対象とされる品目は出荷額などが大きなものが選ばれ，事業所は従業員でみた規模が大きなものが選ばれています。従業員規模が大きければ出荷額も大きいことが想定

---

(4)　「生産動態統計調査」については，経済産業省「経済産業省生産動態統計：調査の概要」，経済産業省「経済産業省生産動態統計：Q&A」などによる。「工業統計調査」については，経済産業省「工業統計調査：調査の概要」などによる。

図表2－1　生産動態統計調査の調査票の例（自動車）

1－1.

品目				項目	生産 数量(台) A	生産 金額(百万円) B	受注 数量(台) C	出荷 販売 数量(台) D	出荷 販売 金額(百万円) E	出荷 その他 数量(台) F	月末在庫 数量(台) G
乗用車		軽自動車・気筒容積	660ml以下	0101							
		小型自動車・気筒容積	660mlを超え 2,000ml以下	0102							
		普通自動車・気筒容積	2,000mlを超えるもの	0103							
バス（シャシー・完成車を含む）		小型	バス	0104							
		大型	バス	0105							
		軽自動車		0106							
トラック（シャシー・完成車を含む）		小型自動車	ガソリン車	0107							
			ディーゼル車	0108							
		普通自動車	ガソリン車	0109							
			ディーゼル車	0110							
		けん引車		0111							
特殊自動車				0112							
トレーラー				0113							
二輪自動車（モータースクーターを含む）		気筒容積	50ml以下	0114							
		気筒容積	50mlを超え125ml以下	0115							
		気筒容積	125mlを超え250ml以下	0116							
		気筒容積	250mlを超えるもの	0117							

（注）この表は、調査票のサンプルを筆者が再現したものである。よって実際の調査票の該当部分とは一致しない部分がある。あくまでも、調査票のイメージをつかむための表であることに留意願いたい。
（出所）経済産業省「生産動態統計調査　調査票　機械器具月報（その40）自動車」の製品部分を引用。

第1節　鉱工業生産　083

されますし，出荷額が大きければ生産額も大きいといえますので，「生産動態統計調査」からは，鉱工業生産のおおよその動きを把握できます。

また対象事業所を無作為に抽出しているわけではなく，一定の従業員規模以上の事業所の全数を調査対象としています。このような裾切り調査は，調査対象外とされた事業所の生産動向を反映できないといった欠点はありますが，裾切りされなかった事業所については全数調査されているわけですから，標本調査では避けられない指標の振れなどの問題が生じません。

さらに「生産動態統計調査」は統計法上の基幹統計調査です。第1章と重なりますが，再度基幹統計調査について解説します。国の行政機関が行う統計調査は，基幹統計調査と一般統計調査に大別されます。基幹統計調査は，公的統計の中核となる基幹統計を作成するためのとくに重要な統計調査です。よって一般統計調査にはない特別な規定が定められています。そのひとつが報告義務です。これは，正確な報告を法的に確保するための義務であり，報告を拒んだり虚偽の報告をしたりすることが禁じられており，これらに違反した場合には罰則の規定もあります。ただし実際には報告義務に違反したから罰則が課されることはなく，報告義務は形骸化しています。よって基幹統計調査の中には回答率が低いものもありますが，「生産動態統計調査」の回答率は約94％と高水準です。

▶鉱工業生産指数に反映される品目数

鉱工業生産指数は「生産動態統計調査」を主な基礎統計としています。ただし，時間的制約などもあり，「生産動態統計調査」の対象品目のすべてを鉱工業生産指数の対象品目として採用しているわけではありません。具体的な品目の選び方は以下のとおりです。「生産動態統計調査」の品目を業種別に分けます。そして業種ごとに品目を生産額の大きな順に並べ，上の品目から順番に生産額を加算して，業種全体の生産額に占める割合を見ていきます。品目が下に

---

(5) 総務省「統計法について」による。
(6) 内閣府統計委員会基本計画部会第4ワーキンググループ会合（第8回）（2008年5月13日）議事概要などによる。

行くにしたがって、順番に生産額を加算していった金額が業種全体に占める割合が高くなっていきますが、これが約90％に達したところで、さらに下位に位置する品目を調査対象から外します。

「生産動態統計調査」の対象品目の一部は、鉱工業生産指数を作成するために使う品目から外れます。一方、造船、鉄道、医薬品といった「生産動態統計調査」の対象外となっている品目は、経済産業省以外が行っている調査から生産量などのデータを得ます。具体的には、国土交通省、厚生労働省、農林水産省、また業界団体が行っている調査から、「生産動態統計調査」で把握できない品目の生産量のデータを得ています。

「生産動態統計調査」やそのほかの統計から鉱工業生産指数を作成するために、生産量などのデータを把握する品目の数（2010年基準指数ベース）は、翌月末に公表される速報値で459品目、翌々月中旬に公表される確報値で487品目です。速報値と確報値の品目数に差がある理由は、品目によって生産量などのデータを得られる時期が遅いものがあるためで、速報値では正確性より時間を優先するためにこれら品目を除いています。(7)

▶品目別の生産量をそれぞれ指数化して統合

鉱工業生産指数は、多くの品目の生産量の動きをひとつの指標にまとめています。品目別の生産量といっても、当然のことながら単位はまちまちですし、単位が同じであったとしても単位当たりの価値は品目によって異なります。鉱工業生産指数に反映される487品目（確報値の場合）の計測単位は、トンなど重量は5割弱、台数・個数は3割弱であり、残りは、キロリットルなどの容積、平方メートルなどの面積、そして金額です。よって、487品目の生産量をその(8)

（7）鉱工業生産指数の対象品目などについては、経済産業省大臣官房調査統計グループ経済解析室「鉱工業指数のしくみと見方」6-7ページおよび19ページによる。

（8）金額は数量ではないが、同じ品目の中に品質の異なるものが混在しており、単に数量を合計してしまうと生産活動を把握できないため計測単位として採用している。しかし金額は数量のみならず価格によっても変動するので、日本銀行が公表している「企業物価指数」を使って実質化することで、数量の変動だけを把握できるように工夫している（経済産業省「鉱工業指数のしくみと見方」（平成26年3月）7ページによる）。

まま足し上げることはできません。

　異なった品目の生産量を一本化するために，品目別に数量を指数化したうえで，品目ごとのウェイトを使って各品目の指数を加重平均することで指数を合成しています。簡単な数式を使って鉱工業生産指数の作り方を見ていきましょう。そのため，まずは品目を並べたうえで，便宜的に品目1から品目487まで番号を振ります（速報値の場合は459）。以下ではT月の鉱工業生産指数を求めるとします。

　一本化のための最初の作業は，個別品目ごとの指数を作ることですが，これはT月の数量を基準年の1カ月平均数量で割り100を乗ずるだけです。基準年の1カ月平均数量とは，基準年の1月の数量から12月の数量まで足して12で割れば出ます（基準年数量）。ちなみに，本書執筆時では2010年が基準年となっています。まず品目1のT月の指数を求めましょう。

$$品目1のT月の指数 = \left(\frac{品目1のT月の数量}{品目1の基準年数量}\right) \times 100$$

　そして品目1の指数と同様，品目487まで指数を求めます。次の作業は各品目の指数を加重平均することですが，そのためには各品目のウェイトを求める必要があります。各品目の生産指数のウェイトは，各品目の基準年における付加価値額（生産額 − 原材料使用額など）をすべての品目の付加価値額の合計で割った数値が使われています。

　ウェイトを求めるためには，「工業統計調査」を主に使います。「工業統計調査」には各品目の出荷額や在庫額などのデータが掲載されています。生産額のデータは掲載されていませんが，出荷額や在庫額などのデータから生産額を求めることができます。また原材料使用額はほかの統計調査を使って求めます。基準年の各品目の付加価値額が求められれば，各品目のウェイトを求めることができます。たとえば品目1のウェイトは，以下の式で求められます。

$$品目1のウェイト = \frac{品目1の基準年の付加価値額}{（品目1の基準年の付加価値額）+ \cdots +（品目487年の基準年の付加価値額）}$$

品目1のウェイトは基準年における品目1の付加価値額を，品目1から品目487までの生産額をすべて足し上げた数値で割ることによって求められます。品目2から品目487も同様の方法でウェイトを求めます。なおこの式からわかるように，各指数のウェイトを合計すると1になります。鉱工業生産指数に関する資料では，ウェイトの合計が10,000とされています。たとえば，2010年を基準年とした鉄鋼業のウェイトは391.1ですが，上記の式におけるウェイトは0.03911です。

　ウェイトが求まれば，T月の鉱工業生産指数は，以下の式で求めることができます。なお指数はすべてT月の指数です。

鉱工業生産指数＝
（品目1の指数×品目1のウェイト）＋…＋（品目487の指数×品目487のウェイト）

　すなわち，T月の鉱工業生産指数は，T月における品目1の指数に品目1のウェイトを乗じた数値から，品目487の指数に品目487のウェイトを乗じた数値までをすべて足すことで求めることができます。品目別の指数の数値は毎月変わりますが，ウェイトは基準年が変更されないかぎり固定され，変わることはありません[9]。ウェイトを基準年で固定して数量指数や価格指数を求める方式はラスパイレス方式と呼ばれますが，これについては第5章で説明します。

3．鉱工業生産指数の読み方

　鉱工業生産指数の作成方法を説明しましたので，指数の特徴を詳細に知ることができたと思います。そこでここからは，鉱工業生産指数をどのように読めばいいのかについて説明していきます。まずは一定期間の鉱工業生産指数の動きを見ることで，その特徴をつかみます。次に鉱工業生産指数が，足下でどのような方向にあるかを読み取る方法を紹介します。

---

(9) 鉱工業生産指数の求め方については，経済産業省大臣官房調査統計グループ経済解析室「鉱工業指数のしくみと見方」（平成26年3月）9-14ページによる。

▶鉱工業生産指数の動きの特徴

　図表2-2では，2000年1月からの季節調整がかけられた鉱工業生産指数の動きが示されています。なお図表2-2で示す鉱工業生産指数のグラフは執筆時では最新のものですが，読者の皆さんが見る時点では最新ではありません。このグラフは鉱工業生産指数の最新の動きを説明するためではなく，指数の動きの特徴をつかむため載せています（以下，グラフを掲載している指標もすべて同じです）。

　鉱工業生産指数の動きの特徴のひとつは，不規則変動が比較的少ないことです。統計によっては，一部の企業の大規模受注が全体に影響を与え，指標が短期間に増減することがありますが，鉱工業生産指数は，そうした個別の特殊要因で急減あるいは急増することがほとんどありません。リーマン・ショックや東日本大震災の直後は大幅減の後，大幅増となりましたが，これはマクロのショックの結果といえます。さらに個別の特殊要因がなくても，標本調査により

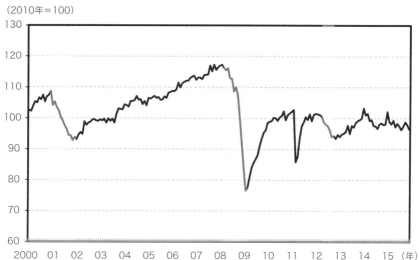

図表2-2　鉱工業生産指数（季節調整値：月次データ）

（注）シャドウ部分は，内閣府が設定した景気基準日付の景気後退期。
（出所）経済産業省「鉱工業指数」により作成。

作成される指標の場合，標本が少なく毎月の振れが大きい，あるいは標本を交代させる際に指標に不連続な動きが見られることがあります。しかし標本調査のデータを元としていない鉱工業生産指数にはこのような動きは見られません。

　第二の特徴は，一度増加に転じると明確な増加傾向がしばらく続き，逆に減少に転ずると明確な減少傾向がしばらく続くことです。よって鉱工業生産指数は局面が比較的読みやすいといえます。第三の特徴は，増加している時期（減少している時期）が，内閣府が設定している景気基準日付，あるいは景気動向指数（CIの一致指数）の動きから推測できる景気拡張期（景気後退期）とおおむね一致していることです。

▶鉱工業生産指数の方向を判断する方法

　鉱工業生産指数の動きの特徴をつかんだところで，次に，生産がどのような基調にあるのか指数の動きから判断する方法を示します。内閣府は毎月，生産がどのような基調にあるか判断しており，判断文は「月例経済報告」に掲載されています。しかしながら，生産に限らず，さまざまな経済部門の基調は指標の動きを自分の眼で確かめたうえで，まずは自ら判断してみることが重要です。最初に鉱工業生産指数の方向判断する方法の一例を示します。判断方法には正解はありませんが，景気判断初学者のかたは，さしあたって以下の方法を試してみてください。

　指標の分析の王道は，統計作成機関から報告書やデータを入手して分析することですが，ここでは内閣府「月例経済報告」の関係資料である「主要経済指標」から大まかな方向をつかみ，その後，経済産業省から入手できる数値データなどで方向が変化した可能性の有無を判断します。鉱工業生産指数は，「主要経済指標」（7．生産・出荷・在庫）の表のページに直近3カ月間の前月比が掲載されています（直近3四半期の前期比も掲載されています）。また図のページに，生産，出荷，在庫，在庫率指数（季節調整値）が1つのグラフに掲載されています。

　最初に「主要経済指標」の図のページに掲載されている鉱工業生産指数のグ

ラフを眺め，視覚的に山と谷を見つけ，おおまかに方向（以下，谷から山の間を「増加」，山から谷の間を「減少」とします）をつかみます。厳密に指標の系列に山・谷を設定することは簡単ではありません。第1章で説明したとおり，内閣府が景気基準日付を設定する際には，ヒストリカルDIを用いています。ヒストリカルDIを求める際には，DIの一致系列（＝CIの一致系列）の個々の系列の山・谷の日付を設定していますが，その日付の設定はアメリカのNBER（National Bureau of Economic Research）で開発されたBry-Boschan法（ブライボッシャン法）によって行っています。この手法は，簡単にいえば山と谷との間隔が5カ月以上必要であるとか，一循環の長さは15カ月以上必要であるといったルールを条件として与え，12か月移動平均などをかけるなどして，山・谷を確定していく手法です。[10]

しかし，このような手法で指標の山・谷を設定するためには多くの時間のみならず熟練も必要であることから，とくに景気判断初学者の場合，グラフを眺めつつ，視覚的におおよその山・谷を見つけることが現実的です。毎月の振れが激しく移動平均を見る必要がある指標もありますが，グラフを見れば指標の系列に山・谷の目安をつけることはできます。とくに鉱工業生産指数は，方向が比較的読みやすい指標のひとつです。グラフからおおよその方向をつかんだところで，最後に明確な方向の変化があった後，方向が変化する動きがあるのか読み取ります。

▶ CIの基準をベースにして鉱工業生産指数の方向変化をとらえる方法

鉱工業生産指数の過去の方向がわかったら，次に足下の指標の動きから方向が変化した可能性について判断します。鉱工業生産指数のように比較的循環がはっきりしている指標ではグラフを見れば，おおよその山・谷の検討がつき過去の方向もわかります。しかし，足下の判断はグラフからだけでは見当がつかないため，鉱工業生産指数の数値データを見ることが必要です。以下では，一定の基準によって鉱工業生産指数の方向の変化をとらえる方法を示します。

---

(10) 内閣府「景気動向指数：景気基準日付」を適宜引用しつつ記述した。

実際の景気判断の現場では，鉱工業生産指数に一定の基準をあてはめ判断しているわけではありません。また，生産の基調を判断するためには鉱工業生産指数を見るだけでは十分ではなく，生産予測指数を見るとともに，在庫循環の点検，特殊要因の有無のチェック，企業からのヒアリングなども行い，総合的に生産の基調を判断しています。

　景気判断のプロから見れば，一定の基準によって鉱工業生産指数の方向の変化をとらえ，これをもって生産の基調判断を行うことは邪道かもしれません。ただし景気判断初学者にとって，総合的な判断はそれほど簡単ではなく，利用できる情報も限定されるため，鉱工業生産指数の動きに重きを置かざるをえません。また鉱工業生産指数の動きに対して経験による勘がはたらくわけではないので，何らかの基準がなければとまどう可能性があります。よって，景気初学者の方は，指標のあつかいに慣れる意味も込めて，勘が養われるまでは以下の基準による判断を試してみてください。

　一定の基準にもとづき，いわば「機械的」に景気判断を行う例として，景気動向指数（CI）における判断文があります。そこで，鉱工業生産指数の方向変化の判断についてもCIの一致指数により景気の基調判断を行う際の基準をベースとします（CIの基準は，第1章第3節3.「景気動向指数」で説明しました）。CIの基準を鉱工業生産指数に準用するにあたっては，いくつかの変更を加えます。第一に，CIでは指数の前月差を判断に用いましたが，鉱工業生産指数では前月比を用います。第二に，CIではプラス幅（マイナス幅）を3カ月まで累積しますが，途中でマイナス（プラス）の数字が出れば累積を中断します。しかし鉱工業生産指数では異常値により一時的に符号が変わる可能性も勘案して，途中でマイナス（プラス）の数値が出ても累積を中断せず，また3カ月以上の累積も可能としました。

　ここから鉱工業生産指数の方向変化に関する具体的な基準を示します。「方向が減少に変化した可能性が高い状態」と判断する基準は，①前月比がマイナス，②3カ月移動平均の前月比のマイナスの大きさ（マイナスに転じてからの累積）が1.20％以上，「方向が増加に変化した可能性が高い状態」と判断する基準は，①前月比がプラス，②3カ月移動平均の前月比のプラスの大きさ（プラ

スに転じてからの累積）が1.20％以上としました．なお1.20％とは，1986年1月から2015年12月までの30年間における3カ月移動平均の前月比の標準偏差です．[11] 3カ月移動平均による判断は，移動平均をかけない場合と比較して，山・谷の判断が遅れる傾向にあります．よって，この基準を満たした時期には，鉱工業生産指数が山（谷）を過ぎてから時間が経過している，すなわち，「方向が減少に変化した可能性が高い状態」にあると考えられます．

「方向が減少に変化したことがほぼ確実な状態」と判断する基準は，①前月比がマイナス，②7カ月移動平均の前月比のマイナスの大きさ（マイナスに転じてからの累積）が0.85％以上，「局面が増加に変化したことがほぼ確実な状態」と判断する基準は，①前月比がプラス，②7カ月移動平均の前月比のプラスの大きさ（プラスに転じてからの累積）が0.85％以上としました．なお0.85％とは，1986年1月から2015年12月までの30年間における7カ月移動平均の前月比の標準偏差です．7カ月移動平均による判断は，山・谷の判断がさらに遅れるため，この基準は鉱工業生産指数が山・谷を過ぎたことを確認する意味をもつと思われます．

なおこれら基準による足下の方向の判断には，鉱工業生産指数の数値データが必要です．データを入手するためには，経済産業省の「鉱工業指数」ウェブページに入り，統計表一覧（データ）をクリックしてデータをダウンロードできるページに入ります．そしてこのページから，業種別・月次・季節調整済指数のExcelファイルを選択してダウンロードします．Excelファイルの「生産」のページの「品目名称」の列の一番上に「鉱工業」とあり，その右に連なるデータが鉱工業生産指数の系列です．

鉱工業生産指数の系列を手に入れたら，3カ月移動平均，7カ月移動平均の系列を求めます．そして，移動平均なし，3カ月移動平均，7カ月移動平均の各指数系列について前月比の系列を求めます．準備が終了したら，それぞれの

---

(11) 標準偏差はいつからいつまでのデータで計算するかで値が異なる．ちなみに1996年1月から2015年12月までの20年で計算すれば，3カ月移動平均の前月比が1.40，7カ月移動平均の前月比が0.98．2006年1月から2015年12月までの10年で計算すれば，それぞれ1.85，1.27となる．CIによる基調判断では30年間のデータで標準偏差を計算しているので，鉱工業生産指数でも同様とした．

前月比の動きを見て基準を満たしているか確認します。

▶基準を鉱工業生産指数の動きにあてはめた結果

　この基準を過去の鉱工業生産指数の動きにあてはめてみましょう。最初の例は2012年4月以降の動きです。鉱工業生産指数の3カ月移動平均は2012年4月にマイナスに転じ，6月にはマイナスの大きさの累積が2.15％と1.20％を上回りました。7カ月移動平均は5月にマイナスに転じ，7月には累積が1.02％と0.85％を超えました。つまり，2012年6月には「方向が減少に変化した可能性が高い状態」，7月には「方向が減少に変化したことがほぼ確実な状態」になったと考えられます。

　移動平均をかけていない鉱工業生産指数のグラフを確認（事後的に）すると，これらの時期においては，指数が山を通過して明らかに減少している状況が確認できます。また参考までに，この時期における内閣府「月例経済報告」の生産の基調判断を見ると，6月の鉱工業生産指数を反映した8月報告で，「緩やかに持ち直している」から「このところ横ばいとなっている」に下方修正されています。また7月の指数を反映した9月報告では，「弱含んでいる」にさらに下方修正されています。

　次の例は，2012年12月以降の動きです。2012年12月には3カ月移動平均がプラスに転じ，4月にはプラスの累積が1.38％と1.20％を上回りました。また7カ月移動平均は2013年4月にプラスに転じ，6月には累積が1.01％と0.85％を超えました。つまり，2013年4月には「方向が増加に変化した可能性が高い状態」，6月には「方向が増加に変化したことがほぼ確実な状態」になったと考えられます。

　移動平均をかけていない鉱工業生産指数のグラフを確認（事後的に）すると，これらの時期においては，指数が谷を通過して明らかに増加している状況が確認できます。また参考までに，この時期の「月例経済報告」の基調判断を見ると，4月の指数を反映した6月報告では，「緩やかに持ち直している」から「持ち直している」に上方修正され（それ以前にも数回に分けて判断が上方修正されています），6月の指数を反映した8月報告は「緩やかに増加している」

となっています（7月報告で上方修正）。

▶鉱工業生産指数以外の情報も勘案して生産の基調を判断する方法

一定の基準によって鉱工業生産指数の足下の方向変化をとらえる方法を示しましたが，この基準を満たす時点では，方向変化がかなり明確になっています。一方，この時点では方向が変化してからかなり時間がたっています。

鉱工業生産指数の公表時期が翌月末であることから，最新の指標でも1カ月以上前のものです。また判断に移動平均を使うと方向の変化のタイミングが遅れ，さらに変化の大きさの累積がある程度大きくなるまで待つため時間がかかります。そこで，より早く生産の基調変化の兆しをとらえるためのためには，「ナウキャスティング」のための指標，具体的には生産予測指数が重要です。たとえば8月の鉱工業生産指数が公表されると同時に，9月と10月の予測指数が公表されます。8月の鉱工業生産指数の公表は9月末ですが，この時に9月と10月の指数も手に入るわけです。予測したものですので1カ月後あるいは2カ月後に出る実績値では数値が異なります。しかし予測指数と実績値との違いに一定のパターンがあり，このパターンから数値を調整して使えば，きわめて利用価値の高い指標です。

以下では，鉱工業生産指数以外の情報も勘案して生産の基調変化の動きを早めにつかむ方法を紹介します。景気判断初学者の方は，最初はこの方法を試してみて，その後，自分なりの方法を確立してください。具体的な考え方ですが，①鉱工業生産指数3カ月移動平均が増加（減少）に転じ，②実現率などを適宜調整した当月予測指数，翌月予測指数にもとづく3カ月移動平均も増加（減少）が見込まれ，③在庫循環にも基調が増加（減少）に変化する際の動きが見え，④特殊要因による変化ではないことを確認すれば，生産の基調が増加（減少）に変化したと判断します。①〜③については，指標の動きを定量的に把握することができます（予測指数や在庫循環については後に詳細に説明します）。

しかし④は簡単ではありません。企業ヒアリングなどで情報をとれればいいのですが，私たちが行うことは現実的ではありません。よって新聞などからこ

まめに情報を取ることが早道です。たとえば，2016年2月の鉱工業生産指数（速報値）は季節調整済前月比で6.2％の減少でした。しかし，同年3月30日の日本経済新聞夕刊によれば，「愛知製鋼の工場事故を受け，トヨタ自動車が計画減産を行った影響が出た」ことが大きなマイナスの要因です。一方で「海外生産の減速で，電子部品や生産機械も大幅に減少した」とも説明しており，「計画減産がなくても2月（の生産指数）は低下していただろう」といった経済産業省の話を紹介しています。このケースでは，工場事故がなくても鉱工業生産指数の減少が避けられなかったとみられますが，工場事故が原因で本来は指数が増加するところが逆に減少してしまうケースもあり得ます。

　私たちができる情報収集は，新聞をこまめにチェックすることですが，とくに鉱工業生産指数の公表日（経済産業省の「鉱工業指数」ウェブページでチェックできます）の夕刊をきちんと読むことで，最低限の情報は得ることができます。

▶指標の方向変化をつかむ一般的な方法

　鉱工業生産指数の場合，まずは季節調整済指数のグラフを眺め，過去の山・谷を見つけることで指標の方向をつかみました。そして，足下における指標の方向変化は，「CIの基準をベースとした基準を機械的にあてはめる」，あるいは，「3カ月移動平均の前月比の符号，そのほかの関係する指標の動きや定性的な情報を総合的に見る」方法で判断しました。

　本書では，鉱工業生産指数をはじめとした多くの指標について，足下に方向変化の動きが見られるのかなどをつかみ，景気判断につなげる方法を提案しています。景気を判断するうえで最重要な指標である鉱工業生産指数では，CIの基準をベースとした基準を機械的にあてはめる方法も紹介しましたが，そのほかの多くの指標はここまで厳密な方法を使う必要はありません。

　そこで，本書で提案している指標の方向変化などをつかむ方法を，ここで紹介しておきます。このほかにもさまざまなやり方があると思いますが，景気判断の勘が養われるまでは以下の方法を試してみてください。

　最初にグラフを眺めることでおおまかな方向をつかみます。次に足下に方向

変化の動きがあるかの判断です。原則として，①３カ月移動平均の前月比が２カ月連続でこれまでの方向と異なる符号に変化している（たとえば，これまで増加していたが，２カ月連続で３カ月移動平均の前月比がマイナスとなった），②先行きを示す指標があれば，この指標から変化の持続が予想できる，③変化が特殊要因によるものではないことを確認した場合に方向が変化したと判断します。

大半の指標はこの方法で判断しますが，本書では，第３章で出てくる消費総合指数，第４章で出てくる資本財出荷指数など一部の重要指標については，指標の動きに慣れるためにも，CIの基準をベースとした基準を機械的にあてはめる方法も紹介しています。

４．業種別指数　鉱工業在庫指数　生産予測指数

鉱工業生産指数は最重要な指標であるため，できるだけ詳細な分析を行う必要があります。そこで，そのための方法を３つ説明します。

第一に業種別指数による分析です。鉱工業生産指数は業種別の指数も利用でき，生産の動きがどの業種の動きに引っ張られたかがわかります。そうすれば，鉱工業生産指数の動きを具体的に説明することができます。さらに後述する在庫循環や生産予測指数を見る際には，特定に業種に注目すれば，より明確に動きを見ることができます。

第二に鉱工業在庫指数です。生産しても出荷されず在庫が積み上がる場合があります。需要予想を見誤った結果，在庫が積み上がってしまう場合は，生産が増加していたとしても，これを割り引いて考える必要があります。ただし在庫増が必ずしも悪いわけではありません。需要増に備え企業が在庫を意図的に積み増す場合もあります。在庫増が後ろ向きのものか前向きのものかは，在庫と出荷を対比して見ればわかります。

第三に生産予測指数です。鉱工業生産指数の公表とともに，翌月および翌々月の生産予測指数が公表されます。生産予測指数は多くの場合，下方修正されるのですが，そのパターンを勘案すれば，生産指数の「ナウキャスティング」のための指標として大変有用です。

（1）業種別指数

鉱工業生産指数はさまざまな点で景気判断に適していることを説明してきましたが，業種ごと，さらにいえば品目ごとの指標を見ることができることも強みです。鉱工業生産指数の動きを業種別に見る際には，①輸送機械，②電子部品・デバイス，③はん用・生産用・業務用機械の3つが重視されており，「月例経済報告」でも3業種だけは業種別に動きが判断されています。これらのウェイトは，輸送機械が1万分の1,912.4，電子部品・デバイスが同818.6，はん用・生産用・業務用機械が同1,273.1ですから，合わせて全体の4割を占めています（2010年基準）。

▶ 3業種の主要品目

第一に輸送機械です。輸送機械が重視されるのは自動車の動きとおおむねパラレルに動くからです。自動車は裾野が広い産業です。自動車の生産は，ほかの多くの部品，素材などの国内産業を誘発します（自動車の部品は国内調達率が高いです）。たとえば，鉄鋼の生産は自動車に連動する傾向が強いので，鉄鋼の先行きは自動車を見ておけば感じがつかめます。

第二に電子部品・デバイスです。電子部品・デバイスが重視される理由は，自動車とは逆で幅広い製品の部品として組み込まれるからです。また，国際市況商品でもあり内外の景気に感応的です。さらに重要なことは，後述するように，在庫循環が大きく，かつ明瞭であるため，在庫分析ではとくに力を入れる対象であることです。

電子部品・デバイスは，スマートフォン，タブレット端末といったIT製品の部品が主な品目である業種で，アクティブ型液晶素子（大型，中小型），半導体（モス型マイコン，モス型ロジック，モス型メモリー，モス型CCD）が重要です。液晶素子は駆動方式によりアクティブとパッシブに分かれますが，現在の主役は動画対応に適した高付加価値なアクティブです。アクティブ型液晶素子は7.7型より大きいものが大型に分類され，主に液晶テレビ，パソコンのモニター用です。中・小型は，主にタブレット端末，スマートフォン用です。モス型半導体集積回路（半導体は構造上の違いから，モス型，バイポーラ型に分かれま

す）は用途によって分類され，ロジック，マイコン，メモリー，CCDに分かれます。これらの種類についての説明としては，経済産業省の資料が大変わかりやすいです。すなわち，マイコンとロジックは考える脳，メモリーは記憶する脳，CCDは目です。ロジックはパソコンの演算用，マイコンは自動車や産業機械の制御用に使われます。メモリーは，携帯電話，スマートフォン，タブレット端末向けの記憶装置で，電源を切っても記憶内容が消えないメモリー（フラッシュメモリーなど）です。CCDは，スマートフォンのカメラやビデオカメラの画像処置に使われます。[(12)]

第三にはん用・生産用・業務用機械です。この業種の重要性は，輸送機械，電子部品・デバイスとくらべて落ちますが，資本財の主要部分を占めるため見られています（資本財は第4章で取り上げる設備投資を見る際に重要です）。

乗用車やIT製品の部品はイメージを持ちやすいですが，はん用・生産用・業務用機械は，企業などの設備向けですので関連業界で働いていない人にとっては馴染みがありません。この業種は名前から予想できるように3つに分類できます。第一は，はん用機械器具部品であり，多種多様な機械に共通して使用される，歯車や軸受（ベアリング）を例として挙げることができます。第二は，生産用機械であり，土木構造物や建築物を作るための作業を行う土木建設機械，半導体製造装置，農作物を作るための農業用機械など財を生産するために使われる機械です。第三は，業務用機械であり，業務のため，あるいはサービス生産のために使われる機械です。コピー機，自動販売機などがこれにあたります。はん用・生産用・業務用機械では，半導体製造装置，ショベル系掘削機械，金属工作機械が重要であり，すべて生産用機械に含まれます。

▶業種別生産の動きを全体の生産の動きと比較する

業種別指数の情報については，内閣府「月例経済報告」の関係資料である「主要経済指数」の図のページに3業種の指数の動きが示されたグラフが掲載され，同じく関係資料である「閣僚会議資料」でも指数のグラフが載せられて

---

(12) 経済産業省「お役立ちミニ経済解説（by.経済解析室）：7月の電子部品・デバイス工業の生産・出荷を動かした液晶と半導体」（2015年9月8日掲載）などによる。

います。業種別生産の動きを分析するために,まずは「閣僚会議資料」に掲載されている業種別生産指数のグラフを眺め,全体の生産指数の動きを説明できそうな業種をみつけます。「閣僚会議資料」に掲載されているグラフは,「主要経済指標」の図のページのグラフより短い期間をクローズアップして示しています。よってこちらのグラフの方が,直近の動きを見やすいです。

　業種別指数がどのように動くのか,2013年1月から2015年12月までの指標の推移を見てみましょう(図表2-3)。鉱工業生産指数は,グラフから視覚的に読み取る限りでは,2015年2月頃からは減少しているように見えます。そこで,3業種の指数の動きをこの前後から見ると,輸送機械は2014年6月から本格的に減少し始めましたが,電子部品・デバイスは力強く増加したこともあり,輸送機械の減少をカバーしました。しかし2015年の中頃から,電子部品・デバイス,はん用・生産用・業務用機械がともに本格的に減少しはじめました。よって2015年2月以降,鉱工業生産指数が減少している要因は,輸送機械

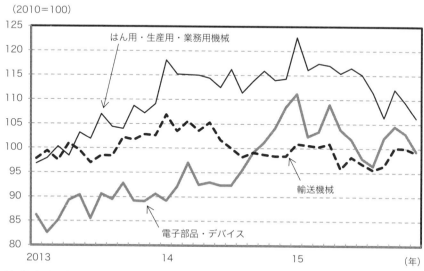

図表2-3　業種別の鉱工業生産指数(季節調整値:月次データ)

(出所)経済産業省「鉱工業指数」により作成。

の不振が続くなか，電子部品・デバイス，はん用・生産用・業務用機械も減少に転じたからといえます。

（2）在庫指数

鉱工業在庫指数の作成方法は，鉱工業生産指数と同じです。ただし鉱工業生産指数が487品目（速報時は459品目）の生産量の動きを反映しているのに対し，在庫指数では348品目（速報時は341品目）の月末在庫量の動きのみを調査しています。これは品目によっては，受注されてから生産するものがあり，このような品目では在庫が発生しないからです。[13]

▶在庫循環と出荷・在庫ギャップ

在庫の動きを見るためには在庫を出荷と対比させる必要があります。在庫を出荷に対比させて見るためには在庫循環の考え方を知る必要があります。**図表2-4**は，出荷と製品在庫の前年同月比をそれぞれ縦軸と横軸にとって両者の関係をみた在庫循環図です。この図では在庫循環が進むとともに時計回りの動きが見られます。

45度線の上方では出荷の増加率が在庫の増加率を上回り，下方では在庫の増加率が出荷の増加率を上回ります。また循環図（円）の上方は在庫の増加率が高まっており，下方は在庫の増加率が低下しています。45度線と循環図を上下で分割する線で在庫循環図は4つ局面に分割されます。まず，①「意図せざる在庫減」の局面です。この局面では，出荷の増加率が在庫の増加率を上回り，かつ在庫の増加率が低下します。45度線の近辺が景気の山・谷を示す場合が多いですが，この局面では景気が谷を過ぎて時間が経過していません。よって，景気回復による出荷増に対して増産が間に合わず，企業が在庫を取り崩すことで対応することからこのような動きが生じます。次に，②「在庫積み増し局面」です。この局面では，出荷の増加率が在庫の増加率を上回り，かつ在庫の増加率が高まります。景気回復後時間が経過することで，企業はさらなる出荷

---

[13] 経済産業省大臣官房調査統計グループ統計解析室「鉱工業指数のしくみと見方」（平成26年3月）7ページおよび19ページによる。

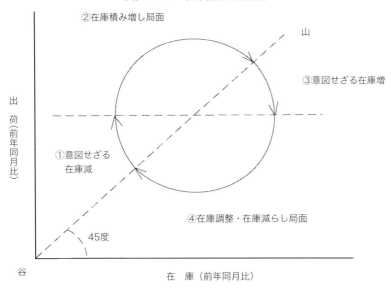

図表2-4　在庫循環の概念図

(出所) 内閣府「鉱工業の在庫循環図と概念図」(「月例経済報告等に関する閣僚会議配布資料：2012年12月18日」を引用。資料の引用に際しては、筆者が図などを再現したため、実際のものと若干の違いがあるとともに、一部加筆をしている)。

増に備えて在庫を積み増すことからこのような動きとなります。

さらに、③「意図せざる在庫増」の局面です。この局面では、出荷の増加率が在庫の増加率を下回り、かつ在庫の増加率が高まっています。景気が後退することにより出荷が減少しますが、企業の減産が間に合わず、在庫が積み上がることからこのような動きが生じます。そして、④「在庫調整・在庫減らし局面」です。この局面では、出荷の増加率が在庫の増加率を下回り、かつ在庫の増加率は低下しています。景気後退後時間が経過することで、企業はさらなる出荷減に備えて在庫を減らすことからこのような動きとなります。

在庫循環の概念を説明しました。在庫循環の動きをつかむためには、在庫循環図を描いてみることがひとつの方法ですが、出荷・在庫ギャップのグラフを見ても、在庫循環の動きがわかります。出荷・在庫ギャップは、出荷指数の前

年同月比から在庫指数の前年同月比を引くことで求めます。**図表２-５**は、鉱工業の出荷・在庫ギャップの動きを示したグラフです。出荷・在庫ギャップがプラスであれば、在庫循環図で45度線の上にある状態、マイナスであれば45度線の下にある状態を意味します。

すなわち、在庫の前年同月比が高まっている状態であっても、出荷・在庫ギャップがプラスであれば前向きな動きであり（在庫積み増し局面を意味します）、在庫の前年同月比が低下していても出荷・在庫ギャップがマイナスであれば、後ろ向きの動きです（在庫調整・在庫減らし局面を意味します）。

また出荷指数に対する在庫指数の比率である在庫率も重要な指標です。在庫率は生産指数に先行して動くとされ、在庫率を見ることで生産の先行きを予測することができます。

出荷・在庫ギャップは、内閣府「月例経済報告」の関係資料である「主要経済指標」の図のページにグラフが掲載されています。このグラフからは、出

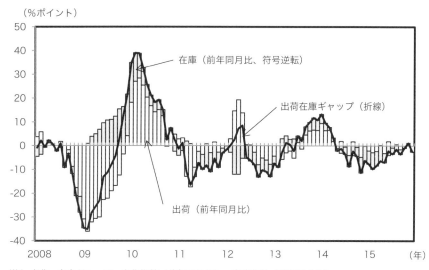

図表２-５　出荷・在庫ギャップ（月次データ）

（注）出荷・在庫ギャップ＝出荷指数（前年同月比）－在庫指数（前年同月比）。
（出所）経済産業省「鉱工業指数」により作成。

荷・在庫指数の符号のみならず在庫の前年同月比の動きも知ることができ，在庫循環のどの局面にあるのか把握することが可能となります。また鉱工業在庫率指数の動きは図のページの，生産，出荷，在庫指数とともにひとつのグラフに掲載されています。

▶業種別で注目すべきは電子部品・デバイス

　在庫に関して注目すべき業種は，一にも二にも電子部品・デバイスで，三が輸送機械です。電子部品・デバイスに絞って出荷・在庫ギャップのグラフを描き，それがマイナスからプラスに転じる時期があれば，生産全体，ひいては景気が回復に転じる可能性が高いと考えられます。

　輸送機械は自動車関連が中心ですが，完成車は船積みを待つなどの要因で月々変動するので，自動車部品が主に需給を反映していると考えられます。はん用・生産用・業務用機械は，在庫と出荷の採用品目の違いが大きく，対比しづらいという問題があります。在庫率が実態を反映しない異常な上昇を示すこともあります。よって，はん用・生産用・業務用機械の在庫分析は難しく，あまり注目されません。

　業種別に在庫を見る場合は，電子部品・デバイスに絞ることがよいでしょう。ただし，「主要経済指標」などに，この業種の出荷・在庫ギャップのグラフは掲載されていません。そこで，経済産業省の「鉱工業指数」ウェブページから，データを入手して自分でグラフを作成する必要があります。鉱工業生産指数の分析に必要なデータは季節調整指数でしたが，出荷・在庫ギャップのグラフ作成には，原指数のデータを入手する必要があります。

　原指数のExcelファイルを入手したら，Excelファイルの「出荷」，「在庫」のページより，「電子部品・デバイス工業」の系列をそれぞれ探します。この2つの系列を入手すれば，次にそれぞれの前年同月比を求め，出荷指数の前年同月比から在庫指数の前年同月比を引くことで出荷・在庫ギャップを求めることができます。

（3）生産予測指数

▶**生産予測指数の作成方法**

　鉱工業生産指数の関連指標として生産予測指数があります。鉱工業生産指数は，企業がある月に実際に生産した量を翌月の早い時期に報告してもらい作成されます。その際に「製造工業生産予測調査」（以下，「予測調査」とします）が同時に行われます。予測調査では，当月および翌月に生産を見込んでいる量を回答してもらいます。

　たとえば，2015年9月の鉱工業生産指数を作成するための調査票には，事業所は2015年10月の早い段階で，実際に9月に生産した量を記入します（9月末まで生産量が確定しないので10月になってはじめて，9月の生産量を記入することができます）。予測調査の対象となる企業は，2015年10月の「予測調査」に対して回答し，当月である10月に見込まれる生産量（10月が終わっていないため，見込まれる生産量しか書けません），翌月である11月に予測される生産量を記入します

　鉱工業生産指数は，487品目の動きが反映されていますが，生産予測指数は製造業のみ195品目が対象です。指数の作成方法は，品目ごとの生産が見込まれる量を，基準年の1カ月平均数量（こちらは実績値です）で割り100をかけることで指数化します。後は，鉱工業生産指数の作成方法と同様の方法で，195品目の指数を合成して生産予測指数を求めます。

　「予測調査」では，前月実績指数，当月見込指数，翌月予測指数（以下では，当月見込指数，翌月予測指数をともに「生産予測指数」と呼びます）の3つの指数と，後者の2指数の季節調整済前月比が示されます。実績指数とは，実際に生産された量にもとづく指数ですが，「予測調査」の対象となる195品目の生産量から求めた指数を合成したものです。前月実績指数は調査の前月の実際の生産量にもとづき作成された指数です。当月見込指数は，調査当月に見込まれる生産量にもとづき作成された指数，翌月予測指数は，調査翌月に予測される生産量にもとづき作成された指数です。[14]

---

(14) 生産予測指数については，経済産業省大臣官房調査統計グループ経済解析室「鉱工業指数のしくみと見方」（平成26年3月）25ページによる。以下の実現率および予想修正率

生産予測指数については内閣府「月例経済報告」の関係資料である「主要経済指標」に，最新の実績値が出ている月の翌月および翌々月の生産予測指数の前月比が掲載されています。「生産・出荷・在庫」の表を見ると，一番右側の欄外に予測調査と書いており，その下の数値です。

たとえば，掲載されている鉱工業生産指数の最新月が2015年12月の「主要経済指標」で，1月と書かれている数値は，2016年1月「予測調査」の当月見込指数の前月比，2月と書かれている数値は，翌月予測指数の前月比です。

▶生産予測指数の読み方

事業所は生産見込みを高めに設定することが多く，実際に生産される量がこれより小さくなることがほとんどです。よって生産予測指数の推移そのものよりも修正率の方が重要であり，これが大きいと悪いサインです。修正率には「実現率」と「予測修正率」があります。この説明は，経済産業省の「鉱工業指数のしくみと見方」の記述を引用しつつ行います。

実現率は，『前月に予測した数値が，1カ月経過して前月の実績値になった場合にどの程度実現されたかを見るもの』です。また予測修正率は，『前月に予測した翌月の数値が，1カ月経過して当月の予測値としてどれだけ修正されたかを見るもの』です。これを数式で示すと以下のとおりです。

実現率＝
$$\left(\frac{当月予測調査による前月実績指数 - 前月予測調査による当月見込指数}{前月予測調査による当月見込指数}\right) \times 100\%$$

予測修正率＝
$$\left(\frac{当月予測調査による当月見込指数 - 前月予測調査による翌月予測指数}{前月予測調査による翌月予測指数}\right) \times 100\%$$

実例を示しましょう。2015年10月調査を当月予測調査としますと，前月予測

についても同様である。

調査は9月調査です。10月調査の前月実績指数(すなわち9月の指数)は91.6,当月見込指数(すなわち10月の指数)は95.4です。また9月調査の当月見込指数(すなわち9月の指数)は91.8,翌月予測指数は95.8です。よって10月調査における実現率は,((91.6－91.8)÷91.8)×100%で－0.2%です。また予測修正率は,((95.4－95.8)÷95.8)×100%で－0.4%です。

2008年2月調査から2015年12月調査の実現率,予測修正率を見てみると(図表2-6),実現率も予測修正率もプラスの数値になることが少ないことがわかります。

生産の現状を把握するためには予測調査は重要です。なぜなら,鉱工業生産指数は翌月末に公表されるため(2015年10月の数値は,2015年11月末に出ます),現状を判断するといっても1カ月以上前の数値が最新の判断材料となってしまいます。しかし,予測調査からは,まさに現時点での数値が手に入ります。ただし,予測調査の数値を使うためには実現率や予測修正率のクセをつかんでおくことが必要です。

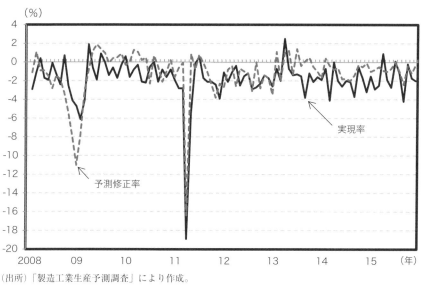

図表2-6　製造工業生産予測調査の予測修正率と実現率(月次データ)

(出所)「製造工業生産予測調査」により作成。

まず2008年2月調査から2015年の12月調査の実現率と予測修正率を見てみると，ともにプラスになることが少ないことがわかります。予測調査の活用に際しては以下の点への注意が必要です。第一に，実現率や予測修正率は景気局面によって平均的な下振れ幅が変動します。たとえば生産が足踏み状態で山を迎えそうな場合，下振れ幅が大きくなる傾向にあり，予測調査で大幅な増加が見込まれても楽観的にはなれません。逆に予測調査が減少を示していれば，ある程度自信をもって生産，ひいては景気のピークアウトを予測できます。

第二に業種によって予測調査の信頼度が異なることです。輸送機械は生産計画に忠実であることから比較的正確であり，大きく外れることはないといえます。一方，電子部品・デバイスやはん用・生産用・業務用機械は大きく外れる（通常は下方に）ことが少なくありません。よって業種別の予測調査を見て，輸送機械が大きくプラスとなっていれば，ある程度自信を持って楽観的な見方ができます。

なお2016年2月調査より経済産業省は，鉱工業生産予測指数の結果に含まれる予測誤差について加工を行い，鉱工業生産の先行き試算値を公表しています（鉱工業生産の先行き試算値：季節調整済前月比）。2016年2月における当月見込指数の前月比は-5.2%ですが，先行き試算値は-6.4%（最も可能性が高い値：最頻値）であり，最頻値とならない場合でも，-7.3〜-5.5%の幅の中に90%の確率でおさまるとしています。予測指数を見る場合，実績値との違いのパターンから数値を調整することが必要でした。しかし，鉱工業生産の先行き試算値はすでに調整がなされているので，そのまま見ることができます。予測指数の調整には慣れが必要ですが，調整の必要がなくなる新指標の公表は，景気判断初学者にとって朗報です。

実現率と予測修正率は「月例経済報告」の関係資料には掲載されていません。実現値と予測修正率の数値は，経済産業省が毎月公表する「鉱工業（生産・出荷・在庫）指数速報」に添付されている「製造工業生産予測調査結果」に掲載されています。経済産業省の「鉱工業指数」のウェブページから入手し

---

(15) 経済産業省の公表資料による。

ましょう。

第2節　第3次産業活動

　鉱工業生産指数は，直接的にはGDPの2割に満たない生産活動しか把握できません。GDPの多くの部分は第3次産業によって生産されており，第3次産業の活動を月次で把握できる指標が第3次産業活動指数です。第3次産業活動指数は，景気を判断する際にはあまり活用されていません。第3次産業活動指数は，内閣府「月例経済報告」の生産の判断文で基調が報告されていますし，その関係資料である「主要経済指標」の表のページでも季節調整済前月比などが掲載されています。また景気動向指数の遅行系列にも，第3次産業活動指数（対事業所サービス業）が採用されています。

　ただし景気に遅行する特徴を有するので，足下の景気状況を判断する際には使いにくいこと，また総じて見れば（一部業種別指数は別），景気変動に敏感には反応しないことなどの理由から，総合的に景気を判断する現場では，それほど重視されていないのが現状です。以下では，第3次産業活動指数の作成方法を説明したうえで，指標の特徴について取り上げます。

▶第3次産業活動指数が把握する産業の範囲

　産業は，第1次産業（農業など），第2次産業（鉱工業），第3次産業（サービス業などそれ以外）の3つに分けることができます。経済活動を行っている産業にはさまざまなものがありますが，これを体系的に分類したものが「日本標準産業分類」です。「日本標準産業分類」による産業分類は何段階かありますが，一番大きなくくりが大分類であり，産業を「分類不能の産業」も含めて20に分類しています。

　第3次産業活動指数は，20の産業のうち13を対象にするなど産業を広く網羅しています。対象となる産業を列挙すると，「電気・ガス・熱供給・水道業」，「情報通信業」，「運輸業，郵便業」，「卸売業，小売業」，「金融業，保険業」，「不動産業，物品賃貸業」，「学術研究，専門・技術サービス業」，「宿泊業，飲

食サービス業」,「生活関連サービス業,娯楽業」,「教育,学習支援業」(ただし教育を除く),「医療,福祉」,「複合サービス事業」,「サービス業(他に分類されないもの)」です。第3次産業に含まれる公務や公務に準ずるとされる教育サービスは含まれません。

▶指標の作成方法

　第3次産業活動指数の作成方法は,業種別の指数を作成したうえで,これを基準年のウェイトで加重平均することで作成されます。つまり,鉱工業生産指数の作成方法と大枠は同じといえますが,決定的な違いは業種別指数(鉱工業生産指数は品目別指数)の作成方法です。鉱工業生産指数の作成過程では,「生産動態統計調査」を通じて,事業所に調査票を送りその回答から生産量を把握していました。一方,第3次産業活動指数の作成過程では,個別の事業所に調査票を送り,その活動状況を把握するのではなく,各業種の活動状況を示す代表的な指標から把握しています。なお経済理論ではサービスも生産すると表現しますが,ここでは「第3次産業活動指数」にしたがって,「産業が活動する」といった表現を使います。

　各業種の活動状況を示すとされている指標を見てみましょう。移動電気通信業は移動系通信契約数(携帯電話などの契約数),不動産業のマンション分譲業は首都圏および近畿圏のマンション全売却戸数,医療業は医科診療の点数および歯科診療の点数が,各業種の活動状況を示すとされています。以上はほんの一例を示しただけですが,各業種の活動状況を把握するための指標について興味があれば,経済産業省が公表している「第3次産業活動指数　平成22年(2010年)基準改定の概要」を参照してください。

　なお業種によっては活動状況が量ではなく金額でしか把握できません。この場合は,各業種の活動に対応する価格指数で割ることで活動量に変換します。各業種の活動量が把握できれば,後は鉱工業生産と同様の手順を踏んでゆきます。まずは各業種の活動量を基準年の月平均活動量で割ることで指数化します。そして各業種の基準年で固定されたウェイトを乗じて(つまり鉱工業生産指数と同様,ラスパイレス方式で数量指数を作成しています),それを足しあげる

ことで指数の合成を行っています。この結果得られた総合指数が，第3次産業活動指数です。なお基準年のウェイトは，総務省が作成する「産業連関表」の付加価値額（各業種の付加価値額÷第3次活動指数の対象となる全業種の付加価値額の合計額）を用いて算出します。現時点における基準年は2010年ですが，「産業連関表」の対象年が2011年であり，2010年，2011年の「延長産業連関表」（経済産業省が作成しています）の変化率などを使って2010年の付加価値額を推計しています。[16]

▶第3次産業活動指数が景気判断に使われない理由

第3次産業活動指数が足下の景気判断に使われない理由は，景気動向にあまり敏感でないことに尽きます。また，公表までに時間がかかるという事情もあります。景気との関係を見るため，第3次産業活動指数の季節調整値を少し長めに見ると（図表2-7），総じて上昇傾向で推移しています。確かにリーマン・ショック前後の景気後退期には大きく落ち込み，ほかの景気後退期には横ばいになるなど，景気循環と関係とないとはいえないのですが，鉱工業生産指数のように景気循環にともなうダイナミックな動きは見られません。第3次産業活動指数が景気に敏感でない理由を，ウェイトが高い業種の指数の動きを2008年1月から見ることで明らかにしていきましょう（業種の基本は小分類ですが，中分類が小分類に分かれていない業種については中分類で業種を見ます）。

一番ウェイトの大きな業種は，病院・一般診療所で1万分の877.7です（以下では「1万分の」を省略します），次いで，銀行業・共同組織金融業で512.4です。病院・一般診療所と銀行業・協同組織金融業の指数の動きを見ると，リーマン・ショック前後の深刻な景気後退期にも目立った減少は見られず一貫して増加傾向にあります。逆に3番目にウェイトの大きい住宅賃貸業（ウェイトは409.3）は一貫して傾向を示しています。

---

(16) 第3次産業活動指数の作成方法については，経済産業省「第3次産業活動指数：統計の概要」，経済産業省大臣官房調査統計グループ「第3次産業活動指数 平成22年（2010年）基準改定の概要」（平成27年9月7日），経済産業省「お役立ちミニ解説（by. 経済解析室）：鉱工業指数と第3次産業活動指数の作られ方」による。

図表2-7　第3次産業活動指数（季節調整値：月次データ）

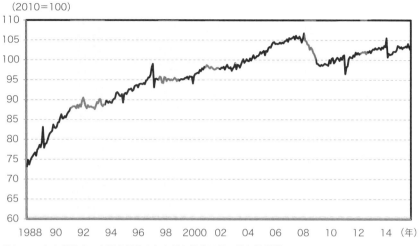

（注）シャドウ部分は，内閣府が設定した景気基準日付の景気後退期。
（出所）経済産業省「第3次産業活動指数」により作成。

　ウェイトが100以上200未満の業種を見ても，移動電気通信業（同191.4），居宅介護サービス業（同145.1）歯科診療所（同106.3），施設介護サービス（同106.3）は一貫した増加傾向にあります。一方，リース業（同167.4）は一貫して減少傾向を示しています。

　業種を細かく拾っていけば，景気に敏感な業種もあるのかもしれませんが，ウェイトの大きな業種の多くは景気に敏感とはいえません。

▶第3次産業活動指数に興味がある場合

　第3次産業活動指数は，内閣府「月例経済報告」の関係資料である「主要経済指標」の表のページに前月比が掲載されています。しかし，鉱工業生産指数のように「主要経済指標」の図のページや，同じく関係資料である「閣僚会議資料」にグラフなどが掲載されていません。

　第3次産業活動指数は足下の景気判断という観点からだけ見れば，あまり活用されることはありません。しかし，この調査データから第3次産業の詳細な

活動状況を知ることができます。GDPの約7割を占める第3次産業の活動の推移を見るためには，経済産業省の「第3次産業活動指数」のウェブページに入り，毎月公表されている公表資料を入手することが必須です。また同ウェブページから，全体の指数のみならず業種別指数の時系列データを得ることができ，これを使えば詳細な分析が可能となります。

経済産業省は「サービス産業について知りたいあなたへ～第3次産業活動指数についてネットで分かること」，「第3次産業活動指数冊子の見方／使い方」という資料を作成しています。第3次産業活動指数を使った分析をしたい場合は，まずこの資料を熟読してみましょう（ダウンロードが可能です）。

〈第2章の参考文献・資料〉

【資料】
経済産業省大臣官房調査統計グループ経済解析室「鉱工業指数のしくみと見方」(2014年3月).
経済産業省大臣官房調査統計グループ「第3次産業活動指数 平成22年（2010年）基準改定の概要」(2015年9月7日).
総務省・経済産業省「平成28年経済センサス－活動調査企業構造の事前確認票の記入のしかた」(2015年9月).
内閣府統計委員会「諮問第31号の答申 鉱工業指数の基幹統計としての指定について（案）」(第40回統計委員会 資料4：2010年11月19日).

【ホームページ上の資料】
経済産業省「お役立ち資料集：鉱工業指数と第3次産業活動調査の作られ方」(2015年10月).
経済産業省「お役立ちミニ経済解説（by.経済解析室）：7月の電子部品・デバイス工業の生産・出荷を動かした液晶と半導体」(2015年9月8日掲載).
経済産業省「経済産業省生産動態統計：Q&A」.
経済産業省「経済産業省生産動態統計：調査の概要」.
経済産業省「工業統計調査：調査の概要」.
経済産業省「第3次産業活動指数：統計の概要」.
総務省「統計法について」.
総務省統計局「事業所・企業統計調査って何？」.

第3章　個人消費

　第3章から第6章まで需要側の指標を需要項目別に説明しますが，需要項目にも軽重があります。重要な需要項目は，個人消費，設備投資，輸出であり，それぞれ第3章，第4章，第5章で説明します。住宅投資や公共投資の重要度は，個人消費，設備投資，輸出に次ぐ位置づけです。なお，政府消費，輸入は景気判断にはとんど反映されていないといっても過言ではありません。輸入は第5章，住宅投資，公共投資，政府消費は第6章で解説します。

▶個人消費の特徴

　個人消費の特徴は何といっても総需要の多くの部分を占めることです。2015年の名目GDPは499兆円ですが，家計最終消費支出（≒個人消費）は285兆円と57.1％を占めています。ただし，景気後退の影響は，企業収益→雇用者所得→個人消費というルートで波及し，個人消費が景気の変化にいち早く反応するわけではありません。さらなる特徴は動きが相対的に小さいことです。個人消費は一般に，景気が悪いときに伸び率は低下するものの，景気が良いときとの差は小さくなっています。これは，設備投資が景気変動の中で，景気が良いときにプラス，景気が悪いときにマイナスとなり大きく変動していることと対照的です。[1]

　個人消費の動きが小さい背景には，マクロ経済学の教科書などでお馴染みの，消費の慣性効果（ラチェット効果とも呼ばれます）があります。所得が変化しても消費習慣はそれほど変化しないこと，所得の増減にかかわらず生活必需品の消費額はあまり変化せず，所得ほど消費は変化しません。これが消費の動きを小さくしています（また，所得も大きく変化しません）。

---

(1) 内閣府「日本経済 2008-2009」150-151ページによる。

個人消費は，動きは小さいのですが総需要の半分以上を占めているため，影響は小さくありません。個人消費が重要な需要項目である理由は総需要に占める割合が大きなことですが，動きが小さいだけに基調的な動きを読み取ることが比較的難しいといえます。

▶個人消費を判断するための指標

　個人消費を判断するための指標は数多くあり，まずこれを整理することからはじめます。整理の第一歩として家計が消費するものについて分類しますが，大きく財とサービスの2つに分けます[(2)]。次に個人消費を把握するための指標を，需要側指標，供給側指標に分けます。需要側および供給側の両面から個人消費を把握する指標として消費総合指数があり，これは財およびサービスの消費を包括的に把握できます。需要側指標には，「家計調査」の1世帯当たり消費支出があり，これも財およびサービスの消費を包括的に把握できます。

　供給側の指標として，「商業動態統計調査」の小売業販売額があり，これは財の消費を包括的に把握できますが，サービスの消費は対象外です。小売業販売額の内数として，百貨店販売額およびスーパー販売額があります。これらは幅広く財の消費を把握できますが，小型店などの供給者が販売した財の消費をとらえることはできません

　「商業動態統計調査」の小売業販売額以外の供給側指標としては，財については新車販売台数があります。自動車に限定すれば新車販売台数で消費のすべてがカバーされます。また，GfKジャパンの家電販売額も指標のひとつです。これから，家電量販店で販売された家電製品の消費をとらえることができますが，小型の電気屋などで販売された家電の消費は把握できません。サービスについては，鉄道旅客協会の大手12社旅行取扱金額により，すべてではありませんが旅行消費の動きがわかります。外食については，日本フードサービス協会の外食売上高で，これもすべてではありませんが，外食消費の動きを把握でき

（2）　財は，家電製品，パソコン，自動車，家具などの耐久財，衣服などの半耐久財，食料，燃料などの非耐久財に分類される。また財は「財貨」とされることも多いが，本書では「財」で統一した．

ます。消費総合指数，需要側の指数，供給側の指数が，財・サービスやその内訳のどの部分をカバーしているのかイメージしたものが**図表３-１**です。

　結論を先取りすると，重要な指標は消費総合指数であり，個人消費の基調的な動きは主にこの指標を見て行われます。「家計調査」の１世帯当たり消費支出は，個人消費を判断する指標として直接には使われていませんが，消費総合指数の基礎指標であり間接的に個人消費の判断材料となっています。「商業動態統計調査」の小売業販売額は，供給側から包括的な財の消費を判断する指標として用いられており，その内数である百貨店販売額やスーパー販売額も注目されています。そして，新車販売台数，家電販売額，大手12社旅行取扱金額，外食売上高については，個人消費を判断するというよりは，個人消費の動きを説明するための具体例としての指標といえそうです。[3]

図表３-１　個人消費に関する指標の財・サービスのカバー状況

	財			サービス		
需要側および供給側指標	消費総合指数					
需要側指標	１世帯当たり消費支出（家計調査）					
供給側指標（１）（商業動態統計調査）	小売業販売額					
供給側指標（２）（商業動態統計調査以外の調査）		③	①		②	④
〈財・サービスの内訳〉	その他の財	家電	自動車	その他のサービス	旅行	外食

①は新車販売台数（日本自動車販売協会連合会，全国軽自動車協会連合会）
②は大手12社旅行取扱金額（鉄道旅客協会）
③は家電販売額（GfKジャパン）
④は外食売上高（日本フードサービス協会）

（注）財・サービスの内訳の幅や高さは売上高に比例しているわけではない。あくまでも各指標と財・サービスの対応関係をイメージするための表である。
（出所）各指標の財・サービスの対応関係から作成。

（３）「個人消費の判断」とは，個人消費の基調的な動きを判断することであり，これは主に消費総合指数を見て行われる。しかし，個人消費の基調判断が「景気局面」の判断に直

第1節　消費総合指数

　本書で消費総合指数という指標をはじめて知った方も多いのではないでしょうか。巷ではあまり知られていないこの指標こそ，個人消費の全体の動きを判断するための重要指標です。消費総合指数は，四半期別 GDP 速報（QE）で国内家計最終消費支出（以下，「家計最終消費支出」とします）を推計する際に使う方法に準じて作成しています。よって，四半期別 GDP 速報の家計最終消費支出の月次版（消費総合指数は額ではなく指数ですが）であると割り切って使うことも可能です。

　以下ではまず，消費総合指数の作成方法を説明します。そして，指標の動きの特徴をつかんだうえで，個人消費がどのような状況にあるのか消費総合指数から判断する方法の一例を示します。

1．消費総合指数の作成方法
▶消費総合指数とは何か

　百貨店販売額や自動車販売台数は，その名前からどのような指標かイメージすることが容易です。一方，消費総合指数については，指標のイメージを持てる人は皆無といっても過言ではありません。そこで消費総合指数とは何か簡単に説明します。

　消費総合指数は統計法上の統計ではありませんが，内閣府が消費動向の判断の参考とするために独自に作成している指標です。個人消費を把握するための月次の指標は，需要側指標，供給側指標の大きく2つに分かれます。消費の動きを総合的にとらえるために，消費総合指数は四半期別 GDP 速報（QE）の家計最終消費支出の推計方法を踏襲し，消費財・サービスの売り手側（供給

接結びつくわけではない。CI の一致指数の構成から，個人消費関連で「景気局面」の判断に重要な指標は，耐久消費財出荷と商業販売額（小売業）である。また耐久消費財の中で最重要な品目は自動車である。新車販売台数は速報性が高く指標の信頼度も高いことから，とくに注目される。

側)・買い手側(需要側)双方の月次の指標を最大限活用して作成されています。

　個人消費において需要側とは家計です。家計に対して,どのぐらい財やサービスを買ったのか尋ねる調査により作成された指標が需要側指標です。一方,供給側とは財やサービスを家計に対し販売する企業(事業所)などです。家計に対し財やサービスをどのぐらい販売したか,小売事業所に尋ねる調査などにより作成された指標が供給側指標です。

　小売事業所が売ったものを家計が購入するわけですから,需要側指標と供給側指標は個人消費へのアプローチ方法が異なるだけで,どちらの指標が優れているということはありません。個人消費の動きを総合的に把握でき,かつ信頼できる指標であれば,需要側指標であれ供給側指標であれ,それを使えばいいわけです。しかし結論からいえば,残念ながらそのような指標はありません。

　需要側の指標には,個人消費を総合的に把握できるものとして「家計調査」がありますが,サンプル数が少ないこともあり毎月の変動が大きく,指標の動きをつかみにくいといった点が指摘されています。一方,供給側の指標には個人消費を総合的に把握できるものはありません(財のみであれば「商業動態統計調査」の小売業販売額があります)。そこで,財・サービスを品目に分類し,さまざまな指標から国内総供給を求め,それぞれが個人消費に配分された額を積み上げることで推計しています。しかし,供給側から個人消費を正確に把握するためには,GDPの確報値を推計するときのように,財・サービスを2,000品目以上に分け,それぞれの国内総供給のうち個人消費に配分された金額を推計する必要があります。この作業を月次で行うことは,統計の制約から不可能であり,品目の分類を粗くするとともに,推計作業も簡略化することで毎月の数値を出しています。よって月次で供給側から推計した消費額も幅をもって見る必要があります。

　消費総合指数は,需要側から推計した個人消費額と,供給側から把握した個人消費額の両者を合成することで,個人消費を2つの側面から見た,より信頼度の高い指標を作成しようとする意図から生まれました。

▶消費総合指数の基本構造

　消費総合指数の作成方法は複雑であり，実際に指標を作成する担当者でない限り，その方法のすべてを知る必要はありません。しかし指標のユーザーとしては，消費総合指数の基本的な知識を得ておく必要があります。そこで以下では，内閣府の「景気判断・政策分析ディスカッション・ペーパー」，「今週の指標」などから，消費総合指数の求め方を解説していきます[4]。

　消費総合指数について一番大切な知識は，消費総合指数の基本的な構造です。消費総合指数は，需要側から推計した個人消費額（以下，「需要側推計値」とします），供給側から推計した個人消費額（以下，「供給側推計値」とします）をおおむね半々のウェイト（正確には前者は0.5271，後者は0.4729）で加重平均することで求めた個人消費額を指数化したものです。

　なお消費総合指数には当然のことながら季節調整をかけています。さらに指数には名目と実質があります。順序としては，まず名目消費総合指数が算出され，その後，家計最終消費支出のデフレータによって実質化されています。

▶需要側推計値の作成方法

　次に，需要側推計値の作成方法を説明します。まず，需要側推計値の作成方法を単純化して示します。需要側推計値の基礎となる指標は，「家計調査」の1世帯当たり消費支出です。これに「国勢調査」から推計した世帯数を乗ずることで，個人消費額を算出します。

$$需要側推計値 = (1世帯当たり消費支出 \times 世帯数)$$

「国勢調査」は5年に1度（5の倍数の年）しか行われません。そこで世帯数は，「国勢調査」の世帯数に一定の仮定をおいて機械的に延長することで得ています。よって需要側推計値の方向を決める重要な指標は「家計調査」の1世帯当たり消費支出額です。

---

(4) 消費総合指数の作成方法については，新家（2003），新家（2004），新家・石川（2004），内閣府「消費総合指数の改訂について」（今週の指標 No.1019：2012年1月17日）などによる。

「家計調査」は、標本世帯に家計簿をつけてもらい、そこから1世帯当たりの消費支出額を導き出しています。ただし、標本世帯が約9,000世帯と少ないことから、特に、一般的に購入頻度が少ない、家電製品やパック旅行などの財・サービスへの支出額は振れが激しくなっています。これは、数が少ない標本世帯が、たまたま家電製品やパック旅行などを購入した場合、数値が大きく跳ね上がってしまうことが原因です。

そこで、購入頻度が少ない財・サービスへの支出額、すなわち、家電製品、家具、パック旅行、披露宴や葬式などへの支出額については、別の調査から数値を得ています。「家計消費状況調査」は、購入頻度が少ない財・サービスへの支出額を、「家計調査」より多くの標本世帯、具体的には約3万世帯に尋ねることによって調べています。標本世帯が多いので、この調査で把握できる財・サービスへの支出額は、「家計調査」で把握するものより振れが小さく抑えられています。よって、需要側総合指数の基礎となる1世帯当たり消費支出額を算出する際、「家計消費状況調査」で把握できる財・サービスに対する支出額については、「家計調査」の数値を「家計消費状況調査」の数値で置き換えています。

「家計調査」から把握した支出額のうち、「家計消費状況調査」で把握できる財・サービスへの支出額を置き換えれば、1世帯当たり消費支出額が求められます。この数値に世帯数をかければ、需要側から把握した個人消費額の推計値を得ることができます。[5]

▶供給側推計値はコモ法の考え方で推計

消費総合指数の供給側推計値は、第1章で説明したコモ法の考え方で推計しています。コモ法は、GDPの確報値の推計に使われています。GDP確報値を推計する際には、財・サービスを2,000以上の品目に分け、財・サービスがどれだけ産出され、流通段階でどのようなマージンが上乗せされたり在庫に回っ

---

(5) なおこのほか、5年に1度行われる大規模調査である「全国消費実態調査」と同時点の「家計調査」との乖離を修正率として計算し、「家計調査」や「家計消費状況調査」の数値を補正する処理も行われている。

たりして，最終的にどのように中間消費，家計消費，固定資本形成に回されるかきめ細かく計算します(6)。そして，これら金額を品目ごとに積み上げ，個人消費など各需要項目の総額を求めています。

　供給側推計値は，コモ法の考え方にもとづき供給側から個人消費額を把握したものです。コモ法を用いて確度の高い個人消費額を求めるためには，GDP確報値を推計するときのように，財・サービスを2,000以上の品目に分ける必要があります。確報値の細かさで品目を分類するためには，年次統計である「工業統計調査」のデータが必要です。月次統計である消費総合指数を作成する際には，GDP確報値の推計に使うコモ法を相当程度簡便にした方法を使っています（品目の分類を粗くするなどしています）。供給側推計値を求める際に使う手法は，品目分類の細かさ，利用する統計データこそ異なりますが，考え方はコモ法にもとづいていることを最初に理解してください。

　ここからは供給側推計値の具体的な作成方法を簡略化して示します。供給側推計値は，財・サービスの各品目が個人消費に行きついた金額を推計し，これを足し上げることで求めています。まず，財に相当する品目については，「鉱工業出荷指数」などから得る財に相当する品目の出荷指数に財に相当する品目の物価指数を乗ずることで，出荷額の推移を示す補助系列を作成します。次にこの系列を国民経済計算（SNA：System of National Accounts）ベースに転換しますが，これは最新のSNA確報を基準として伸ばすことで行っています（本書執筆時では2014年確報値が最新です）。そして，この作業により各財の出荷額を求めています。

　次にサービスに相当する品目です。多くのサービスは「第3次産業活動指数」などでサービスの生産活動を把握して，これに「企業向けサービス価格指数」を乗じることで出荷額の方向を示す系列を求めます。この後は，財と同じ方法を使ってSNAベースに転換し，各サービスの出荷額を導き出します（ただし，財・サービスともに，一部の統計は金額ベースの統計が使用されているため，価格指数を乗じない系列もあります）。

（6）　得能（2007）1ページにより引用した。ただし文言の一部を変更している。

各品目の国内出荷額が計算できれば，次は品目別の輸出入額を調整することになりますが，輸出入額は「国際収支統計」，「貿易統計」のデータの伸び率を用いて，最新のSNA確報を基準とし，各品目の輸出入額を伸ばすことで求めています。

　出荷額，輸出額，輸入額がわかれば，国内総供給が計算できます。国内総供給は，大まかには出荷額－輸出額＋輸入額です。国内総供給のうち，何％が個人消費に行きつくのか（個人消費への配分比率）がわかれば，各財・サービスの個人消費額を求めることができます。たとえばQEでは，最新のGDP確報値における配分比率の推計値を用いて個人消費への配分を行っています。

　以上の方法により，すべての品目について個人消費に行きついた金額を求めることができれば，これを足し上げることで供給側推計値を求めることができます。

▶消費総合指数作成の最後の仕上げ

　ここまで，需要側推計値と供給側推計値の作成方法を説明してきました。上記の方法で算出された2つの推計値を合成すれば，季節調整前の名目消費総合指数が求められます。これに季節調整をかければ名目消費総合指数が得られますが，さらに名目値を，QEから得られる四半期別の家計最終消費支出のデフレータ（季節調整値）を月次に分解したものを使って実質化します。ただしQEが出ていない期間は，過去のデータから，月次に分割した家計最終消費支出のデフレータと消費者物価指数の関係を回帰分析で推計したうえで，消費者物価指数（こちらは月次かつ速報性があります）によってデフレータを延長します。

　消費総合指数は毎月内閣府が作成し公表していますが，公表された数値は何度か改定されます。消費総合指数は，先に述べたように，QEの家計最終消費支出の推計方法を踏襲しています。すなわち，消費総合指数は，四半期データであるQEの家計最終消費支出の毎月の動きを示したものといえます。

　消費総合指数の作成方法は，QEの家計最終消費支出の推計方法を踏襲していますが，毎月数値を出す必要があるため，個人消費額を把握する方法が一部

異なります。その結果，QE の家計最終消費支出の動きと，消費総合指数の動きがずれることがあります。そこで消費総合指数は QE が公表された時点で，動きが一致するように数値が調整されます。

　たとえば，ある年の 4 月，5 月，6 月の消費総合指数は，同年の 8 月中旬に公表される 4-6 月期の 1 次 QE に先立って公表されます。しかし公表された指数は，4-6 月期の 1 次 QE が出た後，4 月から 6 月までの伸び率が，QE の家計最終消費支出における 4-6 月期の前期比と一致するように調整されます。

　さらに同年 9 月初旬には 2 次 QE が公表され，家計最終消費支出の数値も改定されますが，消費総合指数はその際にも改定されます。調整前の消費総合指数の動きと QE の個人消費の動きが乖離していることも少なからずあるようです。QE 公表後に大きく数値が変わる可能性もないわけではありませんが，それでも月次で個人消費の動きを把握できる指標の価値は高いといえましょう。

2．消費総合指数の読み方

　消費総合指数は，四半期別 GDP 速報（QE）の家計最終消費支出の動きを，月次で先取りする指標として，個人消費の基調を判断する際に重視されています。以下では，消費総合指数の読み方を説明します。まずは一定期間の消費総合指数の動きを見ることで特徴をつかみ，次に消費総合指数の方向をつかむ方法を紹介します。

▶消費総合指数の動きの特徴

　図表 3-2 では，2000 年 1 月以降の消費総合指数の動きが示されています。消費総合指数の第一の特徴は，おおむね一貫して増加傾向にあることです。景気が悪いときに伸び率は低下するものの，景気が良いときとの差はそれほど大きくありません。鉱工業生産指数は，景気拡張期には増加，景気後退期に減少となるなど大きく変動していますが，消費総合指数の動きはこれとは対照的です。よって消費総合指数の方向を読み取ることは簡単ではありません。

　第二の特徴は，特殊要因などで単月あるいは急激に増加（減少）し，その直後に反動で急激に減少（増加）するといった動きは，それほど多くは見られま

図表3-2　消費総合指数（季節調整値：月次データ）

(注)　シャドウ部分は，内閣府が設定した景気基準日付の景気後退期。
(出所)　内閣府の「月例経済報告」ウェブページから入手したデータにより作成。

せん。消費税率を引上げる前の月に急増し，引上げた月に急減したケースがありますが，これらは例外的な動きです。この特徴は，鉱工業生産指数と同じですが，次章で取り上げる設備投資関連指標とは異なる点です。

　第三の特徴は，総じてみれば景気循環と並行して動いています。ただし，第一の特徴と重なりますが，消費総合指数は景気後退局面において明確な落ち込みが確認できることは多くありません。リーマン・ショックを挟んだ2008年2月から2009年3月までの景気後退局面には，比較的大きく減少しましたが，2000年以降のそのほかの景気後退局面においては，横ばいに近い動きを示しており，明確な減少は確認できませんでした。

▶消費総合指数の方向を判断する方法

　消費総合指数の動きの特徴をつかんだところで，次に消費総合指数の方向を判断する方法を示します。鉱工業生産指数と同様，消費総合指数の方向を判断する方法に正解はありませんが，読者のみなさんが景気判断初学者であれば，

さしあたって以下の方法を試してみてください。

　内閣府の「月例経済報告」の関係資料である「主要経済指標」の表のページに直近3カ月間の前月比が示されています。また，グラフのページには，指数のグラフに加え，直近3カ月の前月比および3カ月移動平均の前月比が掲載されています。消費総合指数は，個人消費を判断するうえで，重要な指標であるので，「月例経済報告」の関係資料において多くの情報が提供されています。また，内閣府の「月例経済報告」ウェブページから，消費総合指数のExcelファイルが入手可能です。

　最初に「主要経済指標」と同じく「月例経済報告」の関係資料である「閣僚会議資料」に掲載されているグラフ（「閣僚会議資料」のグラフの方が，掲載期間が短くなっています）を眺め，視覚的に山と谷を見つけおおまかに方向をつかみます。そして最後に明確に方向が変化した後が，「増加」あるいは「横ばい・減少」のいずれであるか把握します。鉱工業生産指数では方向を大きく「増加」と「減少」に分けました。しかし消費総合指数には増加トレンドがあり，減少が続くことはあまりありません。よって，方向が「横ばい」である場合，鉱工業生産指数であれば「減少」に相当する状況であるととらえ，ネガティブな方向を「横ばい・減少」とします。

　消費総合指数のように循環があまり明確ではない指標では，グラフを眺めるだけでは方向の変化を見つけられない場合があります。そのようなときは，以下で説明する足下の判断を行うための基準をあてはめて，方向の変化を確認してください。繰り返すようですが，この基準は消費総合指数の動きに対して経験による勘がはたらかない景気判断初学者を対象に一例を示すものです。この方法を試しつつ指標に対する勘がついてきたら，自らの方法で判断するようにしてください。

　ここから消費総合指数の方向変化に関する具体的な基準を示します。これはCIの基準をベースにしており，鉱工業生産指数の方向変化を判断するために示した基準と似ていますが，ひとつ大きく変更しています。鉱工業生産指数は，「前月比の大きさ（プラスあるいはマイナス）を累積した数値」（3カ月移動平均，7カ月移動平均）によって方向変化を判断しました。しかしながら，鉱工

業生産指数と同じ基準にすると，指数の方向が「横ばい」となってもこれを把握できません。そこで，消費総合指数では，「3カ月移動平均あるいは7カ月移動平均の前月比から前月比（移動平均なし）の平均値を引いた数値の大きさを累積した数値」を判断基準とします。この基準を使えば，3カ月移動平均あるいは7カ月移動平均の前月比がプラスであっても前月比の平均値より小さな数値であれば，マイナス幅が累積して判断が「横ばい・減少」となる可能性が出てきます。

例を挙げてみます。1996年1月から2015年12月の20年間における前月比の平均値は0.06％です。この期間の平均値を使うならば，2015年12月の3カ月移動平均の前月比は−0.26％ですので，2015年12月の3カ月移動平均の前月比から前月比の平均値を引いた数値のマイナスの大きさは0.32％（−0.26％−0.06％＝−0.32％）となります。また，2015年1月の3カ月移動平均の前月比は0.13％ですので，プラスの大きさは0.07％（0.13％−0.06％＝0.07％）となります。

具体的な基準です。「方向が横ばい・減少に変化した可能性が高い状態」と判断する基準を，①3カ月移動平均の前月比から前月比の平均値を引いた数値がマイナス，②3カ月移動平均の前月比から前月比の平均値を引いたマイナスの大きさが0.46％以上，「方向が増加に変化した可能性が高い状態」と判断する基準を，①3カ月移動平均の前月比から前月比の平均値を引いた数値がプラス，②3カ月移動平均の前月比から前月比の平均値を引いたプラスの大きさが0.46％以上としました。なお0.46％とは，1996年1月から2015年12月までの20年間における3カ月移動平均の前月比の標準偏差です。鉱工業生産指数では30年間のデータから標準偏差を計算しましたが，消費総合指数の場合は，1994年1月以降のデータしか公表されていないため20年間としました。

「方向が横ばい・減少に変わったことがほぼ確実な状態」と判断する基準については，方向が増加に変化した可能性が高い状態」の判断基準の「3カ月移動平均」を「7カ月移動平均」に置き換えます。

▶基準を消費総合指数の動きにあてはめた結果

この基準を過去の消費総合指数の動きにあてはめてみましょう。最初の例は

2012年6月以降の動きです。消費総合指数の3カ月移動平均の前月比から前月比の平均値を引いた数値は2012年6月にマイナスに転じ，9月にはマイナスの大きさの累積が0.64％と0.46％を上回りました（8月ですでに上回っているのですが，3カ月移動平均の前月比から前月比の平均値を引いた数値がプラスであったので判断を保留しています）。移動平均をかけていない消費総合指数のグラフを確認（事後的に）すると，この時期においては指数が横ばいの状況にあることが確認できます。また参考までに，この時期における内閣府「月例経済報告」の個人消費の基調判断を見ます。2012年9月の消費総合指数を反映した11月報告の判断は「弱い動きとなっている」であり，7月報告の「緩やかに増加している」から数回にわたり下方修正されています。

次の例は，2012年12月以降の動きです。消費総合指数の3カ月移動平均の前月比から前月比の平均値を引いた数値は2012年12月にプラスに転じ，2月にはプラスの大きさの累積が0.63％と0.46％を上回りました。移動平均をかけていない消費総合指数のグラフを確認（事後的に）すると，この時期においては指数が増加しはじめている状況が確認できます。2012年12月の指数を反映した2013年2月報告の個人消費の基調判断は「底固く推移している」であり，2012年11月の「弱い動きとなっている」から数回にわたり上方修正されています。

▶消費総合指数以外の指標も勘案して個人消費の基調を判断する方法

一定の基準によって消費総合指数の足下の方向変化を判断する方法を示しましたが，この基準を満たす時点では，方向変化がかなり明確になっています。一方，この時点では方向が変化してからかなり時間がたっています（これは鉱工業生産指数と同じです）。したがって，もう少し早く方向変化の動きをとらえることも必要です。

消費総合指数には，鉱工業生産指数に対する生産予測指数のような，「ナウキャスティング」に適した指標はありません。そこで，所得や消費者のマインドといった個人消費の動きの背景を説明する指標などを見るとともに，個人消費に影響を与える特殊要因の有無を確認する必要があります。

消費総合指数以外の指標も勘案して個人消費の基調変化の動きをつかむ方法

の一例を示します。①消費総合指数の3カ月移動平均の前月比が2カ月続けてマイナス（プラス）となり，②所得や消費マインドに関する指標から減少（増加）が続くことが予想され，③減少（増加）が特殊要因によるものではないことが確認されれば，方向が変化したと考えてもよさそうです。

①，②については，指標の動きを定量的に把握することができます（②の指標は後ほど説明する実質総雇用者所得や消費者態度指数です）。③については個人消費に影響しそうな定性的な情報を新聞記事などからこまめに入手することが重要です。特殊要因によって消費総合指数が大きく増減した例として，消費税率引上げにともなう駆け込み需要とその反動減を挙げることができます。また2011年3月に発生した東日本大震災，2010年9月のエコカー補助金終了も特殊要因です。さらに，天候要因（冷夏や暖冬はマイナス要因）なども個人消費に影響を与えます。消費総合指数が大きく動いた場合でも特殊要因によるものであれば，これを割り引いて基調判断を行う必要があります。消費総合指数が大きな動きを示した場合，まずは何らかの特殊要因がある可能性と疑ってみて，可能な限り新聞などから情報を探してみましょう。

第2節　需要側の指標—家計調査の1世帯当たり消費支出—

個人消費を需要側から把握できる指標は「家計調査」です。個人消費の基調判断には消費総合指数が使われていますが，「家計調査」の1世帯当たり消費支出額（二人以上の世帯）は，その基礎統計のひとつです。よって1世帯当たり消費支出は，消費総合指数を通じて間接的に個人消費の判断に寄与しています。またQEの基礎統計としても使われているほか，消費者物価指数の品目選定やウェイト作成，生活保護基準など社会政策を検討する際の基礎資料として活用されています。

1．家計調査の調査方法
▶層化3段抽出法で標本世帯を抽出

「家計調査」は，世帯の収入および支出の実態を把握するための調査であり，

基幹統計調査に指定されています。「家計調査」の母集団（2010年「国勢調査」にもとづく結果）は5,018万世帯，そのうち，二人以上の世帯は3,506万世帯，単身世帯は1,512万世帯です。ここから，二人以上の世帯は8,076世帯，単身世帯は745世帯を抽出し，標本世帯に対して，収入，支出，貯蓄，負債などを尋ねています。

「家計調査」では，個人消費の判断に使う世帯の支出のみならず，収入，貯蓄，負債などを把握して公表しています。二人以上の世帯の支出と収入は毎月，調査月の翌月末に公表されます。たとえば，6月の結果は，7月の末には速報値として公表されます。単身世帯および総世帯（二人以上の世帯＋単身世帯）の支出や収入は，四半期ごとに公表され，調査最終月の2カ月後の中旬，すなわち，4-6月の結果は8月中旬に公表されます。貯蓄や負債については二人以上の世帯も含めて四半期ごとに公表されますが，公表は調査最終月から4カ月ほど待たなければなりません。(7)

標本世帯は，層化3段抽出法により無作為抽出しています。まずは「3段抽出」の意味を説明します。抽出を3段に分ける理由は，日本に存在する世帯全体のリストを作ることは現実的ではないからです。またかりに約8,000世帯（二人以上の世帯）を抽出したとしても，全国津々浦々にばらばらに住んでいるならば効率的な調査は不可能であり，多くの調査員を確保しなければならないとともに，個々の調査員の負担も大きくなります。そこで，まずは調査を行う地域を選び，その地域に含まれる調査単位のリストを作成し，通し番号を付けたうえで，乱数表により標本を選ぶ手法を使います。第8章で紹介する「労働力調査」は，1段目で地域（国勢調査調査区）を選び，2段目で標本（住戸）を選びます。このような抽出方法は，2段目で標本が選ばれるので「2段抽出」と呼ばれます。(8)「家計調査」の場合は，1段目で大きな地域（市町村），2段目で選ばれた地域の中の小さな地域（調査区単位）を選び，3段目で標本世帯（すなわち，調査の対象となる世帯）を選びますので，「3段抽出」と呼ばれます。

月次の景気を判断する際には，「家計調査」の1世帯当たり消費支出（二人

（7） 総務省統計局「家計調査のしくみと見方」12ページによる。
（8） 総務省統計局「労働力調査の解説［第4版］」第6章「標本世帯の選び方」による。

以上の世帯）が使われます。これは単身世帯および総世帯（二人以上の世帯＋単身世帯）の支出や収入は，四半期ごとにしか公表されないからです。とくに若年層が日中不在であることが多い単身世帯については，データの収集が難しく，単身世帯の調査は簡単ではありません。調査の困難さもあり，2001年より前は「家計調査」では，単身世帯が調査対象に入っていませんでした（1995年から「単身世帯収支調査」により収支は把握されていました）。近年，単身世帯は増加しており，2001年から「家計調査」に単身世帯も含めるようになったのですが，二人以上の世帯とは統合されてはいません。いずれにせよ，単身世帯も含んだ数値は四半期に１度しか出ないため，月次の景気判断には使えません。よって，以下では，二人以上の世帯に焦点を絞り，抽出方法について解説します。

家計調査における「３段」を具体的に示すと，１段目は市町村，２段目が単位区，３段目が世帯です。１段目の市町村は，全国の市町村から168が選ばれます。ただしすべての市町村から168がランダムに選ばれるわけではありません。ここで「層化抽出」の意味を説明する必要が出てきます。層化抽出法とは，母集団をいくつかのグループ（「層」と呼ばれます）に分割し，グループ別に標本を抽出する方法です。なぜこのようなことをするのでしょうか。その理由は調査の精度を高めるためです。たとえば，個人に対して調査するために無作為抽出を行った場合，単純に抽出を行えば，標本が特定の姓や年齢に偏るおそれが出てきます。そこで性や年齢といった特性別に母集団を層化すれば，標本は確実に性や年齢を網羅します。

▶具体的な標本世帯の抽出方法：１段目

まず１段目の市町村の抽出です。「家計調査」では市町村を選ぶ際に層化抽出法を使っています。都道府県庁所在市（東京都区部を含みます），および政令指定都市（重複していない市が５市あります）の52市は，１つの層に１つの市だけが含まれます（政令指定都市＋東京都区部は大都市）。１つの層から市町村を１

---

(9) 総務省統計局「家計調査の実施状況及び今後の検討課題」（内閣府統計委員会第55回基本計画部会提出資料：2014年12月８日）８ページによる。
(10) 層化抽出法については，土屋（2009）97-98ページによる。

つ選びますので，これら52市は必ず選ばれます。残りの市町村については，人口5万人以上の市は，地方（北海道，東北など10地方），都市階級（中都市＝大都市を除く人口15万人以上の市，小都市A＝人口5万人以上15万人未満の市）に分けた後，人口増減率，産業的特色，世帯主の年齢構成などの特徴が似通った74層に分類されます。また人口5万人未満の市（小都市B）および町村は，地理的位置（海沿い，山地など），世帯主の年齢構成などにより42層に分類されます。1層1市の52市を除いた市町村は合計116の層に分類され，1つの層から1つの市町村が選ばれます。

　116層から1市町村を抽出するためには調査対象世帯数（二人以上の世帯数）をウェイトとした確率比例抽出法が使われます。つまり，層から市町村を抽出する際，単純無作為抽出を使うと，世帯数が多いところも，少ないところも同じ確率で標本が抽出されます。確率比例抽出法によれば，ウェイトが大きな（調査対象世帯数が多い）市町村がより高い確率で抽出されます。たとえば，Y市の調査対象世帯数がZ市の倍であれば，Y市が抽出される確率はZ市の倍になります。市町村は5年に1度の標本改正時に抽出され，1度選ばれた市町村は，原則として5年間継続して調査対象となります（小都市B・町村はあらかじめ調査年限を定め交代することとしています）。

▶具体的な標本世帯の抽出方法：2段目

　1段目で選ばれた168の市町村は，地域→ブロック→クラスター→調査単位区の順で，調査単位区が抽出されます（2段目）。「家計調査」の調査員は1人で12世帯を担当します。そのため，市町村には12の倍数の世帯が配分されます。具体的には，都道府県庁所在市は96世帯以上（東京都区部が最多の408世帯，横浜市は144世帯，大阪市は132世帯など，都道府県庁所在市以外の大都市は96世帯），中都市は36世帯，小都市Aは24世帯，小都市Bおよび町村は12世帯です。

　選ばれた市町村は，国勢調査区[11]を単位として必要な調査員の数（＝配分された世帯数÷12）の地域に分けられます。たとえば，東京都区部は408世帯を抽出

---

(11) 正確には「国勢調査調査区」である。

するので34の地域，中都市は36世帯を抽出するので3つの地域に分割されます。地域はさらにブロックに分割されますが，1つのブロックの二人以上の世帯数は1,500以上3,000未満とされます。このブロックから1つが無作為に選ばれ，5年間継続して調査対象となります。

　ブロックが決まれば，これをクラスターに分割します。クラスターは国勢調査区内の二人以上の世帯数が75以上になるまで近隣の国勢調査区を併せたものです。たとえば，隣接するA，B，C調査区内に，それぞれ二人以上の世帯が25世帯，16世帯，35世帯あれば，A〜C調査区で1つのクラスターとなります。ちなみに国勢調査区とは，世帯数がおおむね50世帯になるように区分された地域です。「国勢調査」を行う際に，調査員の受け持ち区域として，境界を明確にすることで調査の重複や脱漏を防ぐための役割を担っています。また「家計調査」などの標本調査の枠としての役割ももっており，一般調査区は全国で約96万区設定されています。[12]ブロックからは2つのクラスターを系統抽出します。クラスターは1年ごとに別のものに交代されますので，5年間で10のクラスターが選ばれます。よってクラスターにあらかじめ番号を付け，一定の間隔でクラスターを選んでいきます。

　クラスターが決まれば後は，調査単位区をクラスターから抽出します。クラスター内には国勢調査区（たとえば2つ）がありますが，クラスター内の国勢調査区を併せて調査単位区とします。ただしクラスター内に3つ以上の国勢調査区がある場合，二人以上の世帯数が併せて50以上になる隣接する2つの国勢調査区を調査単位区とします。なお，調査単位区は1年間調査した後，同じブロック内のほかのクラスターの調査単位区が選ばれます。

▶具体的な標本世帯の抽出方法：3段目

　3段目では調査単位区から標本世帯を抽出します。そのために調査員は，調査単位区内に居住するすべての世帯をリストにした「一般単位区世帯名簿」を

---

(12) 羽渕達志「国勢調査の地域区分と地域データについて」（日本統計学会春季大会（2013年3月3日）報告「国勢調査の地域区分と地域データ」参考資料）4-5ページによる。

作成します。この名簿から，①農林漁家世帯，②勤労者世帯，③勤労者以外の世帯の3つの区分別に乱数表で標本世帯を抽出します。なお調査単位区からは6世帯（二人以上の世帯）を抽出しますが，①～③に2世帯ずつではなく，各世帯区分の世帯数に比例して6世帯を配分します。たとえば調査単位区内に農林漁家世帯がほとんどいない場合は，世帯が配分されません。

標本として選ばれた世帯が協力を断る場合があります。その場合は，同じ調査区の中で同じ特性（上記の①～③）から，乱数表で無作為抽出を行って抽出し直します。また，抽出された標本世帯の調査期間は6カ月間であり，調査期間後は，同じ調査単位区内の別の世帯を抽出して，やはり6カ月間調査します。1つの調査単位区の標本は一斉に交代させるのではなく，1カ月ごとずらして交代させます。よって標本全体で見れば，6分の1ずつ標本が交代され，標本交代による指標の振れが軽減されます。

標本世帯の抽出方法を解説したところで，地域別に選ばれる世帯数（二人以上の世帯）と抽出率を見てみましょう。2010年「国勢調査」を用いた「家計調査」2013年標本改正における東京都区部の抽出世帯数は408世帯で，抽出率が5,658分の1です。2010年10月における東京都区部の二人以上の世帯数は約231万ですが，ここから408世帯が選ばれるのでこの抽出率となります。東京都区部を除く大都市および道府県庁所在市（51市）は，合計5,064世帯で抽出率が496分の1から7,241分の1の間です。中都市（県庁所在市を除く）および小都市Aは，合計2,100世帯で抽出率が1,226分の1から13,963分の1の間，小都市Bおよび町村は，合計504世帯で抽出率が1,569分の1から16,154分の1の間です[13]。

市町村の抽出率にはかなりの差がありますが，抽出率が最も高いところは沖縄県那覇市です。那覇市の世帯数を勘案すれば，本来ならば県庁所在市の96世帯が割り当てられるはずですが，沖縄県だけでひとつの地方（沖縄地方）の結果となるので，地方別の結果の精度を高めるため標本数168世帯と手厚く配分されています[14]。

---

(13) 総務省統計局「家計調査年報Ⅰ 家計収支編 平成26年」437ページによる。
(14) 母集団と標本世帯の抽出方法については，総務省統計局「家計調査 標本設計の概要（平成25年）」，総務省統計局「家計調査年報Ⅰ 家計収支編 平成26年」436～441ページによる。

▶ 標本世帯への調査方法

「家計調査」の最大の特徴は，標本世帯が，毎日の収入と支出を家計簿に記入することです。支出については，購入した品目，購入数量，支払った金額を一つひとつ記入します（購入数量は二人以上の世帯のみ記入）。これによって世帯の支出を詳細に把握することができます。

現金支出については，品目「あじ（生）」，数量「430グラム」，支出「330円」とか，品目「靴下（世帯主）」，数量「2足」，支出「1,050円」といった具合で，衣服などであれば誰が使用するかまで記入します。クレジット払いであれば，品目および購入方法「背広（世帯主）○○カード1回払」，数量「1着」，金額「42,000円」などと記入します。記入例は図表3-3のとおりです。貯蓄や負債については，特定された時期の貯蓄残高と負債残高を1度だけ調査票に記入すればいいのですが，収入と支出は毎日詳細に記入する必要があります。

▶ 1世帯当たり消費支出の推計方法

「家計調査」から得られる指標の中で景気判断を行うといった観点からは，1世帯当たり消費支出額（二人以上の世帯）が重要です。消費支出額は，生活費のことで，食料，衣料，電気，ガスなど日常生活を営むにあたり必要な商品やサービスを購入して実際に支払った金額です。ただし月賦などの場合は購入時に一括して支払ったとみなします。消費支出は，①食料，②住居，③光熱・水道，④家具・家事用品，⑤被服及び履物，⑥保健医療，⑦交通・通信，⑧教育，⑨教養娯楽，⑩その他の消費支出10大費目に分かれます。ちなみに支出金額には消費税が含まれています。一方，税金（所得税，住民税，固定資産税などの直接税），社会保険料（厚生年金掛金，健康保険料など）は非消費支出に含まれ，消費支出には含まれていません。

ここからは標本世帯が提出した家計簿からどのように母集団の1世帯当たり消費支出を推定していくのか見ていきます。総務省統計局に提出された標本世帯が記入した家計簿は，独立行政法人統計センターで，1行1行の記入に対し

---

(15) 総務省統計局「家計調査の調査票：家計簿の記入のしかた」による。
(16) 総務省統計局「家計調査のしくみと見方」16-17ページによる。

図表3-3 「家計調査」調査票の家計簿の記入例

1 日（火 曜日）
I 現金収入又は現金支出

（1）収入の種類又は支出の品名及び用途	（2）現金収入（円）	（3）数量	単位	（4）現金支出（円）
1 ゆでうどん		400	g	320
2 あじ（生）		430	g	330
3 かき（貝）		460	g	400
4 豚肉		330	g	630
5 ほうれん草		300	g	186
6 バターロール（8コ入り）		280	g	200
7 靴下（世帯主）		2	足	1,050
8 ポロシャツ（長女）		1	枚	2,625
9 りんご（病気見舞い）		1,950	g	1,800
10 すし出前（来客用）		4	人前	4,800
11 エアコン月賦支払初回分				26,000
12 酒屋掛買い支払い10月分				4,500
13 牛乳代10月分（200mℓ 30本）		6,000	mℓ	2,835
14 ○○新聞 10月分				3,925
15				
合計				49,601

（注）この表は，調査票の記入例を筆者が再現したものである。よって実際の記入例の該当部分とは一致しない部分がある。あくまでも，調査票のイメージをつかむための表であることに留意願いたい。
（出所）総務省統計局「家計調査の調査票：家計簿の記入のしかた」支出の記入の仕方（記入例2）の一部分を引用した。

て，「収支項目分類」にしたがって分類・入力がなされます（想像しただけでも大変な作業であることが推察されます）。入力された調査票の内容は電算システムで集計されますが，標本世帯の消費支出の平均額を単純に平均するわけではありません。

世帯消費支出を平均する際には，まず抽出率の違いにもとづく補正を行って

います。那覇市の抽出率は496分の1であり，東京都区部の11.4倍となっています。単純に世帯消費支出を平均すると，那覇市のような抽出率が高い市の世帯の消費行動がより大きく反映されてしまいます。そこで，抽出率の逆数に496分の1を乗じた数値を調整係数として，これを各市町村の世帯消費支出に乗じます。たとえば抽出率が4,960分の1の市があったとすれば，調整係数は(4,960／1)×(1／496)＝10となります。ちなみに東京都区部の調整係数は11.4です。またすべての標本世帯から有効な回答を得られるとは限りません。そこで市町村別に調査世帯数を集計世帯数で割った数（たとえば120の調査世帯のうち118世帯が回答した場合は120÷118＝1.069…）を，当該市町村の世帯の消費支出に乗じることで，回答率の変化の影響を解消します。

さらに世帯分布の補正（世帯人員4区分，地方10区分）も行われており，これら補正をすべて行ったうえで，最終的な1世帯当たり消費支出を求めます。

2．家計調査の情報収集と留意点
▶家計調査の情報収集

「家計調査」の1世帯当たり消費支出は「月例経済報告」でも言及されます。具体的には，実質消費支出，実質消費支出（除く住居等）の季節調整済前月比が，「月例経済報告」の本文で取り上げられるほか，その関係資料である「主要経済指標」の表のページにも，最新の3カ月間の数値が掲載されます。名目消費支出は，消費者物価指数（帰属家賃を除く総合）によって実質化されます。また実質消費支出（除く住居等）は，「住居」，「自動車等購入」，「贈与金」，「仕送り金」といった支出を除いたものです。

ただし「月例経済報告」の関係資料では，これら指標のグラフは掲載されていません（2016年3月現在）。「家計調査」の1世帯当たり消費支出は，消費総合指数を求める際の需要側指数のメイン指標として活用されています。その際には，購入頻度が少ない財・サービスへの支出額，すなわち，家電製品，家具，パック旅行，披露宴や葬式などへの支出額については，「家計消費状況調査」で得られた数値で置き換えるなど，単月の振れを押さえる工夫もしています。当然，消費総合指数のグラフは「月例経済報告」の関係資料に掲載されて

おり，この動きには「家計調査」の結果も反映されています。よって，あえて「家計調査」の1世帯当たり消費支出についてはグラフを掲載していないと考えられます。

「家計調査」の結果を詳細に見たい場合は，総務省が毎月公表している結果（二人以上の世帯）をホームページより入手することができます。この資料には，1世帯当たり消費支出（実質値）（住居等を含む，住居等を含まない）などの季節調整済前月比，それら指標のグラフが掲載されており，10大費目の動きなどの情報も得ることができます。

▶家計調査の数値を見る際の留意点

「家計調査」の実質消費支出は，財のみならずサービスもカバーされており，需要側から月次の個人消費を総合的に把握することができる唯一の指標です。供給側指標からは把握しにくいインターネット販売も問題なく把握できます。単身世帯も含めた総世帯の消費支出は，四半期ごとにしか公表されないとともに，調査最終月から公表まで時間がかかることから，景気判断のための指標として使えません。しかし，二人以上の世帯の消費支出に限れば，毎月公表されるとともに，速報性にも問題がありません。さらに，指標を作成している総務省統計局が季節調整もかけており，内閣府が独自に季節調整を行う必要もありません。

しかし指標を見る際には留意点があります。留意点のひとつは，標本数が少ないため単月の振れが大きいことです。「家計調査」は標本調査であり，母集団である全国の二人以上の世帯は3,506万世帯ですが，無作為に抽出された8,076の標本世帯に対する調査によって，1世帯当たりの消費支出などの数値が推定されます。2014年における各月の実質消費支出の標準誤差率は1.1％～1.5％です。毎月の標準誤差率を単純に平均すると1.3％です。標準誤差率が1.3％というと小さく見えますが，動きが比較的安定している個人消費にとって小さな数字ではありません。[17]

---

(17) 内閣府統計委員会第55回基本計画部会（2014年12月8日）では，委員から1.3％の振れは大きいといった指摘が出されている。

なお消費支出は総額のみならず，10大費目別（食料，住居，光熱・水道，家具・家事用品，被服及び履物，保健医療，交通・通信，教育，教養娯楽，その他の消費支出）の消費支出も得ることができますが，多くの費目で標準誤差率がさらに大きくなります。2013年における毎月の標準誤差率の平均値は，消費支出総額で1.3%（除く住居等で1.0%）ですが，住居は8.0%，教育は7.4%，交通・通信が5.0%，保健医療が3.6%，家具・家事用品で3.5%であり，10大費目で1%を切るものは，食料の0.7%，光熱・水道の0.9%のみです。

標本誤差率の大きな10大費目には，高額で購入頻度の高くない費目が含まれており，標本世帯がたまたまこれら費目に対し支出した場合，数値が高まることが原因です。よって個人消費の毎月の動きを分析する際，「家計調査」の10大費目別消費支出にまで立ち入ることは，標準誤差率の大きさに留意する必要があります。[18]

▶政策立案の基礎統計として威力を発揮

「家計調査」の目的は，「国民生活における家計収支の実態を把握し，国の経済政策・社会政策の立案のための基礎資料を提供すること」です。実際，QEの基礎統計として使われているほか，生活保護基準，各種年金制度の検討など社会保障政策を検討するために「家計調査」は欠かせません。そのほか，各府省庁，地方公共団体，民間会社など，さまざまな組織により活用されています。[19] これらの目的に対しては，それほど小さい標準誤差率が要求されているわけではありませんし，そもそも月次の消費支出ではなく，年報で公表される消費支出の1カ月平均額が使われることが多いといえます。この場合の標準誤差率は，月次の数値の標準誤差率より大きく低下します。2014年における，消費支出の1カ月平均額の標準誤差率（二人以上の世帯）は，総額で0.4%に過ぎず，10大支出費目でも，住居が2.6%，教育が2.4%と景気判断に使わないのであれ

---

(18) 標準誤差率の数値は，総務省統計局「家計調査の実施状況及び今後の検討課題」（内閣府統計委員会第55回基本計画部会 資料3：2014年12月8日）8ページによる。

(19) 総務省統計局「家計調査の概要」，同「家計調査のしくみと見方」63〜67ページによる。

ば十分な許容範囲におさまっています[20]。

「家計調査」は，調査対象世帯に家計簿をつけてもらうという方法で世帯の収入や支出などの詳細なデータを提供しています。この詳細なデータのおかげでわが国の世帯に関する詳細な研究も可能になっています。

第3節　供給側からの指標

供給側から総合的に個人消費を把握するためには，コモ法を使って，財・サービス別の生産，在庫，輸出入，国内総供給の個人消費への配分比率から個人消費額を求めるしかありません。供給側から個人消費を把握する指標で最も広い範囲をカバーしているものは「商業動態統計調査」の小売業販売額です。しかし，この指標は財のみをカバーしており，サービスは対象外です。

また，特定の財・サービスの消費額，あるいは特定の小売業で購入された財の消費額に限定すれば，把握するための指標がいくつか存在します。どの指標も個人消費のごく一部しか把握していないため，個人消費を総合的に判断する目的に使うことは難しいといえます。ただし，これらの指標の中には景気に敏感であり，景気判断の観点から重要な指標があることには留意が必要です。

一方，消費総合指数は総合的な判断が可能ではありますが，どのような商品が売れたのかなど具体的な情報を得ることができず，これだけで個人消費の動きを説明しても無味乾燥なものとなってしまいます。そこで，供給側の指標を見ることで，個人消費のうちどのような財・サービスが好調なのか把握すれば，説明に具体性をもたせることができます。個人消費の総合的な判断は消費総合指数で行い，あわせて供給側指標の動きを紹介することで，個人消費の動きの説明が包括的かつ具体的なものとなります。

本節では，供給側から個人消費の動向を把握する指標として最もカバレッジの広い「商業動態統計調査」の小売業販売額，またその内数である，百貨店販売額やスーパー販売額などを解説します。そして，個別の財やサービスの消費

---

(20)　標準誤差率の数値は，総務省統計局『家計調査年報Ⅰ　家計収支編　平成26年』440ページによる。

に関する指標として，新車販売台数（日本自動車販売協会および全国軽自動車協会連合会），大手12社旅行取扱金額（鉄道旅客協会），家電販売額（GfKジャパン），外食売上高（日本フードサービス協会）などを取り上げます。

１．小売業販売額　百貨店販売額　スーパー販売額
（１）小売業販売額
▶商業動態統計調査

個人消費を供給側から把握する指標のなかで最もカバレッジの広いものが，「商業動態統計調査」の小売業販売額です。「商業動態統計調査」の小売業販売額は，小売業に分類される事業所全体の売上高です。

「商業動態統計調査」は，最新の「経済センサス‒活動調査」もしくは「商業統計調査」を母集団とする標本調査であり，日本の商業の事業活動についてその動向を明らかにすることを目的として毎月実施されています。現在，各種景気指標の中でも供給側から流通活動や個人消費をとらえる代表的な指標として重要な役割を担っており，その調査結果は，四半期別GDP速報（QE）のほか，「景気動向指数」，「第３次産業活動指数」などの基礎資料としても活用されています。そして小売業販売額は，内閣府の「月例経済報告」でも取り上げられています。

▶小売業販売額の母集団

小売業に分類される事業所数は，母集団である2012年の「経済センサス‒活動調査」によれば約103万であり，年間商品販売額（以上，「販売額」とします）は110兆5,000億円です[21]。「商業動態統計調査」では小売業を，①各種商品小売業，②織物・衣服・身の回り品小売業，③飲食料品小売業，④自動車小売業，⑤機械器具小売業，⑥燃料小売業，⑦医薬品・化粧品小売業，⑧その他小売業，⑨無店舗小売業の９つの業種に分類しています。

---

(21)　年間商品販売額は，商品販売額がある事業所の合計値である。事業所数は全事業所数である。事業所数は1,000単位，販売額は1,000億円単位で数字を丸めた（以下，小売業販売額，百貨店販売額，スーパー販売額については原則として同様である）。

各種商品小売業では，衣食住にわたる各種の商品を一括して販売しています。デパートや総合スーパーといった大型の事業所がその典型です。事業所数は3,000，売上高は11兆円です。織物・衣服・身の回り品小売業は，呉服屋，洋服屋，靴屋などで，事業所数は14万8,000，販売額は7兆3,000億円です。飲食料品小売業は，食料品店，八百屋，果物屋，肉屋，魚屋，酒屋，お菓子屋，パン屋，お米屋，豆腐屋などですが，コンビニエンスストアもこの分類に入ります。事業所数は31万8,000で，販売額は31兆2,000億円です。

　自動車小売業は，新車，中古車，自動車部品を販売しており，事業所数は7万，売上高は11兆7,000億円です。機械器具小売業は，主に電気屋であり，家電量販店もこの分類に含まれます。事業所数は4万7,000，販売額は7兆7,000億円です。燃料小売業は，ガソリンスタンドなどであり，事業所数は5万2,000，売上高は11兆1,000億円です。医薬品・化粧品小売業は，薬屋，ドラッグストア，調剤薬局，化粧品店などで，事業所数は8万5,000，販売額は8兆6,000億円です。

　その他小売業には，家具屋，畳屋，金物屋，本屋，スポーツ店，おもちゃ屋，宝石屋，自転車屋，タバコ屋，花屋，ペットショップ，時計屋，眼鏡屋，楽器屋，ホームセンターなど，多岐にわたる種類の小売業が含まれます。事業所数は，26万9,000で，販売額は15兆3,000億円です。最後に無店舗小売業で，カタログ販売，インターネット販売，自動販売機による販売を行うもので，事業所数は3万4,000，販売額は7兆2,000億円です。

▶大きく4つの調査を併用して小売業販売額を把握

　「商業動態統計調査」の小売業販売額は，2012年の「経済センサス－活動調査」の小売業に分類される約103万事業所を母集団として，全数調査，標本調査，集落調査（調査区調査），企業調査を併用して把握しています。まずは小売業のうち，どのような事業所が，それぞれの調査方法の対象となるのか表で説明していきましょう。

　図表3-4には「商業動態統計調査」の小売業の調査範囲のイメージが示されています。「商業動態統計」の調査票は，甲調査票，乙調査票，丙調査票，

図表3-4　商業動態統計調査（小売業）の調査範囲のイメージ

日本標準産業分類				従業者		
中分類	小分類	細分類	その他の条件	50人以上 経済産業大臣が指定する条件	20人以上49人以下	19人以下
56　各種商品小売業	561	百貨店，総合スーパー		③丙調査（指定事業所）	①乙調査（指定事業所）	
	569	その他の各種商品小売業				
57　織物・衣服・身の回り品小売業						
58　飲食料品小売業	581	各種食料品小売業		③丙調査（指定事業所）	①乙調査（指定事業所）	②乙調査（指定調査区）
	582	野菜・果実小売業				
	583	食肉小売業				
	584	鮮魚小売業				
	585	酒小売業				
	586	菓子・パン小売業				
	589	その他の飲食料品小売業				
		5891	コンビニエンスストア（飲食品を中心とするものに限る）			
			コンビニエンスストアを500店舗以上有する企業	④丁1調査（指定企業）		
59　機械器具小売業	591	自動車小売業		③丙調査（指定事業所）	①乙調査（指定事業所）	②乙調査（指定調査区）
		5914	二輪自動車小売業（原動機付自転車を含む）			
	592	自転車小売業				
	593	機械器具小売業（自動車，自転車を除く）				
		5931	電気機械器具小売業（中古品を除く）			
		5932	電気事務機械器具小売業（中古品を除く）			
			売場面積が500㎡以上の家電専門店を10舗以上有する企業	⑤丁2調査（指定企業）		
60　その他の小売業	601	家具・建具・畳小売業		③丙調査（指定事業所）	①乙調査（指定事業所）	②乙調査（指定調査区）
	602	じゅう器小売業				
	603	医薬品・化粧品小売業				
		6031	ドラッグストア			
			ドラッグストアを50店舗以上有する企業もしくはドラッグストアの年間販売額が100億円以上の企業	⑥丁3調査（指定企業）		
	604	農耕用品小売業		③丙調査（指定事業所）	①乙調査（指定事業所）	②乙調査（指定調査区）
	605	燃料小売業				
	606	書籍・文房具小売業				②乙調査（指定調査区）
	607	スポーツ用品・がん具・娯楽用品・楽器小売業				
	608	写真機・時計・眼鏡小売業				
	609	他に分類されない小売業				
		6091	ホームセンター			
			ホームセンターを10店舗以上有する企業もしくはホームセンターの年間販売額が200億円以上の企業	⑦丁4調査（指定企業）		
61　無店舗小売業				①乙調査（指定事業所）		

（出所）経済産業省資料の表を引用。引用に際しては一部に修正を加えた。

丁1～4調査票の7つに分かれますが，甲調査票は卸売業にのみ使用されますので以下では出てきません。それぞれの調査票を使用して行う調査を，①乙調査（指定事業所），②乙調査（指定調査区），③丙調査（指定事業所），④丁1調査（指定企業），⑤丁2調査（指定企業），⑥丁3調査（指定企業），⑦丁4調査（指定企業）とします。

このうち，③丙調査（指定事業所）は全数調査です。次に，①乙調査（指定事業所）は標本調査です。さらに，②乙調査（指定調査区）は集落調査（調査区調査）です。そして，④丁1調査（指定企業），⑤丁2調査（指定企業），⑥丁3調査（指定企業），⑦丁4調査（指定企業）は企業調査です。

まず全数調査です。従業員50名以上の小売業事業所のうち，「商業動態統計調査」の定義を満たした（＝経済産業大臣が指定する条件）百貨店とスーパー（事業所単位）が全数調査の対象になります。これは，図表3-4の③丙調査（指定事業所）の部分に相当します。

スーパーとは，売場面積の50％以上についてセルフサービス方式を採用している事業所であって，かつ，売場面積が1,500平方メートル以上の事業所です。ただし，「商業動態統計調査」の家電大型専門店，ドラッグストア，ホームセンターの調査対象企業の傘下事業所は除かれます。定義からは，一定の広さがあって，客が買い物かごに商品を入れ，レジで精算する姿が想像されます。

一方，百貨店とは，日本標準産業分類の百貨店，総合スーパー（小分類561）のうち，「商業動態統計調査」の定義によるスーパーに該当しない事業所であって，かつ，売場面積が東京特別区および政令指定都市で3,000平方メートル以上，その他の地域で1,500平方メートル以上の事業所です。この定義からは，衣，食，住にわたる各種の商品を販売し，一定以上の広さがあり，一定以上の店員が常に接客しており，店員が客に対面して販売する姿が想像されます。

百貨店は，日本標準産業分類の百貨店，総合スーパー（561）という条件が付いていますが，スーパーにはこのような条件はなく，織物・衣服・身の回り品小売業，飲食料品小売業，医薬品・化粧品小売業，その他小売業に分類される小売業のなかにも，スーパーに該当するところがあります。

次に標本調査です。標本調査の対象は，図表3-4の①乙調査（指定事業所）

の部分ですが，企業調査の対象でなく，かつ従業員数が20人以上の小売事業所がこれに該当します。ただし自動車小売業，機械器具小売業，燃料小売業，無店舗小売業は19人以下の事業所でも標本調査の対象です。

さらに集落調査（調査区調査）です。集落調査とは調査区を無作為に選び，調査区の中を全数調査するといった調査手法です。集落調査の対象は図表3-4の②乙調査（指定調査区）の部分ですが。原則として19人以下の事業所が対象ですが，自動車小売業，機械器具小売業，燃料小売業，無店舗小売業は19人以下の事業所でも集落調査の対象からは外れますし，企業調査で把握される19人以下の事業所も対象外です[22]。

最後に企業調査です。企業調査とは対象となる企業に，傘下の小売事業所の月間商品販売額などを回答してもらいます。企業調査は大きく4つに分かれます。第一はコンビニエンスストアです。これは，図表3-4の④丁1調査（指定企業）に相当する部分です。日本標準産業分類のコンビニエンスストア（細分類5891）を500店舗以上有するチェーン企業が対象となり，企業本部に対して一括して傘下の事業所の販売額などを調査します。企業については，日本フランチャイズチェーン協会が公表している「コンビニエンスストア統計調査」の対象企業とおおむね重なっていると考えられます。具体的には，セブン-イレブン・ジャパン，ローソン，ファミリーマートを始め，サークルKサンクス，ミニストップ，デイリーヤマザキ，セイコーマート，ココストア，スリーエフ，ポプラといった，傘下に多くのコンビニをもつ企業が調査対象になっていると考えられます。

第二は家電大型専門店です。これは，図表3-4の⑤丁2調査（指定企業）に相当する部分です。売場面積が500㎡以上の家電専門店を10店舗以上有する企業がこれに該当します。ビックカメラやヤマダ電機など大型家電量販店が対象となることは容易に想像できます。第三はドラッグストアです。これは，図表3-4の⑥丁3調査（指定企業）に相当する部分です。主として医薬品，化粧品などを中心に，家庭用品や加工食品などの最寄り品をセルフサービス方式

---

(22) 小売業販売額の把握方法については，経済産業省「商業動態統計：調査の概要」などによる。

によって販売する店舗が傘下に50以上ある企業（あるいは年間販売額が100億円以上）がこれに該当します。店舗数や販売額から，ウエルシアHD，マツモトキヨシHD，ココカラファインなどがここに入ると推測されます。第四はホームセンターです。これは，図表3‐4の⑦丁4調査（指定企業）に相当する部分です。住まいの手入れ改善にかかる商品を中心に，セルフサービス方式により販売する店舗を10店以上傘下におく企業（あるいは年間販売額が200億円以上）がこれに該当します。店舗数や販売額から，ホーマック，カーマ，ダイキを傘下に置くDCMホールディングス，コメリ，カインズなど対象であることが想像できます。[23]

なお，コンビニエンスストア，家電大型専門店，ドラッグストア，ホームセンターの販売額は，それぞれ，飲食品小売業，機械器具小売業，医薬品・化粧品小売業，その他小売業の販売額に含まれます。

▶標本事業所と標本調査区の抽出方法

ここからは，標本調査と集落調査の方法を簡単に紹介しましょう。まず標本事業所（個別標本）の抽出方法です。図表3‐4の①乙調査（指定事業所）の部分に分類される事業所が標本調査の対象となります。

まず標本調査の対象となる母集団を，業種別×従業員規模のセル（標本抽出枠）[24]に分けます。そして，業種別に標準誤差率が5％以下になるように，業種別の標本数を決めます。標本数が決まれば従業員規模別に配分しますが，従業員規模が大きな層に相対的に多くの標本数が割り当てられます。[25]

業種別×従業員規模のセルごとの標本数が決まれば，母集団名簿から標本を

---

(23) コンビニエンスストア，家電大型専門店，ドラッグストア，ホームセンターの具体的企業名は，東洋経済新報社「会社四季報業界地図 2016年版」の226ページおよび238～242ページから推測した。
(24) 「層」と呼ばれることも多いが，「商業動態統計調査」の説明では「セル」という用語を使用している。
(25) 従業員規模別に標本数を割り当てる方法は，ネイマンの配分法による。ネイマンの配分法については，本書があつかう範囲を超えるので説明には立ち入らない。興味のある読者は，標本調査法に関する書籍を参照のこと。

抽出します。母集団名簿は,「経済センサス－活動調査」の母集団をもとに,業種別×従業員規模別の抽出用名簿を作成しますが,その際に,全数調査の対象事業所や除外地域にある事業所などを除きます。名簿が確定すれば,業種別×従業員規模別のセルごとに配分された標本数を抽出します。

抽出にあたっては等確率系統抽出を行います。等確率系統抽出とは出発点となる事業所を乱数により決め,名簿の順番により一定の間隔で標本を抽出する方法です。たとえば,抽出率が20分の1であり,出発点となる事業所として3番目が選ばれれば,その後は23番目,43番目,63番目と事業所が抽出されていきます。ちなみに標本調査の標本は毎年7月に入れ替えられますが,調査期間が1年だけの事業所,2年間継続する事業所が混在します（2年ごとに全数が入れ替わります）。

次に集落調査（調査区調査）の方法です。図表3－4の②乙調査（指定調査区）の部分が対象となりますが,集落調査ですので抽出されるのは事業所ではなく調査区です。抽出の対象となる調査区は,経済センサス調査の18万の調査区を「商業動態調査」のためにアレンジした調査区です。これを,①医薬品・化粧品小売事業所が少なくとも1つある調査区の層,②織物・衣服・身の回り品小売事業所が少なくとも1つある調査区の層,③飲食料品小売事業所が少なくとも1つある調査区の層,④その他の調査区の層の4層に分類します。そして4つの層から143の調査区を無作為に抽出します。

抽出された調査区にある対象事業所（図表3－4の②の部分に該当する事業所）は全数が調査対象（地域標本）となります。調査区は都道府県を単位に6つのグループに区分され,2カ月ごとに6分の1が交替します。

▶小売業販売額の推定方法

標本事業所,標本調査区が決まれば,全数調査対象事業所,標本事業所,標本調査区内の事業所,企業調査対象企業に対して調査票を送り,月間販売額などの回答を得ます。調査票については,乙調査（指定事業所,調査区調査）の調査票,丙調査の調査票,すなわち一般事業所に対する調査票,百貨店・スーパーに対する調査票の一部を参考までに掲載します（図表3－5）。乙調票に

は，販売額に関しては，当該月の月間商品販売額の合計を書く欄だけがあります。一方，丙調査票には，月間販売額を，紳士服・洋品，飲食料品，家庭用品など10の商品分類別に記入する欄があります。

図表３－５　商業動態統計調査票（一般事業所用，百貨店・スーパー用）の一部

（１）一般事業者用（乙調査票）の商品販売額の部分

2. 商品販売額 調査月の商品販売額の合計を記入してください。 「¥」記号は付けないでください。（単位：万円。消費税額を含む。）	番号	月　間　商　品　販　売　額							
		A							
		千億	百億	十億	億	千万	百万	十万	万円
	0101								

（２）百貨店・スーパー用（丙調査票）の商品販売額の部分

１－１．商品販売額	「¥」記号は付けないでください。 （単位：万円。消費税額を含む）							
商品名	番号	月間小売販売額						
		A						
		百億	十億	億	千万	百万	十万	万円
紳士服・洋品	0101							
婦人・子供服・洋品	0102							
その他の衣料品	0103							
身の回り品	0104							
飲食料品	0105							
家電	0106							
家電用電気機械器具	0107							
家庭用品	0108							
その他の商品	0109							
食堂・喫茶	0110							
合計	0111							

（注）この表は，調査票のサンプルを筆者が再現したものである。よって実際の調査票の該当部分とは一致しない部分がある。あくまでも，調査票のイメージをつかむための表であることに留意願いたい。
（出所）経済産業省「乙調査票」，「丙調査票」の一部を引用。

調査票を回収した後は，事業所あるいは企業が回答した販売額をもとに母集団の販売額を推定していきます。第一に全数調査対象事業所の母集団推定方法です。全数調査対象事業所（百貨店・スーパー）が回答した販売額はそのまま実額加算しています。

　第二に標本事業所の推定方法です。標本事業所が回答した販売額を足し上げても母集団の販売額にはなりません。そこで，母集団の販売額を推定しなければなりませんが，そのために比推定という手法を使っています。比推定は以下のように行います。セル（業種別×従業員規模別）ごとに，調査月の各標本事業所の集計額を求めます。次に，調査前月の集計額と比較して，調査月における標本事業所の集計額の対前月比を求めます。さらに調査前月における母集団の販売額に，この対前月比を乗じて，調査月における母集団の販売額の推定値を求めます。

　このような比推定を行う場合は，以下の2点が重要です。1点目は，調査月は回答したものの調査月の前月には回答していない標本事業所のあつかいです。このような標本事業所の販売額をそのまま加えてしまえば，両月とも回答した標本事業所の集計値に変化がなくても，標本事業所の集計値が前月に比べて増えてしまいます。2点目は，スタート値となる母集団の販売額の決め方です。比推定では，調査月における標本事業所の集計値の対前月比を，調査月の前月における母集団の販売額に乗ずることで，調査月の母集団の販売額を推定しています。すなわち，（調査月の前月の母集団の販売額）×（調査月の標本事業所集計値の対前月比）＝（調査月の母集団の販売額）という式で，母集団の販売額を毎月伸ばしているわけです。しかしこの方法を使うためには，ある時点における母集団の販売額が必要であり，これがなければ標本事業所の集計値の対前月比が毎月分揃っていても，毎月の母集団の販売額を求めることはできません。ある時点における母集団の販売額は，スタート値（発射台）と呼ばれますが，これをどのように求めるかが比推定では重要です。そこで以下では，①調査月は回答したものの調査月の前月には回答していない標本事業所のあつかい，②スタート値となる母集団の販売額の決め方を明らかにしつつ，比推定によって母集団の小売販売額を毎月推定していく方法を説明します。

標本事業所に対して調査を行う場合，100％の回答が得られるわけではありません。また何らかの事情で，標本事業所の回答が間に合わない場合もあり得ます。そこで，調査月における標本事業所の集計値の対前月比を求める際には，調査月と調査月の前月の両月とも回答した事業所のみ集計の対象としています。たとえば，自動車小売業×従業員20〜49人規模の事業所の販売額について考えてみましょう。2015年12月の母集団（自動車小売業×従業員20〜49人規模の事業所すべて）の販売額は以下の式で推計します。ここで，2015年11月と2015年12月の両月において回答が得られた事業所数がTであったとして，便宜上これに1からTまでの番号を振ることにします。

2015年12月の母集団の販売額 ＝ 2015年11月の母集団の販売額

$$\times \left(\frac{2015年12月の事業所1の販売額 + \cdots + 2015年12月の事業所Tの販売額}{2015年11月の事業所1の販売額 + \cdots + 2015年11月の事業所Tの販売額} \right)$$

この式は，両月とも回答した事業所についてのみ，2015年11月および2015年12月の販売額の集計値をそれぞれ算出し，11月の集計値に対する12月の集計値の比率を求めます。この比率を2015年11月の母集団の販売額に乗ずることで，2015年12月の母集団の販売額を求めます。そして同じ方法を2016年1月，2月と続けていき，母集団の販売額を推計していきます。

この方法を行うためには，発射台と呼ばれるスタート値（母集団の販売額）が，セル（業種別×従業員規模別）ごとに必要ですが，これは「商業統計調査」または「経済センサス－活動調査」から把握します。「商業統計調査」または「経済センサス－活動調査」はセンサス調査ですが，これら調査ではすべての小売事業所の販売額を調査しています。よってここから，センサス調査時点における，すべての小売事業所の販売額を把握することができるため，センサス調査時点における，母集団の販売額を得ることができます。この数値を発射台にすれば，その後は，標本事業所の集計値の対前月比を毎月乗じていくことで，母集団の販売額が推計されていきます。

第三に標本調査区内の事業所の推定方法です。抽出された調査区にある対象事業所の小売販売額についても，調査月と調査月の前月とも回答を得られた事

業所のみを選び，調査月の前月の販売額の集計値に対する調査月の販売額の集計値の比率（対前月比）を求めます。そしてこの対前月比を，調査月の前月における母集団の販売額（抽出されなかった調査区にある事業所も含めた事業所全体の販売額）に乗ずることで調査月の販売額を推定します。業種ごとのスタート値（販売額）は，標本調査と同様，センサス調査である「商業統計調査」または「経済センサスー活動調査」から把握される母集団の販売額により得ます。

第四に企業調査結果の数値のあつかいについてです。2015年7月分以降からの飲食品小売業（機械器具小売業，医薬品・化粧品小売業，その他小売業）の販売額の推計には，従来からの事業所が報告した販売額の集計値を前月比推定するほかに，コンビニエンスストア（家電大型専門店，ドラッグストア，ホームセンター）の企業調査結果の数値を用いて，同様に前月比推定を行い，両者を合計した数値を当該セル（業種別×従業員規模別）の推定販売額としています。

最後に小売業販売額の求め方です。小売業全体の販売額の合計である小売業販売額は，セル（業種別×従業員規模別）ごとの母集団の販売額を，ここまで説明した手法のいずれかを使って推定し，セルごとの販売額を積み上げることで求めます。[26]

▶小売業販売額の動きの特徴

小売業販売額は，内閣府「月例経済報告」の関係資料である「主要経済指標」の表のページに前月比が掲載されています。ただしグラフのページには小売業販売額の動きを示すグラフは掲載されていません。しかしながら，小売業販売額は，供給側から個人消費を包括的に把握できる指標（財のみでありサービスは把握できません）であり，その動きを見る必要があります。

小売業販売額の動きを見るためには，経済産業省の「商業動態統計」ウェブページから，季節調整がかけられた小売業販売額指数の月次データが入手できます。ウェブページに入り，統計表一覧→時系列データと進んでいき，「業種

---

(26) 標本の抽出方法および小売業販売額の推定方法については，経済産業省大臣官房調査統計グループ「商業動態統計月報」，経済産業省「商業動態統計：調査の概要」などによる。

別商業販売額指数」のExcelファイルをダウンロードします。「季節調整済指数（月次）」のページから，2010年を100とした指数データが入手できます。

図表3-6では，2002年1月以降の小売業販売額の2010年を100とした季節調整済指数の動きが示されています。小売業販売額は，鉱工業生産指数のように景気拡張期には明確なプラス，景気後退期に明確なマイナスとなるといった景気循環による大きな変動が見られない点は，消費総合指数と同様です。

また，単月の振れが大きいといえます。東日本大震災前後，消費税率引上げ前後に大きな増減がありましたが，それ以外でも指数が比較的大きく振れることが少なくありません。また，小売業販売額は名目値であるので，ガソリン価格が大きく変動した場合などにもイレギュラーな動きをします。

小売業販売額は単月の振れが大きいので，CIでは前年同月比（原系列）を見ることでこれをならしています。前年同月比でならしてみると。生産の基調的な動き，ひいては景気の動きとおおむね一致しています（よって小売業販売額

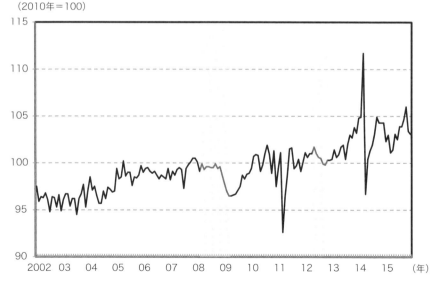

図表3-6　小売業販売額（季節調整済指数：月次データ）

（注）シャドウ部分は，内閣府が設定した景気基準日付の景気後退期。
（出所）経済産業省「商業動態統計調査」により作成。

は，個人消費の基調判断より景気局面の判断にとって重要といえます）。

　小売業販売額の動きをつかむための最初の作業は，経済産業省から季節調整値のデータを入手したうえで，3カ月移動平均のグラフを作成することです。3カ月移動平均をとれば単月の振れがある程度ならされますので，ここから指標の方向をつかみましょう。また業種別のデータも手に入りますので，業種別の動きもつかめば，小売業販売額の動きの背景を探る手がかりにもなります。

（2）百貨店販売額
▶百貨店は一定規模以上を全数調査

　百貨店の販売額は，「商業動態統計調査」の百貨店販売額，日本百貨店協会が公表している「全国百貨店売上高概況」の売上高総額で動きをつかみます。はじめに，「商業動態統計調査」の百貨店販売額について説明します。

　「商業動態統計調査」の百貨店販売額は，同調査の小売業販売額の内数であり，2015年の数値でみれば，小売業販売額が140兆7,000億円であるのに対し，百貨店販売額が6兆8,000億円ですので，4.9％を占めているにすぎません。

　指標の特徴を見てみましょう。「商業動態統計調査」の百貨店販売額は，同調査の小売業販売額と同じく翌月下旬です。よって速報性には問題がありません。また百貨店（前述の条件を満たした事業所）は全事業所が調査されるため，標本調査につきものの指標の振れなどの問題は生じません。また百貨店からは商品販売額のみならず，商品を紳士服・洋品，飲食料品，家庭用品など10種類に分け，それぞれの販売額も報告してもらっています。一般の小売店は合計額のみを報告しますので，百貨店販売額については，より詳細な分析が可能となっています。

　次に，日本百貨店協会が公表している「全国百貨店売上高概況」の売上高総額を説明します。日本百貨店協会の会員百貨店は，2016年1月14日現在で82社222店舗です。この会員百貨店から協会が売上高の報告を受け数値を取りまとめます。公表の時期は，翌月中旬であり，「商業動態統計調査」の百貨店販売額より若干早めの把握が可能です。また会員店舗については全数調査ですので，やはり標本の振れなどの問題は生じません。

2015年12月時点で，百貨店協会と経済産業省（「商業動態統計調査」の作成主体は経済産業省です）の統計を比較してみましょう。百貨店協会は82社238店舗が対象で，月間売上高は7,098億円です。一方，経済産業省は246事業所が対象で，販売月額は7,826億円です。この比較から，両統計が対象としている百貨店はおおむね重なっていることがわかります。

　日本百貨店協会の会員社や店舗は，日本百貨店協会のホームページから入手できる「会員百貨店一覧」で見ることができます。三越伊勢丹，大丸松坂屋百貨店，高島屋など百貨店大手はすべて入っているとともに，各地域に根づいた百貨店も入っています。

▶**百貨店販売額の動きをつかむ方法**

　「商業動態統計調査」の百貨店販売額は，内閣府「月例経済報告」の関係資料である「主要経済指標」の表のページに数値が掲載されていますが，残念ながら季節調整値でなく前年同月比のみが示されています。さらに図のページにもグラフの掲載がありません。

　一方，日本百貨店協会の全国百貨店売上高については，必ずではありませんが高い頻度で，「月例経済報告」の関係資料である「閣僚会議資料」に，季節調整がかかった販売額指数のグラフが掲載されています。よって百貨店販売額の動きを見る際には，「閣僚会議資料」のグラフから指標の方向性を読み取ります。また3カ月間の前月比が掲載されますので，その数値から方向に変化の兆しがあるか確認します（前月の資料も見れば4カ月間の前月比が手に入りますので，2カ月分の3カ月移動平均の前月比の近似値が得られます）。

　なお，「商業動態統計調査」の百貨店販売額は，経済産業省の「商業動態統計」ウェブページから，季節調整がかけられた指数（2010年＝100）の月次データが入手できます。ウェブページに入り，統計表一覧→時系列データと進んでいき，「百貨店・スーパー（旧：大型小売店）商品別販売額指数」のExcelファイルをダウンロードします。Excelファイルの「季節調整済指数（月次）」のページからデータが入手できます。

　百貨店販売額は景気変動以外の要因でも動くことに留意が必要です。ひとつ

は天候です。平年と較べて天候が悪い場合，客足が遠のき販売額が落ち込みます。また平年と比較した気温も影響します。冷夏であればビールが売れなくなる，季節の変わり目に気温の変化が遅れれば，夏物あるいは冬物の売れ行きが振るわなくなることがあります。また最近は訪日外国人，とくに中国人のいわゆる「爆買い」などの影響も無視できません。

　景気変動以外の動きについては，日本百貨店協会のホームページより入手できる「全国百貨店売上高概況」に，天候やそのほかの定性的な百貨店販売額に影響を与えたと考えられる要因が記述されています。百貨店販売額の動きを判断するためには，これらの要因にも留意することが必要です。

▶前年同月比を見る場合は店舗数調整に注意

　百貨店の販売額もほかの指標と同様，季節調整済前月比で見ることが望ましいです。しかし百貨店販売額を，地域別あるいは細かい商品別で見たい場合，前年同月比から動きを読み取るしかありません。また店舗数調整後の数値の動きを見たい場合も前年同月比により動きをつかむしかありません。この場合は，第1章で示した，前年同月比の問題点に留意しつつ，前年同月比の読み方を参考にして，動きを把握していくことが必要です。

　ここで「店舗数調整後」について説明します。「商業動態統計調査」では「既存店」，日本百貨店協会の指標では「店舗数調整後」と用語が違いますが，これら用語は同じ意味をあらわしているので，以下では店舗数調整後で統一して意味を説明します。

　百貨店は，売れ行きが落ち込み閉店するケースがあります。また新規に百貨店が開店する場合もあります。新規に百貨店が開店した場合，ほかの百貨店の販売額が等しくても全体の販売額が増えてしまいます（逆の場合は減ってしまいます）。そこで，今年に存在してかつ昨年も存在していた店舗（2015年10月であれば，2014年10月と2015年10月の両時点に存在した店舗）の売上高を比較する方法が店舗数調整です。

　店舗数調整後販売額の前年同月比を見る場合，新規出店による影響を除去できるメリットがあります。ただし，新規に出店した百貨店に既存の百貨店の客

が奪われた場合，既存店の販売額が落ちる場合があり得ます。その場合は，店舗数調整後の前年同月比が低くなってしまいます。

百貨店販売額の動きを前年同月比で把握する場合は，すべての店舗の販売額の数値で見るのか，店舗数調整をした販売額で見るのかそのメリット，デメリットを踏まえて使い分けることが必要です。

（3）スーパー販売額
▶スーパーも一定規模以上を全数調査

スーパーの販売額は，「商業動態統計調査」のスーパー販売額，日本チェーンストア協会が公表している「チェーンストア販売統計」の総販売額で動きをつかみます。はじめに，「商業動態統計調査」のスーパー販売額について説明します。「商業動態統計調査」のスーパー販売額は，百貨店販売額と同様，小売業販売額の内数であり，2015年のスーパー販売額が13兆2,000億円ですので，9.4％を占めています。

なお指標の特徴は，「商業動態統計調査」の百貨店販売額と同じく，速報性に問題がなく，全数調査であるため標本調査につきものの指標の振れなどの問題は生じません。また商品別に詳細な分析も可能です。

次に，日本チェーンストア協会が公表している「チェーンストア販売統計」の総販売額を説明します。この指標は，日本チェーンストア協会が会員社から販売額の報告を受け数値を取りまとめることで作成します。なお，日本チェーンストア協会は会員社をホームページで公開しています。イオン，イトーヨーカ堂，ダイエーなどスーパー大手はすべて会員社です。公表の時期は，翌月下旬です。また会員社については全数調査ですので，やはり指標の振れなどの問題は生じません。

2015年12月時点で，チェーンストア協会と経済産業省の指標を比較してみましょう。チェーンストア協会は58社9,384店が対象，合計の販売月額は1兆2,948億円です。一方，経済産業省は4,818事業所が対象で，合計の販売月額は1兆3,099億円です。2つの指標から得られる販売額はおおむね同じですが，チェーンストア協会は経済産業省の倍近くの店舗を対象としています。ここから

は，チェーンストア協会の調査では，規模の小さな店も対象にしていることがわかります。

▶スーパー販売額の動きのつかむ方法

「商業動態統計調査」のスーパー販売額は，内閣府「月例経済報告」の関係資料である「主要経済指標」の表のページに数値が掲載されていますが，季節調整値でなく前年同月比のみが示されています。また図のページにはグラフが掲載されていません。一方，チェーンストア協会の総販売額については，同じく「月例経済報告」の関係資料である「閣僚会議資料」に季節調整がかかった販売額指数のグラフが掲載されることがあります。しかし，掲載の頻度は高くなくあまり期待はできません。

スーパー販売額の動きは，百貨店販売額ほどは重視されていないようですが，これは百貨店では比較的高額な商品が売られており，景気に対してより敏感な動きをするからと考えられます。スーパー販売額に注目したい場合は，百貨店販売額指数と同じデータ入手法で経済産業省「商業動態統計」ウェブページより季節調整がかかったスーパー販売額指数のデータを得ましょう。

スーパー販売額もほかの指標と同様，季節調整済前月比で見ることが望ましいですが，百貨店販売額と同様，地域別，細かい商品別，店舗数調整後の数値の動きを見たい場合は，前年同月比により動きをつかむしかありません。この場合は百貨店販売額と同様に，第1章で示した，前年同月比の問題点に留意しつつ，前年同月比の読み方を参考にして，状況を把握していくことが必要です。

2．新車販売台数

新車販売台数は個別の財・サービス統計の中で最も重要です。理由としては，①速報性，信頼性といった統計の特徴のほか，②高額な耐久消費財であるため，ストック調整（買い替えサイクル）をともない景気の波の発生原因になる得ること，③自動車は国内生産比率が高く裾野が広い産業であるため，このことからもほかの産業への波及によって景気の波の発生要因になり得ること（同じ耐久消費財でも家電は輸入比率が高いです）が挙げられます。実際に2012年

の景気後退は，海外経済の減速に加え，エコカー補助金の反動による自動車販売・生産の不振が原因であったと考えられます。

▶新車販売台数は迅速に全数が把握可能

　新車販売台数は，軽乗用車を除く乗用車（以下，「乗用車」とします），軽乗用車の大きく2つに分かれます。乗用車は，自動車ディーラーの業界団体である日本自動車販売協会連合会（自販連）が，「新車販売台数」を公表しています。一方で，軽乗用車は全国軽自動車協会連合会（全軽自協）が，「軽自動車新車販売台数」を公表しています。両データとも毎月公表されているとともに，翌月の最初のウィークデーには概況あるいは速報値が出ます。つまり速報性に優れています。

　また素晴らしいことに，乗用車であれ，軽乗用車であれ，新車販売台数はすべての数が把握されます。なぜこのように漏れなく販売台数が把握できるのでしょうか。まず乗用車から理由を見ていきます。

　乗用車の新車を購入する際には新規登録の手続きが必要であり，新規登録をした後，ナンバープレートが交付され，公道で走ることが可能となります。新規登録の窓口は，運輸支局や検査登録事務所ですが，登録情報処理業務は，一般財団法人である自動車検査登録情報協会（自検協）の自動車情報管理センターが行っています。自検協は新車として販売され登録された乗用車の数を毎月把握していますが，自販連はこのデータを毎月購入しています。自販連はこのデータにもとづき新車販売台数を把握して公表しています。新車として登録された台数のデータですから漏れはありません。

　軽乗用車の新車を購入する際には，乗用車のように登録の必要はありませんが，軽自動車検査協会で新規検査を受けることが義務づけられています。全軽自協は軽自動車検査協会が所有する新規検査台数のデータを購入しています。軽乗用車についても，新車として新規検査を受けた台数のデータですから漏れはありません。[27]

▶新車販売台数の動きをつかむ方法

　乗用車と軽乗用車の新車販売台数は別々に公表されますが，内閣府はこれを合計して乗用車（軽含）の新車販売台数を求め，季節調整をかけた台数で動きを見ています。季節調整をかけた台数の動きは，内閣府「月例経済報告」の関係資料である「主要経済指標」の表のページに最新3カ月間の季節調整済前月比が示されています。また図のページには台数のグラフが掲載されており，長めの動きを追うことができます。さらに，同じく「月例経済報告」の関係資料である「閣僚会議資料」にも，季節調整をかけた台数の動きが常時掲載されており，重視されている指標であることがわかります。

　新車販売台数については，「主要経済指標」の図のページのグラフから，視覚的に山と谷を見つけおおまかな動きをつかみます。そして最後に明確な方向の変化があった後が，増加の方向あるいは減少の方向のいずれであるのか把握します。そして「主要経済指標」の表のページの前月比の数値から（3ヶ月分あるのでその平均をとれば3カ月移動平均の前月比を近似できます。また，前の月の資料を見れば2カ月分の3カ月移動平均の前月比がとれます），足下で方向が変化しているか確認します。

　指標の方向を読み取るためには，新車販売台数の動きの特徴を知っておくことが必要です。図表3-7には，2003年1月以降の新車販売台数（軽含）（季節調整済）が示されていますが，ここから新車販売台数の動きの特徴をつかみましょう。2006年半ばまでの期間は，ならせば月40万台±1万台と横ばいで推移した後，2007年半ばまで減少傾向が続きました。この時期には景気が拡大していましたが，新車販売台数はそれに対応した動きを示しませんでした。この理由としては，自動車の耐久性の向上，自動車に対する関心の低下などが指摘されており，自動車販売にかかる構造的な要因が，新車販売台数に影響を与えたといえます。

---

(27)　新車販売台数の把握方法については，国土交通省「自動車検査・登録ガイド」，同「自動車：登録情報処理機関について」，日本自動車販売協会連合会「自販連とは」，全国軽自動車協会連合会「事業概要」，自動車検査登録情報協会「業務概要・運用方針」などによる。

図表3-7　新車販売台数（季節調整値：月次データ）

（出所）日本自動車販売協会連合会および全国軽自動車協会連合会の公表値に内閣府が季節調整をかけた数値などにより作成。

　その後，一時的に下げ止まりましたが，2008年5月から2009年3月まで大幅に減少しました。この時期は景気後退期と重なります。2009年4月から増加に転じましたが，この頃から政策や災害などの影響による増減を繰り返すようになります。

　新車販売台数の動きに影響を与える要因の一つが補助金です。一定の環境性能を満たす新車を購入し，1年間使用する人に最大で25万円を補助する，いわゆるエコカー補助金が，2009年4月に導入されました。この補助金は新車販売を下支えしましたが，2010年9月の補助金終了の直前に駆け込み需要が発生し，その後は反動減が生じました。また，2011年12月には新しいエコカー補助金が導入され，前回ほどではなかったものの，2012年9月21日の補助金終了前後（2度目の補助金では終了前月から減少がはじまりました）で駆け込み需要と反動減が発生しました。

　税制も影響を与えます。2014年4月の消費税率引上げ前後で，補助金同様，駆け込み需要と反動減が発生しました。さらに2015年4月1日以降に登録した軽自動車は，軽自動車税が7,200円から1万800円に引き上げられました。それ

以前に自動車ディーラーは販売促進を行い，これにともなう駆け込み需要や反動増も確認できます。

　さらに災害も影響を与えます。2011年3月に発生した東日本大震災によりサプライチェーンが寸断しました。具体的には，自動車向け半導体集積回路（自動車を制御するため自動車には半導体〈マイコン〉が多く使われています）の供給が途絶してしまい，大地震により直接被害がなかった地域の自動車生産も中断してしまいました。自動車はサプライチェーンがタイトであり，災害により部品工場の生産に影響が出ると，自動車生産，さらには新車販売台数に影響が波及します。[28]

　2003年1月から2015年11月までの新車販売台数からわかることは，新車販売台数は景気の影響も受けますが，補助金，税制，災害などに大きく左右されるとともに，自動車販売にかかる構造的な動きにも影響を受けることです。

　新車販売台数の動きについては，どのような増加の方向にあるのか，減少の方向にあるのかグラフから視覚的につかみ，直近の前月比などで方向に変化が見られるのか判断する点はほかの指標と同じです。ただし新車販売台数は，補助金，税制，災害などの影響を受け大きく変動することが少なくないため，動きの背景を新聞情報などから可能な限り収集することも重要です。

3．旅行取扱金額

　旅行取扱金額は，鉄道旅客協会が取りまとめている大手旅行業者12社取扱金額（12社取扱金額）で動きを見ます。ちなみに鉄道旅客協会はJR券の委託販売会社である旅行会社で構成されています。[29] 旅行取扱金額については，この指標以外にも観光庁が公表している「主要旅行業者の旅行取扱状況」の総取扱額（49社取扱金額）があります。12社取扱金額は，名称のとおり対象が旅行業者の大手12社であり，翌月末に取りまとめられた数値が出てきます。一方，49社取

---

(28) 新車販売台数の動きについては，内閣府「景気ウォッチャーにあらわれた新車販売不調の状況」（今週の指標 No. 805：2007年5月21日），内閣府「日本経済 2012-2013」第1章第3節，内閣府「平成24年度 年次経済財政報告」154ページなどによる。
(29) Travel vision「鉄道旅客協会，JRと国内共同商品を設定，母娘旅行をターゲット」（インターネット記事：2003年10月9日）による。

扱金額は，12社より多い49社を対象としており，12社には入っていないエイチ・アイ・エス（HIS），航空会社系旅行業者であるANAセールス，ジャルパック，ネット系旅行業者である楽天もカバーしています。ちなみに，エイチ・アイ・エス（HIS）は，2014年度の取扱金額で見ると，ジェイティービー（JTB首都圏などグループ全体），KNT-CTホールディングス（近畿日本ツーリストなど）に次いで3位を占めています。ただし，公表が翌々月の中旬と少し遅く，速報性を重視して，12社取扱金額が旅行取扱金額の指標として使われています。

　まず12社取扱金額で把握される旅行業者から見ていきましょう。12社の中では，ジェイティービー，KNT-CTホールディングス，日本旅行がトップ3で，中でもジェイティービーが突出しています。2014年度（2014年4月～2015年3月）の12社取扱金額は3兆3,155億円ですが，そのうちジェイティービーが45.5％を占め，KNT-CTホールディングスの14.3％，日本旅行の12.7％を大きく上回っています。そして上位3社で72.5％のシェアを占めています。参考までにほかの9社を列挙しますと，阪急交通社，東武トップツアーズ（2015年4月に東武トラベルとトップツアーが合併しました），ジェイアール東海ツアーズ，名鉄観光サービス，農協観光，読売旅行，日通旅行，西鉄旅行，京王観光です。

　鉄道旅客協会は，これら12社から旅行取扱金額を集め指標を作成しています。標本調査ではないので，標本の選ばれかたによる振れはありません。問題はカバレッジですが，2014年度（2014年4月～2015年3月）における49社取扱金額が6兆4,196億円であり，12社取扱金額はその51.6％をカバーしています。なお，49社の中にはジェイティービーの15社がバラバラに入っており，社内取引分が重複して計上されているなどの理由から，12社の実質的なカバレッジはもう少し高いと考えられます。しかし，ジェイティービー，KNT-CTホールディングスに次ぐ取扱金額であるエイチ・アイ・エス（HIS），また12社では3位の日本旅行より若干取扱金額は少ないですが，4位の阪急交通社よりは多い，ネット系旅行業者の楽天といった新興勢力の取扱金額は12社ではカバーされていません。[30]

---

(30)　旅行業者および取扱金額については，観光庁「平成26年度 主要旅行業者の旅行取扱状況年度総計（速報）」（2015年5月27日），週刊観光経済新聞「主要旅行業13社3月実績」（第2797号インターネット版：2015年5月16日）による。

12社取扱金額は，カバレッジにやや難はありますが，12社も49社も旅行取扱金額の方向性には大きな違いはないといえ，旅行取扱金額の動向をつかむには問題がありません。ちなみに，旅行取扱金額は，国内旅行，海外旅行，外国人旅行，その他に分かれ，それぞれ旅行業者別の数値も得ることができます（ただし鉄道旅客協会はホームページがなく，資料は「週刊観光経済新聞」などから間接的に得るしかありません）。

▶旅行取扱金額の動きをつかむ方法

　12社取扱金額は，内閣府「月例経済報告」の関係資料である「主要経済指標」の表のページに，国内と海外に分けて数値が掲載されていますが，残念ながら季節調整済前月比でなく前年同月比のみが示されています。さらに図のページにもグラフの掲載がありません。ただし，必ずではありませんが高い頻度で，同じく「月例経済報告」の関係資料である「閣僚会議資料」に，季節調整がかかった取扱金額指数のグラフと前月比が掲載されます。なお「閣僚会議資料」には12社ではなく49社の旅行取扱金額の動きが掲載されることもあります。これは「月例経済報告」の閣僚会議のタイミングにより，49社の数値の公表が資料の反映の間に合えば，よりカバレッジの高い49社の動きを掲載するようです。

　「閣僚会議資料」に季節調整がかかった旅行取扱金額のグラフが掲載されていれば，このグラフから増減の傾向を読み取ることで，旅行取扱金額の状況をつかむことができます。単月の前月比が変化したからといってただちに判断を変えることなく，複数月にわたりこれまでの方向と異なる動きが出たら，方向が変化した可能性があると判断する点はほかの指標と同様です。

　ただし旅行取扱金額も景気変動以外の要因でも動くことには留意が必要です。ひとつは休日の日並びです。たとえば，2015年の9月は，49社の旅行取扱金額が季節調整済前月比で14.6％の増加となり，国内旅行は11.9％増，海外旅行は20.9％増でした。(31)これは9月の休日の日並びが良く5連休となったため

---

(31) 観光庁が公表した「主要旅行業者の旅行取扱状況速報（平成27年9月分）」によれば，旅行取扱金額（49社ベース）は，前年同月比で8.8％増であった（国内旅行が16.0％増，海

（シルバーウィーク）旅行者が急増したことによります。お盆休みなど長期休暇を取りやすい8月に取扱金額は増加しますが，このように毎年生じる動きは季節調整によって除けます。しかし毎年9月に5連休がとれるわけではありません（5連休の年のほうがはるかに少ないです）。このような日並びによる取扱金額の増加は季節調整では除くことができず，指標の方向を見極めるうえで注意が必要です。

　なお旅行取扱金額の動きが一時的な要因によるものか否かについては，49社の取扱金額が掲載されている，観光庁の「主要旅行業者の旅行取扱状況」の冒頭の説明文から見当をつけます。前年同月比の動きにもとづく説明文ですが，大まかな動きの背景を知ることができます。

4．家電販売額

▶機械器具小売業販売額　GfKジャパンの家電販売額

　家電販売額を把握するための指標としては，「商業動態統計調査」の機械器具小売業販売額があります。「商業動態統計調査」の小売業販売額は，大きく9業種に分けられていますが，機械器具小売業販売額はそのひとつです。この指標は，家電量販店のみならず，小規模な電気店の販売額もカバーしています。

　家電販売額を把握するための指標には，GfKジャパンの家電販売額もあります。GfKジャパンは民間の調査会社ですが，家電量販店などからPOS（Point of Sale：販売時点）データを収集しています。GfKジャパンは，全国の有力家電量販店におけるテレビ，エアコン，冷蔵庫といった主な家電製品の販売実績を調査・集計しており，この販売額データを内閣府が見ています。[32]

▶家電販売額の動きをつかむ方法

　GfKジャパンの家電販売額については，内閣府「月例経済報告」の関係資

　外旅行は4.3％減）。一方，2015年11月の「閣僚会議資料」には，2015年9月の旅行取扱金額（49社ベース）の季節調整済前月比が掲載されているが，これによれば，合計の前月比は14.6％増，国内は11.9％増，海外は20.9％増である。
(32) GfKジャパン「2015年家電・IT市場動向」（2016年2月10日）3ページから，GfKジャパンは家電量販店などからPOSデータなどを収集していることがわかる。

第3節　供給側からの指標

料である「主要経済指標」の表のページには数値が掲載されていませんが，図のページには，テレビ，冷蔵庫，エアコンの販売額の前年同月比が掲載されています。

一方，同じく「月例経済報告」の関係資料である「閣僚会議資料」には，テレビ，冷蔵庫，エアコンなど（取り上げられる品目は月によって変わります）の季節調整済販売額指数（GfK ジャパンのデータ）のグラフ，前月比などが掲載されることがあります。また，「商業動態統計調査」の機械器具小売業の季節調整済販売額指数のグラフと前月比が掲載されることもあります。

家電販売全体の動きは，機械器具小売業販売額を見ることで総合的に把握しなければなりません。家電販売額を詳しく見る場合は，経済産業省のホームページから，機械器具小売業販売額指数の季節調整値を入手してください（入手方法は小売業販売額指数と同様です）。グラフを作成する，あるいは，前月比や3カ月移動平均の前月比を計算して，指標の方向や足下の方向変化の動きなどを確認しましょう。

GfK ジャパンの家電販売額については，テレビ，エアコン，冷蔵庫などの動きを原数値の前年同月比，あるいは季節調整済指数の動きをグラフから読みとります。ただし，家電販売額の動きを総合的に判断することはできません。

5．外食売上高
▶日本フードサービス協会の外食売上高

外食売上高は，日本フードサービス協会が毎月公表している「外食産業市場動向調査」の売上高により動きをつかみます。日本フードサービス協会とは外食産業の業界団体であり，ファーストフード業態，ファミリーレストラン業態，パブ・居酒屋業態，ディナーレストラン業態，喫茶業態の売上高の前年同月比を公表しています。

公表は翌月下旬であり速報性には問題がありません。調査対象は日本フードサービス協会の会員社であり，協会が各社から売上高などのデータの報告を受け，それを集計することで指標を作成しています。よって売上高は協会会員社のものに限定されてしまいますが，標本調査でないため，標本の選び方による

振れはありません。

　日本フードサービス協会の外食売上高は4つの業態に分類されますが，それぞれについて簡単に説明します。ファーストフード業態は，「第3次産業活動調査」の指数を作成する際のウェイト（2010年基準）によれば，外食産業（飲食店，飲食サービス業）の5.8％を占めています。洋風ではマクドナルド，ケンタッキーフライドチキン，和風では吉野家，松屋が有名です。ファミリーレストラン業態は，ディナーレストラン業態とあわせ55.6％を占めています。ファミリーレストラン業態では，ガスト，バーミヤン，サイゼリヤ，デニーズがよく知られています。ディナーレストラン業態は，木曽路，カプリチョーザ，ハードロックカフェが有名です。パブ・居酒屋業態は，19.7％を占めており，白木屋，魚民，笑笑，庄や，和民が知られています。最後に喫茶業態ですが，5.2％を占めており，ドトール，コメダ珈琲がよく知られています。

　日本フードサービス協会の外食売上高は，191社の32,958店舗が調査対象ですが（2016年1月調査現在），外食大手のすべてが協会に入っているわけではなく，すき家，スターバックス，くら寿司などの売上高は指標に反映されていません。また，チェーン展開をしていない店の売上高カバーされていません。

▶外食売上の動きをつかむ方法

　日本フードサービス協会の外食売上高については，内閣府「月例経済報告」の関係資料である「主要経済指標」の表のページ，図のページともに情報が掲載されていません。ただし，必ずではありませんが高い頻度で，季節調整がかかった売上高指数のグラフと3カ月分の前月比が，同じく「月例経済報告」の関係資料である「閣僚会議資料」に掲載されます。

　「閣僚会議資料」に季節調整がかかった外食売上高指数のグラフが掲載されていれば，指標の方向と足下の動きを読み取ることができます。

　外食売上高は，所得が伸び悩んだ場合，最初に切られる支出のひとつとい

---

(33)　経済産業省「平成22年基準第3次産業活動指数業種分類体系及びウェイト」による。
(34)　日本フードサービス協会「日本フードサービス協会加盟会員社による外食産業市場動向調査 平成28年1月度結果報告」，日本フードサービス協会「会員企業一覧」による。

え，景気の動きに敏感です。ただし，旅行と同様に休日の日並びの影響を受けますし，さらには天候要因も大きく影響します。日本フードサービス協会が毎月公表している「外食産業市場動向調査」には，休日日数，土曜日数，雨天日数と平均気温（東京都と大阪府のみ）が前年と比較して掲載されています。また外食売上高の動きの背景が説明されています。外食売上高については，「閣僚会議資料」に掲載されているグラフや数値データに，「外食産業市場動向調査」の情報を補完しつつ動きを判断していきましょう。

第4節　所得　消費者のマインド

　マクロ経済学の標準的教科書では，個人消費は可処分所得の増加関数である，すなわち所得から税金を除いた額が高まれば，個人消費も高まると説明されています。実際に長期的な指標の動きを見ても，所得が高まれば個人消費も高まることが観測されており，個人消費の動きを説明するために所得の動きを見ることが重要です。

　ただし，個人消費が所得より強い動きを示すこと，また反対に弱い動きを示すことがあります。これは個人消費が消費者のマインドにも影響を受けているためです。消費者のマインドが改善している場合には，所得がそれほど伸びていなくても，個人消費が強い動きを示します。

　以下では，個人消費に影響を与える所得の動きを見るための代表的な指標である実質総雇用者所得，また消費者のマインドの代表的指標である消費者態度指数を説明します。

1．実質総雇用者所得
▶実質総雇用者所得は複数の指標から算出

　所得を測る指標としては実質総雇用者所得を使います。この指標は内閣府が作成している指標であり，基礎統計は「労働力調査」の雇用者数，「毎月勤労統計調査」（略して「マイキン」と呼ばれます）の1人当たり現金給与総額，「国民経済計算」の家計最終消費支出デフレータです。「労働力調査」と「毎月勤

労統計調査」は第8章であつかいます。また「国民経済計算」は第1章で説明しましたので，まず実質総雇用者所得の求め方と，指標を求めるために必要な指標について簡単に説明します。

まず名目総雇用者所得を，雇用者数に1人当たり現金給与総額を乗じて求めます。次に実質総雇用者所得は，名目総雇用者所得を家計最終消費支出のデフレータで割ることで求めます。このように，実質総雇用者所得の基礎となる指標は，まず1人当たり現金給与総額です。これは従業員1人当たりの給与月額で，基本給に加え，残業代，ボーナス，現金で支払われる各種手当がすべて含まれています（ただし退職金は含まれません）。なお税金や社会保険料が引かれる前の金額です。雇用者数は，会社や官公庁などに雇われて給料・賃金を得ている人の数です。

現金給与総額と雇用者数の月次の数字にそれぞれ季節調整をかけ，前者に後者を乗じれば名目総雇用者所得を求めることができます。そのうえで名目値を実質化するために，家計最終消費支出のデフレータで数値を割ります[35]。家計最終消費デフレータは，QEから得られる四半期別の数値（季節調整値）を月次に分割します。ちなみに，QEが出ていない月については，過去の家計最終消費支出のデフレータと消費者物価指数の関係式を推計し，月次で速報性のある消費者物価指数を関係式に代入することで，月次の家計最終消費支出のデフレータを延長しています。

指標の作成方法から指標の特徴について見てみましょう。第一に，雇用者が労働の対価として受け取った所得の総額であり，財産所得（利子や配当金），移転所得（政府からの給付金など）は含まれていません。第二に，税や社会保険料を引く前の所得であり，可処分所得ではありません。第三に，1人当たりの所得ではないため，雇用者数が増えれば（減れば），1人当たり所得が上がらなくても（下がらなくても）実質総雇用者所得が増加（減少）します。

さて第一と第二の特徴については，所得の指標として大きな問題ではないと考えられます。雇用者所得は家計の所得の多くを占めますし，税や社会保険料

---

(35) 実質総雇用者所得の算出方法は，厚生労働省政策統括官（労働担当）「全国厚生労働関係部局長会議労働分科会資料」（2015年2月23日）15ページなどによる。

を引く前の所得と可処分所得はおおむねパラレルに動き，いずれも個人消費に影響を与えます。また第三の特徴によって，雇用者数の変化による所得の変化もとらえることができます。

景気回復期には，さまざまな求人が増えることによって，それまで非労働力であった専業主婦や高齢者が，新たに職に就くケースが多くなります。そうした雇用の多くが非正規雇用であるため，1人当たり現金給与総額だけ見ていると，景気が回復しているにもかかわらず賃金水準が全体では低下しているように見えることがあります。しかし，このように労働者数をかけてさらにデフレータで実質化すれば，家計部門全体の実質的な購買力の動向を把握することができ，消費動向を見るうえで極めて有益です。

▶実質総雇用者所得の動きと判断方法

実質総雇用者所得は，内閣府が独自に数値を作成しており，「月例経済報告」の関係資料である「主要経済指標」の表のページには数値が掲載されていないものの，図のページに消費総合指数と同じグラフ内に季節調整済指数の動き，直近の前月比，3カ月移動平均の前月比が示されています。

実質総雇用者所得の動きをつかむためには，その特徴を知っておくことが役に立ちます。図表3-8では，2003年1月からの実質総雇用者所得（季節調整値）の動きが示されていますが，このグラフから動きの特徴を見ていきましょう。ひと目でわかる動きの特徴は，毎月の振れが比較的に大きなことです。よって方向をつかむためには単月の指標の動きをならす必要があります。また景気拡張期には増加する傾向があるようです（ただし2013年以降は増加傾向が見られません）。

実質総雇用者所得については，「主要経済指標」の図のページのグラフからおおまかに局面をつかみます。「主要経済指標」の表のページには実質総雇用者所得の情報はなく，図のページには直近1カ月の前月比，3カ月移動平均の前月比のみが掲載されています。しかし，実質総雇用者所得は単月の振れが大きいので，直近1カ月の前月比はもちろん，3カ月移動平均値の前月比でも傾向の変化を読み取ることは容易ではありません。よってグラフの動きから明ら

図表3-8　実質総雇用者所得（季節調整済指数：月次データ）

（注）シャドウ部分は，内閣府が設定した景気基準日付の景気後退期。
（出所）内閣府のデータにより作成。

かに傾向の変化が読み取れるまでは判断を保留することが現実的であると思われます。

　実質総雇用者所得と個人消費は必ずしもパラレルに動くとはかぎりません。所得が高まっても消費者のマインドが落ち込めば，個人消費が増えないこともあります。よって，個人消費の動きの背景を説明する際には，実質総雇用者所得の動きとともに，消費者態度指数も見る必要があります。

２．消費者態度指数
▶消費動向調査の概要

　消費者態度指数は「消費動向調査」の結果から作成される指標です。そこで，まずは「消費動向調査」の概要について見てみましょう。「消費動向調査」は，今後の暮らし向きの見通しなどについて，消費者の意識を把握するため，毎月行われている調査です。母集団は外国人，学生，施設に入居している世帯を除いたすべての世帯，約5,061万世帯（平成22年「国勢調査」）であり，「家計

調査」とおおむね等しい母集団です。

　この母集団から「家計調査」と同様に，層化3段抽出法により無作為に8,400の標本世帯を選んでいます。標本世帯の回答期間は15カ月ですが，すべての世帯を一気に替えるのではなく，毎月標本世帯の15分の1ずつ替えていきます。

　「消費動向調査」では，毎月，消費者の意識（今後の暮らし向きの見通しなど），物価の見通し，四半期ごとに，自己啓発，趣味，レジャー，サービスの支出予定などを尋ねています。消費者態度指数は，毎月尋ねる消費者の意識（今後の暮らし向きの見通しなど）に関する質問に対する回答から作成されます。

　標本世帯には毎月10日頃に質問票が届くように郵送して，15日時点の状況で回答してもらい，20日頃までに回収された回答を集計しています。ただし，調査1カ月目の新規世帯は，調査員が訪問して調査協力を依頼し，調査票を配布・回収しています。調査対象月の結果は，翌月の初めには公表されるため，速報性のある調査といえます。

▶消費者態度指数の作成方法

　消費者の意識に関する質問は，「暮らし向き」，「収入の増え方」，「雇用環境」，「耐久消費財の買い時判断」，「資産価値」に関して尋ねる5つです。なお，これらの質問は「今後半年間」どのようになるか尋ねています。このうち，「資産価値」を除く4つの意識指数から消費者態度指数が計算されます。

　標本世帯には，それぞれに対し5段階評価で回答してもらい，「良くなる・大きくなる・増える」に1，「やや良くなる・やや大きくなる・やや増える」に0.75，「変わらない」に0.5，「やや悪くなる・やや小さくなる・やや減る」に0.25，「悪くなる・小さくなる・減る」に0が割り当てられます。そして，それぞれの選択肢を回答した世帯が全体に占める構成比を，それぞれに割り当てられた数値に乗じて足し上げます。

　たとえば，「暮らし向き」に関して尋ねる質問について，「良くなる」と回答した世帯の比率が0.3％，「やや良くなる」が3.1％，「変わらない」が57.6％，「やや悪くなる」が31.1％，「悪くなる」が7.9％の場合，暮らし向き指数は，（1

×0.3)＋(0.75×3.1)＋(0.5×57.6)＋(0.25×31.1)＋(7.9×0)＝39.2となります。そして全員が「良くなる」と回答した場合は100，全員が「悪くなる」と回答した場合は0となります。

同じように，「収入の増え方」，「雇用環境」，「耐久消費財の買い時判断」のそれぞれの指数を計算し，4つの指数を単純平均して求められる数値が消費者態度指数です。そして消費者態度指数の系列には季節調整がかけられます。

▶消費者態度指数の読み方

消費者態度指数の動きは，一般世帯（二人以上の世帯）の季節調整値で見ますが，前月比ではなく前月差，すなわち，今月の数値から前月の数値を引いた値で判断します。消費者態度指数は，内閣府「月例経済報告」の関係資料である「主要経済指標」の表のページには数値が掲載されていないものの，図のページのグラフに季節調整済指数の動きが示されています。また，同じく「月例経済報告」の関係資料である「閣僚会議資料」にも，グラフが掲載されているとともに，直近3カ月分の指数の数値と前月差も示されています。

図表3-9では，2005年1月以降の消費者態度指数（季節調整値）の動きが示されています。まず動きの特徴を見ていきましょう。消費者態度指数は先行きを聞いていることもあり景気に対して（また個人消費に対して）先行して動くことが多いです。よってCIの先行指数に採用されています。次に，指数が50を超えることがまれであることです。数値がとれる1982年6月から現在に至るまで指数が50を超えたのは5カ月（2004年3月までは四半期調査でした）だけで，1988年12月につけた最高値でも50.8に過ぎません。これは調査対象者が総じてネガティブな回答をする傾向にあることを意味しています。

また調査方法による動きの違いも確認できます。「消費動向調査」は，2004年4月より，以前の四半期調査から月次調査となりました。その際，元々四半期調査を行っていた月は訪問留置調査，そのほかの月は電話調査としました。訪問留置調査とは，調査員が対象世帯を訪問し調査票を預け，後日，改めて調査票を回収するために訪問する調査方法です。意識に関する質問については，調査の際に回答が人を介するか介さないかで回答の傾向が異なるようです。具

図表3-9　消費者態度指数（季節調整値：月次データ）

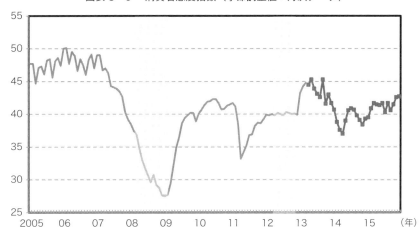

（注）1．マーカーが付いている部分は郵送調査の数値，それ以外の部分は訪問留置調査の数値。
　　　2．シャドウ部分は，内閣府が設定した景気基準日付の景気後退期。
（出所）内閣府「消費動向調査」により作成。

体的には，人を介した調査法の方が，ちょうど真ん中の選択肢である「変わらない」と回答する割合が高く，人を介さない調査法では両極に振れる傾向が見られるようです。両極に振れるといっても，ネガティブな回答に振れがちであり，結果として指数が低下します。

　2004年4月から2007年3月は，訪問留置調査と電話調査が併用されていましたが，この間の傾向として，回答が調査員に筒抜けである電話調査（回答が人を介する度合が高い）を行う，1月，2月，4月，5月，7月，8月，10月，11月には比較的指数が高く出ています。一方，訪問留置調査を行う3月，6月，9月，12月は指数が低く出る傾向にあります（すべての期間にこの傾向があれば季節調整で影響が消えているはずですが，一時期のみの傾向なので指標の振れが残ってしまっています）。

　ちなみに，2013年4月からは，調査方式が訪問留置調査から郵送調査に切り替えられました。訪問留置調査では回答する際，人の眼を介す可能性がありましたが（訪問員の眼の前で回答する場合もあったようです），郵送調査では回答が

人を介すことがなくなりました。よって2013年4月に指数の断層があるとされています（**図表3-9**でも2013年4月以降はグラフの線にマーカーを付けています）。[36]

　個人消費の動きは所得に大きく影響されますが，所得が増加しているにもかかわらず個人消費が伸び悩んでいる場合は，消費者のマインドが悪化している可能性があります。個人消費の動きの背景を説明する際には，所得の動きとともに，消費者のマインドの動きも確認し，何が影響しているかつかむことが大切です。

---

(36)　「消費動向調査」，消費者態度指数については，内閣府「消費動向調査の概要」，同「消費動向調査（全国，月次）の解説」などによる。

〈第3章の参考文献・資料〉

【文献】

新家義貴（2003）「消費総合指数の改定とその作成方法について」（内閣府政策統括官（経済財政―景気判断・政策分析担当）『景気判断・政策分析ディスカッション・ペーパー』DP/03-5）.

新家義貴（2004）「景気動向把握手法の改善に向けて―投資・消費等の月次動向の早期把握への試み―」（内閣府政策統括官（経済財政―景気判断・政策分析担当）『景気判断・政策分析ディスカッション・ペーパー』DP/04-1）.

新家義貴・石川裕子（2004）「景気動向把握手法の改善に向けて―総合指数の改定について―」（内閣府政策統括官（経済財政―景気判断・政策分析担当）『景気判断・政策分析ディスカッション・ペーパー』DP/04-1-1）.

土屋隆祐（2009）『概説 標本調査法』朝倉書店.

得能雅之（2007）「GDPの値はなぜ改定されるのか～速報・確報の作成方法について」（内閣府経済社会総合研究所国民経済計算部『季刊国民経済計算』No. 134），1-6ページ.

【資料】

経済産業省「平成22年基準第3次産業活動指数業種分類体系及びウェイト」（2015年9月）.

経済産業省大臣官房調査統計グループ「商業動態統計月報」各月報.

GfKジャパン「2015年 家電・IT市場動向」（2016年2月10日）.

厚生労働省政策統括官（労働担当）「全国厚生労働関係部局長会議労働分科会資料」（2015年2月23日）.

総務省統計局「家計調査年報Ⅰ 家計収支編 平成26年」（2015年6月）.

総務省統計局「家計調査のしくみと見方」（2015年11月）.

総務省統計局「家計調査の実施状況及び今後の検討課題」（内閣府統計委員会第55回基本計画部会 資料3：2014年12月8日）.

総務省統計局「家計調査 標本設計の概要（平成25年）」（2012年9月）.

総務省統計局「労働力調査の解説［第4版］」（2015年11月）.

東洋経済新報社「会社四季報業界地図 2016年版」（2015年8月）.

内閣府「日本経済 2008―2009」（2008年12月）.

内閣府「日本経済 2012―2013」（2012年12月）.

内閣府「平成24年度 年次経済財政報告」（2012年7月）.

羽渕達志「国勢調査の地域区分と地域データについて」（日本統計学会春季大会（2013年3月3日）報告「国勢調査の地域区分と地域データ」参考資料）.

【ホームページ上の資料】

経済産業省「商業動態統計：調査の概要」．
国土交通省「自動車検査・登録ガイド」．
国土交通省「自動車：登録情報処理機関について」．
自動車検査登録情報協会「業務概要・運用方針」．
全国軽自動車協会連合会「事業概要」．
総務省統計局「家計調査の概要」．
総務省統計局「家計調査の調査票：家計簿の記入のしかた」．
内閣府「景気ウォッチャーにあらわれた新車販売不調の状況」（今週の指標 No. 805：2007年5月21日）．
内閣府「消費総合指数の改訂について」（今週の指標 No. 1019：2012年1月17日）．
内閣府「消費動向調査（全国，月次）の解説」．
内閣府「消費動向調査の概要」．
日本自動車販売協会連合会「自販連とは」．

第4章　設備投資

　個人消費の次の需要項目として設備投資を取り上げます。個人消費も設備投資も最終的な需要であることには変わりがないのですが，個人消費は家計の満足度（経済学の用語では効用）を高めるための需要です。一方，設備投資は資本の一部となることで新たな生産を生み出すための需要といえます。

　GDP統計では，資本として蓄積される投資は固定資本形成と呼ばれ，これが民間住宅，公的固定資本形成，民間企業設備に分類されます。なお，統計実務上の固定資本形成は，産業などの生産者が固定資産（原則として耐用年数が1年以上で単価が10万円以上のもの）を取得することなどとされています。この中で，民間企業が主体となる固定資本形成（住宅を除く）が設備投資です。

　投資には，住宅投資，公共投資も含まれますが，設備投資はほかの投資とは比較にならないほど，景気判断では重要な位置を占めます。2015年の名目GDPに占める設備投資の割合は14.0％にすぎず，個人消費の57.1％と比較して小さなものとなっています。しかしながら，景気が良いときに大きなプラス，景気が悪いときに大きなマイナスとなるなど変動が激しく，需要の動きに与える影響は小さくありません。設備投資は，企業収益増→設備投資増→機械設備などの売上増→企業収益増→……といった景気が波及する流れの途中に位置します。企業収益が高まっても設備投資につながらなければ景気の好循環が滞ってしまいかねず，設備投資がどのように動くかが景気に大きく影響します。よって設備投資は景気を判断するうえで重要な項目のひとつとされています。

▶設備投資関連指標の整理

　設備投資の動きを把握するための指標を，①設備投資のプロセスのどの部分を把握するか（需要側指標か供給側指標かも含む），②設備投資の形態別内訳（機械設備，住宅以外の建物および建築物，コンピュータソフトウェア）の何を把握

できるか，③月次データを得ることができるか否か（＋速報性），④標本調査か否か，の4つの観点から整理します。

　まず，設備投資のプロセスを見ます。機械設備については，大きく3つのプロセスに分けることができます。プロセスの出発点は，需要側（設備投資を行う企業）が，設備投資計画を策定し，設備投資を行うことを決定することです。次に，供給側（設備を供給する機械メーカー）が，機械設備を受注します。さらに，供給側が，機械設備を製造し，需要側に販売・引き渡しを行い，検収・据え付けを行います。そして，需要側は，機械設備を有形固定資産などとして決算書類に計上します。つまり，設備投資は，「設備投資計画」→「受注（逆から見れば発注）」→「販売・引き渡し」→「据え付け＋資産として計上」の4つのプロセスをたどります。

　次に，2013年度のGDP統計の固定資本マトリックスから，設備投資の形態別内訳を見てみます。輸送機械が14.5％，輸送機械を除く機械設備が49.9％，住宅以外の建物・構築物（以下，「建築物」とします）が22.4％，ソフトウェアが13.2％です。つまり，機械設備が全体の3分の2程度を占めるなどウェイトが大きいといえます。

　以下では，最初に設備投資のプロセスで指標を分類し，さらにそのほかの分類もしていきます。「設備投資計画」の段階で設備投資を把握する指標は，いくつかの機関が行っている設備投資アンケート調査の結果です。その中でも，「日銀短観」が重要ですが，「日銀短観」が把握する設備投資計画には，機械設備投資，建築物投資のみならず，土地投資（新規取得額，整地費，造成費）も含まれます。また，ソフトウェア投資も別途調査しています。「日銀短観」は四半期調査であり（3月，6月，9月，12月調査），12月調査は同月中旬に公表されますが，ほかの調査は翌月上旬の公表です。調査方法は標本調査です。さらに内閣府・財務省の「法人企業景気予測調査」からも計画段階の設備投資を把握

（1）　プロセスについては，堀達也 他「先行指標から見た設備投資」（マンスリー・トピックス No.027：平成26年1月17日）4ページの表1を適宜引用しつつ記述した。
（2）　内閣府「形態別にみた設備投資の動向」（今週の指標 No.1022：2012年2月6日）の計算方法を使い，固定資本マトリックスにより算出した。

できます。

　「受注」の段階で設備投資を把握する指標は「機械受注統計調査」の機械受注額です。これは機械設備投資を把握する指標です。月次統計であり、公表は翌々月10日前後（9月であれば11月10日前後）と若干遅めです。調査開始時の280社ベースを対象に調査を行っており、無作為抽出による標本調査ではありません。ただし、受注月に投資案件の全額が計上されるため、毎月の振れがとても大きくなっています。「建築着工統計調査」の建築着工工事費予定額は建築物投資を把握する月次の指標です。着工段階の数値であるので受注段階より若干遅れますが、工事の進捗より早く数値が把握されるので、受注段階により近い指標といえます。これは業務統計で信頼度が高いのですが、着工月に投資額のすべてが計上されるため、機械受注額と同様、毎月の振れがとても大きくなっています。毎月の振れが大きいとともに、設備投資に占める建築物投資の割合は2割程度であるため、この指標はあまり重視されていません。

　「販売・引き渡し」の段階で設備投資を把握する指標は、「鉱工業指数」の資本財出荷指数、「鉱工業総供給表」の資本財総供給指数です。資本財出荷指数は、機械設備投資のみを把握します。月次統計であり、公表は翌月末と速報性には問題がありません。基礎統計は鉱工業生産指数と同じ「生産動態統計調査」です。資本財総供給指数も、機械設備投資のみを把握します。月次統計ですが、公表は翌々月中旬になることもあり、速報性に若干の問題があります。基礎統計は「生産動態統計調査」と「貿易統計」です。

　「据え付け＋資産として計上」の段階で設備投資を把握する指標は「法人企業統計調査」（四半期調査は後に説明するように「法人季報」とします）の設備投資額です。これには機械設備、建築物、土地の整地費・造成費が含まれます。また、ソフトウェア投資も調査されます。四半期統計であり、公表は四半期の最終月の3カ月後の初旬とかなり遅れます。調査方法は標本調査です。

▶設備投資を判断するために重要な指標

　設備投資の現状を判断するための重要指標は、「販売・引き渡し」、「据え付け＋資産として計上」の段階を把握する、資本財出荷指数、資本財総供給指

数,「法人季報」の設備投資額です。また,設備投資に先行する指標として重要なものは,「受注」段階を把握する機械受注額です。「受注」から「販売・引き渡し」までの間にはタイムラグ(時間差)があります。資本財の種類によってタイムラグには大きな違いがあります。火水力原動機,電子計算機,金属加工機械,化学機械などのように6カ月以上かかるものもあれば,内燃機関,半導体製造装置,産業用ロボット,建設機械,工作機械などのように2〜4カ月のものもあります。また,電子応用装置,冷凍機械などのように0〜1カ月とタイムラグが短いものもあります。内閣府は,「月例経済報告」の関係資料である「閣僚会議資料」(たとえば,2015年12月)で,機械受注は機械設備投資(資本財総供給)に対して,3〜4カ月程度先行する傾向があるとしており,これが平均的なタイムラグと見ることができそうです。

「設備投資計画」を把握するためのアンケート調査結果は,設備投資をプロセスの最も早い段階で把握することができます。よって設備投資の先行指標として位置づけられてもおかしくはないのですが,今後の設備投資額については,アンケート対象となった企業自身がまだ計画を固めていないことも多く,さらに設備投資計画は投資環境を見極めながら順次変更されていく性格のものです。よって,アンケート調査結果の数字をそのまま利用することには慎重であるべきです。むしろ企業の景気の先行きに対する見方をあらわすととらえたほうが良いでしょう。

以上を整理すると,設備投資の現状の判断は,主に資本財出荷指数,資本財総供給指数,「法人季報」の設備投資額で行います。また設備投資に先行する指標として機械受注額を使います。

本章の構成は以下のとおりです。第1節で,現状判断に使われる供給側の指標として,資本財出荷指数,資本財総供給指数を説明します。第2節では,現状判断に使われる需要側の指標として,「法人季報」の設備投資額について解説します。第3節では,設備投資に先行する指標としての機械受注額を説明し

---

(3) 堀達也 他「先行指標から見た設備投資」(マンスリー・トピックス No. 027:平成26年1月17日)6ページの表3による。
(4) 筑紫(1993)144ページによる。

ます。第4節では，足下の判断には大きな影響を与えないと考えられますが，設備投資計画を把握するための指標，設備投資のうち建築物投資を把握するための指標をそれぞれ紹介します。

なお設備投資に影響を与える指標についても説明する必要があります。マクロ経済学の教科書では，設備投資には金利が影響を与えるとされ，金利が上昇（下落）すると設備投資が減少（増加）すると説明されています。しかし，実際は企業収益や業況判断の影響が大きいと考えられます。これらの指標については，第7章で説明しますので，本章では設備投資に影響する指標については取り上げません。

第1節　現状判断のための供給側指標

設備投資を把握するための供給側の指標としては，資本財出荷指数と資本財総供給指数があります。資本財出荷指数は，第2章で説明した「鉱工業指数」の鉱工業出荷指数を財分類でブレークダウンした指標です。また資本財総供給指数は，資本財出荷指数をベースとして，「貿易統計」から得られる輸出入データを使って求める指標です。なお内閣府の「月例経済報告」では，両指標とも輸送機械を除いた指数を見ています。輸送機械のうち鋼船（≒船舶）の出荷は毎月の振れが大きいため，これを除く必要があります。両方の指標が公表されている「鉱工業指数」と「鉱工業総供給表」には，「資本財（除く輸送機械）」の指数が公表されており，「月例経済報告」でもこれを使っています。

1．資本財出荷指数
▶資本財出荷指数は鉱工業出荷指数をブレークダウンした指標

資本財出荷指数を理解するためには，資本財とは何かを知る必要があります。経済産業省の「鉱工業指数のしくみと見方」により，財別分類による財，とくに資本財について説明していきます。鉱工業指数の財別分類は，製品が本来もっている経済的用途によりなされた分類です。財別分類により，品目は生産財と最終需要財の2つに大きく分類されます。生産財は，生産活動のなかで

原材料として再び利用される財であり，電気製品や自動車の各種部品，鋼材の原料である粗鋼やその原料である銑鉄が例として挙げられています。

最終需要財は，生産活動から離れ最終製品となる財で，さらに消費財と投資財に分類されます。消費財は主に家計で消費される財ですが，投資財はさらに，建設財と資本財に分かれます。建設財は，建設工事用の資材などであり，セメント，アルミサッシが例として挙げられます。一方，資本財は設備投資に使われる財といえ，「家計以外で購入される製品で，原則として想定耐用年数が1年以上で，比較的購入単価が高いもの」と定義されています。[5]

資本財出荷指数は，鉱工業出荷指数を財別分類でブレークダウンしたものであり，設備投資に使われる財である資本財の出荷動向を把握できる指標です。よって鉱工業生産指数を説明した際に示した特徴を有しています。この指標の基礎統計である「生産動態統計調査」は，標本調査ではなく，一定の従業員規模以上の事業所全数を調査対象としています（裾切り調査）。つまり裾切りされなかった事業所については全数が調査されているので，標本数が少ないため指標が振れる，あるいは標本入れ替えの際にデータが不連続になるといった問題が起こりません。

▶資本財出荷指数の留意点

資本財出荷指数は信頼度が高い指標ですが留意点もあります。資本財出荷指数（除く輸送機械）の第一の弱点は，設備投資の半分程度しかカバーしていないことです。輸送機械は月次の変動が大きいため意図的に除いていますが，資本財出荷指数では建築物投資やソフトウェア投資は把握できません。それならば，建築物投資を把握するため建設財出荷指数も見ればカバーする範囲が広くなるのではないかと思うかもしれません。しかし出荷される建設財は公共投資にも使われます。また，建築物投資は人件費比率が高く建設財出荷からはその動きが十分に追えません。よって，設備投資を見る際には，資本財出荷指数にのみ着目しています。第二の弱点は，出荷された資本財のうち一部は輸出され

---

(5) 経済産業省大臣官房調査統計グループ経済解析室「鉱工業指数のしくみと見方」17ページによる。

てしまい，国内の設備投資に行き着かないとともに，輸入された資本財が国内の設備投資に使われることです。

「月例経済報告」では，設備投資を判断する際に，資本財出荷指数に加え資本財の国内総供給を示す指標，具体的には資本財総供給指数も見ています。そこで，先に資本財総供給指数について説明し，その後，資本財出荷指数と資本財総供給指数の見方を解説することとします。

２．資本財総供給指数
▶資本財総供給指数は出荷指数と貿易統計から算出した指標

　資本財総供給指数は，経済産業省が毎月公表している「鉱工業総供給表」から得られる指標です。これは，国内に供給される資本財であり，設備投資（機械設備）の概念に近い指標です。国内で生産された資本財は，すべてが国内に供給されるわけではなく，一部は輸出されて国外に供給されます。一方，国内に供給される資本財には，国内で生産されたものだけではなく国外で生産され輸入されたものも含まれます。国内に供給された資本財は，設備投資の形で需要されると考えられますので，資本財総供給指数は資本財出荷指数より設備投資に近い動きをします。まず鉱工業総供給指数をどのように作成するのか見てみましょう。

　作成の出発点は品目別の出荷指数であり，鉱工業出荷指数に採用されている品目の出荷数量を指数化します。次に品目ごとに出荷指数を，国内向け出荷指数と輸出向け指数に分割しますが，その際には，財務省の「貿易統計」が利用されます。品目別の国内向け出荷指数と輸出向け出荷指数は加重平均され「鉱工業出荷内訳表」で，全体，業種分類別，財分類別に数値が公表されます。品目別の総供給指数の作成には，同じく「貿易統計」が利用されます。品目別の輸入指数を求め，国内向け出荷指数（＝国産指数）と合成することで総供給指数を求めます。品目別の国産指数と輸入指数は加重平均され，「鉱工業総供給表」で，全体，業種分類別，財分類別に数値が公表されます。資本財総供給指数は，「鉱工業総供給表」から得ることができる財分類別の指数のひとつです。[6]

▶資本財総供給指数の留意点

　資本財総供給指数は，出荷指数と同様，設備投資のなかでも，輸送機械を除く機械設備投資しか把握しておらず，これが留意点のひとつです。もうひとつの留意点は，公表時期が翌々月の中旬（早い場合は上旬）であり，速報性にやや問題があることです。よって，内閣府の「月例経済報告」の関係資料には，3カ月前の数値が掲載されることも少なくありません。たとえば，2015年10月の「主要経済指標」には，7月の数値までしか掲載されていません（多くの指標は8月の数値まで出ています）。資本財総供給指数は，「閣僚会議資料」にグラフが掲載されますが，2カ月前の数値が間に合わない場合は，資本財出荷指数のグラフがかわりに掲載されます。

　また，品目別に細かく分析したい場合には，資本財総供給指数は使えません。資本財出荷指数は，経済産業省の「鉱工業指数」ウェブページからExcelファイルをダウンロードすることで，品目別まで細分化した指数を入手可能です。一方，資本財総供給指数は，業種分類別あるいは財分類別の指数までが提供されており，品目別の指数は入手ができません。設備投資の動向を全体の数値から見る場合は，問題にはなりませんが，品目にまで下りて設備投資の動きを分析したい場合には，資本財出荷指数を使うほかありません。

3．資本財出荷指数と資本財総供給指数の読み方
▶資本財出荷指数と資本財総供給指数の動きの特徴

　まず資本財出荷指数と資本財総供給指数（ともに除く輸送機械。以下，同様です）の，2000年1月からの動きを見てみましょう（図表4‐1）。両指数を比較すると，必ずしも水準は一致はしないものの方向を見ればおおむね一致していることがわかります。よって方向を見る場合には，両指標のどちらで見ても大きな差が生じないといえそうです。

　両指標で見る設備投資の動きは，一定の方向を示しながらも毎月大きく振れる特徴を有しています。毎月指標が振れる理由のひとつは大型の設備投資案件

（6）　資本財総供給指数などの作成方法については，経済産業省「鉱工業出荷内訳表，鉱工業総供給表統計の概要」による。

図表 4‑1　資本財出荷指数と資本財総供給指数（季節調整値：月次データ）

（注）シャドウ部分は，内閣府の景気基準日付による景気後退期。
（出所）経済産業省「鉱工業指数」，同「鉱工業総供給表」により作成。

であり，大型案件が出た月は指数が高まり，その翌月は反動で下落します。設備投資を見る場合，指標が急に高まった時には，大型案件があったのではないかと疑わなければなりません。実際，内閣府が設備投資の判断をする場合，大型案件に限らず，指標の動きの背景に景気変動以外の要因が潜んでいないか，業界団体からのヒアリングなどを通じ情報収集をしているようです。

　そのほかの両指標の特徴のひとつは，鉱工業生産指数と同様，一度増加に転じると明確な増加傾向がしばらく続き，逆に減少に転ずると明確な減少傾向がしばらく続くことです。また，もうひとつの特徴は，増加（減少）方向にある時期が，内閣府が設定している景気基準日付，あるいは景気動向指数（CIの一致指数）の動きから推測できる景気拡張期（景気後退期）とおおむね一致していることです（若干のラグはあります）。つまり短期間に急減あるいは急増することを除けば，鉱工業生産指数の特徴と似ています。

▶資本財出荷指数の方向を3カ月移動平均でとらえる

　資本財出荷指数と資本財総供給指数について，水準はともかく，方向はそれほど乖離がみられないことから，より速報性の高い資本財出荷指数に絞ってその方向をとらえる方法を解説します。

　鉱工業生産指数や消費総合指数の場合，内閣府「月例経済報告」の関係資料である「主要経済指標」のグラフから，過去の指数の方向を視覚的にとらえました。しかし資本財出荷指数の場合は単月の振れが大きく，方向をとらえることが難しい場合があります。グラフを眺めて3カ月移動平均の動きが頭の中で描ければいいのですが，そうでなければ，3カ月移動平均のグラフを作成することで，指数の方向をとらえることが必要です。

　グラフを作るためには資本財出荷指数の数値データが必要です。データを入手するためには，経済産業省の「鉱工業指数」ウェブページに入り，統計表一覧（データ）をクリックしてデータをダウンロードできるページに入ります。そしてこのページから，財別・月次・季節調整済指標のExcelファイルを選択してダウンロードします。Excelファイルの「出荷」のページの「品目名称」の列に「資本財（除．輸送機械）」とあり，その右に連なるデータが資本財出荷指数の系列です。数値データを入手すれば，3カ月移動平均を計算したうえで，グラフを描いてみましょう。

▶CIの基準をベースにして資本財出荷指数の方向変化をとらえる方法

　資本財出荷指数も鉱工業生産指数と同様，CIの一致指数により景気の基調判断を行う際の基準をベースとした基準を用いて，足下の方向変化をとらえてみます。この方法は，資本財出荷指数の動きに対して経験による勘がはたらかない景気判断初学者向けに，指標の扱いに慣れる意味も込めて示すものです。鉱工業生産指数と同様，勘が養われるまでは以下の基準による判断を試してみてください。

　「方向が減少に変化した可能性が高い状態」と判断する基準は，①前月比がマイナス，②3カ月移動平均の前月比のマイナスの大きさ（マイナスに転じてからの累積）が1.61％以上，「方向が増加に変化した可能性が高い状態」と判断

する基準は，①前月比がプラス，②3カ月移動平均の前月比のプラスの大きさ（プラスに転じてからの累積）が1.61％以上としました。なお1.61％とは，1986年1月から2015年12月までの30年間における3カ月移動平均の前月比の標準偏差です。[7]

「方向が減少に変化したことがほぼ確実な状態」と判断する基準は，①前月比がマイナス，②7カ月移動平均の前月比のマイナスの大きさ（マイナスに転じてからの累積）が1.23％以上，「局面が増加に変化したことがほぼ確実な状態」と判断する基準は，①前月比がプラス，②7カ月移動平均の前月比のプラスの大きさ（プラスに転じてからの累積）が1.23％以上としました。なお1.23％とは，1986年1月から2015年12月までの30年間における7カ月移動平均の前月比の標準偏差です。

この基準を過去の資本財出荷指数の動きにあてはめてみましょう。最初の例は2012年2月以降の動きです。資本財出荷指数の3カ月移動平均は2012年2月にマイナスに転じ，4月にはマイナスの大きさの累積が3.13％と1.61％を上回りました（3月にすでに上回っていたのですが指数の前月比がプラスであったため判断を保留しました）。7カ月移動平均は6月にマイナスに転じ，7月には累積が1.76％と1.23％を超えました。つまり，2012年4月には「方向が減少に変化した可能性が高い状態」，7月には「方向が減少に変化したことがほぼ確実な状態」になったと考えられます。移動平均をかけていない鉱工業生産指数のグラフを確認すると，これらの時期においては，指数が山を通過して明らかに減少に向かっています。

次の例は，2012年12月以降の動きです。2012年12月には3カ月移動平均がプラスに転じ，2013年2月にはプラスの累積が3.88％と1.61％を上回りました（2月にすでに上回っていたのですが指数の前月比がマイナスであったため判断を保留しました）。また7カ月移動平均は2013年3月にプラスに転じ，5月にはプラス

---

(7) ちなみに1996年1月から2015年12月までの20年で計算すれば，3カ月移動平均の前月比が1.81，7カ月移動平均の前月比が1.40，2006年1月から2015年12月までの10年で計算すれば，それぞれ2.17，1.68となる。CIによる基調判断では30年間のデータで標準偏差を計算しているので，資本財出荷指数でも同様とした。

幅の累積が1.44％と1.23％を超えました。つまり，2013年1月には「方向が増加に変化した可能性が高い状態」，5月には「方向が増加に変化したことがほぼ確実な状態」になったと考えられます。移動平均をかけていない鉱工業生産指数のグラフを確認すると，これらの時期においては，指数が谷を通貨して明らかにプラスに向かっています。

資本財出荷指数についても一定の基準によって足下の方向変化をとらえる方法を示しましたが，この基準を満たす時点では，方向変化がかなり明確になっている点（方向が変化してから時間もかなりたっている点）は鉱工業生産指数と同様です。よって別の指標も見つつもう少し早く方向の変化を判断することも求められます。そのための指標は後ほど紹介しますが，その前に，「据え付け＋資産として計上」の段階で設備投資を把握する「法人季報」の設備投資額を取り上げます。

第2節　現状判断のための需要側指標
―法人季報の設備投資額―

設備投資を把握するための需要側の指標としては，「法人季報」の設備投資額があります。この指標は資本金が1,000万円以上の法人を母集団とした標本調査であり，とくに標本替えにともないデータが不連続になることなどが指摘されています。一方，「法人季報」は法人から詳細な財務データを集めており，企業部門の財務分析を行う際には欠くことのできない統計です。第7章で説明する企業収益も，「法人季報」から得られる指標から把握されます。第2節では，まず「法人季報」の調査方法，「法人季報」の設備投資額について説明したうえで，指標の読み方を解説します。さらに資本財総供給指数と「法人季報」で総合的に設備投資の現状判断を行う方法を示します。

▶法人季報とは

「法人季報」の正式な名称は「法人企業統計季報」であり，「法人企業統計調査」の四半期報告書です。よってまずは「法人企業統計調査」について解説し

ます。

　「法人企業統計調査」は，企業部門の貸借対照表や損益計算書などを集計したマクロ情報を提供する統計調査であり，これによって企業部門の財務面からの詳細な分析が可能となるなど，政策立案者や研究者など多くの人々に重宝されている極めて有用な調査です[8]。しかし，景気判断の場では標本の入れ替えにより指標の時系列の動きに断層が生じるなど，留意しなければならない点が指摘されています。

　個人消費を包括的に把握できる「家計調査」の1世帯当たり消費支出は，直接的には景気判断に使われず，もっぱら消費総合指数の作成や四半期別GDP速報値（QE）の推計のための基礎統計として，間接的に景気判断に活用されています。一方，「法人企業統計調査」の設備投資額は，四半期別GDP速報値の2次速報値を推計するための基礎統計としても活用されていますが，直接的に景気判断にも活用されています。景気を判断する際に，四半期統計が使われることは多くありません。しかし，「法人企業統計調査」の設備投資額は，①製造業など一部の産業だけではなく全産業がカバーされている，②設備投資のなかでも，機械設備投資のみならず建築物投資もカバーされているといった包括性（ソフトウェア投資もカバーされていますが設備投資の判断にはソフトウェアを除いた指標が使われています）から，これにかわる指標はありません。よって四半期統計でありながら，設備投資を判断する際の重要指標として直接活用されています。

　「法人企業統計調査」には，年次調査と四半期調査がありますが，四半期調査の結果は「法人企業統計季報」で公表されます。「法人企業統計季報」は，略して「法人季報」と呼ばれます。以下では，四半期調査については公表資料の略称である「法人季報」とします。本来は結果を公表するための資料名なのですが，四半期調査という意味でこの名前を使います。

---

(8)　財務省財務総合政策研究所「法人企業統計調査及び法人企業景気予測調査の概要と活用状況について」（平成27年7月）では，景気判断や景気分析に使われるだけでなく，政府の各種白書作成，政府の政策検討，研究者の分析，民間シンクタンクの分析などに活用されている例が紹介されている。

1．法人季報の調査方法

「法人季報」では，営利法人について，売上高，資産・負債および純資産，固定資産の増減，投資その他の資産の内訳，損益，人件費などの主に財務データの集計値を公表しています。集計値は，母集団のすべてを調査して得るのではなく，抽出された標本法人から得たデータをもとに，母集団の数値を推計することで求めています。

「法人季報」の母集団は，資本金が1,000万円以上の営利法人です[9]。「営利法人」とは法律の規定によって法人格を認められている組織のうち，営利を目的としたものです。法人格がないと対象にならないため，個人経営の事業所は含まれません。

年次調査である「法人企業統計調査」は，資本金1,000万円以下の営利法人も母集団に含まれますが，四半期調査は1,000万円以上という条件が付きます。「法人季報」の母集団数は，2015年7〜9月調査で約102万社です。ちなみに年次調査の母集団には資本金1,000円未満の営利法人も含まれますので母集団法人数が増え，2014年度調査では約281万社と四半期調査の3倍近い数値になります。

▶資本金の規模が小さいほど標本となる確率は低い

約102万の法人を四半期ごとに調査することは現実的ではありませんので，当然のことながら標本調査により数値が推計されています。そこでどのように標本が抽出されているのか説明していきます。標本の抽出方法は，「金融業，保険業」がほかの産業と異なります。以下では「金融業，保険業」を除いた産業について説明します。

標本法人の抽出方法は大きく2つに分かれます。第一に，資本金5億円以上の法人については全数が抽出されます。全数抽出の対象となる法人数は公表されていません。2015年7〜9月期における，資本金10億円以上の母集団は5,161社で，この法人は確実に調査対象となります。資本金1億円以上10億円未満の

---

(9) 資本金には出資金や基金も含まれる。また営利法人でない法人も一部含まれる。

母集団は25,206社ですが，その一部が全数抽出の対象となります。

　第二に，資本金5億円未満の法人は，等確率系統抽出により標本が抽出されます。この抽出方法は，「商業動態統計調査」の小売業販売額でも出てきましたが再度説明します。等確率系統抽出とは出発点となる標本を乱数により決め，後は名簿の順番により一定の間隔で標本を抽出する方法です。ただし資本金5億円未満の法人全体から一括して標本を抽出するわけではありません。等確率系統抽出の対象法人は資本金によって，①1,000万円以上2,000万円未満，②2,000万円以上5,000万円未満，③5,000万円以上1億円未満，④1億円以上5億円未満の4つの階層に分けられます[10]。

　各資本金階層から抽出する標本サイズは固定されており，1,000万円以上2,000万円未満で約4,000社，2,000万円以上5,000万円未満で約4,000社，5,000万円以上1億円未満で約2,000社，1億円以上5億円未満で約1万社を抽出することとしています。

　2014年度調査の母集団法人数をもとに，各資本金階層別の抽出率を試算してみましょう。まず1,000万円以上2,000万円未満の法人の抽出率は約0.6%です。続いて，2000万円以上5000万円未満は約2.0%，5000万円以上1億円未満は約3.3%，1億円以上5億円未満は約41.7%です。ここから，資本金の規模が小さな法人は標本となる確率が低くなることがわかります。言い換えれば規模が大きくなるほど標本になる確率が高まりますが，とくに1億円以上5億円未満の法人の抽出率はそれ以下と比べ大きく高まることがわかります。

▶業種×資本金規模のセルごとに標本を抽出

　資本金規模ごとに抽出数が決められますが，これは45に分けられた業種に配分されます。45行（業種別）4列（資本金規模別）の行列を作ると，業種×資本金規模のセルが180できます。資本金規模に配分された抽出数は，資本金階層ごとの母集団における業種の法人数の比率で配分されます。たとえば，1,000万円以上2,000万円未満の階層には4,000法人が標本として配分されています。こ

---

(10)　実際には，④が1億円以上10億円未満となり，10億円以上も加わる5層に分けられるが，等確率系統抽出に絞った説明のため，全数抽出の対象を外した層としている。

の資本金規模階層において，業種Aの母集団数が業種全体の母集団数に占める割合が5％であれば，4,000×0.05＝80社を業種Aから選ぶことになります。これで，業種×資本金規模のセルごとに標本数が決まるのですが，セルに割り当てられる標本数があまりに少ないと推計精度が落ちることから，セルごとの最低標本数は50に設定されています。[11]

　業種×資本金規模のセルに割り当てられる標本数が決まれば，母集団名簿から標本を抽出する作業となります。母集団名簿は，法人の登記簿情報をもとに作成されており，新設法人，解散・休業法人が反映された最新のものが使用されます。セルごとの名簿に法人が順番に並べられ番号が振られます。標本抽出に当たっては等確率系統抽出を行います。出発点となる事業所を乱数にしたがって決め，そこからはセルごとの抽出率にしたがった間隔で標本を抽出していきます。

　標本として抽出された法人に対しては2年間続けて調査を行います（全数抽出の対象は期間の制限がありません）。標本は年度の境で（すなわち3月から4月の間）に交代します。しかしすべての標本が1度に交代するわけではなく，半数ずつが交代されます。2008年度までは調査期間が1年で，年度の境にすべての標本が交代していたのですが，2009年度からは現在の方法に変更されています（半数の標本が継続するのは2010年度から）。「法人季報」については，標本の入れ替えに伴いデータに断層が発生するといった問題点が指摘されていました。そこで2009年度からデータの断層を緩和するため，このようなローテーション・サンプリング手法が導入されました。

▶回答から集計値へ

　抽出された標本法人には，調査票を送りこれに回答してもらいます。**図表4－2**は，調査票のうち資産増減の部分のみ抜粋したものです。実際の調査票は財務省のホームページで見ることができますが，このほかに，バランスシート，損益（こちらは第7章で企業収益を説明する際に示します），人件費を詳しく

---

(11) 財務省財務総合政策研究所（2011）106ページによる。

図表 4 - 2　法人季報の調査票（資産増減部分のみ抜粋）

項　目	番号	6月30日現在(a)	増　加　額 (b)		減　少　額 (c)		9月30日現在(a+b-c)
			新　設	譲受振替等	減価償却費	売却減失振替等	
土　　地	31	百万円	(整地費・造成費のみ) 百万円	(購入費) 百万円	百万円	百万円	百万円
その他有形固定資産	32		(新品の購入等)	(中古品の購入, 建設仮勘定からの振替及び既存契約のリースに係る資産等)			
建設仮勘定	33			(中古品等)			
無形固定資産	34		(新規ソフトウェア（仕掛品を含む）のみ)				
投資その他の資産	35	○					☆
計	36	★					●

(注) この表は，調査票のサンプルを筆者が再現したものである。よって実際の調査票の該当部分とは一致しない部分がある。あくまでも，調査票のイメージをつかむための表であることに留意願いたい。
(出所) 法人企業統計調査の，「金融業，保険業以外の業種 四半期別調査票」の一部を引用。

回答する欄もあり，法人の財務情報を詳細に回答してもらっています。

　調査票は四半期が終わった翌月中旬に手元に届くようにされています。そして提出期限は翌々月10日に設定され，さらに翌月の初旬に公表されます。たとえば，1-3月期は，4月中旬に調査票が標本法人に届き，標本法人が調査票にデータを記入した後，5月10日までに提出し，6月初旬に公表されるスケジュールです。

　2015年7-9月期調査の回答率（金融業，保険業を含む）は，資本金10億円以上の法人は90.0％ですが，1億円以上10億円未満は76.3％，1,000万円以上1億円未満では65.0％と，資本金規模が小さいほど回答率が低くなっています。

　集計方法は簡単で，全数抽出の場合は，調査票を提出し集計の対象となった法人（集計法人）が報告した数値を合計した集計値がそのまま母集団の数値とされます。等確率系統抽出の場合は，集計値÷集計法人数×母集団法人数が，

母集団の推計値とされます。たとえば，集計値が300億円，集計法人数が1万社，母集団法人数が100万社であれば，300億÷1万×100万＝3兆円が母集団の推計値となります。⁽¹²⁾

2．法人季報の設備投資額と指標の読み方
▶法人季報の設備投資額

「法人季報」の基礎データは，標本法人が報告した，期末における法人のバランスシート，四半期の間における固定資産の増減，四半期損益などの財務情報です。しかし調査票を見ても，設備投資を明示的に記入する欄はありません。設備投資とは調査票の固定資産を回答する部分から得られます。

設備投資とは，有形固定資産（土地の購入費は除かれます。一方，整地費・造成費は含まれます）およびソフトウェアの新設額です。先ほど図表4－2で，調査票のうち固定資産の四半期中の増減を記入する表を示しました。この表は，行が資産の中身，列が増加と減少であり，そのクロスした欄に金額を記入します。たとえば，その他の有形固定資産×新設の欄には，四半期のうちに，その他の有形固定資産を新しく設置したためにかかった金額を記入します。

「法人季報」では，①土地，②その他の有形固定資産，③建設仮勘定，④ソフトウェアの，それぞれ新設額を合計したものを「設備投資額」としています。ただし①～③のみの金額，すなわち「ソフトウェア投資額を除く設備投資額」も公表されており，内閣府「月例経済報告」では，「ソフトウェア投資額を除く設備投資額」を設備投資額の指標として採用しています。この理由としては，財務省が公表している設備投資関連の季節調整系列が「ソフトウェア投資額を除く設備投資額」であることが挙げられます。また，QEの基礎統計として使われている指標が「ソフトウェア投資額を除く設備投資額」であることも重要なポイントです。

財務省が標本法人に配布する記入要領から①と②を詳しく見てみましょう（記入要領は財務省ホームページよりダウンロードが可能です）。第一に土地の新設

---

(12) 「法人季報」の調査方法については，財務省「法人企業統計：調査の概要」，財務省「法人企業統計調査結果（平成27年7～9月期）」などによる。

額です。土地というと設備投資とは無縁な印象を受けますが，ここには土地購入額は含まれず土地の整地費と造成費だけを記入します。第二にその他の有形固定資産の新設額です。ここには，主に，建物，建築物，機械，船舶，車両，運搬具，工具，器具および備品などの新製品を取得した場合の取得価格を記入します。

▶法人季報の設備投資額の判断方法

内閣府の「月例経済報告」で検討される「法人季報」の設備投資額は，①ソフトウェア投資を除いている，②金融業および保険業を除いている数値です。設備投資額の実質値の動きを1994年1-3月期から見てみましょう。図表4-3では，全産業，製造業，非製造業の季節調整がかかった実質指数（2000年=100）が示されています。これら数値の特徴を挙げるならば，①一度増加に転

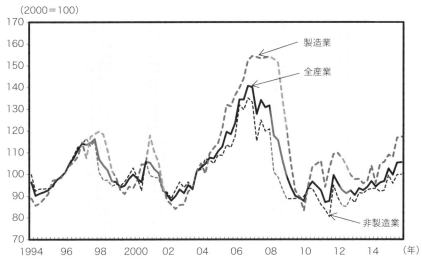

図表4-3 法人季報の設備投資額（季節調整済実質指数：四半期データ）

(注) 1．季節調整済実額を民間企業設備デフレータで実質化したうえで，2000年=100として指数化した数値である。
　　 2．シャドウ部分は，内閣府の景気基準日付による景気後退期。
(出所) 財務省「法人季報」，内閣府「国民経済計算」により作成。

じると明確な増加傾向がしばらく続き，逆に減少に転ずると明確な減少傾向がしばらく続くこと，②増加（減少）の方向にある時期が，内閣府が設定している景気拡張期（後退期）と，おおむね一致していること，③とくに製造業がダイナミックな動きを示していることです。

「月例経済報告」に「法人季報」の設備投資額の新しい数値が掲載されるのは，四半期の末月に3を加えた月の報告です（7-9月期であれば12月の報告）。設備投資額の季節調整済前期比は，「月例経済報告」の関係資料である「主要経済指標」（3.民間設備投資）の表のページに掲載されており，（　）で括られた数値が前期比を表しています。また図のページでは，設備投資額の季節調整済実質指数（2000＝100）のグラフが掲載されています。「法人季報」では季節調整済の名目値（金額）が公表されますが，内閣府がこれを，民間企業設備デフレータを使って実質化しています。なお全産業の数値は掲載されず，製造業と非製造業に分けられて掲載されています。

まずは，「主要経済指標」の図のページのグラフから，設備投資額の方向を把握することからはじめます。このグラフには全産業の系列は掲載されていませんので，製造業と非製造業の動きから全産業の動きの見当をつけることが必要です。図表4－3を見ると，全産業の動きが非製造業に近くなっています。よって全産業の系列は，製造業の系列と非製造業の系列の間の非製造業寄りにあると考えて方向をつかんでいくとよいでしょう。

まず最後に指標の方向が変化した後が，増加の方向にあるのか減少の方向にあるのか把握するとともに，足下に方向変化の動きがあるのか読み取る必要があります。ただし足下の動きがこれまでの方向と反対の動きを示したからといって，1四半期の動きだけで局面が変化したと考えることは本来は避けなければなりません。理想としては2四半期の動きを総合して判断したほうがいいのですが，2四半期は半年であり，局面変化の判断が決定的に遅れてしまうので，ここは1四期だけの動きで判断せざるをえません。

ちなみに，季節調整をかけた系列（名目値）は指標の作成機関である財務省が公表しており，財務省から総務省統計局のe-Statに入ることで，1985年のデータから入手が可能です。まず財務省の「法人企業統計」のウェブページに

入ります。統計表一覧→時系列データ（最初は探すのに手間取る可能性があります）を順にクリックしていくと，総務省統計局の e-Stat の「法人企業統計調査」のページに飛びます。

次に，時系列データの「四半期」→「（最新四半期）」とクリックすると，統計表のリストが出てきます。そこで，金融業，保険業以外の業種（季節調整値）の「DB」をクリックするとデータを選択する画面になります。ここから項目ごとに必要なデータを設定して最後は Excel ファイルを得ます（最後の作業はかなり慣れが必要です）。

▶総合的に設備投資の現状を判断

設備投資を判断する際には，資本財総供給指数（資本財出荷指数）と「法人季報」の設備投資額の両方の動きを考慮する必要があります。

結論からいえば，資本財総供給指数（資本財出荷指数）と「法人季報」の設備投資額の両方の動きを考慮した設備投資の基調判断は，四半期統計である2次 QE の設備投資（民間企業設備）によって行い，月次統計である資本財総供給指数（資本財出荷指数）で足下の動きを見ます。

「法人季報」が公表される月に，少ししてから2次 QE が出ます。ざっくりといえば，2次 QE の数値は，資本財総供給指数（資本財出荷指数）と「法人季報」の設備投資額の動きの平均をとったようなものです。よって両指標の動きを総合した設備投資の判断は，2次 QE の数値を見ることで行えるといえます。2次 QE の見方は，「法人季報」の設備投資額と同様，最新の数値の符号がこれまでの方向と異なれば，方向変化の可能性があると考える（2四半期のデータで判断すれば決定的に判断が遅れます）ことが妥当です。

ただし2次 QE は（「法人季報」も）速報性の点で劣るとともに，四半期データしかとれないので，資本財総供給指数（資本財出荷指数）の直近数ヵ月の動きが，明確に2次 QE の動きと反対になっていれば，その動きを加味して判断することがよいのではないかと思われます。

第3節　機械受注額

「機械受注統計調査」の機械受注額（船舶・電力を除く民需）は，設備投資を「受注」の段階で把握できる指標であり，資本財総供給指数（資本財出荷指数）に3～4カ月先行する傾向があります。資本財出荷指数でも公表は翌月末であり，3カ月移動平均の前月比の動きだけで方向の変化を判断していたらタイミングが遅くなります。そこで，設備投資の基調を判断するためには，資本財出荷指数などに先行する指標も見る必要があります。「機械受注統計調査」の機械受注額は，まさにその指標です。3～4カ月先行するといっても，公表は翌々月中旬であり，直近数カ月の動きは足下の動きを予測していると考えることができます。さらに四半期ごとに翌期見通し額も公表され，設備投資の先行きを占う指標としても重要です。なお「機械受注統計調査」の統計作成機関は内閣府です。

1．機械受注額の調査方法
▶調査対象企業

「機械受注統計調査」では，調査対象企業を本書でこれまで解説したことのない方法で選定しています。対象企業は機械などを製造する主要な企業です。具体的には，機種大分類ごとに，1985年時点で，国内企業が受注する額の80％程度をカバーできるように内閣府（当時は経済企画庁）が調査対象企業を選定しました。1987年より現在の280社ベースでの調査が行われました。1985年時点で選ばれた企業については，対象企業の入れ替えなどは行われず，現在も当時の280社ベースに対する調査が行われています。つまり，「機械受注統計調査」は，全数調査，標本調査，裾切り調査のいずれでもない独特の調査方法を採用しています。

当然ながら企業には栄枯盛衰があります。また調査対象企業が新規参入することも考えられます。後で説明するように，「機械受注統計調査」の機械受注額は，調査対象企業が報告した数値を単純に積み上げることで算出されていま

す。よって，30年間同じ企業を調査する場合，気になるのがカバレッジです。受注額のカバレッジを知ることはできませんが，統計作成機関が販売額ベースのカバレッジを計算しています。これによると，「機械受注統計調査」のカバレッジは販売額ベースで約9割です。重電器など一部でカバレッジが低い機種もありますが，対象を長期間固定している割には十分な数値といえます。

▶調査内容と集計方法

「機械受注統計調査」は月次調査であり，対象企業に対して調査票を送付し，翌月15日までに提出してもらい，翌々月10日前後に公表されます。調査票は，行に需要者名，列に受注機械の機種名が書いてあるマトリックス（行列）の形式となっています。需要者は，大きく民間需要（国内民間企業からの受注），官公需（官公庁からの受注），海外需要（国外からの受注），代理店（代理店経由の受注）に分かれます。民間需要は，製造業と非製造業に分かれ，さらには製造業17業種，非製造業12業種に分類されます。機種は，大分類としては，原動機，重電機，電子・通信機械，産業機械，工作機械，鉄道車両，道路車両，航空機，船舶の9つに分かれます。

たとえば，鉄鋼業の企業から産業機械を50億円受注した場合は，鉄鋼業×産業機械のセルに5,000（単位は100万円）と記入するなど，調査対象企業は，受注額を発注業種別×受注機種別に分けて報告する必要があります。なお金額的に極めて大きな案件であっても，受注額は契約月に一括して計上します。

なお行の一番下には，販売額および受注残高を記入する欄があります。販売額は，受注した機械が製造された後，引き渡す際に支払われた代金の合計です。機械設備は，受注→製造→販売（出荷）というプロセスをたどりますが，過去に機械設備の受注を受け受注額を記入した案件が販売・出荷に至った際に，その販売金額を企業に記入してもらいます。受注残高の欄には，受注と引き渡しの間の段階（たとえば製造中）にある機械の受注額の合計を記入してもらいます。つまり受注額に計上した案件で，まだ販売・出荷に至っていないものの合計額を記入してもらいます。受注残高は，これまでの毎月の受注額のうち出荷・販売されずに企業が抱えているものが毎月積み上がっていきますの

で，フロー指標ではなくストック指標です。なお，販売額および受注残高は，需要者別の数値を記入してもらうのではなく，需要者全体を合計した数値を機種別に報告してもらいます。

また9つの大分類機種のうち，原動機，重電機，電子・通信機械，産業機械は，さらに中分類に分けられています。たとえば，電子・通信機械の中分類は，電子計算機，通信機，電子応用装置，電気計測器，半導体製造装置です。そこで大分類を中分類にブレークダウンした数値を記入してもらう調査票が別途用意されており，調査対象企業はこの調査票へも数値を記入します。

調査票を280社ベースの調査対象企業から回収した後はこれを集計します。集計方法は企業から報告を受けた数値を単純に足し上げていくだけです。[13]

２．機械受注額の読み方
▶設備投資の判断に使われる指標

「機械受注統計調査」で把握される機械受注額にはいくつか留意点があります。内閣府によれば，船舶の受注や電力業からの受注は，景気局面との対応が薄く，不規則でかつ多額であり，完成までの期間が長いものが多いといった特徴があります。これらの受注金額を含めてしまうと，指標が大きく振れるようになるとともに，設備投資に3～4カ月ほど先行する指標としての役割が失われてしまいます。この問題点は，需要者から電力業を除き，機種からは船舶を除くことで解決しています。統計作成機関は，船舶の受注および電力業からの受注を除いた民需（＝船舶・電力を除く民需）といった指標を別途作成し公表しており，内閣府の「月例経済報告」もこの指標を使っています。

なお現在は解決された問題として携帯電話がありました。2010年度までは，大分類の電子・通信機器，中分類の通信機の中に携帯電話が入っていました。設備投資とはいえない携帯電話が機械受注額に入っていたことで，これを問題とする指摘が少なくありませんでした。しかし，2011年度から携帯電話が受注額から除かれるようになり，携帯電話を除いた機械受注額（船舶・電力を除く

---

(13) 機械受注額の調査方法については，内閣府「機械受注統計調査の解説」などによる。

民需)の数値も,2005年4月まで遡及して入手可能となりました。

▶機械受注額の特徴と読み方

機械受注額(船舶・電力を除く民需)は,内閣府「月例経済報告」の関係資料である「主要経済指標」の表のページに直近3カ月の前月比が掲載されています。また図のページにも季節調整値のグラフが掲載されています。さらに「閣僚会議資料」にもグラフが掲載されています。「月例経済報告」におけるあつかいからも機械受注額の重要性がわかりますが,この指標の動きは簡単には読み取れません。

まず指標の動きの特徴を明らかにするため,2000年1月以降の指標の動きを見てみましょう(図表4-4)。グラフの細線は機械受注額を示していますが,毎月の振れが激しいことがわかります。船舶や電力業を除くことで改善はしていますが,それでも生産などの指標と比較して毎月の振れが大きくなっています。これは,受注時に一括して金額が計上されるため,大型案件が受注された場合その月の受注額が跳ね上がってしまうためです。

図表4-4　機械受注額(船舶・電力を除く民需)(季節調整値:月次データ)

(注) 1. 点線は3カ月移動平均。
　　 2. シャドウ部分は,内閣府の景気基準日付による景気後退期。
(出所)内閣府「機械受注統計調査」による。

ここまで単月の振れが大きいと，単月の数値で指標の良し悪しを判断することには無理があり，移動平均を見るなど工夫が必要です。図表4－4の太い点線は3カ月移動平均を示していますが，これだと傾向が見やすくなります。

　機械受注額は単月の振れが大きいので，「主要経済指標」や「閣僚会議資料」に掲載されているグラフから過去の指数の方向を視覚的にとらえることが難しい場合があります。グラフを眺めて3カ月移動平均の動きが頭の中で描ければいいのですが，そうでなければ，3カ月移動平均のグラフを作成して，指数の方向をとらえることが必要です（これは資本財出荷指数の場合と同じです）。

　グラフを作るためには機械受注額の数値データが必要です。データを入手するためには，内閣府の「機械受注統計調査報告」のウェブページに入り，「調査の結果」の「統計表一覧」をクリックすれば，統計表がダウンロードできるページにたどりつきます。さらに，このページの「主要長期時系列統計表（2005年4月から）」の下にある，「長期系列　主要需要者別機械受注額」をクリックしてExcelファイルをダウンロードします。Excelファイルの「季調・月次」のシートから，機械受注額の民需（船舶・電力を除く）の系列を見つけてください。

　機械受注額の足下の動きを判断するためには，毎月の振れが大きいので，3カ月移動平均の前月比を見ていきましょう。2カ月連続でこれまでの方向と異なる符号を示せば，方向変化の可能性が疑われます。

　ただし大型案件により単月の受注額が大きく増加した場合は，3カ月移動平均の前月比が複数月これに引っ張られる可能性があります。たとえば，2016年1月の機械受注額（季節調整値：船舶・電力除く民需）は，前月比で15.0％増加しました。日本経済新聞は，「鉄鋼メーカーが中期の設備投資計画のなかで予定していたものが，1月にまとまって出てきた」とした内閣府の説明を紹介しています[14]。よって，単月で機械受注額の伸びが大きかった場合には，新聞情報などでその背景をつかむことが必要です。そして，一時的な要因であれば，この動きを割り引いて方向変化の判断を行う必要があります。

---

(14)　日本経済新聞（電子版）「機械受注額15％増　1月，鉄鋼業の大型投資が主因」（2016年3月14日）より引用。

なお,「機械受注統計調査」では,四半期ごとに,調査対象企業に対する調査をもとに翌期見通し額を公表しています。具体的には,3月の実績値が公表される際には,4-6月期の見通し額,6月は7-9月期,9月は10-12月期,12月は翌年1-3月期の見通し額があわせて公表されます。翌期見通し額は,3の倍数の月の実績値を対象企業に尋ねる際に,その翌期の見通し額も尋ねることで元となる数値を得ます。しかし単純集計値を翌期見通し額として示すのではなく,過去3期分の達成率(季節調整済)を乗じた数値を公表しています。達成率とは,(実績値÷単純集計値)であり,分母も分子も季節調整値です。翌月見通し額の前期比は,機械受注額の先行きを占う重要な手がかりになります。機械受注額は,3カ月移動平均の前月比の動きに,翌期見通し額の前期比を勘案して,方向の変化について判断することが重要といえましょう。

第4節　設備投資計画 建築着工工事予定額

設備投資の現状は,資本財出荷指数あるいは資本財総供給指数,「法人季報」の設備投資額を用いて判断するとともに,先行指標としての機械受注額にも注目します。設備投資の判断のベースはこれらの指標ですが,そのほかにも設備投資計画は設備投資のプロセスの出発点を示すものとして見ておきたい指標です。また建築物投資を把握する指標として,建築着工工事費予定額がありますが,こちらは指標の動きをつかむことが容易ではありません。以下では,これら指標について取り上げます。

1．設備投資計画
（1）日銀短観

「日銀短観」からは,景気判断に利用できる指標が入手できますが,そのなかでも重要なものは業況判断DIです。よって「日銀短観」がどのような調査かについては,第7章で,業況判断DIとともに説明しますので,ここでは,

---
(15) 見通し値については,内閣府経済社会総合研究所景気統計部「機械受注統計調査 需要者別見通し額作成方法の一部変更について」(平成21年5月15日) などによる。

「日銀短観」の設備投資計画がどのような指標であるのか，どのように指標を読めばいいのかにつき解説します。

▶指標の説明

「日銀短観」では，設備投資額について調査対象企業に対し，設備投資額，設備投資額のうち土地投資額（内数），ソフトウェア投資額の３つの数値を尋ねており，土地投資額には，土地造成費や整地費のみならず，土地の新規取得分も含まれています。そして，「日銀短観」の公表資料には，①設備投資額（含む土地投資額），②ソフトウェア投資額，③土地投資額，④ソフトウェアを含む設備投資額（除く土地投資額）の，前年同期比および実額が掲載されています。

「日銀短観」は四半期調査ですが，ある年度（T年度であれば，T年４月１日からT＋１年３月31日まで）の設備投資額は，６四半期分の調査で調査対象企業に尋ねます。最初は前年度３月調査です（2015年度の数値であれば，2015年３月調査が最初。2015年３月はまだ2014年度です）。調査票は上期（４-９月），下期（10-３月）に分けて数値を記入してもらいますが，前年度３月調査では上期，下期とも予測値です。上期と下期の数値を合わせた年度の数値も出ますがこれも当然予測値です。当該年度６月調査も上期，下期，年度のすべてが予測値です。そして，当該年度９月調査は，上期は実績見込値，下期は予測値，年度は予測値，続いて12月調査は，上期は実績値，下期は予測値，年度は予測値です。さらに当該年度３月調査は，上期は実績値，下期は実績見込み値となり，年度は実績見込み値です。最後に６月調査ですが，上期，下期，年度とも実績値となります。なお，調査票の説明事項では，実績値以外の数値については「概数（現時点での貴社内の目標や感触を大まかに概数化したものなど）でも結構です」といった留意点が示されています。[16]

▶設備投資の判断に使われる指標

内閣府「月例経済報告」で，設備投資を判断する際に取り上げる指標は，設

---

(16) 指標の説明については，日本銀行「短観（全国企業短期経済観測調査）調査表および記入要領・記入例」などによる。

備投資額(含む土地投資額です)。この設備投資計画には,機械設備,建築物,新規取得分も含めた土地への投資が含まれていますが,ソフトウェアへの投資は含まれていません。

「月例経済報告」の関係資料である「主要経済指標」の表のページに,最新の「日銀短観」の数値,具体的には,2年度分の設備投資計画の前年度比が掲載されています。「主要機関の設備投資アンケート調査結果」という表の「日本銀行」と書かれた数値であり,全規模,大企業,中小企業の数値が掲載されています。また,図のページに「日銀短観」の設備投資計画額の前年度比のグラフが掲載されています。具体的には,過去10年度分ぐらいの前年度比が,前年度3月調査(最初に登場)の予測値から,翌年度6月調査(最後に登場)の実績値まで,6回の「日銀短観」においてどのように推移したかわかるグラフ(これは「足取りグラフ」と呼ばれます)が掲載されています。さらに「日銀短観」が公表された月には,同じく「月例経済報告」の関係資料である「閣僚会議資料」にも掲載されます。

日本銀行は設備投資計画の修正パターンを大企業と中小企業に分けて示すとともに,理由を説明しています。以下では,日本銀行の説明をかなり長いですがそのまま引用します。

「設備投資の年度計画について,調査回ごとの平均的な修正パターンをみると,例えば,大企業の過去の平均では,初回調査(3月調査)から6月調査にかけて,計画未定の案件が確定したり,前年度案件のずれ込み分が上乗せされる等の要因から上方修正され,12月調査以降は,工事の遅れや案件の繰り延べ等から翌年度にずれ込むため,実績調査(翌年6月調査)にかけて下方修正される傾向がみられます。これに対し,中小企業では,年度計画を事前に策定していない企業が多く,案件が実際に実施されるごとに,設備投資額に計上される傾向があるため,同じく過去の平均では,初回調査(3月調査)から実績調査(翌年6月調査)まで,ほぼ一貫して上方修正されるパターンとなっています」[17]。

全企業については,日本銀行の説明にある大企業と中小企業の修正のクセを

---

(17) 日本銀行「短観(全国企業短期経済観測調査)のFAQ:3-6.「設備投資額」のデータを利用する上で,注意すべき点はありますか」より引用。

合成した動きを示すことが一般的であるように見えます。すなわち，初回の3月調査から6月調査にかけて比較的大きく上方修正がなされ，その後は緩やかに上方修正された後，翌年度の6月の実績で下方修正がなされる年度が多いようです（3月の実績見込みで下方修正される年度もあります）。ただし，2009年度のように一貫して下方修正がなされたこともあります。

　予測の段階では上方修正されることを織り込んで数値を見る必要がありそうです。とくに初回の3月調査は前年度比マイナスがあたりまえです。内閣府「月例経済報告」の関係資料である「主要経済指標」の表のページには2年分の設備投資計画の前年度比が掲載されますが，設備投資のプロセスで最も早い段階をとらえる指標といった観点からは，新しい年度の数値に価値があります。そしてまずは何月の調査であるか見ることが大切です。初回の3月調査の数値は，マイナスであることが普通ですが，これは設備投資の先行きが暗いことを意味していません。最新の数値が何月の調査のものであるのか確認したうえで，「主要経済指標」の図のページの足取りグラフを見て，ほかの年度とくらべてどの位置にあるのかによって，状況を判断することが大切です。

　さらに最も判断の助けになるグラフは，同じく関係資料である「閣僚会議資料」のものといえます。グラフでは，同じ月になされた調査の過去平均値とその年度の数値を，規模（全規模，大企業，中小企業）×業種別（製造業，非製造業）に比較しています。過去平均値は，製造業は1973年あるいは1974年，非製造業は1983年からの平均値です。これと比較すれば，企業が設備投資に積極的か消極的か判断が下せます。4月の「閣僚会議資料」には3月調査，7月には6月調査，10月には9月調査，12月には12月調査の結果が掲載されます。

（2）法人企業景気予測調査

　「法人企業景気予測調査」は，2004年度より前は，2つの調査であったものを統合した調査です。ひとつは内閣府の「法人企業動向調査」，もうひとつは財務省の「景気予測調査」です。2004年度より，これら2つの調査が一元化され，内閣府と財務省の共管調査となりました。「法人企業景気予測調査」も「日銀短観」と並んで，設備投資計画にかかる指標を提供しています。

▶ 標本法人の抽出方法

「法人企業景気予測調査」は，「法人季報」と関連の深い調査です。なぜなら，標本法人が「法人季報」の標本法人の中から選ばれるからです。金融業および保険業以外の業種については，「法人季報」の標本が，資本金規模階層7区分，業種45区分に層化されます。つまり，資本金規模階層×業種のセルが315個できます。資本金規模階層は，①1,000万円以上2,000万円未満，②2,000万円以上5,000万円未満，③5,000万円以上1億円未満，④1億円以上5億円未満，⑤5億円以上10億円未満，⑥10億円以上20億円未満，⑦20億円以上です。

次に財務省が公表している抽出率（2010年4月時点）について見てみましょう。①〜③については，「法人季報」の標本からの抽出率は約60％です。そして④は約30％，⑤と⑥は約50％，⑦は100％です。「法人企業景気予測調査」の全母集団からの抽出率は，当然のことながら「法人季報」の抽出率より小さくなります（⑦は同じ）。母集団に対する抽出率は，①が約0.2％，②が約1.0％，③が約2.0％，④が約10％です。⑤〜⑦は「法人季報」では全数抽出ですので，「法人季報」の標本からの抽出率がそのまま母集団からの抽出率，すなわち⑤と⑥は約50％，⑦は100％となります。抽出率にしたがって資本金規模階層別に抽出数が決まれば，これを業種別に配分したうえで，等確率系統抽出により標本法人を選んでいきます。

「金融業，保険業」については，「法人企業景気予測調査」で資本金1億円以上の法人が対象とされています。こちらもやはり「法人季報」の標本法人から，資本金規模階層別に定められた抽出率をもとに調査対象標本が選ばれます。ちなみに，「法人季報」の設備投資額は，「月例経済報告」における設備投資の判断など，「金融業，保険業」を除く数値が利用されることが多いですが，「法人企業景気予測調査」ではこれら業種も含まれていることに留意が必要です。なお，この調査における標本法人数は，「金融業，保険業」も含めた全産業で約16,000です。

▶ 調査と集計方法

標本法人が決まれば調査ですが，四半期調査であり，調査時点は四半期の中

央にある月の15日（4‐6月調査では5月15日です），公表は四半期最後の月の10日あるいは15日前後です（4‐6月調査では6月15日前後）。

　設備投資額については調査対象企業に対し，新規設備投資額，土地購入額（新規設備投資額の内数），ソフトウェア投資額の3つの数値を尋ねています。土地購入額には，土地の新規取得分のみ記入することになっています（土地造成費や整地費は新規設備投資額に含まれます）。「法人企業景気予測調査」の公表資料には，設備投資実額と前年同期比（前年度比）が掲載されるのですが，①ソフトウェアを含む，土地を除く，②ソフトウェアを除く，土地を除く，③ソフトウェアを除く，土地を含む，④ソフトウェアのみ，のそれぞれについて数値が公表されています。

　「法人企業景気予測調査」も「日銀短観」同様，前年度1‐3月期調査（「日銀短観」は3月調査）から，年度の計画値を記入してもらいます。集められた調査票は集計されますが，集計は資本金階層別×業種別のセルごとに行われます。推計値＝（集計値）÷（集計法人数）×（母集団法人数）の式で求められます。たとえば，集計値が100億円，集計法人数が1万，母集団法人数が100万であれば，推計値は1兆円です。そしてセルごとの推計値を合計して全体の推計値を求めます。

　「日銀短観」との違いは大きく3つです。第一に調査対象法人で，「法人企業景気予測調査」では資本金1,000万円以上で，母集団は2015年10-12月期調査時点で約102万社，「日銀短観」は，資本金2,000万円以上で，母集団は約21万社です。第二に調査対象業種で，前者は全業種（結果の公表においては37区分），後者は農林漁業，水道業，一部サービス業などを除く業種（31区分）です。第三に公表のタイミングで，「法人企業景気予測調査」のほうが通例3週間早くなっています。[18]

---

(18) 標本法人の抽出方法，調査と集計方法については，財務省「法人企業景気予測調査：調査の概要」，財務省財務総合政策研究所「法人企業統計調査及び法人企業景気予測調査の概要と活用状況について」（平成27年7月）19ページなどによる。

▶設備投資の判断に使われる指標

　内閣府「月例経済報告」が取り上げている設備投資計画の指標は，設備投資（ソフトウェアを除く，土地を含む）です（以下，「設備投資計画」とします）。設備投資計画には，機械設備，建築物，土地（土地購入費，土地造成費，整地費）が含まれ，ソフトウェア投資は含まれていません。設備投資計画の前年度比は，「日銀短観」と同様な動き，すなわち初回1-3月期調査の翌年度計画の前年度比はマイナスであることが普通であり，徐々に数値が上方修正されます。

　「月例経済報告」の関係資料である「主要経済指標」の表のページに，最新の「法人企業景気予測調査」の数値，具体的には，2年度分の設備投資計画の前年度比が掲載されています。「主要機関の設備投資アンケート調査結果」という表の「内閣府・財務省」と書かれた場所の数値です。「主要経済指標」の図のページや同じく関係資料である「閣僚会議資料」にはグラフは掲載されません。「日銀短観」の設備投資計画の前年度比は，足取りグラフや，過去の数値との比較で，数値が良いのか悪いのか検討がつきましたが，「法人企業景気予測調査」の前年度比については，財務省のホームページから情報を集めて足取りグラフなどを作り，判断をする必要があります。

2．建築物投資―建築着工工事費予定額

　設備投資の現状を把握するための指標のうち，資本財出荷指数や資本財総供給指数では機械設備投資の動向のみが把握できます。「法人季報」では建築物投資も含めた設備投資の動向が把握できますが，四半期統計です。さらに先行指標である機械受注額も機械設備投資のみが含まれています。そこで，設備投資の22.4％を占める建築物投資が把握できる指標があれば，設備投資の動きを把握する際の参考となります。建築着工工事費予定額は，建築物投資を把握できる指標ですが，設備投資を判断する際には，あまり重視されていません。

▶建築着工統計調査と建築着工工事予定額

　建築着工工事費予定額の基礎統計は，国土交通省が毎月公表している「建築着工統計調査」です。そこで，まずこの統計調査を紹介します。建築基準法に

もとづき，建築主は建築物を建築しようとする場合，都道府県に届け出る義務を課せられており，建築工事届に必要事項を記入しなければなりません。また都道府県は，届出にもとづき建築統計を作成し，これを国土交通省に送付しなければなりません。

国土交通省は，都道府県が送ってきた建築統計をもとに「建築着工統計調査」として統計を取りまとめています。建築工事届で記入する内容はここですべてを列挙しませんが，①建築主の種別（国，都道府県，市町村，会社，会社でない団体，個人），②工事種別（新築，増築，改築），③主要用途（居住用住宅，農林水産業用，機械器具製造業用，公務用……），④工事部分の床面積の合計，⑤工事費予定額など，多岐にわたっています。

「建築着工統計調査」は，月次統計で翌月末に公表されるため，速報性には問題がありません。さらにこの統計は業務統計であり，届出義務にもとづき，一部届出が必要のないものを除き全数を把握できることから，数値の信頼度はほかの調査と比べ高くなっています。建築着工工事予定額は，建築主が提出した建築工事届のうち，届け出た建築物の主体工事や建築設備の工事費の予定額を合算した工事費予定額を積み上げたものです。

設備投資関連の指標は，建築着工工事費予定額のうちでも民間非住宅用であり，「建築物着工統計」の用途別・建築主別工事費予定額をもとに，内閣府が試算して求めています。試算といっても，建築着工工事費予定額のうち，用途が産業用建築物であり建築主が民間（会社，会社でない団体，個人）であるものを，建築着工工事費予定額（民間住宅用）としています。

産業用建築物は，日本標準産業分類の大分類にもとづき，製造業用建築物，電気・ガス・熱供給・水道業用建築物などに分かれており，製造業など一部産業はもう少し細分化されています（いくつかの中分類産業を合わせた分類など）。これら産業用建築物を合わせたものが，産業用建築物です。建築主には会社のみならず個人も含まれていますが，個人のなかには個人事業主が含まれており，個人が建築主の産業用建築物は個人事業主が建築主であると考えられま

---

(19) 延べ床面積が10㎡以下の建築物など届出義務のないものは把握できない。

す。

▶ 指標の見方

　建築着工工事費予定額（民間非居住用）は，内閣府「月例経済報告」の関係資料である「主要経済指標」の表のページに，直近3カ月分の前月比が掲載されていますが，図のページにはグラフがありません。同じく「月例経済報告」の関係資料である「閣僚会議資料」にグラフが載ることもありますが，頻度は少ないといわざるをえません。

　建築着工工事費予定額の問題点として，着工時に全額が数値に計上されてしまうことが挙げられます。比較的大きな案件が着工された場合，数値が大きく跳ね上がることから，とにかく指標が毎月大きく振れます。よって前月比を見ることにはあまり意味はなく，かなり長い目で見ることが大切です（2015年11月の「閣僚会議資料」のグラフには，季節調整をかけた実額のみならず，これの6カ月移動平均も一緒に描かれています）。建築着工工事費予定額には毎月の数値が大きく振れるといった問題点があるため，季節調整値の実額の6カ月移動平均（もちろん7カ月移動平均でもかまいません）のグラフを見ることが，傾向をつかむ最善の方法と思われます。しかし「月例経済報告」の関係資料にそのグラフが掲載されることには期待できません。

　自分でグラフを作って傾向を見ることも不可能ではありません。総務省統計局のe-Statでは，「建設着工統計調査」の月次報告の数値がExcelデータで提供されています。そこで，毎月の報告のページから，「途別，建築主別／建築物の数，床面積，工事費予定額」というExcelファイルをダウンロードし，民間非居住用の工事費予定額を一つひとつ拾っていく方法があります。しかし，そこまで苦労して集めたデータにさらに季節調整をかけなければならず，私たちが自力でグラフを作ることは現実的とは思えません。建築着工工事費予定額については，「閣僚会議説明資料」でグラフが出た時のみ着目することとして，設備投資の現状は，資本財総供給指数（あるいは資本財出荷指数）と「法人季報」で判断し，先行指標としては機械受注額に着目することが現実的です。

　どうしても，設備投資のうち建築物投資に興味がある場合は，「建築着工統

計調査」の建築着工床面積（民間非居住）が使えます。総務省統計局のe-Statでは「建設着工統計調査」の一部指標の時系列データを提供しており，その一つが「【建築物】民間非居住　用途別　床面積」のExcelファイルです。

　ちなみに，e-Statとは日本の統計が閲覧できる政府統計ポータルサイトであり，次章以降で紹介する統計調査のデータの多くもここから入手できます。e-Statのトップページから統計調査を探す方法もありますが，検索サイトで統計名を検索すれば，上位でヒットするはずです（こちらの見つけ方が簡単ですが，一部の統計調査はヒットしません）。たとえば，「建築着工統計調査」で検索すれば，「建築着工統計調査―最新結果一覧　政府統計の総合窓口」という検索結果を見つけることができます。違う統計調査であれば，冒頭の「建築着工統計調査」が違う統計名に置き換わった結果を見つけることができます。検索結果に付されているアドレスが，https://www.e-stat.go.jp ではじまるので容易に見つかることでしょう。

　設備投資の建築物投資に話を戻しましょう。e-Statから得られる時系列データは季節調整がかかっていない原系列です。建築工事は梅雨明けの夏から秋に着工が集中し，寒冷地では秋以降着工が減少する傾向にあり，建築着工床面積は数ある指標のなかでも季節性が色濃く出る指標です。よって季節調整をかけなければ数値を使うことはできません。

　なおe-Statからは，「建設着工統計調査」の建築着工床面積の季節調整値を，居住用と非居住用に分けて得ることができます。ただし非居住用には，建築主が国，都道府県，市町村が建築主の建築物も含まれており，民間が建築主の数値を得ることはできません。建築着工床面積は，設備投資の動向を見るための指標ではなく，建築活動全体を見る指標として活用することが現実的であると思われます。[20]

---

[20]　建築着工工事費予定額については，国土交通省「建築動態統計調査：概要」，国土交通省「ガイド：建築着工統計調査」などによる。

〈第4章の参考文献・資料〉

【文献】
筑紫勝麿（1993）『図説 経済見通し』（社）金融財政事情研究会.
財務省財務総合政策研究所（2011）「資料 法人企業統計調査の変遷と概要」（財務省財務総合政策研究所『フィナンシャル・レビュー』平成23年第6号），97-120ページ.

【資料】
経済産業省大臣官房調査統計グループ経済解析室「鉱工業指数のしくみと見方」.
財務省「法人企業統計調査結果（平成27年7～9月期）」.
財務省「法人企業統計調査 四半期別調査票（B）記入要領（金融業，保険業以外の法人用）」.
財務省財務総合政策研究所「法人企業統計調査及び法人企業景気予測調査の概要と活用状況について」（平成27年7月）.
内閣府経済社会総合研究所景気統計部「機械受注統計調査 需要者別見通し額作成方法の一部変更について」（平成21年5月15日）.
堀達也・杉野弘樹・藤井幹士・権田直「先行指標から見た設備投資」（マンスリー・トピックス No.027：平成26年1月17日）.

【ホームページ上の資料】
経済産業省「鉱工業出荷内訳表，鉱工業総供給統計の概要」.
国土交通省「ガイド：建築着工統計調査」.
国土交通省「建築動態統計調査：概要」.
財務省「法人企業統計：調査の概要」.
財務省「法人企業景気予測調査：調査の概要」.
内閣府「機械受注統計調査の解説」.
内閣府「形態別にみた設備投資の動向」（今週の指標 No.1022：2012年2月6日）.
日本銀行「短観（全国企業短期経済観測調査）調査表および記入要領・記入例」.
日本銀行「短観（全国企業短期経済観測調査）のFAQ：3-6.「設備投資額」のデータを利用する上で，注意すべき点はありますか」.

第5章 輸出 輸入

　需要項目を個人消費，設備投資と説明してきましたが，通常の順番であればこの次は住宅投資です。しかしながら本書では設備投資の後に輸出をもってきました。なぜならば輸出は，個人消費，設備投資に劣らず重要な（景気判断の観点から最も重要といってもいいかもしれません）需要項目であるからです。

　景気の循環において，輸出は外生ショックとして位置づけられています。すなわち，輸出が動けばこれまでの景気の循環に影響を与えます。たとえば，景気が好循環の状態にあったとしても，輸出が落ち込めば需要が減少し，好循環が途切れる可能性があります。一方で，輸出の好調が続けば，景気の好循環が下支えられ，拡張局面が長く続くことが期待できます。景気が自律的に拡大していくためには，企業収益の増加が，個人消費や設備投資の増加につながり，さらなる企業収益の増加につながることが必要です。一方，景気の循環に水を差したり，支えたりするのが輸出であることから，需要項目の中でも重視されています。

　第5章では，重要な需要項目である輸出を取り上げますが，これとセットで見られる輸入，また対外経済指標として経常収支にも触れます。結論を先に示すと，景気判断という観点からのみ見れば，輸入や経常収支は重要ではありません。本章の構成は以下のとおりです。第1節では，輸出数量指数を説明します。第2節では，輸入数量指数と経常収支を取り上げます。

第1節　輸出数量指数

　輸出数量指数は，鉱工業生産指数と並んで景気を判断するための最重要指標のひとつです。過去の景気循環を見ても，輸出の不振が景気後退のきっかけになったことが少なくありません。他方で，輸出が好調に推移すれば，長期的な

拡大も見込めます。

輸出の動きを毎月把握できる指標として輸出数量指数が最も重要です。輸出は財とサービスに分かれ，2014年の名目GDPの内訳から見ると，財輸出は輸出全体の84.9%を占めます。輸出数量指数は財のみを把握するので，輸出の15.1%をカバーしていません。しかし輸出数量指数は，法律の申告義務にもとづき財の輸出については全数をカバーしています。また速報性にも優れています。ここまで信頼度が高く速報性に優れた指標はめったになく，これが輸出数量指数の重要度を高めています。

本節では，第一に，「貿易統計」の作成方法と公表について，第二に，輸出数量指数の算出方法，第三に，輸出数量指数の読み方について説明します。そして第四に，日本銀行が作成する実質輸出について，輸出数量指数との違いに着目しつつ解説します。

1．貿易統計の作成方法と公表
▶貿易データの集計方法と公表

輸出数量指数は財務省が毎月公表している「貿易統計」から得られる指標です。そこでまずは「貿易統計」の説明からはじめます。「貿易統計」は，「建築着工統計調査」と同様，調査票を調査の対象とされる企業や世帯に送って，これに回答してもらうことでデータを集め作成される統計調査ではありません。税関の通関業務によって得られた行政記録情報を副次的に利用した業務統計となります。

貨物を輸出入する者は，貨物の品名，数量，金額などを税関に申告し，必要な審査を経て許可を得なければなりません。申告にあたっては必要な事項を記載した申告書を提出します。たとえば輸出であれば，輸出申告書に品名，統計品目番号，単位，数量，申告価格をはじめ，輸出者の住所氏名，積込港，積載船（機），出港予定日，送り先の地域（国名と都市名），送り先の住所や名称（氏名）など多岐にわたる情報を記入します。輸出入の際の申告義務は関税法をはじめとする法令で定められており，法的な強制力により貨物の輸出入に関する情報は洩れなく集まります。

申告書から得られた情報は「貿易統計」にまとめられて数値が公表されます。言い換えれば，「貿易統計」の元となるデータは申告義務にもとづいて集まるため，この統計数値は極めて信頼度が高いといえます。また「貿易統計」は，翌月中旬あるいは下旬には速報値が公表されるなど，速報性の高い統計です。速報値の報道資料には，輸出および輸入のそれぞれ総額と貿易指数，地域あるいは国別の数値として，アメリカ，EU，アジア，中国との輸出および輸入の金額と差引（輸出－輸入）が掲載されます。また総額だけであれば，上旬分，上中旬分がそれぞれ，当月下旬，翌月上旬に公表されます。さらに，翌月末には，統計品目番号9桁により分類された品目別（最も細かい品目分類です）×国別のデータも利用可能となります（輸入9桁は速報値であり翌々月末に確報値になります。輸出9桁は確報値です）。そして同時に，速報値として公表されていた数値が確報値になります。

　たとえば，2016年1月の数値であれば，同年2月19日に速報値が公表され，2月26日に輸出入の品目別×国別データが利用可能になり，2月19日に公表された速報値も確報値になります。また途中経過は，上旬分が同年1月29日，上中旬分が2月6日に公表されます。

　ちなみに，最終的な統計数値は，確報値発表後の訂正を1年分一括して行った確定値として，翌年3月中旬頃に公表され，以降訂正箇所が新たに発見されたとしても，この確定値の数値が変更されることはありません。[1]

2．輸出数量指数の算出方法

▶指数作成のための採用品目の選定

　財務省は，全国の税関に提出された輸出入申告などの通関データを収集し，決められた分類でその合計値などを計算しています。最近は，輸入申告書のほとんどが電子申告されており，電子データが中央集約型の統計システムで自動

---

(1) 「貿易統計」の作成方法は，財務省「貿易統計：普通貿易統計（貨物の輸出及び輸入に関する統計）：外国貿易等に関する統計基本通達」，財務省「貿易統計：普通貿易統計（貨物の輸出及び輸入に関する統計）：用語の解説」，税関「輸出申告書」，税関「輸出申告書の記載方法について（カスタムスアンサー）」などによる。

的に算出されていることが想定されます。もちろん紙ベースの申告も受け付けられています。これらは各税関で手入力されていると考えられますが，いずれにせよ，これらデータも含めて統計システムで通関データが一気に処理されていると思われます。以下では各種の指標について作成方法を輸出に絞って解説します。輸入については「輸出」を「輸入」に置き換えれば同様に求めることができます。

　まず輸出金額については，輸出申告書から収集される申告価格のデータが集計されることで求められます。申告書の品目の価格データには，輸出国，統計品目番号，数量といったデータが付いていますので，地域別，輸出国別，財別，品目別，そしてこれらをクロスした品目別×国別などの金額も集計することができます（数量のデータは価格指数や数量指数を作成する際に必要になります）。

　次に輸出数量指数ですが，これは一気に算出することはできず，輸出金額指数，輸出価格指数をまず求めなければなりません。これら指数を求める出発点は，9桁の統計品目番号で分類された品目ごとに輸出単価，輸出数量を得ることです。「9桁の統計品目番号」という用語が出てきましたが，これはどのような番号なのでしょうか。税関での申告の際には，9桁の統計品目番号を記入します。統計品目番号の6桁までは，HS条約（商品の名称および分類についての統一システムに関する国際条約：International Convention on the Harmonized Commodity Description and Coding System）にもとづいて国際的に統一されており，輸出入とも共通の番号となっていますが，7桁目以降については，国ごとに2～3桁の番号が加えられ，輸出と輸入で異なる番号を付していることもあります。

　ただし9桁の番号の品目すべてについて指数を求めるわけではなく，①基準年において，輸出総額の10万分の1を超える構成比を有する品目，②基準年およびその前後の36カ月で，32カ月以上の輸出入実績のある品目，③上記の①および②で選定された品目のうち「バスケット品目」を除外，の3つの条件を満

（2）　財務省「貿易指数の基準年改訂の概要」（2013年8月16日）による。
（3）　財務省財務省「貿易統計：普通貿易統計（貨物の輸出及び輸入に関する統計）：統計品目番号の調べ方」の記述を引用した。ただし，一部表現を変更している。

たしたものだけが指数作成のために採用されています。たとえば，基準年を2010年に変更した際，輸出の採用品目数は2,216品目（採用品目の輸出金額の合計が輸出金額総計に占める割合は94.8％），輸入は2,975品目（輸入金額総計に占める割合は94.2％）とされています。

▶輸出数量指数の算出方法

輸出数量指数を算出するためには，輸出金額指数，輸出価格指数を求める必要があります。まず輸出金額指数です。各指数は，基準年（西暦の末尾が0か5の年）の数値を100として，ある時点の輸出入がどれぐらいであるかを示したものですが，輸出金額指数は，輸出金額を基準年の輸出金額（月次データの平均値です。以下同様です）で割り，100を乗ずることで簡単に算出できます。

$$\text{T月の輸出金額指数} = \left(\frac{\text{T月の輸出金額}}{\text{基準年の輸出金額}}\right) \times 100$$

次に輸出価格指数です。輸出申告書には輸出者が輸出しようとする品目の数量と金額が記載されます。これを統計品目番号ごとに積み上げれば，輸出数量と輸出金額を品目ごとに得ることができます。輸出価格指数を求める第一歩は，輸出申告書のデータからは直接算出できない輸出単価を品目ごとに求めることです。金額は単価×数量です。よって，輸出申告書からのデータから集計できる輸出金額と輸出数量があれば，間接的に輸出単価を求めることができます。たとえば品目1の輸出単価は以下のように算出できます（品目2から品目2,216までも同様）。

$$\text{品目1のT月の輸出単価} = \left(\frac{\text{品目1のT月の輸出金額}}{\text{品目1のT月の輸出数量}}\right)$$

輸出価格指数は，採用品目のそれぞれの指数（個別指数）をフィッシャー方

（4）貿易統計における品目分類は，業務統計という性質上，関税の賦課徴収の観点から定められているため，同一品目内に異なる商品が混在する場合が生じる。その場合，各商品の単位数量あたりの価格が商品の性質上異なれば，それぞれの商品構成の変化によって，当該品目の平均単価は影響を受ける。このような品目を「バスケット品目」と呼んでいる（以上，財務省「貿易指数の基準年改訂の概要」を引用した。ただし，一部表現を変更している）。

式により総合指数にまとめたものです。フィッシャー方式については，その元となるラスパイレス方式とパーシェ方式を本章末の補論で解説します。よって以下では簡単な説明にとどめます。まずは，フィッシャー方式を表現する数式（以下，「フィッシャー式」とします。ほかの式も同様です）を見ますが，数式を簡略化するために，基準年における輸出単価を P_0，基準年における輸出数量を Q_0，T 月における輸出単価を P_T，T 月における輸出数量を Q_T とします。また採用品目に便宜的に 1 から 2,216 までの番号を振り，輸出単価を示す P，輸出数量を示す Q の右上に添字として記します。

T 月の輸出価格指数 =

$$\left[\sqrt{ \left(\frac{(P_T^1 \times Q_0^1) + \cdots + (P_T^{2,216} \times Q_0^{2,216})}{(P_0^1 \times Q_0^1) + \cdots + (P_0^{2,216} \times Q_0^{2,216})} \right) \times \left(\frac{(P_T^1 \times Q_T^1) + \cdots + (P_T^{2,216} \times Q_T^{2,216})}{(P_0^1 \times Q_T^1) + \cdots + (P_0^{2,216} \times Q_T^{2,216})} \right) } \right] \times 100$$

この数式のルートの中を見ると，大きな括弧で括られた式が 2 つあり，これらがかけ合わされていることがわかります。大きな括弧に括られた式は，左がラスパイレス式，右がパーシェ式です。つまりフィッシャー指数（フィッシャー方式で求めた指数が「フィッシャー指数」です。ほかの指数も同様です）は，ラスパイレス指数とパーシェ指数を幾何平均したものであることがわかります。

フィッシャー式は，「金額指数＝価格指数×数量指数」の関係が成り立ち，金額の変動を数量要因と価格要因に分解して分析することができることから，貿易統計にとっては利便性の高い指数になっています。

最後に数量指数です。金額指数＝価格指数×数量指数の関係から，上記の方法で算出した金額指数および価格指数の数値を用いることで，機械的に算出することができます[5]。なお，輸出数量指数は基準年の指数を 100 とするため，100 をかけます。

$$\text{T 月の輸出数量指数} = \left(\frac{\text{T 月の輸出金額指数}}{\text{T 月の輸出価格指数}} \right) \times 100$$

---

(5) 輸出数量指数を算出方法については，財務省「貿易指数の基準年改訂の概要」(2013 年 8 月 16 日) などによる。

▶フィッシャー式を使う理由

ラスパイレス式，パーシェ式は，個別指数にそれぞれのウェイトをかけた式に書き直せますが（本章末の補論を参照してください），ラスパイレス式はウェイトを基準年で固定するのに対し，パーシェ式は比較時（＝T月）のウェイトを使っています。なおパーシェ式のウェイトは毎月変わる（T月のウェイトに移動する）ので移動ウェイトと呼ばれます。ラスパイレス指数は基準年のウェイトだけ求めれば，あとは個別品目の価格指数だけ調査月に求めればいいので比較的簡単に算出できます。よって総合指数の多くはラスパイレス方式により求められています。消費者物価指数はそのひとつですし，数量指数であれば鉱工業生産指数もラスパイレス方式で求めています。

ただしラスパイレス方式は，ウェイトを基準年で固定してしまうため，総合指数が実態からかけ離れてしまう可能性があります。たとえば，ラスパイレス方式で輸出価格指数を求めると，以下の問題が生じます。基準年には輸出金額が大きかった品目が，調査時点には輸出金額が激減しているような場合，実際にはウェイトが小さいにもかかわらず，この品目の価格変化が輸出価格指数に影響し続けます。

さらに，ラスパイレス指数，あるいはパーシェ指数には別の問題があります。これを内閣府の資料により紹介します。ラスパイレス指数，あるいはパーシェ指数は，基準年から離れるほど潜在理論指数から乖離することが指摘されています。「潜在理論指数」という耳慣れない用語が出ましたが，内閣府は，「価格変化の前後の2つの価格セットの下で消費者が同じ効用水準を達成することを可能とするために必要とされる最小の支出の比率」としています。

基準年から離れれば品目の相対価格差が拡大し，相対価格が下落した品目の需要が増加するなど，需要の代替が生じます。ラスパイレス方式にしろ，パーシェ方式にしろ，この需要の代替が起らないとして指数を求めています。ラスパイレス方式は，比較時の価格のもと基準時の数量が需要されるとして指数を求めており，パーシェ方式は，基準時の価格のもと比較時の数量が需要されるとして指数が求められています。よって，ラスパイレス方式で求めた指数は上方に，パーシェ方式で求めた指数は下方にバイアスが生じてしまいます。ちな

みにフィッシャー方式で求めた指数は，一定の仮定のもとで潜在理論指数に等しくなります。[6]

　ラスパイレス指数とパーシェ指数にバイアスが生じる理由を直観的に示します。ラスパイレス式の分母を見ると，価格セット（各品目の価格の組み合わせ）は比較時のものですが，数量セット（各品目の数量の組み合わせ）は基準年のものが使われています。一方，パーシェ方式の分子を見ると，価格セットは基準年のものですが，数量セットは比較時のものが使われています。つまり，ラスパイレス式の分母，パーシェ式の分子は，違う時点での数量セットと価格セットを組み合せることで，それぞれの品目の金額を求めています。しかし経済が効率的であれば，価格セットが変われば数量セットも変わります。すなわち，価格が相対的に高まった品目は数量が減少し，価格が相対的に低下した品目の数量は増加するはずです。そのようななか，ラスパイレス式の分母およびパーシェ式の分子は，価格が違っても数量は変わらないという仮定のもとで算出されています。

　まず，ラスパイレス式の分子に生じる問題です。比較時の価格が基準年より相対的に高まった品目の数量は，比較時において基準年より減少しているはずですが，基準年の数量を使って金額を求めています。よって価格が高まった品目については，経済的な合理性に鑑みて数量が過大評価されており，結果として金額が過大評価されます。また逆に価格が下落した品目については，金額が過少評価されます。よってラスパイレス指数の分子の数値は，効率的な経済のもとで実現する数量セットで算出した数値より高くなります。この結果としてラスパイレス指数の分子の数値は，効率的な経済のもとで実現する分子の数値（これで算出した指数が「潜在理論指数」です）より高くなってしまいます。分子の数値が効率的な経済のもとで実現する数値より高くなるわけですから，ラスパイレス指数は上方にバイアスが生じます。

---

(6) 内閣府「SNA1993 "国民経済計算の体系（System of National Accounts 1993）"（抄）」（国民経済計算調査会議総会 資料：2004年10月19日），内閣府「実質化手法の検討にあたっての基本的なポイント」（国民経済計算調査会議第1回基準改定課題検討委員会 資料：2004年6月28日）による。以下の，ラスパイレス指数とパーシェ指数にバイアスが生じる理由に関する記述もこれら資料などを参考とした。

次にパーシェ式の分母に生じる問題点です。比較時の価格が基準年より相対的に低かった品目の数量は，基準年において調査時より多いはずですが，比較時の数量を使って金額を求めています。よって価格が低かった品目については数量を過小評価しており，ひいては金額も過小評価されています，一方，価格が高かった品目の金額は過大評価されています。よってパーシェ指数の分母の数値は，効率的な経済のもとで実現する数量セットで算出した数値より高くなります。この結果としてパーシェ指数の数値は，効率的な経済のもとで実現する分母の数値より高くなってしまいます。分母の数値が効率的な経済のもとで実現する数値より高くなるわけですから，パーシェ指数は下方にバイアスが生じます。

　フィッシャー指数は，一定の仮定のもとで潜在理論指数と等しくなるので，すべての価格指数をこれで求めればいいではないかと思うかもしれません。しかし，フィッシャー方式にも，①ラスパイレス方式とパーシェ方式の両方で指数を求める必要があり手間がかかる，②ラスパイレス方式とパーシェ方式が品目のバスケットの価格変化を測定するものと単純に解釈できる一方で，フィッシャー方式は理解が難しいなど問題点が少なくありません[7]（とくに統計を作成する側としては，①の問題は深刻です）。しかし，輸出や輸入は，基準時と比較時の両時点の価格・数量体系がいちじるしく異なり，フィッシャー方式は，このような場合の比較に適しているため，「貿易統計」ではこの方式を採用しています。

3．輸出数量指数の読み方
▶輸出数量指数の動きの特徴

　まず輸出数量指数の動きを2000年1月から見たうえで，輸出数量指数の動きの特徴を示します。ちなみに統計作成機関では数値に季節調整をかけておらず，内閣府が独自に季節調整をかけた数値を見てみます（図表5-1）。
　第一の特徴は，毎月の振れがそれほど大きくないことです。東日本大震災の

（7）　内閣府「SNA1993 "国民経済計算の体系（System of National Accounts 1993）"（抄）」（国民経済計算調査会議総会 資料：2004年10月19日）による。

図表5-1 輸出数量指数（季節調整値：月次データ）

(注) シャドウ部分は，内閣府の景気基準日付による景気後退期。
(出所) 財務省「貿易統計」の数値に内閣府が季節調整をかけたものにより作成。

際には，自動車のサプライチェーンが寸断されたなど供給側の理由で急減したこともあります。ただし，このような動きをすることは多くなく，長期的な傾向を見ないと指数の方向の変化が読めないということはなさそうです。第二の特徴は，増加に転じると明確な増加がしばらく続き，逆に減少に転ずると明確な減少がしばらく続くことであり，指数の方向が比較的読みやすいといえます。第三の特徴は，輸出数量指数の動きは鉱工業生産指数の動きとパラレルなことです。そのうえ鉱工業生産より速報性が高いです。内閣府の「月例経済報告」は，輸出数量指数の公表後，鉱工業生産指数の公表前のタイミングで公表されることが多いので，「月例経済報告」の景気判断の影の主役とされているようです（5月の「月例経済報告」の公表前に，4月の輸出数量指数は公表されていますが，鉱工業生産指数は3月の数値しか公表されていません）。

ただし輸出数量指数には大きな弱点があります。それは，1月および2月，場合によってはその影響で3月の数値が東アジアの旧正月の影響を受けることです。旧正月は月をまたぐ休日であるため（ある年は1月，ある年は2月），季節調整によって影響を取り除くことができません。よって，少なくとも1月と

2月は平均値で見なければなりません。

▶輸出数量指数の内訳

　輸出金額指数，輸出価格指数，輸出数量指数は，輸出金額（実額）のように，詳細な国別，品目別の数値は公表されていません。公表されている指数は，総合指数とともに，アメリカ，EU，アジア，アジアNIES，アセアン，中国の6つの地域別指数，品目を大きな分類にまとめた品目別指数，地域別×品目別指数です。

　地域別指数では，アメリカ，EU，アジアが重要です。2015年の金額ウェイトは，アジアが53.3％と大きく，アメリカが20.1％，EUが10.6％です。

　品目別指数では，輸送用機械，一般機械，化学製品，電気機器の4つの分類が重要です。2015年の金額ウェイトを見ると，輸送用機器は24.0％であり，そのうち自動車が15.9％を占めており，そのほかに自動車の部分品，船舶などがあります。一般機械は19.1％ですが，内訳としては，原動機，事務用機器，半導体製造装置，金属加工機械，建設用・鉱山用機械，ポンプ・遠心分離機などがあります。化学製品は10.3％です。さらに，電気機器は17.6％であり，そのうち半導体等電子部品が5.2％を占めています。また4つ分類には含まれませんが，鉄鋼も重要でウェイトは4.9％です。

　地域別，品目別の輸出数量指数の動きには違いがあり（地域別指数は**図表5-2**），変化の大きさはもちろん，時として反対の動きも示します。輸出数量指数の動きを見る際には，全体の動きを見た後，地域別，品目別の動きも確認することが必要です。全体の輸出数量指数が減少している場合，アメリカ向け，EU向けが好調であるにもかかわらずアジア向けが不振であれば，アジア経済に原因があることが想定されます。また電気機器が不振であれば，その主力である半導体など電子部品に何らかの要因があることが予想されます。全体の動きの背景を探るためにも，地域別，品目別の輸出数量指数の動きも確認しましょう。

▶情報の集め方と輸出数量指数の判断方法

　輸出数量指数の動きの特徴をつかんだところで，次に，輸出がどのような方

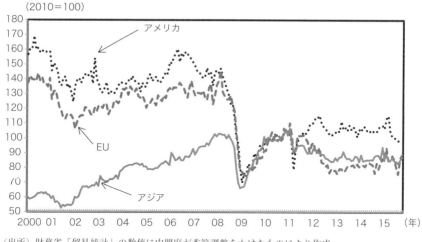

図表5-2　地域別輸出数量指数（季節調整値：月次データ）

（出所）財務省「貿易統計」の数値に内閣府が季節調整をかけたものにより作成。

向に動いているのか輸出数量指数から判断する方法を示します。

　まずは情報収集ですが，輸出数量指数は，内閣府「月例経済報告」の関係資料である「主要経済指標」（6．輸出・輸入・国際収支）の表のページに最新の3カ月間の季節調整済前月比が掲載されています。また表のページの左下には，輸出数量指数の動きが示されたグラフが掲載されているとともに，最新月の3カ月移動平均の前月比も記されています。これらは内閣府が季節調整をかけた数値です。

　また図のページには，地域別の輸出数量指数のグラフ，品目別の輸出数量指数のグラフが掲載されています。前者はひとつのグラフで，アメリカ，EU，アジアの動きが読み取れるようになっています。また後者は2つのグラフに分かれており，最初のグラフからは，輸送用機械，一般機械，化学製品，電気製品といった大きい分類での品目別指数，次のグラフからは，自動車，半導体等電子部品，鉄鋼といった一段小さい分類での品目指数の動きを確認できます。

　さらに，同じく「月例経済報告」の関係資料である「閣僚会議資料」には，地域別輸出数量指数（中国も含む），全体の輸出数量指数（3カ月移動平均）の

グラフが掲載されています。まずは「主要経済指標」の図のページのグラフを眺め，視覚的に山・谷をみつけ，輸出数量指数の方向をつかみます。グラフからおおよその方向をつかんだところで，最後に明確な方向の変化があった後が，増加の方向にあるのか減少の方向にあるのかよみとります。

　方向がわかったところで，足下で方向の変化が見られるのか判断します。前述のように，輸出数量指数は鉱工業生産指数に並ぶ重要な指標です。よって，鉱工業生産指数，消費総合指数，資本財出荷指数のように，CIの一致指数により景気の基調判断を行う際の基準をベースとした基準を用いて足下の方向変化をとらえたいところです。しかし，輸出数量指数は季節調整値が公表されていないため，この方法による判断はできません。

　そこで3カ月移動平均の前月比を見ていきます。3カ月移動平均の前月比は，「主要経済指標」に直近月の数値が掲載されています。前の月の「主要経済指標」をみれば，直近月の前の月の数値が得られるので，2カ月分の3カ月移動平均をみて，これまでの方向と異なる符号の数値が続けば，方向が変化した可能性を疑ってみます。次に，特殊要因による変化でないか確認します。たとえば1月と2月には，アジア諸国の旧正月要因（年によって1月であったり2月であったりするため季節調整では影響を取り除けません）により基調と異なる動きが出ることがあります。また主要輸出品の生産ラインが一時的に止まり，輸出数量指数が減少することもあります。特殊要因の有無については，「貿易統計」が公表された際の新聞記事などにより確認することができます。

　また輸出数量指数の先行きには，主要輸出国の経済情勢が大きく影響します。本書ではアメリカ，アジア，ヨーロッパといった国や地域の景気判断には踏み込んでいません。本来は各国・地域の景気を自ら判断できることが理想です。しかし，そこまで余裕がない場合は，次善の策として，「月例経済報告」の，アメリカ，アジア地域，ヨーロッパ地域の景気判断を毎月追ってみましょう。これらの国・地域の景気判断が上方（下方）修正されれば，輸出数量指数の先行きが明るい（暗い）と予測できます。

4．実質輸出
▶日本銀行の実質輸出と輸出物価指数の作成方法

政府が輸出を判断する際に使っている指標は輸出数量指数ですが，この指標以外にも価格変動を除いた実質輸出の動きを見ることのできる指標があります。これは日本銀行が毎月公表している実質輸出です。

基礎統計は財務省「貿易統計」，日本銀行「企業物価指数」です。実質輸出の作成方法は，輸出総額を8グループ，具体的には，食料品，織物用糸・繊維製品，化学製品，金属及び同製品，はん用・生産用・業務用機器，電気機器，輸送用機器，その他に分割します。次にグループごとの輸出金額を，分類に該当する輸出物価指数の類別指数で実質化します（ただし食料品のみ国内企業物価指数で実質化します）。実質化されたグループ別の金額を合計し，季節調整をかけたのち，基準年（現在は2010年）における月次の実質輸出額の平均値を100として指数化すれば，実質輸出が求められます。

実質輸出と輸出数量指数について簡単に作成方法を示すと，輸出金額を輸出価格指数で実質化して算出する点は同じですが，前者は日本銀行「企業物価指数」の輸出物価指数，後者は「貿易統計」の輸出価格指数で金額を実質化しています。輸出価格指数は，品目ごとに金額を数量で単純に割った単価を求め，これをもとに算出しています。よって輸出価格指数による価格変化のなかには，品質の変化による価格変化も含まれてしまっています。

たとえば，基準年から比較時の間にコンピュータの輸出金額は2倍となり，輸出数量には変化がなかったと仮定しましょう。この場合，コンピュータの輸出単価は，輸出金額÷輸出数量＝2倍となります。しかしこの間，コンピュータの性能が4倍に向上していたとするならば，品質の変化によって本来は輸出単価が4倍になるべきところ（品質変化による価格変動は4倍），2倍の上昇でおさまっていると考えることもできます。

「貿易統計」の輸出価格指数で測った価格変動には，品質変化による価格変動も含まれていますが，これは輸出金額を輸出数量で割るといった単純な手法で輸出単価を求めているからです。一方，「企業物価指数」の輸出物価指数は，指数作成のための採用された品目について複数の調査価格の動きを継続的に調

べることで作成されています。ちなみに、輸出物価指数の採用品目は210（2010年基準）、調査価格は1,277です（2012年4月時点）。調査価格については、調査対象商品を固定したうえで、これを生産する企業に価格（原則的に通関段階における船積み価格）の記入を依頼する調査票を送り、これを回収することで行っています。しかし調査対象である商品が変わらなければいいのですが、品質向上をともなってモデルチェンジすることなど、商品の継続性が断たれるケースがしばしば発生します。この際、新旧の調査価格について、調査価格の変動を（差がない場合でも）、①品質変化による価格変動、②純粋な価格変動に分解します。そして、純粋な価格変動のみ新しい商品の価格指数に反映させます。このような品質調整によって、日本銀行の輸出物価指数は、純粋な価格変動をあらわす指数といった性格をもつことになります（輸出物価指数は第8章で取り上げます）[8]。

▶実質輸出と輸出数量指数の違い

日本銀行の実質輸出と財務省の輸出数量指数の大きな違いは実質化するための価格指数です。日本銀行の実質輸出は、同じく日本銀行が公表している輸出物価指数で実質化していますが、輸出物価指数は、品質向上による価格変動を除いた純粋な輸出価格の変動をあらわしています。このため、実質輸出には品質向上による変化分が含まれることになります。財務省の輸出数量指数は、「貿易統計」の輸出価格指数で実質化しており、輸出価格指数の変動には、品質の変化による価格変動が含まれています。このため、輸出数量指数では、品質向上による変化分を適切にとらえることができません。

実際に実質輸出と輸出数量指数の動きを比較すると、両者には違いが見られます（図表5-3）。基準年である2010年から離れるとともに、実質輸出と輸出数量指数の乖離が見られ、2010年以前は後者が前者を上回り、2010年以降は前者が後者を上回っています。

---

(8) 実質輸出の作成方法については、日本銀行「実質輸出入動向の解説」、同「企業物価指数（2010年基準）の概要」、飯島浩太・長田充弘「実質輸出入の動きをみる上での統計上の留意点」（日銀レビュー2008-J-19：2008年8月27日）などによる。

図表 5‑3　輸出数量指数と実質輸出の比較（季節調整値：月次データ）

（出所）日本銀行「実質輸出入」（実質輸出），財務省「貿易統計」の数値に内閣府が季節調整をかけたもの（輸出数量指数）により作成。

　これは日本の輸出品が総じて高付加価値化していることを意味しています。なお基準年から離れるほど両指標の水準には差が出てきますが，方向については同様な動き，すなわち両指標とも増加あるいは減少していることが多いといえます。ただし，逆の方向を向いていることもあります。たとえば，2015年5月以降を見ると，実質輸出は増加に転じた一方で，輸出数量指数は減少が続いています。両指標の動きが異なる場合は，数量の高品質化が進んでいることが考えられますので，「輸出数量は減少しているものの，高品質化もあり実質輸出は増加している」など，二つの指標の動きに言及する工夫が必要です。

　実質輸出の動きは，内閣府の「月例経済報告」の関係資料には掲載されていません。輸出の動向を実質輸出からも見たい場合は，日本銀行の「時系列統計データ検索サイト」から実質輸出の系列をダウンロードして，グラフを作成することが必要です。季節調整がかかっているのでそのままグラフを作成すればいいのですが，「時系列統計データ検索サイト」から系列をダウンロードするには少し慣れが必要です。本書ではダウンロードに至るまでの方法を示しませ

ん。ダウンロードする際は，同サイトの「検索・グラフ機能の使い方」を読みつつ実質輸出の系列を入手して下さい。

第2節　輸入数量指標 経常収支

　本節では景気判断の観点から重要ではない対外経済指標を取り上げます。まずは輸入を把握するための指標である輸入数量指数，次に経常収支について解説を加えます。

1．輸入数量指数
▶指標に関する情報

　輸入数量指数は輸出数量指数と同様，「貿易統計」の指標です。よって法律による申告義務にもとづいて作成される指標であるので信頼度が高く，速報性があります。指数については，総合指数とともに，地域別指数，品目を大きな分類にまとめた品目別指数，地域別×品目別指数が公表されています。また輸入金額であれば，総額のみならず，地域別，輸出国別，財別，品目別（9桁の統計品目番号による），品目×国別などの金額を得ることができます。

　輸入数量指数の求め方は輸出数量指数と同じです（「輸出」を「輸入」に置き換えるだけです）。地域別には，アジアのウェイトが高く（2014年の金額ウェイトは45.0%：うち中国は22.3%），中東（同18.4%），EU（同9.5%），アメリカ（同8.8%）が続きます。品目別には，鉱物性燃料のウェイトが高く（同32.2%：うち原粗油は16.1%），機械機器（同27.1%：うち電気機械が13.4%，一般機械が7.9%），化学製品（同4.9%），食料品（同7.8%）と続きます。

　情報収集の方法ですが，輸入数量指数は，内閣府「月例経済報告」の関係資料である「主要経済指標」の表のページに直近3カ月間の前月比が掲載されています。また表のページの左下には，輸入数量指数の動きが示されたグラフが掲載されているとともに，最新月の3カ月移動平均の前月比も記されています。すべて季節調整値ですが，これらは内閣府が季節調整をかけています。また図のページには地域別（アメリカ，アジア，EU）の輸出数量指数のグラフが

掲載されていますが，品目別のグラフはありません。

▶輸入数量指数の位置づけ

輸入数量指数は重要項目のひとつですが景気判断における重要度は低いといえます。この理由は，輸出が景気の循環において最も川上にある一方，輸入は景気の循環の結果で動く傾向にあるからです。輸入は内需によって動く傾向にあります。内需が拡大すれば，その供給は国内生産によってなされるだけでなく，輸入によってもなされます。つまり，景気が良く内需が拡大すれば輸入は増加し，景気が悪く内需が縮小すれば輸入は減少します。

標準的なマクロ経済の教科書で総需要は，$Y=C+I+G+EX-IM$ であらわされます。この場合のIには意図せざる在庫投資も含まれ，総需要は総供給に一致しますので，Y^S（総供給）$=C+I+G+EX-IM$ が成り立ちます（総供給＝総需要）。ここで，あえて輸入は海外からの供給であり，左辺が供給，右辺が需要と考えれば，$Y^S+IM=C+I+G+EX$ となります。つまり，国内の供給＋海外からの供給＝内需($C+I+G$)＋海外の需要（EX）と理解することも可能です。短期的に供給は需要により決定されるならば，海外からの供給である輸入は，需要に決定されるわけであり，景気判断において輸入はそれほど重視しなくてもいいということになります。

２．経常収支

経常収支は最も知られている指標のひとつです。知名度という点では，消費総合指数や資本財総供給指数は比較対象にすらなりませんし，景気判断で最も重要な指標である鉱工業生産指数よりも知名度が高いといえるのではないでしょうか。しかしながら，これほどメジャーな指標である経常収支は，景気判断といった観点からのみ見れば，あまり重視されていません。

1年ごとの数値に一喜一憂する指標でもありません。ましてや毎月の数値について，「今月は赤字で問題だ」とか，「今月は黒字で良かった」（そもそも「赤字」＝悪い，「黒字」＝良いという評価もできません）と考えることには意味がないといわざるをえません。均衡しなければまずいといった性格の指標でもありま

せん。

　法政大学大学院政策創造研究科の小峰隆夫教授は，1997年の著書で，経常収支の経済的意味合いを整理し，経常収支是正論（黒字を減らさなければならない）にまつわる誤解を指摘しています。そしてこれら議論を締めくくり，「経済政策の対象としては，経常収支の重要性は一般に考えられているよりはずっと小さい」と結論づけています。そして経済政策目標として，成長，物価，雇用の重要性を示したうえで，「経常収支が黒字でも生活水準が高まるわけでもないし，赤字だからすぐに困るわけではない。事実，世界の先進国のなかで，経常収支について特定の政策目標を掲げて政策運営をしている国は存在しない」と指摘しています。

　景気判断といった側面からだけ見れば重要度は低いですが，長期的な日本経済の構造変化を知るためには欠かせない指標であるので，以下では若干の解説を加えます。

▶国際収支状況

　経常収支は「国際収支状況（国際収支統計）」で公表される指標のひとつです。「国際収支状況」は，一定の期間における居住者と非居住者の間で国境を超えて行われる取引（クロスボーダー取引）を体系的に記録した統計です。日本は外国と財やサービスの輸出入，証券など各種金融取引を行っており，これら取引には決裁資金の流れがともないます。外国為替および外国貿易法（外為法）にもとづき，クロスボーダー取引は原則として報告が義務づけられています。外為法では3,000万円以上を超える海外送金には報告義務を課していますし，ほかにも多種多様な報告義務があります。日本銀行がこれらのクロスボー

（9）　小峰教授は，「月例経済報告」を担当する経済企画庁の内国調査第一課長，調査局長（2001年に経済企画庁が内閣府に再編された際，名称変更）を歴任。
（10）　小峰（1997）239ページ。
（11）　単純化して説明すれば，「居住者」とは，日本人，外国人（日本国内の事務所に勤務する者，日本に6カ月以上滞在している者など），外国法人の日本支店，「非居住者」とは，外国人，日本人（外国にある事務所に勤務する者，2年以上外国に滞在する者またはその目的で出国した者など），日本法人の外国支店を意味する。

ダー取引に関する報告を集計して，財務省が国際収支統計を作成し公表しています。ちなみに外為法では財務省に統計の報告義務を課していますが，日本銀行は財務省から委託を受けて集計作業を行っています。

「国際収支状況」の公表は，翌々月の上旬に速報値[12]，翌々四半期上旬に第2次速報値，翌年4月上旬に年次改定値が公表されます。たとえば，2016年2月の数値であれば，4月上旬に速報値，7月上旬に第2次速報値，2017年4月上旬に年次改定値が公表されます[13]。

▶経常収支の内訳

経常収支は，貿易収支，サービス収支，第一次所得収支，第二次所得収支に分類されます。貿易収支は財の輸出入の収支（財の輸出額－財の輸入額）です。「貿易統計」の輸出額から輸入額を引いた数値（差引額）と計上範囲や計上時点などが異なりますが，貿易収支の基礎統計は「貿易統計」です。

サービス収支は，サービス取引の収支です。財のみならず，サービスも国境を越えて取引されます。日本人が海外に行き，ホテルに宿泊し，レストランで飲食する場合，その支払った代金は，日本がサービスを輸入したとみなされます。また，日本のアーティストが外国で公演して報酬を得た場合，これは日本がサービスを輸出したとみなされます。これらの例に限らず，サービスはさまざまな形で輸出入されますが，その金額を集計したものがサービス収支です。ちなみに，GDP統計における「財貨・サービスの純輸出」は，貿易収支とサービス収支の合計額（貿易・サービス収支）の名目値にほぼ相当します。

第一次所得収支は，対外金融・債務から生じる利子・配当金などの収支状況を示します。第一次所得収支の主な項目には，直接投資収益，証券投資収益，その他投資収益の3つがあります。第一は直接投資収益であり，親会社と子会社との間の配当金などの受取・支払です。日本企業の海外子会社が利益を出し親会社がその配当金として1億円を受け取れば，第一次所得収支にプラス1億

---

(12) 正確には6営業日であり，月によっては中旬にずれ込むこともある。
(13) 「国際収支状況」については，財務省「国際収支状況：統計の概要」，同（2012），日本銀行「国際収支統計（IMF 国際収支マニュアル第6版ベース）の解説」による。

円が計上されます。逆に海外企業の日本子会社が親会社に1億円の配当金を支払えば，マイナス1億円が計上されます。なお直接投資とは，海外の企業を支配する目的で投資することであり，新たに企業（工場）を設立するケース，既存の投資先国の企業を合併・買収（M&A）する形態があります。

　第二は証券投資収益であり，株式配当金や債券利子の受取・支払です。日本の居住者が海外企業の株式を持ち，100万円の配当金を受け取った場合，第一次所得収支にプラス100万円が計上されます。また日本政府が非居住者に国債の利子として10万円を支払った場合，マイナス10万円が計上されます。なお，株式配当であれば直接投資収益に計上すべきではないかと思うかもしれませんが，企業を支配するためでなく売買利益を得るために株式を持っている場合は，その配当金は証券投資収益に計上されます。

　第三はその他投資収益であり，貸付・借入，預金などにかかる利子の受取・支払です。日本の銀行が海外の銀行に資金を貸し付け，その利子を1,000万円受け取った場合，第一次所得収支にプラス1,000万円が計上され，逆の場合にはマイナス1,000万円が計上されます。

　第二次所得収支は，居住者と非居住者との間の対価をともなわない資産の提供にかかる収支状況を示します。これには官民の無償資金協力の受払などが計上されます。なお，第一次所得収支と第二次所得収支を加えた金額は，GDP統計の「財貨・サービスの純輸出」には含まれません。この金額はGDP統計の「海外からの所得の純受取」に相当します。(14)

▶ GDPとGNI＝GNPとの違い

　「海外からの所得の純受取」が出てきましたので，経常収支の話題からそれてしまいますが，GDPとGNI（＝旧GNP）との違いを説明します。「海外からの所得の純受取」は，GNI（Gross National Income：国民総所得）を算出する際に重要であり，名目GNI＝名目GDP＋「海外からの所得の純受取」とあらわさ

---

(14) 経常収支の内訳については，財務省「国際収支状況：用語の解説」，日本銀行「国際収支統計（IMF国際収支マニュアル第6版ベース）の解説：項目別計上方法の概要」などによる。

れます。

　GNI とは一昔前は経済指標の王様（現在の GDP の地位）であり，今や使われなくなった用語である GNP（Gross National Product：国民総生産）そのものです。現在の GDP は，「国内」で生産された付加価値の合計なので，国民の資産が外国において生み出す収益などが含まれません。一方，GNP は，「国民」が生産した付加価値の合計なので国民の資産が外国において生み出す収益などが含まれます。1970年代までは GDP と GNP を区別する意味がほとんどありませんでした。しかし日本では経常収支の黒字が累積し，海外に所有する資産が増えると，これら資産から発生する利子や配当の受け取りは無視できないものになりました。そこで，国内の景気をより正確に反映する指標である GDP の重要性が増すことになりました。GNP は名称を変え GNI として生き残っていますが，2013年6月5日に安倍首相が，「成長戦略第3弾スピーチ」で，1人当たりの国民総所得（＝GNI）を，10年後に150万円以上増やすと発言したことから注目を浴びました。

▶経常収支の最近の傾向

　経常収支に話を戻し，最後に経常収支の最近の傾向に触れておきます。経常収支を年次で見ると，1981年より一貫して黒字が続いており，2007年には史上最高値である約25兆円に達しました。しかしその後は黒字幅が縮小傾向で推移し，2014年には4兆円を割る水準になりました。ただし2015年には黒字幅が16兆円を超すなど大きく拡大しました。

　この動きを貿易収支，サービス収支，第一次所得収支，第二次所得収支に分けて見てみましょう（図表5-4）。まず貿易収支です。貿易収支は一貫した黒字が続き，経常収支の黒字を支えてきましたが，2008年以降は急速に黒字幅が縮小しました。そして，2011年に赤字に転じ，その後は赤字幅が拡大しています（2015年は赤字幅が大きく縮小しました）。一方で，第一次所得収支は黒字幅

---

(15)　中村（1999）15-16ページによる。
(16)　GDP と GNI（＝GNP）との違いについては，内閣府「GDP と GNI（GNP）の違いについて」などによる。

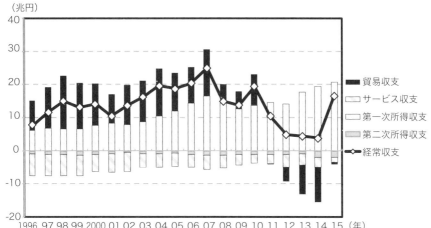

図表5-4 経常収支とその内訳（年次データ：暦年）

（出所）財務省「国際収支統計」により作成。

が拡大しており，2005年には，それまで経常収支の黒字に最も寄与してきた貿易収支と逆転し，いまや第一次所得収支が孤軍奮闘して経常収支の黒字を支えています。

またサービス収支は赤字が続いていますが，赤字幅は縮小傾向にあります。これには2つ要因があります。第一の要因は，旅行収支の赤字幅が縮小していることで，アジアを中心に訪日旅行客が増えていることによります。第二の要因は，その他サービス収支であり，特許など使用料収支が赤字から黒字に転じていることが効いています。[17]

（補論） ラスパイレス方式とパーシェ方式

多種多様な財などの価格や数量の動きを合成して総合的な価格指数や数量指数を作成することがありますが，その方式として大きく，ラスパイレス方式と

---

(17) 財務省（2012）14-15ページによる。

パーシェ方式の２つがあります。以下では価格指数に絞って説明します。

式を簡略化するため、基準時における価格を P_0、基準時における数量を Q_0、比較時における価格を P_T、比較時における数量を Q_T とします。財（財に限る必要はありませんが便宜的に財とします）は m 種類とします。財１から財 m まで番号を振り、P あるいは Q の右上に財の番号を添え字として示します。

１．ラスパイレス方式

ラスパイレス方式による総合的な価格指数は以下のように算出します。

$$総合的な価格指数 = \left(\frac{(P_T^1 \times Q_0^1) + (P_T^2 \times Q_0^2) + \cdots\cdots + (P_T^m \times Q_0^m)}{(P_0^1 \times Q_0^1) + (P_0^2 \times Q_0^2) + \cdots\cdots + (P_0^m \times Q_0^m)} \right) \times 100$$

ラスパイレス方式もパーシェ方式も基準時と比較時の総合的な価格変化を示すため、各財の数量の組み合わせ（＝数量セット：$(Q^1, Q^2, \cdots, Q^m)$）を基準時か比較時のいずれかの時点で固定します。これに２時点における各財の価格の組み合わせ（＝価格セット：$(P^1, P^2, \cdots, P^m)$）を乗ずることで金額を求めます。そして、基準時の価格の組み合わせを乗じて算出した金額で、比較時の価格の組み合わせを乗じて算出した金額を割ることで、価格の組み合わせの変化だけによる金額の変化の程度を求めます。上記の式からわかるように、ラスパイレス方式では、財の数量の組み合せを基準時で固定しています（ちなみに総合的な数量指数を求める場合は、数量の組み合わせではなく、価格の組み合わせを固定します）。

ここでウェイトという概念を加えます。財 n（n＝１から m）の基準年におけるウェイトを W_0 とすると、各財のウェイトは以下のように求めることができます。

$$W_0^n = \left(\frac{(P_0^n \times Q_0^n)}{(P_0^1 \times Q_0^1) + \cdots\cdots + (P_0^m \times Q_0^m)} \right)$$

基準時におけるウェイトは、基準時における金額の総額で各財の金額を割った数値です。総額が100万円、財１の金額が１万円であれば、財１のウェイトは0.01となります。ラスパイレス方式で総合的な価格指数を算出するための式は、ウェイトを使って以下のように書き換えられます。

$$総合的な価格指数 = \left\{\left(\left(\frac{P_T^1}{P_0^1}\right) \times w_0^1\right) + \left(\left(\frac{P_T^2}{P_0^2}\right) \times w_0^2\right) + \cdots\cdots + \left(\left(\frac{P_T^m}{P_0^m}\right) \times w_0^m\right)\right\} \times 100$$

 この式を見ると,財ごとの価格指数,すなわち基準時の価格で比較時の価格を割った数値に,基準時における各財のウェイトを乗じて,これを加えていることがわかります。ラスパイレス方式で求められる総合的な価格指数は,個々の財の価格指数を基準時における各財のウェイトで加重平均した数値であることがわかります。

2.パーシェ方式

 パーシェ方式による総合的な価格指数は以下のように算出します。

$$\begin{matrix}総合的な\\価格指数\end{matrix} = \left(\frac{(P_T^1 \times Q_T^1) + (P_T^2 \times Q_T^2) + \cdots\cdots + (P_T^m \times Q_T^m)}{(P_0^1 \times Q_T^1) + (P_0^2 \times Q_T^2) + \cdots\cdots + (P_0^m \times Q_T^m)}\right) \times 100$$

 パーシェ方式では,ラスパイレス方式と異なり,財の数量の組み合せを比較時で固定しています。これもウェイトの式に書き変えます。パーシェ方式のウェイトは比較時のものになります。財 n(n = 1 から m)の比較時におけるウェイトを W_T とすると,各財のウェイトは以下のように求めることができます。

$$W_T^n = \left(\frac{(P_T^n \times Q_T^n)}{(P_T^1 \times Q_T^1) + \cdots\cdots + (P_T^m \times Q_T^m)}\right)$$

 パーシェ方式で総合的な価格指数を算出するための式は,比較時のウェイトを使って以下のように書き換えられます[18]。

$$\begin{matrix}総合的な\\価格指数\end{matrix} = \left[\frac{1}{\left\{\left(\frac{P_0^1}{P_T^1}\right) \times W_T^1 + \left(\frac{P_0^2}{P_T^2}\right) \times W_T^2 + \cdots\cdots + \left(\frac{P_0^m}{P_T^m}\right) \times W_T^m\right\}}\right] \times 100$$

---

[18] ラスパイレス方式およびパーシェ方式については,総務省統計局「消費者物価指数(CPI):統計に関する Q&A」などによる。

〈第5章の参考文献・資料〉

【文献】
小峰隆夫（1997）『日本経済・国際経済の常識と誤解』中央経済社.
財務省（2012）「グラフで読み解く国際収支」（財務省『ファイナンス』2012年8月号）, 9-17ページ.
中村洋一（1999）『SNA統計入門』日本経済新聞社.

【資料】
飯島浩太・長田充弘「実質輸出入の動きをみる上での統計上の留意点」（日銀レビュー2008-J-19：2008年8月）.
財務省「貿易指数の基準年改訂の概要」（2013年8月16日）.
税関「輸出申告書」.
内閣府「実質化手法の検討にあたっての基本的なポイント」（国民経済計算調査会議第1回基準改定課題検討委員会 資料：2004年6月28日）.
内閣府「SNA1993 "国民経済計算の体系（System of National Accounts 1993）"（抄）」（国民経済計算調査会議総会 資料：2004年10月19日）.
日本銀行「企業物価指数（2010年基準）の概要」（2016年12月）.
日本銀行「国際収支統計（IMF国際収支マニュアル第6版ベース）の解説：項目別計上方法の概要」.

【ホームページ上の資料】
財務省「国際収支状況：統計の概要」.
財務省「国際収支状況：用語の解説」.
財務省「貿易統計：普通貿易統計（貨物の輸出及び輸入に関する統計）：統計品目番号の調べ方」.
財務省「貿易統計：普通貿易統計（貨物の輸出及び輸入に関する統計）：用語の解説」.
財務省「貿易統計：普通貿易統計（貨物の輸出及び輸入に関する統計）：外国貿易等に関する統計基本通達」.
税関「輸出申告書の記載方法について（カスタムスアンサー）」.
総務省統計局「消費者物価指数（CPI）：統計に関するQ&A」.
内閣府「GDPとGNI（GNP）の違いについて」.
日本銀行「国際収支統計（IMF国際収支マニュアル第6版ベース）の解説」.
日本銀行「実質輸出入動向の解説」.

第6章 住宅投資　公共投資　政府消費

　景気判断という観点から見れば，住宅投資，公共投資，政府消費は需要項目の中で重視されていません。政府消費に至っては需要項目のひとつであるにもかかわらず，「月例経済報告」の関係資料でも取り上げられません。住宅投資と公共投資は，GDPに占める比率が高くありません。2015年の名目GDPに対する比率を見ると，住宅投資（民間住宅）は2.9％，公共投資（公的固定資本形成）は4.7％にすぎません。住宅を購入すれば耐久消費財も購入するので波及効果が大きいといった指摘もありますが，個人消費，設備投資，輸出と比べた場合，やはり重要度が落ちます。

　なお住宅投資は，かつては日本の景気判断にあたって重要な需要項目でした。また，アメリカなどでは，現在でも景気判断にあたって重要な需要項目です。現在の日本では，GDPに占める比率の低下にともない重要度が落ちました。それでも，2007年の建築基準法改正による大幅な着工減に際しては，「官製不況」をもたらしたとして政府が批判を受けるなど，景気に影響を与えることもあります。公共投資は，景気が悪い時に積み増されるといった政府の財政政策の手段となっており，政策がきちんと進んでいるか確認するための指標として重要です。政府消費は名目GDPの20.4％を占めており，これだけに着目すれば重要そうに見えますが，実際は景気の影響を受けず，景気にもほとんど影響を与えない需要項目であり，景気判断の際にはまったく考慮されていません。

　本章の構成は以下のとおりです。第1節では住宅投資，第2節では公共投資，第3節では政府消費について解説します。

第1節　住宅投資（新設住宅着工戸数）

　新設住宅着工戸数は，国土交通省が毎月公表している「住宅着工統計」によ

り公表されている指標です。この統計は「建築着工統計調査」の中のひとつの調査であり，着工建築物のうち住宅について取り出し作成された統計です。「住宅着工統計」は，建築工事届の住宅部分を集計したものです。建築工事届には住宅部分について戸数を記入する欄があり，新設住宅着工戸数は，新設住宅について記入された数値を集計したものです。

なお建築物の建設は，契約→着工→工事進捗→竣工という経過をたどりますが，新設住宅着工戸数は着工時に数値が計上されますので，工事を進捗ベースでとらえるGDP統計の民間住宅に先行する指標と考えられます。

「住宅着工統計」は，建築基準法の届出義務により集まる建築工事届の集計データをもとに作成される業務統計です。よって，標本替えなどによる振れなどがなく，信頼度が高い指標といえます。月次統計で翌月末に公表されるため，速報性にも問題がありません。

▶新設住宅着工戸数の内訳

新設住宅着工戸数は，建築主が自分で居住する目的で建築する「持家」，建築主が賃貸する目的で建築する「貸家」，会社，官公庁，学校などがその社員，教員などを居住させる目的で建築する「給与住宅」（いわゆる社宅や官舎），建て売りまたは分譲の目的で建築する「分譲住宅」に分類されます。このなかで給与住宅は戸数が少ないので，以下では，持家，貸家，分譲住宅を取り上げます。

持家を具体的に見ていきましょう。まず建築主は個人に限られます。一戸建てやマンションも居住者が所有していれば持家のように思いがちですが，新設住宅着工統計の分類では，個人(1)が建設主でないと持家になりません。よって会社が建設してこれを個人に売る場合は，最終的な所有は個人でも持家の着工とはなりません。個人が建設主になるとはどのような状況でしょうか。たとえば，自分の土地の住宅を壊し更地にして新しく住宅を建て直す場合は持家になります。また，個人が土地を買って新たに住宅を建てる場合も持家になりま

---

(1) 個人企業も含まれる。

す。さらに，指定された施工会社によって建物を建てることを条件として売買される建築条件付き土地がありますが，この土地を個人が買って，指定のハウスメーカーによって住宅を建てた場合も持家です。ただし住宅の増改築は新設住宅には含まれませんので，新設住宅着工戸数に入りません。

　貸家は，建築主が賃貸する目的で建築するもので，建築主はだれでもよく，個人であっても会社であっても賃貸が目的であれば貸家に分類されます。さらに分譲住宅は，建て売り，または分譲の目的で建設するものであり，一戸建ての建て売り住宅や分譲マンションが典型例です。(2)

　2015年の年間の新設住宅着工戸数は，合計が90万9,000戸であり，持家が28万3,000戸（合計の31.2％），貸家が37万9,000戸（同41.6％），分譲住宅が24万1,000戸（26.5％）となっています。(3)

　持家，賃貸，分譲のイメージをもつために，2015年の新設住宅着工戸数から，分類別の構造，建て方，建築主を見てみます。持家は，木造一戸建てが84.6％を占めており，建築主は定義から100％が個人です。貸家は，賃貸マンションが53.7％，(4)木造の長屋建ておよび共同住宅が35.2％を占めています。建築主は，個人が60.6％と多くを占め，会社は34.0％です。分譲住宅は，一戸建てが51.3％，マンションが47.9％とほぼ半々ずつを占めています。建築主は97.2％が会社です。

　ちなみに，第4章で説明した「建築物着工統計」では，建築物を棟数単位で数えていますが，「住宅着工統計」では，住宅を戸数単位で数えています。よって240戸が入るマンションが着工された場合は，建築物としては1棟の着工ですが，住宅としては240戸が着工されたこととなります。

（2）　持家，貸家，分譲住宅などについては，国土交通省「ガイド：建築着工統計調査」（建設動態統計調査：概要）などによる。
（3）　1,000戸単位で数値を丸めた。
（4）　国土交通省の定義によれば，マンションは「鉄骨，鉄筋造の共同住宅で分譲されるもの」がほぼ相当するため，「住宅着工統計」では，①分譲住宅，②鉄骨鉄筋コンクリート造，鉄筋コンクリート造あるいは鉄骨造，③共同住宅のすべてを満たしたものである。よって定義からすれば賃貸はマンションに含まれないが，本書では，①が賃貸の場合は，「賃貸マンション」とした。

▶新設住宅着工戸数の情報収集と見方

新設住宅着工戸数は，内閣府「月例経済報告」の関係資料である「主要経済指標」（4.住宅建設）の表のページに，最新3カ月の季節調整済前月比が，合計および，持家，貸家，分譲住宅の別に掲載されています。また図のページには，季節調整がかけられた新設住宅着工戸数の年換算値（月次の数字を12倍したもの：年率）のグラフ，持家，貸家，分譲住宅のグラフが示されています。同じく「月例経済報告」の関係資料である「閣僚会議資料」でも，持家，貸家，分譲住宅の年換算値のグラフ（季節調整値）が，期間を短くとり足下の動きがわかりやすくした形で掲載されています。

図表6-1は，2000年1月以降における新設住宅着工戸数の総戸数の季節調整済年換算値のグラフです。この指標からわかることは月次の振れが大きなことです。たとえば，大型マンションの着工のタイミングなどにより，戸数や前月比に振れが発生します。

さらに制度変更や税制変更による影響も受けます。典型的な例は，2007年6月20日より施行された改正建築基準法による影響です。2005年11月に発覚した構造計算書偽装事件をきっかけに，問題の再発防止のため，厳格な審査の実施，建築確認の審査期間の延長などを盛り込んだ改正法が国会で審議され成立しました。この結果，法施行を目前にした駆け込み申請の反動が生じたとともに，審査側・申請側とも改正内容に未習熟なため審査や申請準備に要する期間が長くなってしまいました。このような制度変更に起因する建築確認申請現場の混乱により，2007年7～9月の着工戸数は激減しました[5]。

このほかにも，住宅ローン減税制度終了にともなう駆け込み需要と反動減，消費税引上げにともなう駆け込み需要と反動減などの影響もあります。ちなみに新設住宅着工戸数については，駆け込み需要や反動減の起こる時期に注意する必要があります。持家の新設着工戸数に住宅ローン減税が影響するケースを考えましょう。持家は着工から竣工を経て入居するまでに6カ月程度が必要です。住宅ローン減税を受ける条件は，制度の期間内に入居していることである

---

(5) 内閣府「日本経済 2008-2009」63ページおよび185ページによる。

図表6-1 新設住宅着工戸数（季節調整値年率：月次データ）

(注) 1. 年率は当該月の値を12倍した数値。
2. シャドウ部分は，内閣府が設定した景気基準日付の景気後退期。
(出所) 国土交通省「住宅着工統計」により作成。

ため，駆け込み需要は期間終了の半年程度前に発生するといわれています[6]。

また，2014年4月の消費税率引上げによって，主に持家と貸家で新規着工の駆け込み需要と反動減が起こりました。持家や貸家は，建築主が住宅メーカーなどと建設の請負契約を結びます。通常の財などであれば，引き渡し時点の税率が適用されます。しかし，住宅については特例措置として，2013年9月末までに請負契約を締結した場合，引き渡しが2014年4月以降になっても旧税率（5％）が適用されました。よって，建築主が請負契約を結ぶ持家や貸家については，2013年9月までに駆け込み契約が発生し，その契約分が数カ月のラグを経て着工戸数として数値にあらわれました[7]。

---

(6) 国土交通省「最近の持家着工の動向」（国土交通省『国土交通月例経済』平成15年12月号「今月のトピックス」）による。
(7) 森口大輔・川上武志・八木智美「住宅建設における消費税率引上げの影響」（内閣府『マンスリー・トピックス』NO.028：平成26年2月19日）による。

第1節 住宅投資（新設住宅着工戸数） 243

新設住宅着工戸数の動きは，毎月の振れが大きいほか，制度変更や税制変更による影響を受けます。しかし，新設住宅着工戸数は，需要項目のひとつである住宅投資の先行指標として，動向を把握しておくことが必要です。この指標については，前月比を毎月追うよりも，季節調整がかかった戸数の推移をグラフから見ることで，少し長めの傾向をつかんでおくことが重要であると考えられます。

　なお新設住宅着工戸数の動きを詳しく知りたい場合は，国土交通省の「建築・住宅関係統計」のウェブページより，毎月公表される「住宅着工の動向について」を入手しましょう。新設住宅着工戸数の季調済年率換算値のデータを，グラフや数値で見ることができるほか，足下の動きについても説明が付されています。さらに詳しいデータは，総務省統計局のe-Statから得ることができます（検索サイトで「住宅着工統計調査」と入れると上位にヒットします）。

第2節　公共投資

　公共投資は公共部門による投資であり，GDP統計では公的固定資本形成と呼ばれます。公共投資は公共部門が行う投資[8]，政府消費は一般政府が行う消費ですが，財政政策で変化させるものは主に公共投資であり，景気を浮揚させるためには公共投資を増やし，景気を冷ますためには公共投資を減らします。マクロ経済学の教科書で財政政策を行う際には政府支出（G）を変化させると説明されていますが，この政府支出の変化の大部分は公共投資の変化です。

　公共投資の動きを指標から見るためには，指標の対象範囲，受注額か出来高かの2点を確認する必要があります。第一は指標は対象範囲です。公共投資の費用は，①用地費・補償費，②建設関連費，③船舶および機械器具費の3つに大別されます。さらに建設関連費は，事務費，委託費・測量試験費，営繕費・宿舎費・付帯工事費，本工事費に分けられます。公共工事関係費予算にはこのすべての費用が含まれています。GDP統計の公的固定資本形成には，用地

---

(8)　国民経済計算上は，一般政府に公的企業を加えたものが公的部門になる。

費・補償費を除くほかのすべての費用が含まれます。以上の指標は月次では取れず，本節では取り上げません。月次の指標については，「公共工事前払金保証統計」の公共工事請負金額には，用地費・補償費および事務費を除くすべての費用が含まれます。また，「建設工事受注動態統計調査」の公共工事受注額および「建設総合統計」の公共工事出来高には，本工事費，営繕費・宿舎費・付帯工事費が含まれます。

第二は受注額か出来高かです。受注額（請負契約額）は，工事全体の金額が受注時（請負契約時）に一括して計上されます。よって大型の案件の受注があった月は数値が跳ね上がるといった特徴を有しています。一方，出来高は工事が進捗するごとに金額が計上されていきます。たとえば10億円の請負契約が締結された場合，1カ月目の工事進捗度が工事全体の20％であれば，2億円が出来高として計上されます。GDP統計の公的固定資本形成は出来高ベース（進捗ベース）です。[9]

公共投資の動きを把握するための指標として本節では，①北海道，東日本，西日本の3つの前払保証事業会社が共同で公表している「公共工事前払金保証統計」の公共工事請負金額，②国土交通省が公表している「建設工事受注動態統計調査」の公共工事受注額，③同じく国土交通省が公表している「建設総合統計」の公共工事出来高を取り上げます。

1．公共工事請負金額

公共投資の動きを把握するための月次指標のトップバッターが公共工事請負金額です。

以下ではまず，建設工事を実現する方式としての請負方式について，建設業法研究会の書籍から少し長めに引用することで説明します。[10]

（9）指標の対象範囲，受注額か出来高かによってについては，国土交通省「公共工事関連統計の見方と最近の動向」国土交通省（『国土交通月例経済』平成13年7月号「今月のトピックス」）による。

（10）引用文は「　」で括ることが原則であるが，「である体」を「ですます体」に変えるなど一部文言を修正したため，「　」で括っていない。この注の直後から次の注までが引用部分である。

第2節　公共投資　245

一般的に建設工事を実現する方式は，直営施行方式，委任施工方式，請負方式に大別できます。直営施行方式は，建設工事を実現しようとする本人が，自ら技能者などを直接雇い入れて，これらを指図して工事を完成させる方式です。委任施工方式は，建設工事を実現しようとする者が，法律行為や事務の処理を他人に委任し，その委任を受けた者が建設工事を完成させる方式であり，これに要した費用は実費精算されます。請負方式は，建設工事の完成を約した請負者が自己の責任で工事を完成させ，建設工事を実現しようとする者が，それに対して報酬を支払う方式です。近時の建設工事は，その増大，大規模複雑化，必要な技術の高度化につれ，また建設業の独立企業としての発達につれ，そのほとんど全部が請負方式によって施行されているのが実態でしょう[11]。

　請負については民法で規定されていますが，工事が完成した後，その結果に対して報酬が支払われることが原則です。しかし建設工事の場合は完成前に報酬の一部が支払われることが一般的であり，公共工事についても，資材購入が労働者の確保など，建設工事の着工資金確保のため，工事代金の一定割合が前払いされます。前払金は請負代金の40％以内と定められていますが，原則として上限である40％が支払われ，残りは完成時に支払われます。ただし前払金を支払ったにもかかわらず，建設会社が工事を続行できなくなったら，発注者が損害を被ることになります。そこでこのような事態を防ぐため，公共工事については建設業者と保証事業会社が保証契約を締結していることが，前払金を支払う条件になっています[12]。

---

(11)　建設業法研究会（2012）1－2ページから引用した。ただし，筆者が文言を変更した部分がある。

(12)　東日本大震災の被災地は特例で50％。なお請負金額の残りの支払いについては，請負代金が1,000万円以上かつ工期が150日を超える工事については，着工時の前払金40％に加え，出来高および工期が50％を超えた後に，中間前払金（請負代金の20％以内）を請求できるようになっている（中間前払金制度）。中間前払金制度は1999年に国で導入され，1999年からは地方でも導入が可能になった。そのほか，出来高に応じて請負代金が支払われる「出来高部分払方式」も選択できる。前払金と前払保証制度については，国土交通省「公共工事の入札契約制度の概要」（中央建設業審議会第1回入札契約の適正化に関する検討委員会 資料4：2004年8月4日），国土交通省土地・建設産業局建設業課「前払金保証事業」（平成27年1月21日）などによる。

前払金保証事業会社は，北海道建設業信用保証株式会社（以下，前払保証事業会社については「株式会社」を省略します），東日本建設業保証，西日本建設業保証の３社があり，この３社で全国の公共工事にかかる保証実績，ひいては公共工事の請負金額が把握できます。そこで，毎月この３社が「公共工事前払金保証統計」を取りまとめ，公共工事請負金額を公表しています。

▶公共工事前払金保証統計

　「公共工事前払金保証統計」は，北海道建設業信用保証，東日本建設業保証，西日本建設業保証の３社が共同で作成している統計であり，この統計から公共工事請負金額の指標を得ることができます。保証契約が締結された公共工事の全数を把握できる調査であるため，信頼性が高い指標です。ちなみに2014年度には約26万件の数字が積み上げられています。また全数を把握できる調査であるにもかかわらず速報性にすぐれ，翌月中旬（９月の数値は10月中旬）には公表されます。

　公共工事費の範囲ですが，請負者が前払金を請求した公共工事費のうち，測量試験費，営繕費・宿舎費・付帯工事費，本工事費，機械・船舶調達関連費の一部（建造費は含まれますが，購入費は含まれません）の合計値が把握されます。またこの指標は，前払金保証契約を締結した日で集計されており，原則として請負額の全額が計上されます。請負契約の後に工事が進捗していくため，公共投資の先行指標としての性格を有しています。[13]

▶公共工事請負金額の情報収集と見方

　「公共工事前払金保証統計」の公共工事請負金額は，内閣府「月例経済報告」の関係資料である「主要経済指標」（５．公共投資）の表のページに直近３カ月分の前年同月比，季節調整済前月比（内閣府が季節調整をかけています）が掲載されています。また図のページには３つのグラフが載っています。１番目は，公共工事請負金額の金額（原数値）のグラフですが，過去数年の同じ月と水準

---

(13)　「公共工事前払金保証統計」については，東日本建設業保証株式会社「公共工事前払金保証統計の見方」（平成27年12月）による。

を比較できるグラフとなっています。2番目は，内閣府が季節調整をかけた月次の金額のグラフです。3番目は，四半期別に当該年度の累計値の前年比を示したグラフです。

「主要経済指標」の図のページに3つの異なったグラフが示されているのですが，公共工事請負金額の動きを把握する難しさがここにあらわれています。参考に公共工事請負金額の季節調整値を2010年1月から見てみましょう（図表6-2）。月次指標の動きをつかむための原則は季節調整値を見ることですが，季節調整をかけた数値が大きく振れます。これは大型案件の前払金保証契約が結ばれた月に数値が跳ね上がるからであり，単月の動きを見ても傾向を読むことは困難です。よって数年分の同月の水準と比較する，さらに，年度累積額を[14]

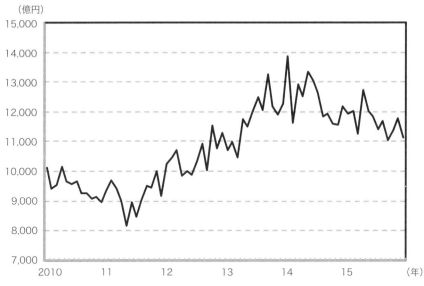

図表6-2　公共工事請負金額（季節調整値：月次データ）

（出所）東日本建設業保証 他「公共工事前払保証統計」の数値に内閣府が季節調整をかけたデータにより作成。

(14) 統計作成機関が季節調整をかけたデータを公表していれば，3ヵ月移動平均，もしくはさらに長く移動平均をとり，グラフを作成して指標の動きを判断する方法もある。しかし，統計作成機関では季節調整をかけたデータを公表していない。

見るなどして，総合的に動きを把握することが重要です。なお，同じく「月例経済報告」の関係資料である「閣僚会議資料」では3カ月移動平均の前年同月比のグラフが示されています。

公共工事請負金額も含めて公共工事関連指標は，景気判断といった観点から見れば，政府の景気対策の効果が出ているか確認するための指標です。よって，季節調整済の数値や前月比を精緻に見ていく必要まではありません。公共工事請負金額については，前年同月比の動きをグラフから読み取り，伸び率が高まっている場合，公共工事請負金額（公共投資の先行き）は強い動き，逆に伸び率が低下している場合は弱い動きを示していると判断することが現実的です。

「月例経済報告」の関係資料では，公共工事請負金額の総額しか把握できませんが，東日本建設保証のホームページからは，発注者別，工事場所別（都道府県）にブレークダウンしたデータを入手することができます。

2．公共工事受注高
▶建設工事受注動態統計調査の標本の選び方

次に取り上げる公共投資を把握するための月次指標は「建設工事受注動態統計調査」の公共工事受注額です。「建設工事受注動態統計調査」は，建設業許可業者を母集団として（2014年度末で約47万業者です），ここから抽出した約1万2,000の標本業者に，公共機関や民間などから受注した工事の詳細を尋ねています。この統計は基幹統計調査であり，月次で公表されます。なお建設業許可業者は名簿で管理されています。

まず標本業者をどのように選んでいるのか見ます。「建設工事受注動態統計調査」の標本業者は母集団から直接選んでいるわけではなく，中間に「建設工事施工統計調査」の標本抽出が挟まっています。すなわち，母集団→「建設工事施工統計調査」の標本業者（約11万）→「建設工事受注動態統計調査」の標本業者（約1万2,000）といった段階を踏んで標本が抽出されます。

「建設工事施工統計調査」とは，毎年実施されている基幹統計調査です。母集団は建設業許可業者全体であり，そこから約11万業者を標本業者として選び，標本業者を対象に調査を行っています。具体的には，標本業者に調査票を送り，

発注者や工事種類別の年間完成工事高とともに，資本金，従業者数，有形固定資産額などを回答してもらいます。標本の選び方をおおまかに説明すれば，規模の大きな業者は全数調査で，個人企業および資本金（出資金）が3,000万円未満の業者については一定の抽出率のもとで，標本業者が無作為に抽出されています。具体的には，全数調査の対象でない業者は資本金階層別×層化業種別に分類され，各階層から3分の1から106分の1の抽出率で標本業者が選ばれています。なお各層の標本業者は各都道府県から均等に抽出されています。

「建設工事受注動態統計調査」は，「建設工事施工統計調査」の標本業者から，前々年度の完成工事高(15)が1億円以上の業者から標本業者を選び，標本業者を対象に調査を行っています。標本業者は，年度が替わるごとに入れ替えられており，たとえば，2016年度の各月に調査する標本業者は，2014年度の完成工事高が1億円以上の建設業者の中から選ばれます。ちなみに，完成工事高は「建設工事施工統計調査」によって把握されます。

標本業者は，完成工事高×公共元請完成工事高（公共機関が発注した工事で発注者から直接請け負った建設工事の完成出来高）の層に分類されます。完成工事高は3分類（1億円以上10億円未満，10億円以上50億円未満，50億円以上），公共元請完成工事高は4分類（3千万円未満，3千万円以上3億円未満，3億円以上10億円未満，10億円以上）であり，完成工事高×公共元請完成工事高で12の層ができます(16)。このうち，完成工事高が50億円以上の業者は全数調査（＝抽出率が100％）です。完成工事高が1億円以上50億円未満の層については，層別に，2分の1から10分の1の抽出率で標本業者を選びます（完成工事高が大きい層ほど抽出率が高くなります）。ただし各層の標本業者は，半数を各都道府県から均等に抽出し，残りの半数は各層に属する建設業者数の都道府県シェアに応じて抽出されます。

なお，年間完成工事高が比較的大きい建設業者のうち国土交通大臣の指定した業者は「大手50社」と呼ばれます。「大手50社」は「建設工事受注動態統計

---

(15) 完成工事高とは，決算期内に工事が完成し，その引渡しが完了したものについての最終請負高などである。
(16) 建設業者がゼロの層もある。

調査」の標本業者に含まれており，同調査の結果には「大手50社」の数値が含まれていますが，「大手50社」だけを対象とした調査結果も別途公表されます。[17]

▶公共工事受注額の推計法

「建設工事受注動態統計調査」の報告にはさまざまな指標が掲載されますが，公共投資の月次指標として注目するものは，公共機関からの受注工事（1件500万円以上の工事）です。これを「公共工事受注額」と呼びます。この受注工事には，発注者（施主）から直接請け負った建設工事である元請工事だけが含まれ，ほかの建設業者からの下請工事は含まれません。調査票には，公共機関からの受注工事について記入する場所があります。工事ごとに，①工事の名称，②工事が施工される都道府県，③発注機関，④目的別工事分類（河川工事，道路工事，下水道工事など26分類），⑤工事種類（建設〈住宅，非住宅〉，土木〈舗装工事など11種類〉，機械），⑥工事区分（新設など，災害復旧，維持補修），⑥請負契約額，⑦完成予定年月を記入します。

景気判断の際には，公共機関からの受注工事の総額のみに着目するため，請負契約額が重要ですが，後に説明する公共工事出来高を算出する際には，目的別工事分類，工事種類，完成予定年月も重要になってきます（無論，公共投資を詳細に分析する際には，どの都道府県で施工されるのか，発注機関はどこかなどの情報も重要です）。

標本業者が記入した工事ごとの請負契約額はすべて積み上げられます。この次に調査結果から母集団の請負契約額を推定する作業を行います。母集団は，調査実施の前々年度末における建設業許可業者です。この母集団に対して，各標本ごとに定められる抽出率の逆数および回収率の逆数を各標本の調査結果に乗じることで，母集団推定値を求めます。[18]

---

(17) 標本の選び方については，国土交通省「建設工事受注動態統計調査ガイド」，同「建設工事施工統計調査ガイド」，同「建設工事統計調査：概要」，同「建設工事施工統計調査 記入の手引き」などによる。

(18) 公共工事受注額の推計については，国土交通省「建設工事受注動態統計調査推計方法の変更について」などによる。

▶公共工事受注額の情報収集と見方

　「建設工事受注動態統計調査」の公共工事受注額は，内閣府「月例経済報告」の関係資料である「主要経済指標」の表のページに直近3カ月分の前年同月比が掲載されていますが，図のページにはグラフの掲載がありません。同じく「月例経済報告」の関係資料である「閣僚会議資料」でも取り上げられません。よって「月例経済報告」の関係資料からその動きをつかむことは困難です。

　公共工事受注額は受注統計であるため，「公共工事前払金保証統計」の公共工事請負金額と同様，公共投資の先行指標として位置づけられます。同じ公共投資の先行指標でも，「月例経済報告」の関連指標から得られる情報は，公共工事請負金額より限定的となっています。よって，公共工事受注額の動きを把握する場合には，統計の原典にあたる必要があります。

　国土交通省が，調査月の翌々月の10日頃に公表する「建設工事受注動態統計調査報告」（確報値）を，国土交通省「建設工事関係統計データ」のウェブサイトから入手すると，公共機関からの受注工事（1件500万円以上の工事）の表のページをみつけることができます。そこには，3カ年度分の月次金額および前年同月比などが，発注機関別（国，独法，政府関連企業等，都道府県，市区町村，地方公営企業，その他）に掲載されています。なお，調査月の翌月末には速報値が公表されますが，こちらの資料には，公共機関からの受注工事（1件500万円以上の工事）が掲載されません。

　原典から得られる公共工事受注額には季節調整がかかっていませんが，この指標も季節調整をかけた数値や前期比を精緻に見る必要まではありません。よって，前年同月比の動きを読み取り，伸び率が高まっている場合は公共工事受注額（公共投資の先行き）は強い動き，逆に伸び率が低下している場合は弱い動きを示していると判断することがよいでしょう。

3．公共工事出来高

　公共投資の動きを把握するための最後の指標は公共工事出来高です。公共工事出来高は，「建設総合統計」から得られる指標です。「建設総合統計」は，国内の建設活動を出来高ベースで把握することを目的とした統計であり，月次統

計ですが，公表は調査月の翌々月中旬と若干遅めです。

「建設総合統計」は，出来高金額を民間と公共別に公表し，これがさらに建築（居住用と非居住用），土木に分類されています。公共投資の動きを見るための指標としては，公共の出来高総計（公共工事出来高）を見ます。ちなみに，2015年の公共工事出来高は22兆2,344億円ですが，そのうち土木が82.0%を占めています。なお出来高とは，受注・着工された工事が，調査月でどの程度進んだか金額で示す指標です。道路工事が着工したとしましょう。着工後，道路は毎月建設されていきますが，調査月に2億円分工事が進んだ（＝2億円に相当する道路が建設された）場合，この工事の出来高が2億円と計上されます。

「建設総合統計」は，「建築着工統計調査」，「建設工事受注動態統計調査」の調査結果を用いて，工事1件ごとに着工ベースもしくは受注ベースの金額から出来高ベースの金額を推計している加工統計です[19]。着工ベースもしくは受注ベースの金額を出来高ベースの金額に換算するためには，工事の進捗率が必要です。よって進捗率を調査する「建設工事進捗率調査」が重要です。そこでまず，「建設工事進捗率調査」について説明します。そして，着工ベースもしくは受注ベースの金額を出来高ベースの金額に換算する方法，指標の読み方や情報の収集方法について解説します。

▶建設工事進捗率調査

「建設工事進捗率調査」によって，工事種類×工期区分（たとえば，トンネル工事で18カ月の工期）ごとの工事進捗率を求めることができます。そしてこの進捗率によって，「建築着工統計調査」，「建設工事受注動態統計調査」の調査結果から得られる工事費額（着工ベースもしくは受注ベース）を，月々の出来高ベースの金額に換算することができます。

「建設工事進捗率調査」は，1972年度に第1回調査が行われ，概ね6～10年ごとに調査が実施されてきました。最新の調査は2012年度の第6回調査であり，2009～2011年度に施工され完成した建設工事を調査対象として，工事種類

---

(19) 国土交通省「建設統合統計：概要」による。

×工期区分ごとの工事進捗率を求めています。そして，この調査結果は2015年4月からの「建設総合統計」に適用されています。[20]

　2009〜2011年度に施工され完成した建設工事のすべてを調査することは現実的ではなく，「建設工事進捗率調査」は，11,492件の調査対象工事を抽出して行った標本調査です。この調査では，標本工事を請け負った建設業者に調査票を送り，その回答から得たデータにより，工事種類・工期ごとに月別の出来高を分析して工事進捗率を作成しています。工事種類や工期が同じ（たとえば，道路工事で15カ月の工期）であっても，工事ごとに毎月の進捗率が異なります。一方で，工事種類や工期が同じであれば，一定の法則が見出せることも事実です。「建設工事進捗率調査」では，工事種類・工期ごとの毎月の進捗率のパターンを回帰分析により見出し，それぞれの進捗率を求めています。

　公共工事出来高に関連する進捗率の区分は，公共土木工事（工事種類別24種類），建築工事（2種類：住宅計，非住宅計）です。公共土木工事については，それぞれ2カ月から20カ月の工期区分，建築工事については，それぞれ2カ月から15カ月の工期区分に対応する進捗率が示されています。たとえば，橋梁・高架構造物工事で予定工期が12カ月であれば，月別進捗率は，着工月で0.73％，2カ月目は3.27％（累積進捗率は4％），3カ月目は5.96％（同9.96％），……6カ月目は11.59％（同40.32％）……です。砂防・治山工事で予定工期が6カ月であれば，着工月で6.41％，2カ月目で16.28％（同22.69％），3カ月目で24.10（46.79％）……です。[21]

▶公共工事出来高の求め方

　公共工事出来高は5つの作業を経て求めます。第一の作業は，受注額・着工額の把握です。毎月集計される「建築着工統計調査」および「建設工事受注動態統計調査」から得られる工事額を着工相当額として把握します。なお，それ

---

(20)　2009年4月〜2015年3月の「建設総合統計」には，2003〜2006年度に施工され完成した建設工事を調査対象とした第5回調査（2006年度）による進捗率が適用された。
(21)　「建設工事進捗率調査」については，国土交通省総合政策局情報政策課建設経済統計調査室「平成24年度に実施した建設工事進捗率調査の結果について」（平成27年6月17日）などによる。

ぞれの調査から得られる工事額には，工事種類および工期など（完成予定年月から算定できます）に関する情報が紐づけられています。

　第二の作業は，着工相当額の展開です。具体的には，「建設総合統計」の調査月に把握された着工相当額を出来高に展開します。展開とは，着工相当額を着工月から工期末に至るまでの各月の出来高に分けることを意味します。展開は，着工相当額に工事種類および工期別に月別進捗率を乗じることで行います。たとえば，2015年5月に着工した受注額・着工額が10億円，予定工期が6カ月の砂防・治山工事の場合，着工当月である2015年5月の出来高は6,410万円（10億円×6.41％），2カ月目である同6月の出来高は1億6,280万円，3カ月目である同7月の出来高は2億4,100万円……と，月々の出来高に振り分けられていきます。

　第三の作業は，着工相当額の補正です。展開された工事1件ごとの展開情報は積み上げられ出来高の合計が算出されます。しかし出来高には統計上のもれや建設投資額と着工額との乖離などがあるので，これを補正する作業が必要です。第四の作業は，手持ち工事高の合算です。調査月より前の月に把握した受注額・着工額はすでに展開され，毎月の出来高に展開されています。このうち調査月以降に工事が行われ出来高として計上される部分は手持ち工事高として残っています。よって，調査月に把握した受注額・着工額を毎月の出来高に展開して補正額を加えた数値に，手持ち工事高の毎月の出来高を合算する必要があります。

　第五の作業は，当該月の出来高の算定です。調査月に把握し着工相当額を展開した出来高，補正額，手持ち工事高の出来高を加えれば，調査月時点における出来高の毎月の数値が把握できます。たとえば，2015年12月調査時点の出来高の毎月の数値は，2015年12月の出来高，2016年1月の出来高，同年2月の出来高，……と把握されます。このうち調査当該月の出来高が，「建設総合統計」の公共工事出来高として公表されます。そして調査当該月以降の出来高を合計した金額が，翌月以降の手持ち工事高となります。[22]

---

[22] 公共工事出来高の求め方については，国土交通省「建設総合統計の作成方法」による。

▶公共工事出来高の情報収集と見方

「建設総合統計」の公共工事出来高は，内閣府「月例経済報告」の関係資料である「主要経済指標」の表のページに直近3カ月分の季節調整済前月比が記されています。統計作成機関は季節調整をかけた数値を公表していませんが，内閣府が季節調整をかけ，その前月比を示しています。そして図のページには前年同月比のグラフが掲載されています。また同じく「月例経済報告」の関係資料である「閣僚会議資料」では，公共投資出来高に季節調整をかけたグラフが載ることもありますが，前年同月比の3カ月移動平均が掲載されることも少なくありません。

季節調整をかりた出来高の動きは，受注ベースの指標と異なり毎月の振れがそれほど大きくありませんが，「月例経済報告」の関係資料で，季節調整がかかった公共工事出来高のグラフが毎月掲載されるとは限らないため，この指標についても，前年同月比を見ることでおおまかな動きを把握することが現実的です。

図表6-3は公共工事出来高の前年同月比のグラフです。このグラフからは，数年度分の同じ月の前年同月比を視覚的に把握することができ，比較的伸び率が高ければ公共投資は強い動き，逆に比較的伸び率が低い場合は弱い動きを示していると判断できます。

「建設総合統計」の公表資料は，国土交通省「建設工事関係統計データ」のウェブページから入手できます。また総務省統計局のe-Statからは，公共工事出来高の時系列データを，建設（居住用，非居住用），土木別に入手できます。

第3節　政府消費

2015年の政府消費（政府最終消費支出）は102兆円であり，名目GDPに占める政府消費の比率は20.4％です。需要項目の中では個人消費に次いで大きく，景気判断で重要な位置を占める設備投資を上回っています。しかしながら，景気判断において政府消費はまったく見られておらず，需要項目のひとつであるにもかかわらず，「月例経済報告」の関係資料には情報が掲載されていません。

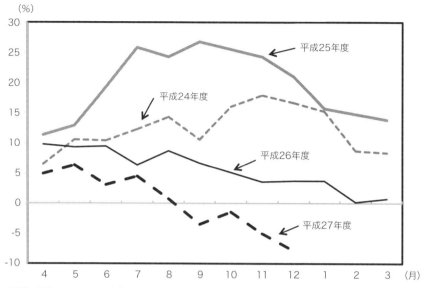

図表6-3　公共工事出来高（前年同月比：月次データ）

（出所）内閣府データにより作成（元のデータは国土交通省「建設総合統計」）。

以下では，政府消費とは何か解説した後，なぜ景気判断では無視されているのか説明します。

▶政府消費とは何か

政府消費は一般政府だけが行いますが，政府が消費をするといわれてもイメージすることは容易ではありません。そこで政府消費の例を見ることで，イメージをつかむこととします。GDP統計において政府消費（政府最終消費支出）は，社会全体のために行う消費支出である「集合消費支出」，個々の家計の便益を高めるために行う消費支出である「個別消費支出」に大別されます。

最初に集合消費支出を説明します。一般政府が生産するサービスは，外交，防衛，警察，消防，環境保護，保健，教育など，さまざまな分野におよんでいますが，受益者が特定できるものとできないものがあります。たとえば，外交，防衛，警察，消防，環境保護などの政府サービスの便益は特定の家計では

なく社会全体が享受します。一般政府が生み出すサービスのうち，特定の家計ではなく，社会全体が便益を受けるもサービスについては，一般政府が社会全体に代わって消費するとみなされています。すなわち形式上は一般政府がこれらサービスを消費するのですが，便益は社会全体が受けています。一般政府が社会全体に代わって消費する部分が，集合消費支出です。

　次に個別消費支出を説明します。ややこしいことに，この支出はさらに，GDP統計で「現物社会給付」，「個別的非市場財・サービスの移転」と呼ばれる支出に大別されます。第一に現物社会給付です。世帯は病気にかかる，あるいは介護が必要になった場合，民間または公的機関が提供する医療サービスや介護サービスを利用します。世帯はこの対価（経済的に意味がある）を支払うわけですが，公的医療保険や介護保険の対象となるサービスについては対価の全額を支払うわけではありません。公的医療保険の対象サービスについては原則3割（高齢者は1割か2割），介護保険の対象サービスについては1割（所得によっては2割）を家計は支払うのですが，残りは社会保障基金が直接サービスを提供した機関に支払います（社会保障基金は一般政府です）。社会保障基金が直接支払う部分が，現物社会給付ですが，この部分は，一般政府が医療・福祉産業から医療サービスや介護サービスを購入して，家計に移転（給付）しているとみなしています。さらにいえば，現物社会給付の対象となるサービスは，実際にサービスの便益を享受しているのは家計ですが，一般政府が消費しているとみなされています。

　第二に個別的非市場財・サービスの移転です。これは政府サービスや財の受益者は特定できるのですが，無料あるいは経済的に意味がない価格で提供されている場合です。たとえば，公立の小中学校に通えば無料で教育サービスを受けられますし，教科書は無償で配布されます。この例では，学校に通う者が受益者として特定できます。このような政府サービスや財も，政府が購入して受益者に提供しているとされます。つまり，実際にサービスの便益を享受しているのは家計ですが，一般政府が消費しているとみなされています。

　なお，2013年度における政府支出（政府最終消費支出）は99兆円（名目値）ですが，集合消費支出が40兆円，個別消費支出は59兆円です。

▶景気判断で政府消費が取りあげられない理由

政府消費がどのようなものかわかったところで，政府消費が景気判断で取り上げられない理由を見てみましょう。政府消費が景気に影響を与えるためには，政府が政府消費を裁量的に増減できなければなりません。しかし実際には，政府消費には裁量の余地がほとんどありません。

これを理解するには政府が消費しているものとは何か知る必要があります。政府が消費しているものとは，政府自身が生産した政府サービスと，ほかの産業が生産したサービスです。このうち，ほかの産業が生産したサービスは，個別消費支出の現物社会給付という形で消費されています。すなわち，家計が消費した医療サービスや介護サービスの公的負担部分であり，政府の裁量で増減させる余地はありません。

政府自身が生産したサービスは，集合消費支出の形，また個別消費支出の個別的非市場財・サービスの移転の形で消費されています。この部分は，政府が生産したサービスを自ら消費しています(23)。この部分を政府が裁量的に増やせば，景気を浮揚させることができるのではと思うかもしれませんが，実際は裁量の余地がほとんどありません。

政府が自ら消費する政府サービスを生産するための費用を見ると，雇用者報酬，中間投入，固定資本減耗で大部分を占めています。雇用者報酬とは，政府サービスを生産するために要した労働コストで，具体的には公務員の給与です。おおまかにいって名目値は，公務員数×公務員1人当たりの給与となります。中間投入とは，コンピューターやコピー機の賃料，官庁の光熱費，文房具などが計上されます。固定資本減耗は，道路や橋などの社会資本の減耗分です。これは誰が社会資本を利用して利益を得たのか特定が困難なため，政府がその利益を享受したとみなします(24)。

政府は景気対策としてこれら費用を裁量的に増減できるのでしょうか。雇用

---

(23) ただし，個別的非市場財・サービス移転については，費用負担の面から政府の消費ととらえられるが，便益享受の面からは家計の消費ととらえられる。

(24) 政府サービスを生産するための費用については，市川正樹「GDP統計（その3）コンポーネント毎の解説：公需・外需」（大和総研『経済指標を見るための基礎知識』第6回：2013年1月24日）2ページを適宜引用しつつ記述した。

者報酬ですが,公務員数は定員で管理されていますし,給与も人事院勧告など を踏まえ定期的に改定されるため,政府が景気対策として裁量的に変えられる ものではありません。中間投入もその内容から見て大きく増減させる余地があ るとは考えられません。さらに,固定資本減耗は過去に政府が行った投資の減 耗分です。

したがって,政府が財政政策により景気に影響を与える場合,裁量の余地が 小さい政府消費ではなく,公共投資を変化させます。政府消費の多くは恒常的 な制度として運用されているため,機動的な増減が難しいといえます。それで も名目政府消費は比較的裁量が効きやすいです。現在,検討されている保育士 の給与増額が実現すれば,名目政府消費が増加します。ただし,給与を増額し ても保育サービスがそれほど増えるとは考えにくいため,実質政府消費はなか なか動きません。しかし近年において,実質政府消費が大きく増加した例があ ります。これは,東日本大震災後のがれき処理や除染です。これらは,国民経 済計算(SNA)のルールでは,処理場の建設などを除き,政府最終消費支出 (=政府消費)に分類されます。[25]

---

(25) 政府消費については,中村(1999),浜田(2001),内閣府「国民経済計算(GDP統計):用語解説」などによる。

〈第 6 章の参考文献・資料〉

【文献】
建設業法研究会(2012)『改訂 4 版 公共工事標準請負契約約款の解説』大成出版社.
中村洋一(1999)『SNA 統計入門』日本経済新聞社.
浜田浩児(2001)『93 SNA の基礎』東洋経済新報社.

【資料】
市川正樹「GDP 統計(その 3)コンポーネント毎の解説:公需・外需」(大和総研
　　　『経済指標を見るための基礎知識』第 6 回:2013 年 1 月 24 日).
国土交通省「ガイド:建築着工統計調査」(建設動態統計調査:概要).
国土交通省「建設工事施工統計調査ガイド」.
国土交通省「建設工事施工統計調査 記入の手引き」.
国土交通省「建設工事受注動態統計調査ガイド」.
国土交通省「建設工事受注動態統計調査推計方法の変更について」.
国土交通省「建設総合統計の作成方法」.
国土交通省「公共工事関連統計の見方と最近の動向」(『国土交通月例経済』平成 13
　　　年 7 月号「今月のトピックス」).
国土交通省「公共工事関連統計の見方」(『国土交通月例経済』平成 16 年 2 月号「今
　　　月のトピックス」).
国土交通省「公共工事の入札契約制度の概要」(中央建設業審議会第 1 回入札契約の
　　　適正化に関する検討委員会資料:2004 年 8 月 4 日).
国土交通省「最近の持家着工の動向」(『国土交通月例経済』平成 15 年 12 月号「今月
　　　のトピックス」).
国土交通省総合政策局情報政策課建設経済統計調査室「平成 24 年度に実施した建設
　　　工事進捗率調査の結果について」(平成 27 年 6 月 17 日).
国土交通省土地・建設産業局建設業課「前払金保証事業」(平成 27 年 1 月 21 日).
内閣府「日本経済 2008-2009」.
東日本建設業保証株式会社「公共工事前払金保証統計の見方」(平成 27 年 12 月).
森口大輔・川上武志・八木智美「住宅建設における消費税率引上げの影響」(内閣府
　　　『マンスリー・トピックス』NO. 028:平成 26 年 2 月 19 日).

【ホームページ上の資料】
国土交通省「建設工事統計調査:概要」.
国土交通省「建設総合統計:概要」.
内閣府「国民経済計算(GDP 統計):用語解説」.

第7章 企業収益　業況判断

　3章から6章までは需要項目に関する指標を取り上げてきましたが、7章以降は、「企業収益、業況判断」、「雇用」、「物価」、「金融」といった経済部門に関する指標を順に解説していきます。本章は、企業収益、業況判断に関する指標を取り上げます。そもそも「景気」は日常会話では企業の繁盛の度合いを意味します。よって企業収益や企業の業況はそうした意味での「景気の実感」に近いといえます。また、企業収益は景気循環の川上に位置します。これが改善し、さらに雇用や設備投資の増加につながれば、景気の好循環が生まれます。業況判断は、企業が生産、雇用、設備投資に関する意思決定に大きく影響しますが、そして業況判断を回答する企業の担当者は、足下の経常利益や営業利益の動向を踏まえて記入することが多いといわれています。

　本章では、第1節で企業収益、なかでも経常利益、第2節で業況判断を取り上げ、それぞれ、主要な指標の作成方法、指標の読み方を解説します。

第1節　企業収益

　企業の利益を極めて単純化すれば、「利益＝売上高－費用」といった式で表現できます。しかし実際には、費用にはさまざまな種類があるとともに、売上高以外にも企業の利益にプラスとなるもの（たとえば余剰資金の運用益）があることから、企業の利益は上記のような単純な式で表現できません。

　会社法はすべての株式会社に貸借対照表、損益計算書などの財務諸表の作成と報告を義務づけています。これら財務諸表は企業が自己の基準で作成するのではなく、統一された基準に沿って作成されるので比較可能です。企業の利益は損益計算書の重要な科目です。損益計算書で利益と名がつく科目は、①売上総利益、②営業利益、③経常利益、④税引前当期純利益、⑤当期純利益です。

①から⑤は，出発点である売上高から，この順番で段階的に計算します。

　利益を説明する前に，「主たる営業活動」，「金融活動」の２つの企業活動を取り上げます。主たる営業活動は，(a) 仕入・生産活動，(b) 販売・回収活動，(c) 経営管理活動に大別されます。(a) は原材料などを仕入れ，財やサービスを生産する活動，(b) は財やサービスを販売して販売代金を回収する活動，(c) は (a) および (b) を円滑に遂行するための活動（総務，人事，経営企画など）です。金融活動は資金を調達する，あるいは余剰資金を運用するといった活動です。

　利益に話を戻して売上総利益から見ていきましょう。第一に売上総利益は，売上高から売上原価を引いた金額です。売上原価とは，主たる営業活動のうち，(a) 仕入・生産活動のためにかかった費用です。たとえば製造業は，材料費，人件費，減価償却費（生産設備などの価値が減じた額）の合計が売上原価となります。なお，人件費や減価償却費は，(a) に関するものに限定されます。

　第二に営業利益です。営業利益は，売上総利益から販売費および一般管理費を引いた金額です。販売費および一般管理費は，営業活動のうち，(b) 販売・回収活動，(c) 経営管理活動にかかった費用です。たとえば，販売手数料，運搬費，広告宣伝料，人件費や減価償却費（(b)，(c) に関するものに限定）が含まれます。

　第三に経常利益です。経常利益は，営業利益に営業外収益を加え，営業外費用を引いた金額です。営業外収益や営業外費用は，主に金融活動により発生します。営業外収益は余剰資金の運用などにより得られた利息や配当の受け取り，キャピタル・ゲイン（転売差益）狙いの有価証券の売買差益などです。営業外費用には，借入れや債券発行により調達した資金に対する支払利息，為替差損，有価証券の運用損失などが含まれます。

　第四に税引前利益です。税引前利益は，経常利益に特別利益を加え，特別損失を引いた額です。特別利益と特別損失は，毎期発生することが期待されない臨時的に発生した利益や損失であり，有形固定資産の売却損益，有価証券の売買損益（キャピタル・ゲイン狙いではない）や評価損，災害による損失などがこれに相当します。

第五に当期純利益です。当期純利益は，税引前利益から法人税（国税），法人住民税（地方税），事業税（地方税）といった企業の利益に課税される税金を引いた金額です。

　ここまで5つの利益を取り上げましたが，景気を判断する際には経常利益を見ます。経常利益とは「企業が営む本業とそれに付随する金融活動から，毎期に反復して経常的に生じる収益と費用だけを集計して算定」される利益であり，「企業の正常な収益力を評価するための尺度として，損益計算書のうちでも重視される項目」です。広辞苑（第6版）によれば，経常とは「一定の状態で変わらないこと」を意味する言葉です。企業が毎期変わらず行う活動である，主たる営業活動や金融活動（その中身は当然変わりますが）から得られる経常利益こそ，景気を判断するうえで最適な企業の利益の指標です。ちなみに，CIでは，営業利益が一致指数に採用されています。ただし，経常利益は営業利益とほぼパラレルに動くので，経常利益に着目した判断で問題はありません。

　マクロで見た経常利益を四半期ごとのに把握することができる調査は，「法人季報」と「日銀短観」です。本節ではまず，「法人季報」，次に「日銀短観」の経常利益を取り上げます。

1．法人季報の経常利益
▶経常利益の推計方法

　「法人季報」については，第4章で説明しましたので，ここでは指標についてのみ見ていきます。「法人季報」の四半期ごとの調査票は，損益計算書の記入を法人に依頼しています。四半期調査では，売上高，売上原価，販売管理費および一般管理費，営業利益，営業外収益（受取利息など，その他の営業外収益），営業外費用（支払利息など，その他の営業外費用），経常利益について具体的な金額を尋ねています。また年次調査では，これらに加えて，特別利益，特別損失，税引前当期純利益，法人税・住民および事業税，法人税など調整額，

---

(1)　桜井（2015a）78-79ページから引用した。
(2)　企業の利益については，桜井（2015a）第4章，桜井（2015b）第6章第1節および第12章第2節による。

当期純利益も尋ねています（図表7‐1）。

さて景気判断では経常利益を使いますが，この数値は，調査票から集まった標本法人の数値をもとに母集団の法人の数値を推計したものです（母集団の数値の推計方法は，設備投資額を説明する際にすでに行いましたので，ここでは繰り返しません）。財務省は，経常利益の季節調整値も公表しています。これは金融業・保険業を除いた全業種の数値であり，財務省「法人企業統計」ウェブサイトから総務省統計局のe-Statに入ることで，1985年のデータから入手が可

図表7‐1　法人季報の調査票（損益部分のみ抜粋）

4.　～　月中損益

項　目	番号	平成　年　～　月 （3ヶ月の合計）	
売 上 高	45	百万円	
売上原価	46		
販売費及び一般管理費	47		
0～0月営業利益 （45－46－47）	48		
受取利息等	49		17
その他の営業外収益	50		
支払利息等	51		
その他の営業外費用 （法人税，住民税及び事業税を除く）	52		
0～0月経常利益 （48＋49＋50－51－52）	53		

（注）この表は，調査票のサンプルから筆者が新たに作成したものである。よって実際の調査票の該当部分とは一致しない部分がある。あくまでも，調査票のイメージをつかむための表であることに留意願いたい。
（出所）法人企業統計調査の，「金融業，保険業以外の業種四半期別調査票」の一部を引用した。

（3）　金融業・保険業の数値は，2008年4-6月期から調査されているので，精度の高い季節調整値を得るためには十分なデータが蓄積されていないことによる。

能です（全産業，製造業，非製造業の3種類の数値）。

▶法人季報の経常利益の動き

内閣府「月例経済報告」で取り上げられる「法人季報」の経常利益は，金融業および保険業を除いた数値（名目値，季節調整値）です。経常利益の動きを2000年1-3月期から見ていきましょう。**図表7-2**では，経常利益の季節調整値（名目値）が示されています。

経常利益の動きを見ると，①増加・減少の循環が比較的はっきりしている，②毎期の振れが小さく特殊要因による急激な増減もないことが読み取れます。また，③景気循環と一致した動きを示すように思われますが，CIから見た景気の強さとは差が生ずることもあります。たとえば，2013年1-3月期以降は，順調に経常利益が増加していますが，CIは2014年以降，横ばいともいえる動きを示しています。

日本企業は円高時にはシェアを維持するため外貨建て輸出価格を引き上げな

図表7-2　法人季報の経常利益額（季節調整値：四半期データ）

（注）シャドウ部分は，内閣府の景気基準日時による景気後退期。
（出所）財務省「法人企業統計」により作成。

いかわりに、円安時には輸出価格を引き下げないことが指摘されています[(4)]。これは、円高時には企業収益が減少する一方で、円安時には企業収益が増加することを意味します。

1ドル100円から1ドル80円にまで円高が進んだとしましょう。為替レートの変化分が外貨建て輸出価格に転嫁されない場合、100万円の自動車の外貨建て輸出価格は1万ドルのままです。自動車を1台輸出した場合の円建ての売上高は、1ドル100円の場合には100万円ですが、1ドル80円の場合には80万円に減少します。費用に変化がないとすれば、円建ての売上高が減少することで利益も減少します。よって円高のもとでは企業収益が減少する傾向がみられます。一方、逆を考えれば円安のもとでは企業収益が増加する傾向がみられます。

また近年は、大企業製造業を中心に海外からの配当金が増えていますが、これに円安の効果（外貨建ての配当額が同じでも、円安になれば円建ての配当額は増えます）が反映され、企業収益が増えていることも考えられます。アベノミクス以降に企業収益が増加した背景のひとつは円安であると考えられます。しかし、企業収益増加のうち円安による部分は、景気拡張を背景としたものではないので、ほかの景気をあらわす指標と企業収益の間で乖離がみられる結果が生じていると考えられます。

▶法人季報の経常利益の読み方

「月例経済報告」に「法人季報」の経常利益の新しい数値が掲載されるのは、四半期の末月に3を加えた月の報告です（7-9月期であれば12月の報告）。経常利益の季節調整済前期比は、「月例経済報告」の関係資料である「主要経済指標」（8．企業収益・業況判断）の表のページに、4四半期分が掲載されており、（　）で括られた数値が前期比をあらわしています。また、「主要経済指標」の図のページには、企業収益の名目実額の季節調整値（3四半期移動平均も）のグラフが掲載されています。

経常利益の動きを見るためには、「主要経済指標」の図のページのグラフを

---

(4) 齋藤潤「円安で輸出はもっと伸びるはず？」（日本経済研究センター「齋藤潤の経済バーズアイ」2014年5月14日）による。

眺め，最後に方向が変化した後，増加しているのか，減少しているのか読み取ります。そして足下で方向に変化の動きがあるのか把握します。経常利益はマイナスを取り得るので前期差を見ます。3四半期移動平均も含めて前期差が，これまでの方向と異なった符号となった場合，方向が変化した可能性があると判断することが現実的といえます。

2．日銀短観の経常利益

経常利益は「日銀短観」も把握しています。「日銀短観」の調査方法は次節で説明することとして，ここでは指標についてのみ解説します。

▶日銀短観の経常利益の特徴

「日銀短観」では，次節で取り上げる業況判断のみならず，企業に対して損益計算書の数値についても尋ねています。「法人季報」と異なり，損益計算書の項目を網羅的に尋ねているわけではなく，売上高，営業利益，経常利益，当期純利益のみ記入を依頼しています。

経常利益については，「法人季報」，「日銀短観」ともに調査項目に入っていますが，両者には大きな違いがあります。「法人季報」は四半期の実績値を尋ねている一方で，「日銀短観」は年度の半期ごと（上半期＝4～9月，下期＝10～3月）の予測値も尋ねています。

「日銀短観」は，ある年度（T年度であれば，T年4月1日からT＋1年3月31日まで）の経常利益を，前年度3月調査から尋ねます（2015年度の数値であれば，2015年3月調査が最初。2015年3月はまだ2014年度です）。もちろんこの時期には，企業の経常利益は予測値です。上半期の経常利益は当該年度の12月調査で実績値，下半期および年度の経常利益は，翌年度6月調査で実績値になります。しかし年度の実績値が出る前に，翌年度の予測値が出てしまい，こちらのほうが注目されます。

「法人季報」は，四半期のデータを把握しており，足下の経常利益の実績値を見るためにはこの数値のほうが優れています。ただし「法人季報」は予測値を把握しておらず，企業の収益見通しを見たいのであれば，「日銀短観」の数

値だけが利用可能です。

▶月例経済報告におけるあつかい

「日銀短観」の経常利益について、「月例経済報告」の本体では予測値に対して言及がなされています。その関係資料である「主要経済指標」の表のページでは、最新の2カ年度分の半期ごとの予測値（計画値）、または実績値の前年同期比が掲載されています。図のページにグラフが掲載されることはなく、同じく「月例経済報告」の関係資料である「閣僚会議資料」でも取り上げられません。経常利益については、予測値ではなく実績値の重要度が高く、これは「法人季報」の数値が重視されているといえそうです。

第2節　業況判断

業況判断とは、「企業の経営心理を把握するもの」[5]です。企業の経営心理を測るためには、企業に対して、現在あるいは先行きの業況をどのように考えているか、アンケートにより調査する必要があります。日本の企業を対象とした業況調査は少なくありませんが、なかでも「日銀短観」の重要度は突出しています。よって本節では主に「日銀短観」の業況判断DIを中心に説明を加えていきます。また、景気に鋭敏な立場にある人々に景気の現状を尋ねることで景気動向を探る「景気ウォッチャー調査」も注目されています。本節ではこの調査も取り上げます。

1．日銀短観

これまで「日銀短観」から得られる指標を取り上げましたが、「日銀短観」といえば業況判断DIが最重要といえるでしょう。「日銀短観」の指標の中でも真打ともいえる業況判断DIが出てきたところで、この調査について解説をします。

---

(5) 有斐閣『経済辞典』（第5版）による。

「日銀短観」は日本銀行が四半期ごとに公表している統計で，正式な名称は，「全国企業短期経済観測調査」です。「日銀短観」は，全国の資本金2,000万円以上の民間企業（金融機関は除きます）を母集団とする標本調査です。調査する項目は，判断項目，年度計画，物価見通し，新卒者採用状況の４つに大別されます。

　判断項目については，①企業の業況が良いのか悪いのか，②在庫水準が過大であるのか不足しているのか，③設備が過剰なのか不足しているのか，④雇用が過剰なのか不足しているのか，⑤資金繰りが楽であるのか苦しいのか，⑥金融機関の貸出態度が緩いのか厳しいのかなどにつき，企業の判断を尋ねています。後述するように，「良い」or「悪い」といった二者択一ではなく，その間の選択肢があります。また，年度計画では，売上高，経常利益，設備投資額などの金額を尋ねています（第４章では設備投資の計画額を取り上げました）。

　総合研究開発機構（NIRA）が，経済統計の課題などを市場分析専門家に尋ねたアンケート結果では，「企業動向を把握するには，速報性も含めて最良の指標」，「継続性，信頼性に共に優れている」，「企業の回答率が高く，極めて信頼性の高い統計」[6]といった意見が紹介されており，評価の高い統計です。なかでも回答率は驚異的です。「日銀短観」は，政府が行う基幹統計調査とは異なり回答義務はありませんが，2009年12月調査の回収率は99.1％と極めて高くなっています。

　これだけ評価の高い調査ですので，業況判断，設備，雇用，資金繰り，金融機関の貸出態度といった判断項目，設備投資計画額，経常利益の実績額など，多くの指標が景気判断や経済分析で使われています。とりわけ，業況判断は景気を判断するための最重要の指標のひとつです。「日銀短観」は四半期調査であり，３月，６月，９月，12月に調査が行われ，それぞれ４月初め，７月初め，10月初め，12月の中頃に結果が公表されます。

（６）　総合研究開発機構（2008）114-115ページによる。

（1）日銀短観の調査方法

▶母集団の層化

　まず「日銀短観」の母集団を改めて確認します。母集団は金融機関を除く資本金2,000万円以上の民間企業であり，製造業46,759社，非製造業165,518社，合計で約21万社です。一方，標本企業数は製造業4,517社，非製造業6,609社，合計で11,126社です（2015年3月調査）。

　母集団から標本を抽出する方法を，2004年に「日銀短観」の調査の枠組みが見直された際に公表された資料などから説明していきます。標本は，母集団を「業種」×「資本金区分」×「雇用者数区分」の3つの軸で層化したうえで，それぞれの層から抽出されます。抽出数は「売上高」の誤差率に基準を定め，それを達成するための標本数を確保したうえで，これを各層に割り振っています。ちなみに誤差率の基準は，製造業は3％以内（大企業，中堅企業，中小企業とも，以下同じ），非製造業は5％以内です。これらは必須基準です。また業種別（31業種）×規模別（大企業，中堅企業，中小企業）の誤差率の基準は10％程度以内であり，これは目標基準です。

　層化についてもう少し詳しく解説します。業種数は31（製造業17業種，非製造業14業種）であり，繊維，化学，金属製品，自動車，小売，通信，対事業所サービスなどに分類されています。[7] 資本金は，2000万円以上1億円未満（中小企業），1億円以上10億円未満（中堅企業），10億円以上（大企業）の3つに区分されます。雇用者は，0～49人，50人～299人，300人～999人，1,000人以上の4つに区分されます。「商業動態統計調査」では，業種×従業員数区分で層化，「法人企業統計調査」（「法人季報」）では，業種×資本金区分で層化していました。一方，「日銀短観」は，「業種」×「資本金区分」×「雇用者数区分」ですので，母集団がより細かい層に分割されています。[8]

---

(7) 2004年の見直し時には30業種であったが2010年に業種の見直しがなされ31業種になった。

(8) 母集団の層化については，日本銀行調査統計局「短観の標本設計および標本の維持管理等について」（2004年6月3日）をベースに日本銀行ホームページより入手した最新の情報などを反映させ記述した。

▶層化された母集団からの標本抽出

　母集団を層化して，各層から抽出する標本数が決まれば，次は実際の標本抽出作業に入ります。「日銀短観」の標本抽出方法はこれまで解説してきた，「家計調査」，「商業動態統計調査」，「法人企業統計調査」といった標本調査の方法と異なる2つの特徴を有しています。ひとつは，調査対象企業の見直しが3〜5年ごとに行われること，もうひとつは，調査対象企業の見直しの際も，全数が入れ替えられるのではなく，一部の企業の入れ替えにとどまることです。

　第一の「3〜5年ごとの見直し」とは，母集団情報の更新に合わせて調査対象企業を定例的に見直していることを意味します。母集団情報は，総務省・経済産業省「経済センサス活動調査」などにもとづいており，この公表後に「日銀短観」の調査対象企業も見直されます。ほかの標本調査の場合，「家計調査」は毎月標本が入れ替えられ（6分の1ずつ），「法人企業統計調査」は毎年4月に標本が入れ替えられます（2分の1ずつ）。しかし「日銀短観」は標本の見直しは3〜5年に1度だけ行われています（ただし倒産や合併などにともなう調査先企業数の減少により標本誤差が増大する可能性があります。そこで毎年，定期的に標本誤差のチェックを行い，精度が落ちていれば，3月調査の際に新たな標本企業を追加しています）。

　第二の「一部の企業の入れ替え」についてです。「家計調査」の標本世帯が回答する期間は6カ月であり，毎月6分の1の標本が入れ替えられます。「法人企業統計調査」（法人季報）の標本法人が回答する期間は2年であり，毎年4月に2分の1ずつ標本が入れ替えられます。一方「日銀短観」は，3〜5年に1回の見直しの際に，すべて標本企業を入れ替えるのではなく，多くの標本企業は継続され，一部が入れ替えられるようになっています。ちなみに2015年に行われた定例見直しでは，254社が調査取りやめとなる一方で，1,068社が新たな調査対象企業として加わりました。見直し前の標本企業数が10,312社であるので，入れ替えは限定的なものにとどまっています。なお，新しい調査対象企業は無作為抽出で選ばれます。

　以上を勘案すると，「日銀短観」は，ほかの標本調査と異なり，長期的に標本であり続ける企業が多くあると推測されます。基本的に調査への回答は企業

や家計にとっては負担であり，これが多くの統計調査で短期間に標本を交代させる理由となっています。「日銀短観」では，かなりの数の標本企業が長期間回答を続けており，標本替えにともなう振れ，段差の発生を抑制するのに役立っていると思われます。

▶調査対象企業の集計値から母集団の集計値を推計

調査対象企業の集計値から母集団企業の集計値を推計する作業は簡単です。「業種」×「資本金区分」×「雇用者数区分」で分けられた397の層ごとに，調査対象企業の回答を単純に足し上げていった集計値を求めます。この集計値を，層ごとの調査対象数を母集団数で割った数値（母集団数が200で調査対象数が40であれば，40÷200＝0.2）で割って，調査対象企業の集計値から母集団の集計値（推計値）を求めます。たとえば，ある層における調査対象企業の経常利益の集計値が200億円，母集団企業が200社，調査対象企業が40社であれば，200億円÷0.2＝1,000億円となります。397の層で同じ作業を行い，数値を積み上げれば母集団全体の推計値を得ることができます。実際には，回答しなかった企業が出た場合の処理，著しく大きな変動を示した値（外れ値）が出た場合の処理などがあり，ここまで単純な作業ではありませんが，原則としては上記の方法で母集団の推計値を求めます。[9]

（2）業況判断DI

▶指標の意味

「日銀短観」の調査方法がわかったところで，次は，業況判断DIとはどのような指標か説明します。「日銀短観」の調査票に，「貴社の業況」を尋ねる質問があり，回答として「良い」，「さほど良くない」，「悪い」の3つが用意されています。回答欄は「最近」と「先行き」の2つがあり，「最近」には調査表

---

(9) 「日銀短観」の調査方法については，日本銀行「短観の標本設計および標本の維持管理等について」（2004年6月3日），日本銀行調査統計局「短観調査対象企業の定例見直し」（2015年3月2日），日本銀行「短観（全国企業短期経済観測調査）の解説」，日本銀行「短観（全国企業短期経済観測調査）のFAQ」などによる。
(10) 「日銀短観」では「調査表」であるが，本書では「調査票」で統一した。

を記入する時点,「先行き」には次回調査時期(3カ月後)の判断を記入します(調査票の該当部分のイメージは図表7-3のとおりです)。

質問に対する回答結果から,最終的には,3つの選択肢のそれぞれを選択した企業の割合が求まります。DI(Diffusion Index)とはこの割合を加工したものです。「日銀短観」の判断項目は,3つの選択肢が用意されており,第1選択肢が企業にとって望ましい状況,第3選択肢が望ましくない状況となっています。DI(%ポイント)は,「第1選択肢の回答社数構成比(%)」-「第3選択肢の回答社数構成比(%)」によって求められます。よって業況判断DIは,「会社の業況が良いと回答した企業の構成比(%)」-「会社の業況が悪いと回答した企業の構成比(%)」です。たとえば,「良い」と回答した企業の構成比が50%,「さほど良くない」が30%,「悪い」が20%であれば,業況判断DIは,50%-20%=30%ポイントです。[11]

図表7-3 日銀短観の質問票の判断項目部分(一部略)

調査項目	(1)貴社の業況		(6)貴社の生産・営業用設備		(7)貴社の雇用人員		(8)貴社の資金繰り		(9)金融機関の貸出態度	
	〈1〉		〈7〉		〈8〉		〈9〉		〈12〉	
回答区分	1.良い 2.さほど良くない 3.悪い		1.過剰 2.適正 3.不足		1.過剰 2.適正 3.不足		1.楽である 2.さほど苦しくない 3.苦しい		1.緩い 2.さほど厳しくない 3.厳しい	
	(19)	(21)	(39)	(41)	(43)	(45)	(47)		(51)	
回答欄	(15)〜(17)		最近	先行き	最近	先行き	最近		最近	
	最近	先行き								
	600									

(注)この表は,調査票のサンプルから筆者が新たに作成したものである。よって実際の調査票の該当部分とは一致しない部分がある。あくまでも,調査票のイメージをつかむための表であることに留意願いたい。
(出所)日銀短観の調査票の判断項目の部分を引用。ただし調査項目の一部は省略している。

---

(11) DIの算出方法は,日本銀行「短観(全国企業短期経済観測調査)の解説」による。

▶指標の特徴と判断の方法

図表7-4では,2004年3月調査以降の業況判断DIの動きが示されています。業況判断DIは,全規模・全産業がすべてを包括していますが,グラフには,大企業・製造業,大企業・非製造業,中小企業・製造業,中小企業・非製造業といった4分類のDIが示されています。

業況判断の特徴については,大企業・製造業の業況判断DIは,直近の景気循環の動きと連関性が高く,景気の転換点をほぼ的確にとらえているとされています。また先行きについては,景気拡大局面ではやや慎重な見方となり,景気後退局面ではやや強気の見方になるとされています。[12]

次に,業況判断DIがどのような方向を示しているのか指標の動きから判断する方法を示します。内閣府「月例経済報告」の関係資料である「主要経済指

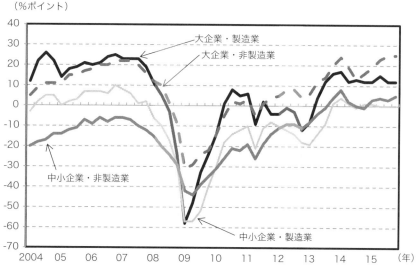

図表7-4　日銀短観の業況判断（四半期データ）

(注)シャドウ部分は,内閣府の景気基準日時による景気後退。
(出所)日本銀行「全国企業短期経済観測調査」により作成。

[12] 片岡雅彦「短観の読み方　―主要項目の特徴とクセ」（日銀レビュー2010-J-20：2010年11月）2-3ページによる。

標」の表のページには，全規模（全産業，製造業，非製造業），大企業（製造業，非製造業），中小企業（製造業，非製造業）の業況判断 DI の数値が，最新調査のものも含めて 7 四半期分，そして，3 カ月後の見込みが掲載されています。

また，図のページには，大企業（製造業，非製造業），中小企業（製造業，非製造業）の業況判断 DI のグラフが掲載されています（季節調整はかけられていません）。大企業・製造業を示す線グラフが一番太く描かれており，この指標が重視されていることがわかります。また，「月例経済報告」の関係資料である「閣僚会議資料」には，「日銀短観」が公表された月に，業況判断 DI の，全規模（全産業，製造業，非製造業）のグラフが掲載されます。

最初に「主要経済指標」の図のページに掲載されている，大企業・製造業の業況判断 DI のグラフから，目測で山と谷をみつけおおまかな方向をつかみます。そして，最後に明確な方向変化が確認された後が，上昇の方向にあるのか，下落の方向にあるのか読み取ります。さらに，方向に変化がないか足下の動きで確認します。業況判断 DI は四半期統計です。最新の四半期の動きだけで判断することは避けたいところですが，次の四半期のデータを待てば判断が致命的に遅れてしまいます。業況判断 DI は振れが大きな指標ではないので，足下の動きがこれまでの方向と異なれば，指標の方向が変化したと判断することが現実的であると思われます。

「日銀短観」の業況判断 DI については，「月例経済報告」の関係資料で全体像をつかむことはできますが，業種別の動きなど詳細な内容を知りたい場合は，日本銀行の「短観」ウェブページより，業種×規模（大企業，中堅企業，中小企業）別の数値が掲載された資料を入手することができます。

2．景気ウォッチャー調査

「景気ウォッチャー調査」は，2000 年 1 月に開始された比較的新しい調査です。この調査の対象は，家計動向，企業動向，雇用等について景気の動向を敏感に観察できる業種の中から選ばれた人です。「景気ウォッチャー調査」では，現在の景気の状況，現在の景気の方向性，将来の景気について尋ね，その結果を集計しています。調査対象は企業などで働く人（経営者も含む）ですが，企

業の景況のみならず，仕事を通じて接する客の様子なども含めて実感している，身の回りの景気の状況を尋ねています。よって企業に尋ねる業況にはあらわれにくい人々の景気に関する「実感」をとらえることが可能であることから，この調査の結果は「街角景気」として報道されることもあります。さらにこの調査では，景気の現状や先行きを判断した理由を尋ねており，景気判断に関する生の声に接することもできます。こうした特徴から，ほかの経済統計よりいち早く景気の動きを把握できる指標として注目されており，内閣府の景気判断にも影響を与えていると考えられます。

▶調査対象とその選定

「景気ウォッチャー調査」では身の回りの景気動向に敏感と考えられる2,050人に対してアンケート調査を行い，直近の身の回りの景気動向などを把握しているほか，地域別の景気動向などを把握しています。調査対象は，家計動向関連，企業動向関連，雇用関連の3つに大別されます。

家計動向関連の調査対象を見てみましょう。小売では，百貨店，スーパー，コンビニ，家電量販店，自動車ディーラーなどで働く人が対象です。これら小売店で働く人といっても，売り場の責任者や店長など，実際に客などと接しつつも売れ行きの全体像などを把握できる然るべきポジションにある人が調査の対象です。飲食関連は，レストラン，スナックなど，サービス関連は，ホテル，パチンコ店，観光名所など，住宅関連は，住宅販売会社などで働く人が対象ですが，小売と同様，客の様子の全体像がわかるポジションの人を対象に調査しています。

次に企業動向関連です。製造業，非製造業の各業種（家計動向関連とされる小売業，飲食業，宿泊業などは除かれます）から企業が選ばれ，その企業の経営者や然るべきポジションの人が調査に回答します。さらに雇用関連ですが，ハローワークや人材派遣会社で全体像を把握できる立場の人が選ばれており，地元新聞の求人広告担当者も調査対象に含まれています。

ちなみに，地域の景況をつかむことを重視しているので，百貨店やスーパー，飲食店，企業などいずれも地域経済の動きをよく反映すると考えられると

ころが選ばれます。全国は，北海道，東北，北関東，南関東，東海，北陸，近畿，中国，四国，九州，沖縄の11の地域に分割されます。実際の調査は，地域を担当するシンクタンクが行っています。たとえば，東北であれば「公益財団法人東北活性化研究センター」，四国であれば「四国経済連合会」，九州であれば「財団法人九州経済調査協会」です。

▶現状判断 DI　先行き判断 DI

「景気ウォッチャー調査」で重要な指標は，現状判断 DI，先行き判断 DI です。現状判断 DI を求める元となる質問は，「今月のあなたの身の回りの景気は，3 カ月前に比べて良くなっていると思いますか，悪くなっていると思いますか」です。これに対して，①良くなっている，②やや良くなっている，③変わらない，④やや悪くなっている，⑤悪くなっている，の5者択一で回答します。

①の回答に1点，②に0.75点，③に0.5点，④に0.25点，⑤に0点を与え，これらを回答区分ごとの構成比（％）を乗ずることで DI を算出します。②の回答をした人が全体の40％，③の回答が30％，④の回答が30％の場合，DI は 0.75×40＋0.5×30＋0.25×30＝52.5 となります。現状判断 DI は，質問内容からわかるように，現状における景気の方向が上向いているのか下向いているのか，すなわち現時点での方向を示します。そして，景気が良くなっていると回答する人のほうが多い場合には DI は50を超え，景気が悪くなっていると回答する人のほうが多い場合には DI は50を下回ります。

先行き判断 DI を求める元となる質問は，「今後2～3カ月先のあなたの身の回りの景気は，今月より良くなると思いますか，悪くなると思いますか」です。これに対して，①良くなる，②やや良くなる，③変わらない，④やや悪くなる，⑤悪くなる，の5者択一で回答します。DI の求め方は，現状判断 DI と同様です。先行き判断 DI は，先行きの景気が上向くのか下向くのか，将来時点での方向を示します。DI の見方も同様で，今後景気が良くなるだろうと回答する人のほうが多い場合には DI は50を超え，景気が悪くなるだろうと回答する人のほうが多い場合には DI は50を下回ります。

3カ月前，2～3カ月先との比較による方向を重視している理由は，回答する人の感覚のばらつきをある程度防ぐためです。方向に比べて回答する人の感覚にばらつきが出やすい「現在の景気が良いか悪いか」という水準を聞く「現状水準DI」は参考指標とされています。[13]

　なお，「日銀短観」は四半期調査ですが，月次の動きを「景気ウォッチャー調査」で追うといったこともできます。そのためには企業動向関連DIが重要です（家計動向関連や雇用関連ではない部分）。そして，「日銀短観」のナウキャスティングを行うための指標としては，企業動向関連DIの中でも「現状判断DI」でなく「現状水準判断DI」が重要です。なぜなら，「日銀短観」は水準を聞いているからです。「景気ウォッチャー調査」では，「現状水準DI」は参考指標としての位置づけですが，実際は隠れた主役ともいえます。

▶指標の読み方とコメント

　「景気ウォッチャー調査」は，内閣府「月例経済報告」の関係資料である「主要経済指標」（13．景気ウォッチャー調査）の図のページに，現状判断DI，先行き判断DIの原数値（＝季節調整がかかっていない）のグラフが掲載されています。また，同じく「月例経済報告」の関係資料である「閣僚会議資料」では，現状判断DI，先行き判断DIに季節調整をかけた数値のグラフが，原数値のグラフとともに掲載されています。

　季節調整をかけるためには長期間のデータが必要です。「景気ウォッチャー調査」は，比較的最近に始まった調査ですので，系列に季節調整がかけられてきませんでしたが，2013年7月調査から季節調整値の公表が始まりました。現状判断DI，先行き判断DIとも季節調整値の前月差が大切であり，前月差のプラスが続けば，足下あるいは将来の景況感は改善していることを意味し，マイナスが続けば景況感が悪化していることを意味します。

　「景気ウォッチャー調査」では，現在の景気と将来の景気をどのように判断

---

(13)　「景気ウォッチャー調査」については，内閣府「景気ウォッチャー調査：調査の概要」，内閣府「景気ウォッチャー調査 調査票」，内閣府「景気ウォッチャー調査（平成27年12月調査結果）」などによる。

するかにつき選択肢で回答を得るだけでなく，判断の理由についても尋ねています。「閣僚会議資料」には，景気の現状および先行きの特徴的な判断コメントが掲載されており，具体的な景気の実感に触れることができます。

「景気ウォッチャー調査」の現状判断 DI と先行き判断 DI の動き（家計動向関連，企業動向関連，雇用関連の合計，季節調整値）は，「閣僚会議資料」のグラフからこれまでの指標の動きを把握したうえで，直近 2 カ月の前月差がこれまでの方向と異なる符号を示したら，方向が変化したと判断します。

ただし，「景気ウォッチャー調査」を「日銀短観」の業況判断 DI のナウキャスティングに使うならば，現状水準判断 DI の企業動向関連 DI の動きを見る必要があります。この DI を得るためには，内閣府の「景気ウォッチャー調査」ウェブページに入り，「公表資料（統計表一覧）」→「統計表（Excel 表形式）」→「(参考 2) 全国の動向 DI の季節調整値（Excel 形式）」をクリックします。Excel ファイルからは，「家計動向関連，企業動向関連，雇用関連」×「現状判断，先行き判断，現状水準判断」の季節指数の数値データを 2002 年 1 月から得ることができます。季節調整値は原数値から季節指数を引けば算出可能です。「I. 全国の分野・業種別 DI の推移（Excel 形式）」をクリックして Excel ファイルを入手すれば，現状判断，先行き判断，現状水準判断別に，それぞれの原系列の数値を得ることができます（それぞれの DI は家計動向関連，企業動向関連，雇用関連別に入手可能です）。そこで，この数値から季節指数を引くことで季節調整系列の作成が可能です。これをもとに，グラフを作成し，前月差を計算すれば，指標の方向や方向変化の動きをつかむことができます。とくに，現状水準判断 DI の企業動向関連 DI に着目することで，四半期統計である「日銀短観」の業況判断のナウキャスティングを行うことが可能となります。

〈第 7 章の参考文献・資料〉

【文献】
桜井久勝（2015a）『財務諸表分析 第 6 版』中央経済社.
桜井久勝（2015b）『財務会計講義』中央経済社.
総合研究開発機構（2008）「市場分析専門家の立場から見た経済統計に関するアンケート」（総合研究開発機構『統計改革への提言』NIRA 研究報告書2008 10），79-165ページ.

【資料】
片岡雅彦「短観の読み方 ―主要項目の特徴とクセ」（日銀レビュー2010-J-20：2010年11月）.
齋藤潤「円安で輸出はもっと伸びるはず？」（日本経済研究センター「齋藤潤の経済バーズアイ」2014年 5 月14日）.
内閣府「景気ウォッチャー調査 調査票」.
日本銀行「短観の標本設計および標本の維持管理等について」（2004年 6 月 3 日）.
日本銀行調査統計局「短観調査対象企業の定例見直し」（2015年 3 月 2 日）.

【ホームページ上の資料】
内閣府「景気ウォッチャー調査：調査の概要」.
日本銀行「短観（全国企業短期経済観測調査）の解説」.
日本銀行「短観（全国企業短期経済観測調査）のFAQ」.

第8章　雇用 物価

　景気を判断する際にその状況を把握する必要がある幅広い経済部門に，雇用と物価があります。マクロ経済理論では，失業率とインフレ率（＝物価上昇率）は短期的にはトレードオフの関係にあるとされていますが，この両方を許容できる範囲に抑えることが政府の重要な政策目標です。

　ただし実際の経済では，失業率とインフレの関係は必ずしも安定したものではありませんし，物価上昇率については，低ければ低いほどよいわけではありません。物価上昇率が継続してマイナスの状態，すなわちデフレも経済に悪影響をおよぼします。

　雇用に関する指標は，完全失業率のみならず，有効求人倍率があり，後者は景気循環とおおむね一致した動きを示します。また賃金も雇用に関する指標に含まれます。物価については，消費者物価指数，企業物価指数などの指標があり，消費者物価指数にも振れの大きい品目を除いた指標がいくつかあります。本章では，第1節で雇用に関する指標，具体的には有効求人倍率，失業率，現金給与総額（賃金の代表的な指標），第2節では消費者物価指数と企業物価指数を取り上げます。

第1節　雇用

　本節では雇用に関する指標を見ていきます。完全失業率は単に雇用情報を見るにとどまらず，マクロ経済をみるうえで，生産や物価と並ぶ最重要指標です。とくに失業率の上昇は社会的な不安につながり，政府が最も気にする指標ともいえます。

　ただし景気を判断する際には，完全失業率は景気に遅れて動く指標（遅行指標）であるため，景気とパラレルに動くとされている有効求人倍率がより注目

されています。よって本節ではまず有効求人倍率について解説します。そして次に完全失業率を見た後，主な賃金指標である現金給与総額についても取り上げます。

1．有効求人倍率

有効求人倍率は「職業安定業務統計」の指標のひとつであり，有効求人倍率のほか，新規求人数，有効求人数などもこの統計から得ることができます。最も重要な指標は有効求人倍率ですが，期間中に新たに公共職業安定所（ハローワーク）が受け付けた求人申込件数である新規求人数は先行指標であり，景気を判断する際には，こちらも注目に値する指標です（新規求人倍率は景気動向指数の先行系列に採用されています）。

「職業安定業務統計」は，全国のハローワークであつかった求人，求職，就職などの件数を集計したものであり，調査ではありません。ある月の集計結果を掲載した「職業安定業務統計」は，その月の翌月末に，「一般職業紹介状況」として公表されています。

▶有効求人倍率

有効求人倍率とは何か知るためには，月間有効求職者数と月間有効求人数を知る必要があります。第一に月間有効求職者数です。求職者が仕事を探しにハローワークを訪れた場合，求職申込書に，求職者が希望する仕事，希望収入，希望勤務時間，希望勤務地，就職するうえで考慮してほしい事項，経験した主な仕事，学歴，免許・資格などを記入します。そしてこれら情報をデータ化して求職票が作成されます。そしてハローワークの職員は，求職票に記入された条件をもとに，就職の相談や紹介を行います。求職票の有効期限は原則として申込日の翌々月末です（たとえば，5月15日に求職した場合は，7月31日まで）。またハローワークの紹介で採用が決まった場合は求職票が無効になります。

月間有効求職者数は，①「前月から繰り越された有効求職者数」に，②「当月の新規求職申込件数」を加えた数値です。「当月の新規求職申込件数」は，当月（たとえば2016年2月）に，ハローワークを訪れて新たに求職申込みをし

た人の数です。次に,「前月から繰り越された有効求職数」は,前月の末日現在において,求職票の有効期限が翌月以降にまたがっている就職未決定の求職者数です。2016年2月が当月であれば,1月31日（1月末日）において求職票の有効期限が2月以降にまたがっている求職者の数です。1月20日に求職申込書を記入した人の場合,その日から3月31日（末日）までが求職票の有効期限であるので,1月に就職できていなければ,2月の「前月から繰り越された有効求職数」にカウントされます。

　第二に月間有効求人数です。事業所が人を採用したい場合,事業所登録を行った後（事業所名,住所,社会保障制度などの利用状況,事業内容,会社の特徴などを記入）,求人申込書に,仕事の内容,雇用形態（正社員,正社員以外,派遣労働者など）,雇用期間,就業時間,賃金,必要な経験などを記入します。そして,これら情報をデータ化して求人票が作成されます。求人票は,ハローワーク内の求人検索端末などで公開されます。求人票の有効期限は,求職票と同様,求人票の期限も申込日の翌々月末です

　月間有効求人数は,①「前月から繰り越された有効求人数」に,②「当月の新規求人数」を加えた数値です。「当月の新規求人数」とは,当月（たとえば2016年2月）に,ハローワークが新たに受け付けた求人数（採用予定人数）です。次に,「前月から繰り越された有効求人数」は,その月の前月の末日現在（たとえば1月31日）において,求人の有効期限が翌月以降にまたがっている未充足の求人数です。

　上記のように,求職票と求人票の有効期間は,原則2カ月+α日（何日に作成されたかによりα日が決まります）です。有効求人倍率は,その時点で有効である求職数と求人数によって求められるため,「有効」という単語が指標についています。月間有効求職者数と月間有効求人数が何かわかったところで,有効求人倍率を求めますが,求め方は以下の式のとおりです(1)。

---

(1)　有効求人倍率については,厚生労働省「一般職業紹介状況（職業安定業務統計）：集計結果（用語の解説）」,労働政策研究・研究機構「一般職業紹介状況（職業安定業務統計）」,厚生労働省「求職申込書の書き方」,同「求人申込書の書き方」による。

$$\text{有効求人倍率} = \frac{\text{月間有効求人数}}{\text{月間有効求職者数}}$$

▶**有効求人倍率の見方**

有効求人倍率の動きを2001年1月から見てみましょう（図表8-1）。この有効求人倍率は新規学卒者を除きパートタイムを含む数値であり，一般的に有効求人倍率という場合はこの数値です。

有効求人倍率の特徴のひとつは，短期間に急減あるいは急増することがないことです。これまで，個別の特殊要因によって短期間に大きく増減する指標を見てきました。鉱工業生産指数，輸出数量指数，消費総合指数など，ほかの主要指標では消費税率の引上げ，東日本大震災による急な増減が見られました。しかし，有効求人倍率は，その際にも急な増減は見られませんでした。

第二の特徴は，一度増加に転じると明確な増加傾向がしばらく続き，逆に減少に転ずると明確な減少傾向がしばらく続くことであり，指標の方向が読みや

図表8-1　有効求人倍率（季節調整値：月次データ）

（注）シャドウ部分は，内閣府が設定した景気基準日付の景気後退期。
（出所）厚生労働省「一般職業紹介状況」により作成。

すいといえます。ただし，2012年3月から同年11月までの景気後退期には，下落せず上昇のテンポがほんの少し緩やかになった程度にとどまりました。この背景には人口が減少するなか，構造的に人手不足が強まっていることがあり，景気循環との関係は読みにくくなっています。

▶有効求人倍率の情報収集と読み方

　まず内閣府「月例経済報告」の関係資料を使った情報の集め方です。「月例経済報告」の関係資料である「主要経済指標」（10．雇用情勢）の表のページに，最新の3カ月間の有効求人倍率（季節調整値）が示されています。また図のページには，有効求人倍率のグラフが掲載されています。さらに，同じく「月例経済報告」の関係資料である「閣僚会議資料」にもグラフが掲載されます。

　有効求人倍率もほかの主要指標と同様，「主要経済指標」の図のページのグラフから，上昇の方向にあるのか，下落の方向にあるのか把握します。そして，足下で方向が変化しているのか否かについて，最新の2カ月間における前月差を見ることで判断します。上昇（下落）しているなか，2カ月連続で前月差がマイナス（プラス）となれば，方向が変化したと判断できます。

　元の統計にあたりたい場合は，厚生労働省の「一般職業紹介状況（職業安定業務統計）」ウェブページから毎月のプレスリリースを入手できます。表のページには，有効求人倍率のみならず，月間有効求職者数，月間有効求人数，新規求職申込件数，新規求人数，新規求人倍率，就職件数の季節調整済前月比（有効求人倍率は倍率）の過去2年分のデータが掲載されています。また当月における指標に対する説明も加えられています。さらに総務省統計局のe-Statからは，上記指標の時系列データがExcelファイルで入手できるとともに，都道府県別，産業別，年齢別データまで入手できます。

2．完全失業率

　完全失業率は，景気に遅行する指標であり，景気判断ではそれほど重要視されていません。しかしながら，完全失業率を低く抑えることは政府の最重要な

政策目標であり、この観点から指標の動きが注目されています。

完全失業率は、総務省の「労働力調査」の指標のひとつです。そこで「労働力調査」とはどのような調査であるのか見てみましょう。「労働力調査」は、15歳以上人口の経済活動への参加状態などを明らかにすることを目的とした基幹統計調査です。「労働力調査」の調査票には、「月末1週間に仕事をしたかどうかの別」、「月末1週間に仕事をした日数と時間」、「従業上の地位」、「勤め先における呼称」などさまざまな点につき尋ねる質問があります。調査の対象、すなわち母集団は、日本に居住している全人口です。「労働力調査」は標本調査です。また、月次調査であり翌月末に公表されます。

以下では、まず、①「労働力調査」の標本の抽出方法、②就業状態の分類、③完全失業者の定義、④完全失業者数の推計方法と完全失業率の計算方法を見ていきます。そして最後に、⑤完全失業率の情報収集と読み方について解説します。

（１）労働力調査と完全失業率の求め方
▶標本の抽出方法

「労働力調査」の母集団は全人口ですが、実際に就業状態を尋ねているのは15歳以上の人です（2014年における15歳以上人口の推計値は約1億1千万人です）。当然のことながら月次調査である「労働力調査」で全数調査は不可能であり、標本調査により母集団の数値を推計しています。

「労働力調査」では、まず標本世帯（正確には標本住戸）を抽出して、標本世帯の15歳以上の世帯員全員に対して調査を行っています。具体的な標本数は、約4万世帯の約11万人（15歳以上人口は約10万人）です。母集団数は約1億1千万人ですので、その1,100分の1が標本として調査されています。

標本世帯の選び方は、層化2段抽出法による無作為抽出です。ここで「2段」とは、まず1段目として全国を調査区に分けたうえで調査区を抽出し、2段目として抽出された調査区から世帯を抽出します。抽出を2段に分ける理由は「家計調査」で説明したとおりです。すなわち、日本に存在する世帯全体のリストを作ることは現実的ではないからです（世帯を通じてではなく直接15歳以

上の人を選ぶ場合，1億1千万人分のリストが必要になります）。また，かりに4万世帯（あるいは10万人）を抽出したとしても，全国津々浦々にばらばらに住んでいるならば効率的な調査は不可能であり，多くの調査員を確保しなければならないとともに，個々の調査員の負担も大きくなります。

そこで，このように多段階で抽出する方法がとられます。「家計調査」は，1段目で大きな地域（市町村），2段目で選ばれた地域の中の小さな地域を選び（単位区），3段目で標本世帯を選ぶ「3段抽出」を行っています。一方，「労働力調査」は，1段目で直接地域を選び（市町村は選ばない），2段目で標本世帯を選ぶ「2段抽出」を行っています。1段目では，全国で約100万ある国勢調査の調査区から約2,900区を抽出し，2段目で抽出された各調査区から約15の世帯を抽出しています。

次に「層化」について説明しましょう。抽出にあたっては，単純に無作為抽出をするわけではなく「層化抽出」を行っています。層化抽出は，母集団をいくつかの似た特徴を持つグループ（＝層）に分割し，グループ別に標本を抽出することで調査の精度を高める手法です。1段目で調査区を抽出する際には，調査区を産業別の就業者割合などの特徴で層化しています。そして，調査区は各層の中から，世帯数に応じた確率で抽出する，確率比例系統抽出を行っています。

調査区が抽出されれば，次は標本世帯（住戸）の抽出です。「労働力調査」では，調査区にある建物あるいは建物の内の一戸一戸といった「入れもの」（＝住戸）を抽出します。一戸建て住宅は建物全部でひとつの住戸，アパートやマンションは一戸がひとつの住戸に相当します。住戸の抽出に当たっては，調査区内の住戸のリストを作成し，住戸に一連の番号を付して等確率系統抽出により住戸が抽出されます。住戸が抽出されれば，住戸に居住する世帯の世帯員すべてが調査の対象となります。

なお調査対象となった世帯は同じ住戸に住んでいれば合計で4カ月間調査の対象となります。具体的には，まず2カ月連続で調査され，1年後の同じ時期にも2カ月連続で調査されます（たとえば，2015年4月，5月，2016年4月，5月に調査）。前月との関係で半数は同じ世帯が標本であり（逆にいえば毎月半数の

世帯が入れ替えられます），前年同月との関係では半数が同じ世帯が標本となるよう，標本の入れ替え方法が設計されています(2)。

▶就業状態の分類方法

「労働力調査」では，15歳以上人口のうち，何人がどのような就業状態にあるのか推計しています。「労働力調査」では，基礎調査票と特定調査票の2種類の調査票を用いて調査を行っていますが，就業状態を特定するための質問はひとつです。具体的には，図表8-2で示されている基礎調査票の質問⑤「月末1週間に仕事をしたかどうかの別」に対してどのように回答したかにより，就業状態が分類されます。

まずは就業状態の分類について見ていきましょう。15歳以上人口は，労働力人口と非労働力人口の2つに大別されます。質問⑤には，『月末1週間（ただし12月は20～26日）に少しでも仕事をしたかどうかについて，記入してください。仕事とは，収入をともなう仕事をいい，自家営業（個人経営の商店や農家

図表8-2 「労働力調査」基礎調査票の質問⑤

(注) この質問部分は，調査票のサンプルを筆者が再現したものである。よって実際の調査票の該当部分とは一致しない部分がある。あくまでも，調査票のイメージをつかむための質問部分であることに留意願いたい。
(出所)「労働力調査」基礎調査票の一部を引用。

---

(2)「標本の抽出方法」については，総務省統計局「労働力調査の解説［第4版］」第6章「調査世帯の選び方」による。

など）の手伝いや内職も含めます』と書かれています（「，」や「。」は筆者が挿入）。

　この質問に対して選択肢は，仕事を少しもしなかった人が回答するもの，仕事をした人が回答するものの2つに大別されます。仕事を少しもしなかった人が回答する選択肢は，「仕事を休んでいた」，「仕事を探していた」，「通学」，「家事」，「その他（高齢者など）」の5つです。また仕事をした人が回答する選択肢は，「おもに仕事」，「通学のかたわらに仕事」，「家事などのかたわらに仕事」の3つです。

　質問番号⑤の選択肢は合計で8つですが，「通学」，「家事」，「その他（高齢者など）」を選択した人は，「非労働力人口」に分類されます。具体的には，アルバイトなどを行っていない学生，専業主婦（夫），高齢で引退した人などであり，非労働力人口は4,473万人（2015年の平均値）です。15歳以上人口で，非労働力人口でない人は「労働力人口」に分類され，6,598万人です。ちなみに，15歳以上人口に占める労働力人口の割合が「労働力率」であり59.6％です。

　労働力人口は，「就業者」と「完全失業者」の2つに分類されます。「おもに仕事」，「通学のかたわらに仕事」，「家事などのかたわらに仕事」，「仕事を休んでいた」を選択した人は「就業者」に分類されます。就業者は6,376万人です。就業者は，さらに「従業者」と「休業者」に分類されます。従業者は，調査期間中（月末1週間）に収入をともなう仕事を1時間以上した者であり，「おもに仕事」，「通学のかたわらに仕事」，「家事などのかたわらに仕事」のいずれかを選んだ人がこれに該当します。休業者は，「仕事を休んでいた」を選んだ人ですが，仕事をもっていながら調査期間中に病気や休暇などのため仕事をしなかった場合などが該当します。[3]

▶ **完全失業者の定義**

　完全失業者とは，①仕事がなくて調査期間中（月末1週間）に少しも仕事をしなかった，②仕事があればすぐ就くことができる，③調査期間中に，求職活

---

(3) 雇用者であれば休業期間中に給料や賃金が支払われるなど一定の条件を満たす必要がある。

動をしていた（過去の求職活動の結果を待っている場合を含む）の３つの要件を満たす人です。この要件は，国際労働機関（International Labour Organization：ILO）が1982年に決議した基準に準拠しており，国際標準に沿っています。

完全失業者は，質問⑤で「仕事を探していた」と回答した人が該当します。「労働力調査基礎調査票の記入のしかた」では，「仕事を探していた」を選択する場合の留意点について以下のように説明しています。「仕事を少しもしなかった人のうち仕事がなくて，仕事の紹介を人に依頼したり，公共職業安定所に申し込んだり，新聞の求人広告に応募したりしている場合，又は事業を始めるための資金，資材，設備などの調達をしている場合をいいます。また，以前に求職活動をして，その結果を待っている場合も含めます。ただし，仕事があった場合，その仕事にすぐつくことができる場合に限ります」。この説明から，質問⑤で「仕事を探していた」と回答した場合，完全失業者の３要件を満たすことがわかります。なお，完全失業者は222万人です（2015年の平均値）。

15歳以上人口の就業状態を整理したものが図表８-３であり，2015年（毎月の数値の平均値）の数値もまとめて示しました。

図表８-３　就業状態の分類と人数（2015年平均）

（注）15歳以上人口には，「就業状態不詳」が含まれるため，労働力人口と非労働力人口の和は15歳以上人口と一致しない。
（出所）総務省統計局「労働力調査の解説［第４版］」５ページによる。数値は「労働力調査」による。

▶完全失業者の推定方法の基本

　標本世帯の15歳以上の世帯員（以下，「標本」とします）が，質問⑤で「仕事を探していた」を選択すると，その人は完全失業者に分類されます。標本で完全失業者に分類された人の数から母集団の完全失業者数を推定しますが，以下ではその方法を解説します。

　そもそも標本調査は，一部を調査して全体を推定するものですが，推定方法として，標本から得られた値に抽出率（標本として選ばれる確率）の逆数を乗じて母集団の推定値を求める方法が基本です。「労働力調査」においても，基本はこの方法で母集団の値を推定していますが，さらに人口に関する情報を利用して推定の精度を高めています。

　「労働力調査」の標本世帯は，母集団を産業別の就業者割合などの特徴によって層化して，層の中から調査区を抽出し，さらに調査区から世帯を抽出すると説明しました。したがって，層から調査区を選ぶ際の抽出率に，調査区から世帯を選ぶ際の抽出率を乗じることで，世帯が選ばれる抽出率を計算できます。たとえば，層から調査区を選ぶ際の抽出率が，300分の1，調査区から世帯を選ぶ際の抽出率が5分の1であれば，300分の1×5分の1＝1,500分の1が，世帯が選ばれる確率（抽出率）です。これの逆数は1,500ですので，標本から得られた数値の1,500倍が母集団の推定値となります。

　別の見方をすると，1,500分の1の抽出率のもとで選ばれた世帯は，1,500世帯分を代表しているといえます。つまり標本世帯の抽出率の逆数は，その標本世帯が代表する世帯数（＝標本世帯が何世帯分を代表しているか）をあらわしています。「労働力調査」の標本は約4万世帯ですが，これらがすべて同じ世帯数を代表しているわけではありません。標本世帯がどの層から抽出されたか（層ごとに調査区の抽出確率が異なります），どの調査区から抽出されたか（調査区ごとに抽出確率が異なります）により，標本世帯が代表する世帯数が異なります（同じ調査区の標本世帯の代表世帯数は同じです）。

　単純に全体の完全失業者数を求める場合は，まず，標本世帯の世帯員のなか

（4）　総務省統計局「労働力調査の解説［第4版］」50ページによる。

で完全失業者が何人いるか把握します。そして，標本世帯の代表世帯数を完全失業者数に乗じることで，標本世帯が代表する世帯（たとえば1,500世帯）に何人の完全失業者がいるか推定します。たとえば，代表世帯数が1,000である標本世帯の世帯員に完全失業者が1人いた場合，この標本世帯が代表する1,000世帯には失業者が1,000人いると推定されます。そして約4万の標本世帯すべてに同じ作業を行い，求められた数値を足し上げれば，日本全体の完全失業者数を推定することができます。これは，標本世帯の代表世帯数をすべて足し上げれば日本全体の世帯数となるからです。

▶完全失業者の推定方法の実際──推定の精度を高める方法

　完全失業者数は基本的には上記の方法によって求められていますが，実際には精度を高めるための補正がなされています。補正は人口に関するデータで行われます。補正を行う理由は，世帯規模の大きい（小さい）世帯からなる調査区がたまたま数多く抽出された場合，推定される数値（完全失業者のみならず，人口そのもの）が過大（過小）になる可能性があるからです。

　「労働力調査」の調査票から，標本世帯の世帯員数を把握できますが，この世帯員数に標本世帯の代表世帯数を乗じた数値を足し上げれば，全国の人口を推定できます（以下では「推定人口」とします）。一方，総務省は毎月1日時点の正確な人口を公表しています[5]。

　正確な人口に対する推定人口の比率（推定人口÷正確な人口）は，「労働力調査」の各種の推定値（完全失業者数，就業者数など）の正確さのバロメータとして使えます。この比率が1より大きければ，人口が過大に推定されており，完全失業者数や就業者数なども過大に推定されている可能性があります（1より小さければ過小推定）。よって，推定値にこの比率の逆数（正確な人口÷推定人口）を乗ずれば，過大推定あるいは過小推定を補正することができます。この方法は比推定と呼ばれ，推定値を補正するための数値，すなわち，（正確な

（5）　総務省の「推計人口」により公表されている。この数値は，全数調査である「国勢調査」の人口を基準として，毎月の出生児数および死亡者数（人口動態統計），出国者数および入国者数（出入国管理統計）のデータを加減することで求めている。

人口÷推定人口）は「比推定用乗率」と呼ばれます。

　「労働力調査」の推定値を比推定用乗率で補正するための方法は若干複雑です。補正は男女別（2区分），年齢階級別（16区分：0～14歳，15～19歳から80～84歳までの5歳階級（14区分），85歳以上），地域別（11区分：北海道，東北，……，九州，沖縄）に行われます。

　男女別，年齢階級別，地域別の組み合わせ（たとえば，男性×20～24歳×東北）は，全部で352（2×16×11）ありますが，この組み合わせごとに比推定乗率を求めます。完全失業者を例にとって説明します。全国の完全失業者数を推定する際，まず，完全失業者とされた標本について，「①標本が属する世帯の代表世帯数」を乗じて，さらに，「②標本の属性（男女別，年齢階級別，地域別）に対応した比推定用乗率」を乗ずることで，標本が何人の完全失業者に相当するか求めます。たとえば，完全失業者に分類された標本が属する世帯の代表世帯数が1,000であり，この標本の特性に対応した比推定用乗率が1.02であるとするならば，この標本は全国の完全失業者1,020人に相当するとされます。

　すべての標本（＝標本世帯の世帯員）は，「①標本が属する代表世帯数」に「②標本の属性に対応した比推定用乗率」を乗じた値によって，その標本が母集団では何人に相当するかが決まります。すなわちこの値は，標本が代表する人数ともいえます。人口全体の1,020人を代表する標本があったとします。この標本が，基本調査票の質問⑤で「仕事を探していた」と回答した場合，全体では1,020人の完全失業者に相当すると見なされます。

　そして約10万人の標本（標本世帯の15歳以上世帯員）すべてに同じ作業を行い，求められた数値を足し上げれば，全体の完全失業者数を推定することができ，同様の方法で就業者数や非労働力人口も求めることもできます。

　また，比推定の場合，たとえば「たまたま女性が多く抽出される」ような場合でも，男女比が人口推計と同じになるように補正されるため，より精度が高くなるといえます（同様に，たまたま高齢者が多く抽出されるような場合にも補正されます）[6]。

（6）「母集団の値の推定方法」については，総務省統計局「労働力調査の解説［第4版］」第7章「結果の推定方法と標本誤差等」などによる。推定方法の一部は，参考文献が示す推定方法にもとづきながら，参考文献とは異なった説明方法で解説している。

▶完全失業率の求め方

「仕事を探していた」と回答した標本から全体の完全失業者数を求めることができ，「主に仕事」「通学のかたわらに仕事」「家事などのかたわらに仕事」「仕事を休んでいた」と回答した標本から全体の就業者数を求めることができます。完全失業者数と就業者数がわかれば，完全失業率は以下のように求めます。

$$完全失業率(\%) = \left(\frac{完全失業者数}{労働力人口(=就業者数+完全失業者数)}\right) \times 100$$

ちなみに完全失業者の「完全」とはどのような意味があるのでしょうか。先ほど完全失業者の3要件を示しましたが，要件③，すなわち，「調査期間中に，求職活動をしていた（過去の求職活動の結果を待っている場合を含む）」は，1950年に加えられました。その際，それまでの「失業者」という用語の定義が変わったことを明確に示すために「完全失業者」と名称が変更されました。[7]

（2）完全失業率の情報収集と読み方

▶完全失業率は需要不足失業率と均衡失業率に大別

失業が発生する理由のひとつは需要不足です。需要が不足すると生産も減少し，生産に投入する労働も減少します。その結果，失業者が増加することから失業率が上昇します。需要不足により発生する失業は「需要不足失業」（または「循環的失業」）と呼ばれます。ただし失業は需要不足だけではなく，雇用のミスマッチや企業と労働市場の情報の不完全性によっても生じます。

企業が求める人材と求職者のもっている特性が異なることにより発生する失業は「構造的失業」と呼ばれます。企業は高度な技術をもつ人材を探しているなか，求職者にそのような技術がない場合は，求人があっても失業は解消されません。企業が若年層を求めるなか，求職者が高齢である場合も同様です。また企業と求職者のお互いの情報が不完全であることから，両者が相手を探すのに時間がかかることによる失業は「摩擦的失業」と呼ばれます。[8] 景気が良くな

---

(7) 総務省統計局「労働力調査　労働力調査に関するQ&A（回答）：F-8　完全失業者の完全とは，どういう意味ですか？（回答）」による。
(8) 総務省統計局「需要不足失業と構造的失業〜完全失業者の状況を詳細に分析するため

り需要不足が解消されれば，失業率がゼロになってもおかしくないと思うかもしれませんが，実際には，景気が過熱気味になっても失業率はゼロにはなりません。この理由が，構造的失業と摩擦的失業の存在です。

　構造的失業率と摩擦的失業率を合わせて「均衡失業率」とも呼ばれます。「構造的・摩擦的失業率」とされる場合もありますが，以下では「均衡失業率」とします。労働政策研究・研修機構は「ユースフル労働統計」で，均衡失業率，需要不足失業率を四半期データで公表しています(9)。同統計からは1970年1－3月期からのデータを入手できますが，これを見ると（図表8-4），1970年には1％台であった均衡失業率は，緩やかに上昇を続けました。バブル期には

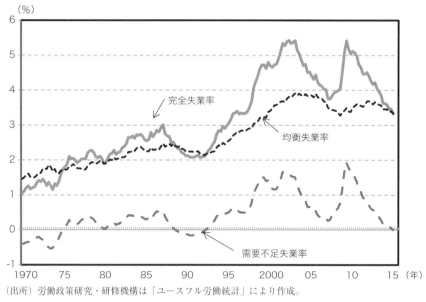

図表8-4　需要不足失業率と均衡失業率（季節調整値：四半期データ）

（出所）労働政策研究・研修機構は「ユースフル労働統計」により作成。

　　に　その2～」（労働力調査の結果を見る際のポイント No11：2009年8月18日）による。
（9）　労働政策研究・研修機構「ユースフル労働統計 2015」104-106ページに掲載されている表から数値を得た。

一時期若干低下したこともありましたが，バブル崩壊後は上昇に転じました。1993年からは，前のペースより早く上昇が続き，2005年には4％に肉薄する水準にまで高まりました。その後は低下しましたが，2015年7-9月期でも3.3％と過去に比べると高い水準となっています。そして，均衡失業率が高くなった分，平均的な完全失業率が高くなっています。

久留米大学の塚崎公義教授は，誰にでもできる仕事は賃金の安い途上国で行われるようになり，最近の求人には技術を要するものが増えてきた点を指摘しています。均衡失業率がバブル期以降に大きく高まった要因のひとつとしては，円高などにより加速した工場の海外移転が考えられます。また塚崎教授は，大学を出たのだから大企業，親の介護のため地元企業というように若者が就職先を選ぶようになったことも均衡失業率が高まった理由のひとつとして挙げています[10]。

▶完全失業率の読み方

景気判断の際には指標の方向を見ることが原則です。しかしながら完全失業率については方向性のみならず水準も重視されます[11]。この点に留意しつつ完全失業率を見ていきましょう。完全失業率は足下の景気動向を把握するための指標ではないですが，動きの特徴はつかんでおくことは必要です。なぜ失業率を見るかといえば，経済政策の主たる目標である雇用の安定が達成されているかどうかを判断するためです。また，あえて景気との関係を示すならば，遅行指標であるため，景気の転換点を事後的に確認するためといえます。季節調整済の月次の完全失業率を見ると（図表8-5），毎月の数値の振れが見られます。完全失業率は，景気の足下の動きをいち早くとらえる指標ではなく，少し長い目でトレンドを見ることが重要です。

なお水準については4％を上回ると厳しい状況といえそうです。図表8-4を見ると，均衡失業率は3％半ば，政府の試算では3％強です。均衡失業率は幅をもって見る必要がありますが，少なくとも4％台となれば，そこから顕著

---

(10) 塚崎（2015）108-109ページによる。
(11) 概してストック統計では水準も重視されます。

図表 8-5　完全失業率（季節調整値：月次データ）

（注）シャドウ部分は，内閣府が設定した景気基準日付の景気後退期。
（出所）総務省「労働力調査」により作成。

に乖離しているという解釈が可能です。また，政府が「雇用情勢が厳しい」と判断する基準もここのところ4％にあるようです。完全失業率自体は2009年から改善していたのですが，内閣府「月例経済報告」の雇用に関する判断文には「厳しい」，「厳しさ」といった文言が残り続けました。この文言が消えたのが，2013年8月の「月例経済報告」です。この報告で検討された最新の完全失業率は，2013年6月の数値であり，4％を切った3.9％でした。これらを考慮すれば水準が4％を超えれば，雇用情勢は厳しいといえそうです。

「月例経済報告」の関係資料である「主要経済指標」の表のページで，最新3カ月分の完全失業率（季節調整値），図のページでグラフを掲載しています。また，同じく関係資料である「閣僚会議資料」でも短い期間をクローズアップしたグラフを掲載しています。

なお「労働力調査」の毎月の結果は，厚生労働省の「労働力調査」ウェブページで入手でき，男女別，年齢階級別の完全失業率も掲載されているほか，失業者数，就業者数，完全失業者数（季節調整値）といった数値も知ることがで

きます。また時系列データも Excel ファイルで提供されています。

3．現金給与総額

　雇用関連指標で賃金を見るための指標が現金給与総額です。現金給与総額は，厚生労働省の「毎月勤労統計調査」の指標のひとつです。そこで「毎月勤労統計調査」とはどのような調査であるのか見てみましょう。調査方法は標本調査です。標本事業所には，常用労働者数，出勤日数，実労働時間（所定内および所定外），現金給与総額（所定内給与，所定外給与，特別給与）などを調査票に記入してもらいます。

　母集団は，常用労働者を5人以上雇用する事業所です。ただし日本標準産業分類の19大分類のうち，「農業，林業」，「漁業」，「公務」を除く16大分類の事業所が対象です。月次調査であり，速報値は調査月の翌月末から翌々月初め，確報値は調査月の翌々月中旬に公表されます。

　「毎月勤労統計調査」で重要な概念は「常用労働者」です。「毎月勤労統計調査」の「調査票の記入要領」では，常用労働者の定義などが示されています。常用労働者とは，①期間を定めずに，または1カ月を超える期間を定めて雇われている者，または，②日々または1カ月以内の期間を定めて雇われている者のうち，調査期間の前2カ月間で，それぞれ18日以上雇われている者です。そして留意点として，常用労働者とは正規従業員に限られるわけではなく，まったくの臨時アルバイトのように，ごく短期間勤める人でなければ大抵は常用労働者となることが示されています[12]。

　「毎月勤労統計調査」から得られる指標のうち，景気判断では，現金給与総額とその内訳である，所定内給与，所定外給与，特別給与を見ます。まずは「毎月勤労統計調査」の概要を解説した後，現金給与総額や内訳の説明，これら指標の読み方を見ていきます。

---

(12)　厚生労働省大臣官房統計情報部「毎月勤労労働統計調査全国調査及び地方調査調査票の記入要領」による。

（１）毎月勤労統計調査の調査方法

「毎月勤労統計調査」は大きく３つの調査，具体的には，全国調査，地方調査，特別調査に分かれています。日本全体の景気判断に使う指標は全国調査によるもので，これは後ほど詳しく説明します。地方調査は都道府県の変動を明らかにする目的で，全国調査の標本事業所に地方調査のみの標本事業所を加えて母集団の推計を行っています。地方調査は全国調査同様，毎月調査が行われています。全国調査と地方調査の対象は，常用労働者の規模が５人以上の事業所（以下，「規模○人以上の事業所」とします）ですが，特別調査は規模１～４人の事業所が対象です。特別調査は，より規模の小さな事業所を対象としていますが年に１度だけ調査が行われます。

▶標本の抽出方法

全国調査は調査対象を規模別に２つに分けています。規模30人以上の事業所は第一種事業所，規模５～29人の事業所は第二種事業所とされます。母集団は「経済センサス」による事業所です。第一種事業所の母集団は約30万事業所であり，ここから約18分の１に相当する約16,700事業所を抽出しています。第二種事業所は約160万事業所あり，ここから約100分の１に相当する約16,500事業所を抽出します。

まずは，第一種事業所の標本抽出方法を見ていきます。第一種事業所の標本は，市町村や調査区を選ぶといった段階を経ずに，全国の母集団から抽出します。「家計調査」，「労働力調査」といった世帯に対する調査では，まず調査区を抽出したうえで，調査区内から標本を抽出しました。なぜかといえば，日本に存在する世帯全体のリストを作ることは現実的ではないからです。しかし事業所となると話が異なります。事業所については「経済センサス―基礎調査」により，全国の事業所の全数リストが整備されています。

「経済センサス―基礎調査」とは，総務省と経済産業省が作成者となる統計で，事業所の事業活動や企業の企業活動の状況を調査し，事業所母集団データベースといった母集団情報を整備することなどを目的としています。事業所に関する内容については，事業所の所在地，従業者数，事業の種類および業態（事業所が

どの産業に属するかを決める際に利用），開設時期といったことを尋ねています。「経済センサス─基礎調査」の調査対象は，すべての事業所および企業です。

　「経済センサス─基礎調査」は，2009年から始まった統計調査で，その後，2012年，2014年と，2〜3年周期で行われています。2009年より前の時点では，第一種事業所の標本抽出に際して「事業所・企業統計調査」（2009年に経済センサスに統合）の結果が使われていました。

　第一種事業所は，全国の母集団リストから抽出されますが，その際には母集団の層化が行われます。つまり，第一種事業所は，層化1段無作為抽出で標本が選ばれます。母集団は産業×規模の組み合わせによる層に分けられ，それぞれの層から標本事業所が無作為に抽出されます。

　産業は，日本標準産業分類の大分類を基本としつつも，製造業，卸・小売業，飲食サービス業など，医療・福祉，その他サービス業は中分類（2つ以上の分類で1つの層もあり）に分けられ，全部で41分類とされています。規模は，30〜99人，100〜499人，500人以上の3つに分けられています。よって母集団の事業所は，41（産業）×3（規模）＝123の層に分けられます。

　第一種事業所の標本は，層ごとに抽出率が決められます。抽出率の大枠は規模で決まります。第一に，規模が500人以上である層（41層あります）は，組み合わさる産業にかかわらず抽出率が1，すなわち全数が標本となります。第二に，規模が100〜499人である層は，組み合わさる産業によって抽出率が，1から192分の1の間に分布します。ただし41層のうち35の層が，抽出率が4分の1から24分の1の間にあります（最も多いのは抽出率8分の1と16分の1の層でそれぞれ7層です）。第三に，規模が30〜99人である層は，組み合わさる産業によって抽出率が2分の1から256分の1の間に分布します。ただし，41層のうち36の層が，抽出率が12分の1から144分の1の間に分布します（最も多いのは抽出率48分の1の7層です）。

　第一種事業所が標本事業所に選ばれれば，原則として2〜3年間継続して標本とされます。「経済センサス─基礎調査」は2〜3年周期で行われていますが，この調査の実施年から3年後の1月に標本事業所の入れ替えが行われています。たとえば2012年に「経済センサス─基礎調査」が行われましたが，これにもとづく標本の入れ替えは2015年1月になされました。

▶標本の抽出方法：第二種事業所

　次に，第二種事業所の標本抽出方法を見ていきます。第二種事業所は層化2段無作為抽出によって標本を選びます。第1段では調査区を抽出します。「経済センサス―基礎調査」では全国を約22万の調査区に分けて調査を行っています。「毎月勤労統計調査」では，近隣の調査区を統合するなどして，約7万の毎勤調査区を作っています。ここから約1,900の調査区を抽出しますが，その際には調査区を産業別の事業所構成によって5つの層に分け，それぞれの層から所定の抽出率によって調査区を抽出します。第2段で選ばれた調査区について，第二種事業所の名簿を作成し，この名簿から産業別に標本事業所を無作為に抽出しています。第一種事業所は標本事業所に選ばれれば，2～3年間継続して標本であり続けますが，第二種事業所は半年で交代します[13]。

（２）現金給与総額とその内訳
▶現金給与総額とその内訳の定義

　「毎月勤労統計調査」の標本がどのように選ばれるのかわかったところで，次に，現金給与総額とは何か見てみましょう。現金給与とは，賃金，給料，手当，賞与のほか名称の如何を問わず労働の代償として使用者が常用労働者に通貨で支払うものをいいます。この金額のなかには天引きされる税金も含まれています。ちなみに退職金は含まれません。

　現金給与総額は，きまって支給する給与（定期給与）と特別に支払われた給与（特別給与に大別できます。また，きまって支給する給与は，所定内給与と所定外給与に分けられます。きまって支給する給与は（所定内給与＋所定外給与），3カ月以内の期間についてあらかじめ決められている算定方式によって支給される給与です。たとえば，基本給・本給，業績給，奨励加給，家族手当，住宅手当，通勤手当[14]，業績手当，職務手当（役職手当，特殊作業手当，宿日直手当な

---

(13) 標本抽出方法については，第一種事業所，第二種事業所とも，厚生労働省大臣官房統計情報部「毎月勤労統計要覧（平成26年版）」284-287ページなどによる。
(14) 通勤手当の場合，3カ月を超える通勤手当は「特別給与」になる。また，通貨で支払われない場合，たとえば定期券の現物支給がなされた時は，給与に含まれない。

ど），超過勤務手当，休日出勤手当，深夜手当などがそれに該当します。

所定外給与は，所定労働時間を超えて提供した労働に対して算定される給与であり，超過勤務手当，時間外勤務手当，休日出勤手当，深夜手当，宿日直手当がこれに含まれます。所定内給与は，きまって支給する給与から所定外給与を引いた金額です。簡単にいえば，所定内給与は，残業や休日出勤を一切しなくても受け取ることのできる給与，所定外給与は残業や休日出勤をすることで受けとる給与です。

特別給与は，現金給与からきまって支給する給与を除いた部分で，賞与（ボーナス）が最もわかりやすい例ですが，ベースアップが行われた場合の追加支給分，3カ月を超える期間で支払われる現金給与（例：半年ごとに支払われる通勤手当や寒冷地手当）なども含まれます。[15]

現金給与総額の内訳を改めて示すと以下のようになります。

$$現金給与総額＝所定内給与＋所定外給与＋特別給与$$

▶標本事業所が記入する内容

標本事業所は，自らの事業所で常用労働者に支払った現金給与額を，調査票に毎月記入します。男女別の数，パート労働者の数も記入しますが，景気判断で使用される現金給与総額を求めるうえで必要なものは合計の数値です。調査票の記入欄には調査月の数値を書くのですが，記入欄が3つに分かれています。これらの欄には，きまって支給する給与（＝所定内給与＋所定外給与），所定外給与，特別給与のそれぞれの金額を記入します。所定内給与を記入する欄はありませんが，きまって支給する給与から所定外給与を引けば簡単に求めることができます。

また標本事業所は，調査月前月末日および調査月末日の常用労働者数も調査票に記入します。たとえば，2015年9月調査であれば，2015年8月31日（前月末），同年9月30日（当月末）の数値です。これは現金給与総額と関係なさそう

---

(15) 各種給与については，厚生労働省大臣官房統計情報部「毎月勤労統計調査全国調査及び地方調査調査票の記入要領」による。

ですが，事業所が記入する現金給与額は常用労働者全員に対する金額なので，1人当たりに支払われた現金給与額の平均値を求めるためには，常用労働者数が必要です。

なお調査票には，現金給与額や常用労働者数以外にも出勤日数，実労働時間（所定内労働時間＋所定外労働時間）などを記入します。回収された調査票は集計されたうえで，母集団の値が推計され，現金給与総額などの指標が求められます。

▶標本事業所の数値から母集団の数値の推計方法

第一種事業所の標本（約16,700），第二種事業所の標本（約16,500）から集まった調査票は，産業×規模別に集計されます。第一種事業所は，産業（41）×規模（3）＝123層，第二種事業所は，産業（41）×規模（1＝5～29人）＝41層であり，合計で164層のそれぞれでまずは集計が行われます。

現金給与総額を求める第一歩は，産業×規模（＝層）ごとに事業所が支払った現金給与額をすべて足し上げた数値を求めることです。この結果，産業×規模別で標本事業所が支払った現金給与の総額が求まります。

ただしこの総額はあくまでも標本事業所が支払った現金給与の総額にすぎません。そこで次に母集団事業所全体が支払った現金給与の総額を産業×規模別に推計します。具体的には，産業×規模別の標本事業所が支払った現金給与の総額に，産業×規模別の推計比率を乗ずることで求めます。推計比率とは，前月末における母集団の労働者数を，前月末の調査労働者数(16)（標本事業所が調査票に記入した前月末の常用労働者数の総数）で割った数値です。たとえば，母集団事業所の労働者数が1万人，調査労働者数が200人であれば，推計比率は50となります。推計比率は，標本事業所の労働者1人が，母集団における何人の労働者を代表しているのか示す値と解釈できます。よって，産業×規模別の標本事業所が支払った現金給与の総額に推計比率をかければ，母集団の事業所全体が支払った現金給与の総額が推計できます。

---

(16) 母集団の労働者数は，事業所の新設，廃止などに伴う労働者数の増減を反映させるため，毎月数値が補正されている。

産業×規模別に，母集団事業所が支払った現金給与の総額を求めれば，それを足し上げて，すべての母集団事業所が支払った現金給与の総額が求まります。この数値を母集団事業所の常用労働者数（以下，「労働者数」とします）で割れば，1人当たりの現金給与総額（以下，「現金給与総額」とします）を求めることができます。母集団事業所の労働者数は，調査月前月末の数値と調査月末の数値の平均値です。標本事業所には，調査月前月末の数値と調査月末の数値を聞いています。これを産業×規模別に足し上げ，その数値に推計比率をかけて母集団事業所の数値を推計し，これを足し上げれば，すべての母集団事業所の労働者数（調査月前月末および調査月末）の推計値を求めることができます。最後の部分を式であらわすと以下のとおりです。

$$現金給与総額 = \left(\frac{事業所が支払った現金給与の総額}{\frac{1}{2} \times (調査月前月末の労働者数 + 調査月末の労働者数)} \right)$$

以上の方法で，現金給与総額のみならず，その内訳である，所定外給与，所定外給与，特別給与の推計値も求めることができます。[17]

（3）現金給与総額の情報収集と読み方

現金給与総額は，内閣府「月例経済報告」の関係資料である「主要経済指標」の表のページに，最新3カ月分の名目額の季節調整済前月比が掲載されています。ただし賃金の代表的指標である現金給与総額は，景気判断においては重視されていません。むしろ近年は，デフレ脱却との関係で重視されていますが（賃金が上昇しないと物価の持続的な上昇にはつながりにくい），景気との関係は深くありません。

「主要経済指標」の図のページには，現金給与総額の前年同月比と，これに対する所定内給与，所定外給与，特別給与の寄与度が示されたグラフが掲載されています。景気を判断する際の原則は，季節調整済前月比を見ることです。しかし，賃金を判断する際には前年同月比が使われています。これはボーナス

---

(17) 1人当たり現金給与総額の推計方法は，厚生労働省大臣官房統計情報部「毎月勤労統計要覧（平成26年版）」288-290ページなどによる。

のウェイトが大きく，かつ景気感応的であることによります。ボーナスを評価するためには，ボーナス月の前年同月比で見る方がわかりやすいこと，またボーナスの影響で季節調整値の振れが大きくなり，解釈が難しくなるため，賃金は前年同月比で判断されています。

そこで，現金給与総額については，前年同月比の動きをグラフから読み取り，伸び率が高まっている時は賃金の動きが強い，逆に伸び率が低下している時は動きが弱いと判断します。そしてその動きが，所定内給与による生じているのか，所定外給与や特別給与によって生じているのかにつき把握することも重要です。これは**図表8-6**のような，現金給与総額の前年同月比と，これに対する所定内給与，所定外給与，特別給与の寄与度が示されたグラフ（「主要経済指標」の図のページに掲載されています）を見ることが重要です。

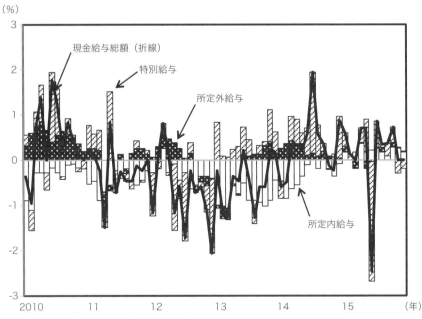

図表8-6　現金給与総額（前年同月比：月次データ）

（注）所定内給与，所定外給与，特別給与は，現金給与総額の前年同月比の寄与度。
（出所）内閣府データにより作成（元のデータは厚生労働省「毎月勤労統計調査」）。

所定外給与や特別給与により現金給与総額の動きが変化しているならば，それは一時的な動きである可能性がありますが，所定内給与により変化しているならばその影響は長い間続くと考えられます。すなわち，残業代やボーナスで給与が高まってもこれが続く保障はありませんが，ベースアップなどにより基本給が高まった場合は，これを再び引き下げることは簡単ではありません。

第2節　物価

　物価の安定は政府の重要目標です。物価水準が継続的に高まる状態であるインフレ，継続的に下落する状態であるデフレはともに経済に悪影響をおよぼします。たとえば，インフレやデフレは強制的に所得を再分配してしまいます。インフレの場合はお金を借している人から貸りている人へ所得が移転され，デフレはその逆が起こります。またインフレの場合，短期的に固定されている現

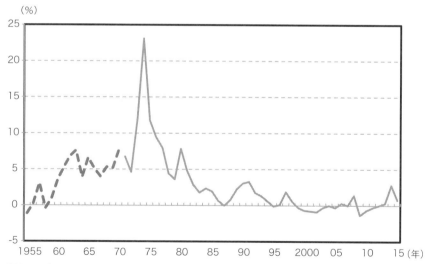

図表8-7　消費者物価指数上昇率の長期の動き（年次データ）

（注）1969年以降の消費者物価指数は「持家の帰属家賃を除く総合」であり，2010年基準の総合指数とは接続しない。よって消費者物価指数の伸び率は，1970年以前と1971年以降では接続しない。
（出所）総務省「消費者物価指数」による。ただし1970年以前の数値は，内閣府「平成27年度 年次経済財政報告」の長期経済統計による。

金の実質的な購買力が低下することにより消費が抑制されたり，デフレの場合は物価の先安感から消費が先送りされたりといった効果が生じます。これらは景気にさまざまな悪影響をおよぼします。さらに高インフレの場合には，相対価格のシグナリング機能が失われ，資源配分の効率性が低下します。そして，デフレの場合は，物価の下落と実体経済の悪化が互いに原因となり，両者がスパイラル的に進行する，デフレスパイラルが発生することもあります。

長期的な物価上昇率の動きを見ると（図表8-7），1960年代，1970年代は5％を挟む動きをしており，狂乱物価と呼ばれた時期には，1973年11.8％，1974年23.1％，1975年11.8％と二桁の伸びが続きました。しかし，1999年から2003年までは5年連続でマイナスが続くなど，2000年代以降は総じて物価上昇率が低水準で推移しています。第2節では物価を見るうえで最重要の指標である消費者物価指数と，企業間で取引される財に関する価格を総合的に見る指標である企業物価指数を取り上げます。

1．消費者物価指数

消費者物価指数は，日常の生活で消費者が購入する財やサービスの価格の動きを総合した指標であり，消費者が日常購入する食料品，衣料品，電気製品，化粧品などの財の動きのほか，家賃，電話代，授業料，理髪料などのサービスの価格の動きも反映されます。[18]

消費者物価指数は，複数の財やサービスの動きをひとつの指数にまとめて作成します。複数の財やサービスの価格の総合的な動きを把握する指標を求める方法としては，財やサービスの価格を基準年の価格を100とした指数として，これを基準年における財やサービスのウェイトで加重平均する方法があります。基準年のウェイトで個別の指標を加重平均することでひとつの指数にまとめるやり方はラスパイレス方式です（第5章の補論で説明しました）。ラスパイレス方式は，基準年のウェイトだけを求めればよく，統計を作成する作業が軽減できるため，多くの総合指標を作成する際に方式が使われており，消費者物

---

[18] 総務省統計局「消費者物価指数のしくみと見方—平成22年基準消費者物価指数—」3ページによる。

価指数もこの方式で求められています。

　消費者物価指数を深く理解するためには，指数の求め方を知ることが大切です。そこで以下では，①消費者物価指数に反映される財やサービス，②財やサービスの価格調査（何を誰がどこで調査するのか），③財やサービスの価格指数を総合指数とする方法について解説します。指数の求め方の後は，④指数の読み方，⑤情報収集の方法についても説明を加えます。

　なお以下の説明は，2010年基準によるものです。「消費者物価指数」の基準改定は5年に1度行われますが，2016年7月中旬に，2015年基準消費者物価指数に関する資料が公表され，同年8月より2015年基準にもとづいた指数の公表が始まる予定です。最新のウェイトや基本銘柄などを知りたい場合は，総務省統計局の「消費者物価指数（CPI）」ウェブページを参照して下さい。[19]

（1）消費者物価指数に反映される財やサービス
▶調査品目の選定基準

　まずは消費者物価指数に反映される財やサービスです。消費者物価指数に用いられる小売価格は，基幹統計調査である「小売物価統計調査」で調べられています。この調査は，財の小売価格，サービス料金および家賃を全国規模で，小売店，サービス事業所，関係機関，世帯から毎月調査し，消費者物価指数などに関する基礎資料を作ることを目的としています。[20]

　「小売物価統計調査」では財やサービスを約550の品目に分けて価格を調べています。品目の基本は，「家計調査」のうち消費支出に相当する部分の分類（収支項目分類）ですが，これが分割・統合される（多くの場合は分割）こともあります。平成28年1月から適用している調査品目で見ると，「他のパン」は「あんパン」と「カレーパン」に，「コーヒー」は「インスタントコーヒー」と「コーヒー豆」，「和食」は「親子どんぶり（外食）」，「天丼（外食）」，「カレーライス（外食）」，「牛丼（外食）」，「豚カツ定食（外食）」，「しょうが焼き定食（外食）」，「フライドチキン（外食）」に分割されます。これらは一例であり，ほか

---

(19) 総務省統計局「消費者物価指数2015年基準改定計画」（2015年11月27日）による。
(20) 総務省統計局「小売物価統計調査（動向編）関連情報」による。

にも多くの項目が分割されていることから,「家計調査」の収支項目分類より「小売物価統計調査」の調査品目はかなり多くなっています。

調査品目として選ばれるためには,選定基準を満たす必要があります。最も基本的な選定基準は,家計消費支出上,重要度が高い品目であることです。まず,「家計調査」の家計簿の記載内容を分析して,「家計調査」の収支項目より細かい品目別に消費支出を集計します(特別集計)。そして,家計消費支出に対する支出額の割合が1万分の1以上の品目であれば,この基準を満たしたとみなされます。さらに,①調査品目はそれを取りあつかっている店舗が全国的に存在しており,調査員が品目の価格を安定的に調査することが可能であること,②全国的に同品質のものの価格変化を把握できることなどの条件も満たす必要があります。[21]

▶具体的な品目—衣食住

消費者物価指数に反映されている品目を,10大費目別に見ていきましょう。ウェイトは1世帯当たり家計消費に対する支出額の10,000分比です(2010年基準)。[22]第一の費目は食料品であり,費目全体のウェイトは2,525と4分の1以上を占めていますが,品目数も221と多く,全品目の37.6%を占めています。品目別に見ると,外食が3品目,ビール(87:カッコ内はウェイト。以下同じ),焼肉(70),すしB〈回転ずし〉(49)[23]と続きます。次にウェイトが30以上の品目を挙げると,みかん(46),牛肉A〈国産品,ロース〉(44),弁当(43),ビール(42),うるち米〈コシヒカリ以外〉(42),外食のカレーライス(42),店頭売りの牛乳(41),弁当のすし(38),ケーキ(37),豚肉A〈バラ〉(35),豚

---

(21) 総務省「小売物価統計調査(動向編)の品目の選定基準」(内閣府統計委員会諮問第80号の答申「小売物価統計調査の変更について」資料1-①:平成27年9月17日),総務省統計局「消費者物価指数年報」(平成26年版)477ページによる。

(22) 2015年12月結果における品目別価格指数のウェイトである。以下,具体的な数値でウェイトを示す場合も同用である。

(23) 外食の「すし」はA,Bの2品目に分かれている。後に説明する銘柄でみると,Bは「回転ずし店におけるにぎりずし,まぐろ(赤身),2個」である。ちなみにAは「にぎりずし(江戸前),並」である。以下,〈 〉内は銘柄をあらわす。

肉B〈モモ〉(35)，鶏肉(34)，外食のフライドチキン(31)，うるち米〈コシヒカリ〉(30)，アイスクリーム(30)，外食の中華そば(30)です。食料でウェイトが高い品目には，外食に関する品目が多いですが，そのほか，食パン(28)，スパゲッティ(4)，さけ(13)，ぶり(20)，えび(20)，かまぼこ(10)，ハム(17)，ソーセージ(21)，バター(2)，鶏卵(22)，キャベツ(8)，ねぎ(17)，だいこん(7)，にんじん(8)，トマト(12)，豆腐(17)，バナナ(9)，しょうゆ(8)，みそ(9)，砂糖(5)，酢(5)など，料理を作る際の食材や調味料なども品目として採用されています。

　第二の費目は住居です。ウェイトは2,122で全体の5分の1強を占めています。住居に関する品目で突出したウェイトをもつものは，持家の帰属家賃(1,558)です。持家には家賃が発生しませんが，GDP統計では自分で自分に家賃を支払っているとして見なしています（そうしないと持ち家率が高くなるほどGDPが減少してしまうからです）。「家計調査」の家計簿には当然のことながら持家の帰属家賃は記入されませんが（実際に支払っているわけではないので），例外的にこれだけ品目として消費者物価指数に反映されています。住居には，帰属家賃のほかにも，民営家賃(267)など家賃に関する品目，水道工事費(24)，火災保険料(49)など設備修繕・維持に関する品目があります。

　第三の費目は被服及び履物です[24]。ウェイトは405であり，衣食住のなかではウェイトが小さいといえます。男女子供用の洋服，男女子供用のシャツ・セーター・下着類，履物などで品目に分かれています。洗濯代に関する品目もここに入ります。

▶具体的な品目―衣食住以外

　第四の費目は光熱・水道で，ウェイトは704です。電気代(317)が多くを占め，水道料(100)，都市ガス代(96)，プロパンガス(81)，下水道料(62)，灯油(50)が続きます。第五の費目は家具・家事用品でウェイトは345です。家庭用耐久財として。電気冷蔵庫(21)，ルームエアコン(36)，室内装備品とし

---

[24] 10大費目の順番では，被服及び履物は5番目であるが，衣食住をまとめたので3番目とした。

てカーペット（11），寝具類として，布団（11），家事雑貨として，なべ（7），フライパン（7），電球・蛍光ランプ（10），タオル（11），家事用消耗品として，トイレットペーパー（11），洗濯用洗剤（15），ポリ袋（7），殺虫剤（7）などがあります。

第六の費目は保健医療で，ウェイトは428です。品目別には，診療代のウェイトが196で最大ですが，ほかの例として，感冒薬（11），ドリンク剤（28），眼鏡（20）が挙げられます。第七の費目は交通・通信でウェイトは1,421と，10大費目では3番目に大きくなっています。交通に関する品目としては，鉄道運賃（JR）（32），普通運賃（JR以外）（24），一般路線バス代（19），タクシー代（18），航空運賃（22），高速自動車国道運賃（21）があります。自動車等関係費に関する品目の例として，軽乗用車（35），小型乗用車（AとBを合わせて62），普通乗用車（58），ガソリン（229），自動車タイヤ（29），自動車整備費（定期点検）（33），車庫借料（64），自動車保険料（任意）（168）が挙げられます。通信に関する品目には，携帯電話通信料（215），固定通話通信料（93），携帯電話機（54）があります。

第八の費目は教育でウェイトは334であり，私立大学授業料（97），国立大学授業料（13），補習教育（中学校）（40）が品目例です。第九の費目は教養娯楽であり，ウェイトは1,145です。教養娯楽用耐久財には，テレビ（97），パソコン（ノート型）（20），ピアノ（8），文房具には，ノートブック（6），OA用紙（6），運動用具には，ゴルフクラブ（5），釣ざお（6），がん具には，ゲームソフト（6），がん具自動車（6），切り花には，切り花（きく）（17），他の娯楽用品には，コンパクトディスク（7），ペットフード（ドッグフード）（16），園芸用肥料（15）などがあります。また，新聞代（96），月刊誌（12），単行本B〈新潮文庫〉，教養娯楽サービスとして，宿泊料（107），外国パック旅行（52），月謝（水泳）（33），放送受信料（NHK）（43），ゴルフプレー料金（42），テーマパーク入場料（20），インターネット接続料（81）も，教養娯楽の費目に含まれる品目です。

第十の費目は諸雑費でウェイトは569です。理髪料（32），化粧水（23），ハンドバック（16），腕時計（7），たばこ（国産品）（32），傷害保険料（122），保

育所保育料（52）などの品目が含まれます。

　以上で挙げた品目は全体の一部であり，これら以外にも品目は多くあります。興味があれば，総務省統計局の「消費者物価指数（CPI）」ウェブページに入り，最新結果の統計表の中から「品目別価格指数」を探しましょう。この表には，すべての品目の指数のウェイト，前月比，前年同月比などが掲載されています。

（２）財やサービスの価格調査

　「小売物価統計調査」では大きく，「価格調査」，「家賃調査」，「宿泊料調査」の３つの調査で財やサービスの価格を調べています。家賃調査は家賃に関する品目，宿泊料調査は宿泊料に関する品目の価格を調べており，残りの品目は価格調査により価格が調べられています。よって以下では，主に価格調査について解説します。

▶基本銘柄

　価格調査に当たっては，①基本銘柄，②調査場所，③調査の方法が重要です。まず基本銘柄です。品目の中には，品質，規格，容量などの銘柄（スペック）が異なる複数の商品が含まれています。冷蔵庫ひとつとっても，家電量販店に行けば，２ドアの一人暮らし用のシンプルなものから，大容量でドアが多く多機能なものまで，さまざまな種類の冷蔵庫が置いてあり，それぞれ価格も異なります。そこで，各品目の価格を調べる際には，その品目を代表すると考えられる銘柄（スペック）を「基本銘柄」として指定し，毎月，原則としてこの「基本銘柄」に該当する商品の価格を調査します。さらに，実際の調査では，「基本銘柄」に該当する商品の中から，各調査店舗で最も売れている製品などを選定し，その価格を継続して調査します。(25)

　基本銘柄の決め方は品目によって異なります。容量が指定されるものもあり

---

(25) 総務省統計局「消費者物価指数に関するQ&A（回答）」の「B-3　指数の計算に採用する品目は，どのように決められていますか」に対する回答を適宜引用して記述した。

ますし，商標，品番，型式が指定されるものもあります。基本銘柄の設定に当たっては，メーカー情報や業界の資料，市場における出回り状況を参考にしながら，以下の4つの設定基準に照らして判断されています。第一の基準は「代表性」であり，その品目の価格変動を代表していることです。第二の基準は「市場性」であり，全国的に出回っているものであることです。第三の基準は「継続性」であり，継続的に調査が可能であるものであることです。第四の基準は「実地調査の容易性」であり，調査員が識別しやすいものであることです。[26]

具体的な基本銘柄をいくつか見てみましょう。まずかなり詳しい指定がなされている品目です。最初の例は中華麺です。基本銘柄は『蒸し中華麺，焼きそば，3食入り（麺450g入り），ソース味，「マルちゃん焼きそば3人前」又は「日清焼そば3人前」』が指定されています。第二の例はスポーツドリンクです。基本銘柄は『ペットボトル入り（500mL入り），「ポカリスエット」又は「アクエリアス」』です。第三の例はウイスキーです。基本銘柄は『瓶入り（700mL入り），アルコール分40度以上41度未満，「サントリーウイスキー角瓶」』です。

食品が続きましたのでほかも見てみましょう。電気冷蔵庫の基本銘柄は『冷凍冷蔵庫，［定格内容積］401〜450L，「5ドア」又は「6ドア」，［省エネ基準達成率］100％以上，［冷媒］ノンフロン仕様，特殊機能付きは除く』と細かく指定されています。テレビは『液晶テレビ，32V型，地上デジタルチューナー2基内蔵，ハイビジョン対応パネル，LEDバックライト搭載，特殊機能付きは除く』です。このように家電製品は総じて詳細にスペックが規定されています。またこれらはすべて，商標・型式番号も指定されています。

一方，魚は種類などによって決められている場合がほとんどです。まぐろは『めばち又はきはだ，刺身用，さく，赤身』，ぶりは『切り身（刺身用を除く）』です。肉類は主に部位によって決められています。牛肉は『国産品，ロース』，『輸入品，チルド（冷蔵），肩ロース又はもも』，豚肉は『バラ（黒豚を除く）』，『もも（黒豚を除く）』です。野菜は銘柄指定がない場合が大半です。果物はさまざまです。りんごは8〜10月は『つがる，1個200〜400g』，それ以外の時期

---

(26) 総務省統計局「小売物価統計調査のはなし 1-8 調査する商品・サービスはどのように指定しているのですか？」を適宜引用して記述した。

は『ふじ，1個200～400g』です。梨は『幸水又は豊水，1個300～450g』，バナナは『フィリピン産（高地栽培などを除く）』，いちごは『国産品』です。もちろん食品はグラム数で価格が変わってきますので，これを決められた単位に換算します（たとえば100gしか認めないということになると，牛肉であればたまたま100gジャストのパックがないと調査できないことになってしまいます）。

財が続きましたのでサービスも見てみましょう。私立大学授業料の基本銘柄は，『昼間部，法文経系，授業料』，『昼間部，法文経系，入学金』，『昼間部，理工系，授業料』，『昼間部，理工系，入学金』であり，大学が指定されます。講習料（英会話）の基本銘柄は，『英会話教室，一般，日常英会話，グループレッスン，初心者クラス，週1回，月謝』です。サッカー観覧料は『J1リーグ公式戦，指定席，一般』（サッカー場・席区分指定），演劇観覧料は『ミュージカル演劇，S席，一般』（劇場指定）が基本銘柄です。[27]

▶調査場所と方法：出回りによる区分

品目の基本銘柄の価格をどこで調査するかも重要です。品目によっては価格に地域差があります。そこで，同じ基本銘柄の価格を多くの地点で調査しています。具体的には，全国の167市町村が調査市町村として選ばれ，調査市町村ごとに，商品の価格およびサービス料金を調査する価格調査地区（約27,000の店舗・事業所）が設けられています。

都道府県庁所在地，川崎市，浜松市，堺市，北九州市は，必ず調査市（東京都区部は市ではありませんが，都庁所在地市としてあつかわれています）として選ばれます。それ以外の全国の市町村は，人口規模，地理的位置，産業的特徴により116層に分けられ，各層からひとつの市町村が抽出されます。市町村は価格調査地区に分割されますが，東京都区部は42地区，大阪市，横浜市，名古屋市，京都市，神戸市は12地区というように，市町村の規模などにより調査地区の数が異なります。ちなみに人口5万人未満の市や町村は調査区に分けられていません（＝1調査地区のみ）。

---

(27) 具体的な基本銘柄は，「調査品目及び基本銘柄　平成28年2月分」（総務省統計局「小売物価統計調査（動向編）調査結果」）より引用した。

品目の調査場所は，①基本銘柄の出回りによる区分，②消費者の購買形態や店舗間の価格のばらつきを考慮した区分により異なります。第一に基本銘柄の出回りによる区分です。調査品目の一部は，調査市町村に販売店がないか，あっても出回りがないものや継続的に価格が得られないものがあります。そこで品目によっては，比較的大きな市だけで調査するものがあります。基本銘柄の出回りに応じて調査場所は，（無印）全市町村，（①）人口5万人以上の市，（②）人口15万人以上の市，（③）都道府県庁所在市の4つに区分されます（カッコの中は総務省の品目記号です）。どこででも販売されている品目の価格は，全市町村で調査されますし，出回りが限定されている品目の価格は都道府県庁所在地のみで調査されます。[28]

▶調査場所と方法：消費者の購買行動や価格のばらつきによる区分

　第二に消費者の購買形態や店舗間の価格のばらつきを考慮した区分です。食料品や日用品などは，消費者は家の近くで買い物をすませる傾向にあります。一方，家電や衣服などは，消費者は少し家から離れていても，各市町村の代表的集積地，大型店舗などまで足を運んで買う傾向にあります。消費者が近所で買い物をすませる傾向にある品目は地区を網羅したきめ細かい価格調査が必要です。一方，大型店舗で買う傾向にある商品は，それら店舗が集まっている地区のみで価格調査を行えば十分です。また地区によって価格に差がある品目もあれば，都道府県内で価格が一律な品目もあります。価格の地域差が大きい品目は地区を網羅した価格調査が必要ですし，価格が一律である品目は地区別の価格調査の必要がありません。

　このような観点から，品目は，（a）調査を実施する人，（b）価格調査を行う地区の数，によって6つに区分されますが，6区分の説明の前に，品目の価格を調査する主体について説明をします。調査主体は3つです。第一は調査員です。調査員は一般の人のなかから選考され，都道府県知事が任命する特別職の地方公務員であり，調査員により調査される品目は「調査員調査品目」と呼

---

(28) このほか，沖縄県でのみ調査される品目・銘柄の区分もある。

ばれます。

　第二は都道府県庁職員であり，同職員により調査される品目が「都道府県調査品目」です。第三は総務省職員であり，同職員により調査される品目が「総務省調査品目」です。

　消費者の購買行動や価格のばらつきによる6区分を見てみましょう。A品目は，消費者が居住地区近辺で購入し，地区間で価格差が見られる品目であり，食料や家事用消耗品などが該当します。この品目は調査員がすべての価格調査地区で価格を集めます。B品目は，消費者が各市町村の代表的な商業集積地，大型店舗などで購入し，店舗間で価格差が見られる品目であり，被服や家電製品が該当します。この品目も調査員が調査しますが，調査地区が複数ある市の一部調査地区では価格を調べません（たとえば，東京都区部は42地区のうち21地区のみで調査されます）。C品目は，地区間または店舗間での価格差が小さい品目です（教養娯楽用品など）。この品目も調査員が調べますが，B品目よりも少ない調査地区でのみ価格を調べます（たとえば，東京都区部は42地区のうち12地区のみで調査されます）。

　D品目は，都道府県間または市町村内で価格・料金が均一またはそれに近い品目（水道料，入院費など）で，都道府県職員が価格を調査します。E品目は，全国または地方的に価格・料金が均一の品目（電気代，通話料など）で，総務省職員が価格を調査します。最後のS品目は，調査地区を設けないで市町村全域から調査する品目（運送料，ガソリンなど）であり，調査員が価格を調べます。[29]

▶調査員にある程度の裁量

　調査員調査品目に絞って価格調査の方法をもう少し詳しく説明します。調査地区で品目の価格を調査する場合，どの店で調査するか決めなければなりません。調査員は，調査品目ごとに，地域の消費者が調査地区内のどの店舗で買っているか目安をつけたうえで，代表的な店舗を選んでいます。そして原則とし

---

(29) 調査場所と方法に関する記述は，総務省統計局「小売物価統計調査（動向編）について（平成25年1月現在）」，同「小売物価統計調査のはなし」などによる。

て同じ店舗から毎月継続して価格を調査します。

　また品目には基本銘柄が決められていますが，基本銘柄の基準に合致していても，メーカーや細部の規格・型式番号・材質などの違いによって価格差がある場合もあります。たとえば，食パンの基本銘柄は『普通品』，店頭売りの牛乳は『紙容器入り（1,000mL入り）』，砂糖は『上白，袋入り（1kg入り）』であり，メーカーを含め多くの商品があります。ドリンク剤などのように『指定医薬部外品，箱入り（100mL×10本入り），「リポビタンD」』と指定されていれば，ユンケルやリゲインの価格を調べる余地はありません。しかし，食パンであれば，基本銘柄である『普通品』の範囲内であれば，調査員の判断によって，山崎製パンの「ふんわり食パン8枚切り」の価格でも，敷島製パンの「超熟食パン6枚」の価格でもさしつかえありません。ただし，一度決めた商品は毎月継続的に調査することが原則です。

　次に調査の時期です。調査員が調査を行うこととなっている，A品目，B品目，C品目は，毎月12日を含む週の水～金曜日のうち1日を調査日としますが，一部の生鮮食品などは上旬，中旬，下旬の3回調査します。調査方法は，店舗などでお客として価格を見るのではなく，店舗の代表者より商品の小売価格，サービス料金などを聞き取ります。なお，短期間の特売価格や，在庫一掃セールといった価格は原則として対象外で通常価格を調査します。また，一部の生鮮食品や切り花は調査日の前2日の価格を含めた3日間の中値を調査します。

▶品質調整

　基本銘柄で指定された商品の製造が中止される，あるいはほかの商品の出回りの方が良くなるなどの理由で，基本銘柄を変更する必要が生じることがあります。そうなれば新しい商品が指定されるのですが，旧商品と新商品の間で品質（容量なども含む）に差がある場合，これを調整しなければなりません。具体的には，価格差のうち品質変化による部分を差し引く作業を行います。

　品質調整の方法は7つありますが，消費者物価指数の品目の品質調整に最も使われている方法は直接比較法です。2011年1月から2014年12月の4年間で行われた品質調整は417件ですが，そのうち直接比較法が使われたのは211件で全体の

50.6％を占めています。この方法は，新・旧の銘柄の品質などが同じとみなせる場合は，調査された価格を直接採用するものです。実際には品質調整を行っていないのですが，これは，新・旧銘柄の品質などについて吟味して，同等と判断された結果です。

　次に多い方法がオーバーラップ法の137件で，全体の32.9％を占めています。この方法は，同一時点において同一条件で販売されている新・旧の銘柄の価格差は，品質の差を反映していると見なして，両者の価格比を用いて調整を行います。総務省統計局が示している例の数値を使って紹介します。商品Aから商品Bに銘柄の変更が2014年12月（変更月）になされたとしましょう。2014年11月（前月）の商品Aの価格が130円，商品Bの価格が160円とすると，その差額である30円分が品質の差による価格差と見なされます。つまり変更月の前月における商品Bの価格である160円のうち，18.75％（0.1875）は品質向上による部分です。そして，残りの81.25％（0.8125）が，商品Bが商品Aと同じ品質であったと仮定した場合の価格の部分です。よって基本銘柄が商品Bに変更された後の商品Bの価格に0.8125を乗じた数値が，銘柄変更前の価格と比較可能であるとされます。これは，新銘柄の価格を旧銘柄の価格と比較可能とするための数値であり，リンク係数と呼ばれます。商品Aの価格が，2014年10月（前々月）120円，11月（前月）130円であり，変更月の商品Bの価格が165円であるならば，商品Aおよび商品Bが基本銘柄に指定されている品目の価格は，2014年10月が120円，11月が130円，12月が134.06円（165円×0.8125）となります。そして2015年1月以降も，商品Bの価格にリンク係数である0.8125を乗じた数値が品目の価格となります。

　3番目に多い方法が容量比による換算です。件数は56件で全体の13.4％を占めます。これは新・旧銘柄で品質は同じで，容量だけに差があり，価格と容量がほぼ比例的な関係にある場合に使います。この際のリンク係数は，商品Aの容量（旧銘柄）÷商品Bの容量（新銘柄）となります。たとえば，商品Aの容量が150g，商品Bの数量が160gであれば，リンク係数は0.9375（150÷160）となります。4番目がオプションコスト法です。この方法が使われたのは13件で全体の3.1％です。旧銘柄ではオプションとなっていた装備が，新銘柄では

標準装備になったとき，品質向上に伴う価格はオプション費用の購入費用に相当すると考えます。ただし標準装備にした場合は生産量が増え価格が下がることが想定されるためその分は調整します[30]。

品質を調整する方法として，これら以外にも，回帰式を使った換算，インピュート方式，ヘドニック法がありますが，ここでは説明を省きます（ヘドニック法については企業物価指数の項で取り上げます）。

（3）品目の価格から消費者物価指数の作成

消費者物価指数の作成方法は，鉱工業生産指数の作成方法と似ています。大きな違いは，①鉱工業生産指数は数量指数ですが，消費者物価指数は価格指数であること，②鉱工業生産指数は品目別の指数を加重平均していますが，消費者物価指数は品目別（588品目）×市町村別（167市町村）の指数を加重平均していることです。

▶市町村別×品目別の価格指数

まずはじめに市町村別×品目別の価格指数を作成します。品目によって異なりますが，消費者が居住地区近辺で購入し，地区間で価格差が見られる品目（A品目）は，人口5万人以上の市では2つの調査地区，東京都区部では42の調査地区で価格を調べています。このように複数の価格を調べている市では，調べた価格の単純平均値を市の価格としています。そして当然のことながら，市町村で調査した品目の価格がひとつである場合は，その価格が品目の市町村の価格となります。

市町村別×品目別の価格がわかれば，これをもとに消費者物価指数を求める作業に入ります。消費者物価指数の作成の出発点は，調査月の市町村別×品目別の価格指数を作成することです。調査月がＴ月（たとえば2015年12月）であれば，Ｔ月の価格を基準年の1カ月平均価格で割り100を乗ずるだけです。基準年の1カ月平均価格は，基準年の1月の価格から12月の価格まで足して12で

---

[30] 品質調整については，総務省統計局「消費者物価指数2015年基準改定計画（案）付属資料」（2015年7月17日）を適宜引用して記述した。

割れば出ます（基準年価格）。

▶ウェイトの求め方

ここまでは簡単なのですが，これら指数を全国全品目の消費者物価指数として合成する作業は少し複雑です。合成のためには，市町村別×品目別のウェイトを求めて，このウェイトを使って加重平均することが必要です。なお，一部品目のウェイト（たとえば生鮮食品）は以下で説明する方法とは別の方法で求めていますが，本書では通常のウェイトの求め方のみを説明します。ウェイトを求めるためには「家計調査」の，1世帯当たり品目別支出や世帯数が必要になってきますが，その際には二人以上の世帯の数値を使います。

市町村別×品目別のウェイトの基本は，「家計調査」における2010年平均1カ月間の1世帯当たり品目別支出金額です（これを「基本ウェイト」とします）。しかし「家計調査」の支出金額を使う際には，①「家計調査」の調査市町村と「小売物価統計調査」の調査市町村が一致するわけではない，②「家計調査」の品目と「消費者物価指数」の品目が一致するわけではない，③「消費者物価指数」の調査市町村が代表している層の大きさ（世帯数）を考慮しなければならないといった点に注意が必要です。

第一に，「家計調査」の調査市町村と「小売物価統計調査」の調査市町村が一致するわけではない点についてです。「家計調査」から，都道府県庁所在市，川崎市，浜松市，堺市，北九州市別に品目別支出額を得ることができます。「小売物価統計調査」でも，都道府県庁所在市，川崎市，浜松市，堺市，北九州市の価格を調べていますので，これら51市の基本ウェイトは，各市の品目別支出金額をそのまま使うことができます。しかしそのほかの116の市町村については，「家計調査」の調査市町村と，「小売物価統計調査」の調査市町村は異なります（重複するものもありますが）。よって「家計調査」から地方別×都市階級別の品目別支出額を求め（個票から求めています），「小売物価統計調査」の調査市町村が対応する（＝地方と都市階級が同じ）品目別支出額を基本ウェイトとして用いています。

第二に，「家計調査」の品目と「消費者物価指数」の品目が一致するわけで

はない点についてです。「家計調査」の品目が消費者物価指数では分割され複数の品目になっている場合は，ほかの統計のデータをもとに支出金額を按分します。さらに，「家計調査」では調査していない持家の帰属家賃などの品目は別の調査から支出額を算出します。

　第三に，「消費者物価指数」の調査市町村が代表している層の大きさ（世帯数）を考慮しなければならない点についてです。市町村は層を代表しています。復習になりますが，都道府県庁所在市，川崎市，浜松市，堺市，北九州市は必ず選ばれます（以下ではひとつの市でひとつの層を形成しているとみなします）。また残りの市町村は，人口規模，地理的位置，産業的特徴により116層に分けられ，各層からひとつの市町村が抽出されます。選ばれた市町村は層を代表しているわけですが，層に含まれている市町村全体の世帯数は層ごとに異なります。よって世帯数が多い層を代表する市町村の価格のウェイトを重くする必要があります。具体的には，各市町村の抽出された層の大きさ（二人以上の世帯数）に見合う調整係数（1万分比）を，品目別の支出額に乗ずることで最終的なウェイトを作成しています。東京都区部の調整係数は643，青森県むつ市は49，鹿児島県肝付町は53です。つまり東京都区部は全国の二人以上の世帯の6.43％を代表，青森県むつ市は0.49％，鹿児島県肝付町は0.53％代表していることを意味します。このように，調整係数を乗ずることで世帯数の多い層を代表する市町村の価格の影響が強まります。

　以上からわかるように，市町村別×品目別のウェイトは，（市町村別の1世帯当たり品目別支出額）×（調整係数）により求められますので，すべてを積み上げた数値は大きくなり，全国の総合ウェイトは31億5,798万6,390です。なお具体的な品目を紹介した際の品目別ウェイトは，全国の品目別のウェイトを全国・全品目のウェイトで割って1万を乗じた1万分比です。

▶消費者物価指数への合成

　市町村別×品目別の価格指数とウェイトによって消費者物価指数を求めることができます。全国平均総合指数を求める順番は，まず市町村別×品目別指数を合成して全国平均品目別指数を求めます。これを全国平均類（品目のまとま

り）指数に合成し，最終的に全国平均総合指数を求めます。

全国平均総合指数の求め方を数式で示しますが，数式を簡略化するために，基準年の1カ月平均価格をP（0），T月における価格をP（T），ウェイトをWとします。また市町村に便宜的に1から167までの番号を振り，PやWの右上に添え字として記し，品目にも1から588までの番号を振り，PやWの右下に添え字として記します。

まず品目1の総合指数は以下のように求めます。全国平均品目別指数はPIとし，右下の添え字は品目番号を意味します。

$$PI_1 = \left\{ \frac{\left(\frac{P(T)_1^1}{P(0)_1^1}\right) \times W_1^1 + \left(\frac{P(T)_1^2}{P(0)_1^2}\right) \times W_1^2 + \cdots + \left(\frac{P(T)_1^{167}}{P(0)_1^{167}}\right) \times W_1^{167}}{W_1^1 + W_1^2 \cdots + W_1^{167}} \right\} \times 100$$

品目2から品目588まで同じ作業を行い，すべての品目の全国平均品目別指数を求めたうえで，全国平均総合指数（CPI＝消費者物価指数）は以下のように算出します。

$$CPI = \left(\frac{(PI_1 \times W_1^a) + (PI_2 \times W_2^a) + \cdots + (PI_{588} \times W_{588}^a)}{W_1^a + W_2^a \cdots + W_{588}^a} \right)$$

ここでWの右上の添え字aはすべての市町村のウェイトを足し上げた品目全体のウェイトを意味します。たとえば，品目1全体のウェイトは以下のとおりです。

$$W_1^a = W_1^1 + W_1^2 \cdots + W_1^{167}$$

原則としてウェイトは基準年のものを使い続けるため，消費者物価指数はラスパイレス方式で市町村×品目の価格指数を合成しています[31]。実際に消費者物価指数を求める際には，価格情報が得られなかった場合（「欠」となった品目の価格）など，さまざまな処理が必要ですが，ここでは根幹となる手法だけを取りあげました。詳しく知りたい場合は，総務省統計局の資料を参照してください。

---

[31] 品目の価格から消費者物価指数の作成する方法については，総務省統計局「平成22年基準消費者物価指数の解説」20-27ページ，総務省統計局「消費者物価指数年報」（平成26年版）480-482ページなどによる。

▶参考指数としてのラスパイレス連鎖方式

　ラスパイレス方式により総合物価指数を求める場合，総合物価指数は基準年から遠ざかるほどウェイトの変化による影響を受けてしまいます。たとえば，急速に普及しウェイトが高まった品目の価格変動が過小評価され，あまり購入されなくなりウェイトが低下した品目の価格変動が過大評価されるようになります。また価格低下が著しく品目の指数が急速に小さくなった場合，その品目の価格変化率が総合物価指数に与える影響が小さくなってしまいます。加えて，価格が低下すれば通常その財の需要は増加し，販売量が増えるはずですが，固定ウェイトであるため本来よりも総合物価指数を下げる効果が小さくなり，いわゆる上方バイアスを生むことが知られています。そこで「消費者物価指数」では，一部の物価指数をラスパイレス連鎖方式で求め，参考指数として公表しています。

　ラスパイレス連鎖方式は，毎年の消費構造の変化を反映させるために，ウェイトを基準年のものに固定するのではなく，毎年更新して指数を算出する方式です。具体的には，毎年ウェイトを更新したうえで当該年の指数を作成し，基準年以降に作成された指数を順次かけ合わせることで指数を作成していきます。

　毎年作成する指数はラスパイレス連環指数と呼ばれます。消費者物価指数を求める時点を y 年 m 月とします。そして y 年 m 月の品目 i の価格を $P(y, m)_i$ とします。また y 年を基準とした品目 i のウェイトを $W_{y,i}$ とします。毎年作成されるラスパイレス連環指数は以下のように求めます。品目数が n であれば，i = 1, 2, ……, n となります。

$$P(y, m)^L = \left\{\left(\frac{P(y, m)_1}{P(y-1, 12)_1}\right) \times W_{y-1, 1}\right\} + \cdots + \left\{\left(\frac{P(y, m)_n}{P(y-1, 12)_n}\right) \times W_{y-1, n}\right\}$$

　そして，y 年 m 月のラスパイレス連鎖方式による消費者物価指数は，基準年月平均 = 100 で計算された基準年12月の物価指数に，基準年から y 年までの毎年の連環指数を繰り返し乗じていった数値となります。なお基準年を2010年とすると，y 年 m 月の消費者物価指数は以下の式で表せます。

$$CPI(y, m) = CPI(2000, 12) \times P(2001, 12)^L \times \cdots \times P(y-1, 12)^L \times P(y, m)^L$$

この式の意味を考えてみましょう。ラスパイレス連環指数は基準年の翌年以降から毎年ひとつ作成されます。y 年 m 月を2015年10月と具体的においてみます。ラスパイレス連環指数は，2011年，2012年，2013年，2014年，2015年の5つ作成されます。2011年のラスパイレス連環指数は，2010年12月を基準とした2011年12月の品目別の価格指数（2010年12月 = 1 ）を，前年である2010年のウェイトで加重平均した数値です。そして，2012〜2014年についても同様です。すなわち，指数作成年（具体例では2015年）以前に毎年作成するラスパイレス連環指数は，前年12月から当該年12月までの各品目の価格の変化を，前年のウェイトで加重平均して作成した，総合的な価格変化を示す数値といえます。そして指数作成年のラスパイレス連環指数は，前年12月から指数作成月（具体例では10月）までの各品目の価格の変化を，前年のウェイトで加重平均して作成します。

　毎年作成されるラスパイレス連環指数をすべて乗じた数値は，基準年の12月から調査時点までの総合的な価格変化をあらわしています。たとえば，2011年のラスパイレス連環指数が1.021，2012年が1.011，2013年が0.991，2014年が1.032，2015年は1.011であるとすると，これらをすべて乗じた数値は，1.067となります。これは2010年12月以降の総合的な価格変化率が0.067（ = 総合的な価格は6.7％上昇）であることを示しています。この数値は価格変化率であるので，指数にする場合は出発点となる数値が必要です。これは，基準年である2010年の総合的な物価水準の月平均を100として計算された2010年12月の物価指数です。この数値が101であるとすれば，101 × 1.067 = 107.8が2015年10月の消費者物価指数となります。

　ラスパイレス連鎖基準方式による消費者物価指数は，現在のところ「総合」指数の毎月の数値は公表されておらず，「生鮮食品を除く総合」（後述の「コア」指数），「食料（酒類を除く）及びエネルギーを除く総合」（同「コアコア」指数）などが参考指数として公表されています。今後，2015年基準になる際に，「総合」指数も毎月公表されることとなっています。[32]

---

(32)　ラスパイレス連鎖方式については，日本銀行調査統計局（2002），総務省統計局「消

（4）消費者物価指数の種類と読み方
▶消費者物価指数の種類

　消費者物価指数を見る場合，「総合」は重要ではありません。「総合」にはすべての品目の価格変動が反映されています。ただし品目の中には，天候に価格が左右される生鮮食品や，価格変動が大きいエネルギーのようなものがあります。「総合」にはこれら品目の値動きが反映されてしまい物価の基調判断を誤る場合があります。

　そこで基調判断を行うための指標として，①「生鮮食品を除く総合（コア）」，②「食料（酒類を除く）及びエネルギーを除く総合（コアコア，あるいは米国型コア）」③「生鮮食品，石油製品及びその他特殊要因を除く総合（内閣府コアコア）」が重要です。なお，コア指数とコアコア指数は総務省統計局，内閣府コアコア指数は内閣府が算出しています。

　そもそも物価を見る理由は，現在でいえば「デフレ脱却に向かっているかどうか」判断することです。したがって本質的には予測です。物価の予測のためには過去の物価が重要です（そのほか，労働需給や為替レートなども重要です）。なぜなら，物価上昇率は過去の物価上昇率に引きずられる傾向があるためです。予測の対象は最も包括的な指標である消費者物価指数の「総合」（以下，「総合」とします）といってよいでしょう。しかし，生鮮食品は「総合」を予測するにあたってノイズでしかありません。生鮮食品の将来価格を予測するためには過去の生鮮食品価格はあまり重要ではなく，現在の天候などから影響を強く受けます。すなわち，生鮮食品については現在の天候のほうが優れた予測因子といえます。よって生鮮食品を含む「総合」の過去の値はノイズを多く含むため，予測がうまくできなくなってしまいます。そこで，「総合」の動きを予測するためには，生鮮食品を除いた指標を見るほうが望ましいといえます。

　エネルギー価格をどのようにあつかうかは難しい問題です。エネルギー価格が，将来の「総合」の予測因子でないと考えるのか，予測因子であると考える

費者物価指数に関するQ&A（回答）：H-1　参考指数の「ラスパイレス連鎖基準方式による消費者物価指数」とはどのような指数ですか」，総務省統計局「消費者物価指数2015年基準改定計画」（2015年11月27日）15-17ページなどによる。

のかでそのあつかいが変わってきます。まず予測因子ではないという考え方です。①エネルギー価格は主として海外要因で決まる，②エネルギー価格の下落は景気にプラスの影響を与え，中期的には景気の遅行指標である物価を押し上げると考える（エネルギー価格の下落による「総合」の下落は一時的な動きにすぎない）のであれば，エネルギー価格は予測因子として重要ではありません。このような考え方にもとづくならば，エネルギーを除いた「生鮮食品，石油製品およびその他特殊要因を除く総合（内閣府コアコア）」が重要になってきます。

しかしこの考え方には異論があります。この考え方のメカニズム自体は正しいとしながらも，エネルギー価格の下落が世界的な需要の減退によるものであり，エネルギー価格の下落は必ずしも中期的な物価の押し上げを予測しないという考え方（エネルギー価格の下落による「総合」の下落は一時的な動きではない）もあります。この考え方にもとづくならば，エネルギー価格を除かない「生鮮食品を除く総合（コア）」が重要になってきます。

内閣府の資料で①〜③のまとまった説明がなされているので，これをもとに説明していきます。まず，「生鮮食品を除く総合（コア）」（以下では，（ ）内の名称を記します）です。コア指数は，総合から生鮮魚介，生鮮野菜および生鮮果物を除いた指数です。メリットはカバレッジ（「総合」を100としたときの，採用品目のウェイトの合計）が96.0％と高いことです。デメリットは，価格変動が大きいエネルギーの影響を受けることです。次に，「食料（酒類を除く）及びエネルギーを除く総合（コアコア）」です。コアコア指数は，総合から，酒類以外の食料および電気代，都市ガス代，食料製品を除いた指標です。メリットは，エネルギーの価格変動の影響は受けませんが，生鮮食品以外の食料も除外されるなどカバレッジが狭い（68.3％）というデメリットもあります。

最後は「生鮮食品，石油製品及びその他特殊要因を除く総合（内閣府コアコア）」です。内閣府コアコア指数は，「生鮮食品を除く総合」（＝コア）から，石油製品，電気代，都市ガス代，米類，切り花，鶏卵，固定電話通信料，診察代，介護料，たばこ，公立高校授業料，私立高校授業料を除いた指標です。メリットは，海外市況要因，天候要因，制度要因，その他の要因を除いている点です。カバレッジは83.2％です。[33]

▶消費者物価指数の情報収集と読み方

内閣府「月例経済報告」の関係資料である「主要経済指標」(11. 物価) の表のページには，総合指数 (固定基準〈ラスパイレス方式〉)，コア指数 (固定基準および連鎖基準〈ラスパイレス連鎖方式〉)，内閣府コアコア指数 (固定基準，連鎖方式，消費税引き上げ効果を除く)，コアコア指数 (固定基準，連鎖基準) の最新3カ月の季節調整済前月比と前年同月比が掲載されています。

また図のページには，総合 (固定基準)，コア (固定基準)，内閣府コアコア (連鎖基準)，内閣府コアコアの消費税率引上げの影響を除く (連鎖基準) の季節調整がかかった指数のグラフが掲載されています。さらに同じく関係資料で

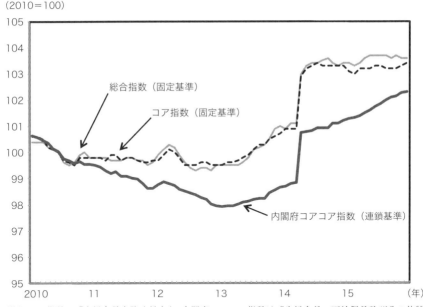

図表8-8　消費者物価指数 (季節調整値：月次データ)

(注)　コア指数は「生鮮食品を除く総合」，内閣府コアコア指数は「生鮮食品，石油製品及びその他特殊要因を除く総合」。
(出所)　内閣府のデータにより作成。

(33)　内閣府「平成26年度 年次経済財政報告」コラム2-2図「消費者物価の主な指標と予測力の比較」に表の記述を適宜引用した。

ある「閣僚会議資料」では，消費税を抜いたコア（固定基準），内閣府コアコア（連鎖基準）の季節調整がかかった指数とともに，コア（固定基準），内閣府コアコア（連鎖基準）の前年同月比が掲載されています。

「主要経済指標」に掲載されている指数を見ると（図表 8-8），総合指数とコア指数の水準はおおむね同じで推移しています。またコア指数と内閣府コアコア指数を見ると，内閣府コアコア指数の水準が低くなっています。物価動向はさまざまな指数により見ることが重要ですが，とくに内閣府コアコア指数（連鎖基準），コア指数（固定基準）の動きに注目しましょう（内閣府「月例経済報告」では内閣府コアコア指数の方を重視しており，コア指数は参考に見ていると考えられます）。本書執筆時においては，物価上昇率を高めることが目標とされていますので，これら指数が全体的に上向いて推移していればよいことになりますが，2014年以降の動きを見ると，コア指数は横ばい，内閣府コアコア指数は上昇しているといえます。

２．企業物価指数

消費者物価指数は，日常生活で消費者が購入する財やサービスの価格の動きを総合した指標でしたが，企業物価指数は，企業間で取引される財に関する価格の動きを集約した指標です。デフレの判断などは消費者物価指数で行われ，物価指数としての注目度は消費者物価指数の方が高いといえますが，素材や原料価格，中間財価格などの動きが反映されており，消費者物価指数に影響を与える指標といえます。

企業物価指数は，①国内企業物価指数，②輸出物価指数，③輸入物価指数に大別されます。この３つは基本分類指数であり，それぞれ「総平均」指数が最上位段階（すべての品目を包括した）の指数です。そして３つの基本分類指数はさらに統合されることはなく，「企業物価指数」という一本化された指数はありません。

企業物価指数は月次データであり，公表日は原則として翌月の第８営業日と速報性に優れています。

（1）指標の作成方法
▶品目の選定基準

　企業物価指数が対象とする財やサービスの範囲ですが，まずサービスは除かれます。次に財であっても，企業間で取引されない財（家庭用電力，家庭用ガスなど）は除かれます。さらに企業間で取引される財でも，取引額を推計できない財（土地，建物など），価格の継続調査が困難であるなどの財（武器，弾薬，船舶，生鮮食品など）が除かれます。

　以上の財以外は対象とされますが，これらは，後述する取引額（ウェイト）が小さく調査の対象とならない財を含めて，ウェイト対象と呼ばれます。この財は工業製品と非工業製品に大別されます。工業製品は「工業統計調査」（品目編）の記載商品，非工業製品は，農林水産物，鉱産物，電力・都市ガス・水道，スクラップ類に属する商品です。

　企業物価指数で作成・公表されている最小単位は品目です。この品目のベースは経済産業省の「工業統計調査」で使われる「工業統計調査用品目分類（6桁）」です。品目の採用基準は，①取引額が採用基準額を上回っていること，②継続的な価格調査が可能であることの2点です。採用基準額は，国内企業物価指数，輸出物価指数，輸入物価指数ごとに設定されています。国内企業物価指数の採用品目は，「工業統計調査」（品目編）などをもとに選定されます。基準年（この本の執筆時では2010年が基準年です）における，品目の国内向け出荷額が，ウェイト対象総取引額の1万分の1以上のものから選定されます。

　輸出物価指数と輸入物価指数の採用品目は，「貿易統計」をもとに選定されます。品目の輸出額がウェイト対象総輸出額の1万分の5以上のものから，輸出物価指数の採用品目に選定されます。輸入物価指数の採用品目も同様の方法で選定します。なお，輸出物価指数の品目も輸入物価指数の品目も，「工業統計調査用品目分類（6桁）」の品目がベースです。しかし「貿易統計」はHSコード（第5章で解説しました）で分類されています。よって，日本銀行では「品目―工業統計調査・貿易統計コード対応表」を作成し，「工業統計調査用品目分類（6桁）」と「HS9桁」の品目を対応させています。

　選定基準により実際に選ばれた品目数は，2010年基準で，国内企業物価指数

が822品目，輸出物価指数が210品目，輸入物価指数が254品目です。[34]

▶品目の価格調査法

　品目の価格といっても，同じ品目のカテゴリー内にはさまざまな商品の銘柄がありますし，同じ商品の銘柄でも販売条件や販売先によっても価格が異なります。企業物価指数では，原則として，商品の銘柄（商品によっては型番や品番など），取引条件，販売先などを特定して調査価格を決めます。日本銀行の資料では，調査価格の設定例として，『小型乗用車 A（品番特定），販売子会社 B 社向け，工場出荷価格』を挙げています。なお，1つの品目につき原則3つ以上の調査価格を得ています。

　調査価格の決め方は，国内企業物価指数は，業界統計などを参考に代表的な企業にあたりをつけたうえで，売れ筋をヒアリングするなどの方法で行っています。輸出物価指数や輸入物価指数は，品目別に輸出額や輸入額が大きい企業を定量的に把握できる業界統計が少ないため，事情に詳しいと考えられる企業に対するヒアリング情報などをもとに決めています。

　調査価格については毎月データを得る必要がありますが，企業に対して価格調査票を送り，これを調査月の翌月の月初めに返送してもらうことで得ています。ただし一部の品目は，ほかの機関の統計や外部データベースを調査価格として採用しています。一例を挙げてみます。国内企業物価指数について，製材・木製品（ひき角，板，木材チップ，普通合板）の代表的な商品の価格は，農林水産省の「木材価格統計調査」から得ています。輸出物価指数について，金地金の代表的な商品の価格は Bloomberg，輸入物価指数について，豚肉の代表的な商品の価格は農畜産業振興機構の「豚肉の価格動向」の数値を採用しています。さらに，モス型メモリ集積回路の代表的な商品の価格は，日本経済新聞デジタルメディアの NEEDS-FinancialQUEST から情報を取っています。[35]

---

(34)　品目の選定基準については，日本銀行「2010年基準企業物価指数の解説」（2015年3月）2-3ページおよび11-12ページなどによる。
(35)　日本銀行「2010年基準企業物価指数において採用している外部データ一覧（2015年4月時点）」による。

調査価格は，2012年4月時点で，国内企業物価指数が5,977（外部データは749），輸出物価指数が1,277（同45），輸入物価指数が1,538（同40）です。これをそれぞれの品目数で割ることで，1品目当たりの調査価格数を見ると，国内企業物価指数が7.3，輸出物価指数と輸入物価指数が，それぞれ6.1となっています。[36]

▶品質調整の考え方

調査価格は，商品の銘柄（商品によっては型番や品番など），取引条件，販売先などがひとつでも異なれば違う調査価格とみなされます。商品の銘柄が変化した場合，品質も変化している可能性があります。たとえば，コンピュータの新製品が出た場合，同じ価格でもCPUの性能が高まっている，あるいはハードディスクの容量が増えていれば，品質向上をともなっているので，実質値下げしているといえます。取引先についても，取引量の多い取引先から少ない取引先に変更されれば，同じ商品でも価格が高くなる可能性があります。さらに取引条件も価格に影響します。ある商品の取引条件が，工場渡しから持ち込み渡しに変更されれば，その分の輸送コストが高まるわけですから，同じ商品でも価格が高まる可能性があります。

よって原則として，調査価格は，商品の銘柄，取引条件，販売先などの条件のひとつでも異なれば，違う調査価格と見なしますが，例外もあります。ロボット，IC旋盤といった商品は，一度買ったらしばらく買う必要がありません。つまり，毎月同じ取引先に売れるとは考えられないため，このような場合は販売先が異なっても，販売先の違いによる価格差が一定の範囲内であれば，同じ調査価格とみなします。このような例もありますが，商品の銘柄など条件の固定が原則であることには変わりありません。

同じ商品がずっと販売されシェアを維持しており，取引条件も販売先も同じであれば，継続して同じ調査価格を調べることができるのですが，年に複数回モデルチェンジをするような商品の場合，その都度，調査価格を変更しなけれ

---

(36) 品目の価格調査法については，日本銀行「2010年基準企業物価指数の解説」（2015年3月）16-19ページなどによる。

ばなりません。調査価格を変更した場合，新旧の価格を単純につなげるわけにはいきません。その際に行う作業が品質調整です。具体的には，新旧調査価格の価格差を，「品質変化相当分」と「純粋な価格変動分」の２つに分解し，新しい調査価格から「品質変化相当分」を引いた数値を，旧価格と比較可能な価格として，新旧の調査価格をつなげます。

▶具体的な品質調整の手法─ヘドニック法を中心に

品質調整の方法には，直接比較法，単価比較法，オーバーラップ法，コスト評価法，ヘドニック法があります。また2015年基準では，属性コスト調整法，オプションコスト法，ランニングコスト法，オンライン価格調整法の導入を目指す方針が示されていますが，本書では取りあつかいません。(37)

直接比較法，単価比較法，オーバーラップ法は，消費者物価指数の説明の際に取り上げましたので(38)，コスト評価法，ヘドニック法について，日本銀行の説明を引用します。コスト評価法とは，『調査先企業からヒアリングした新旧調査価格の品質変化に要したコストを，両調査価格の品質差に対応する価格差とみなし，新旧調査価格の価格差の残り部分を「純粋な価格変動」（＝物価の変動）として処理する方法』です。ヘドニック法は，『商品間の価格差の一部は，これら商品の有する共通の諸特性によって測られる品質差に起因していると考え，商品の諸特性の変化から「品質変化に見合う価格変動」部分を回帰方程式により定量的に推定し，残り部分を「純粋な価格変動」として処理する方法』です。(39)

ヘドニック法については実例を見ることで理解が深まります。ヘドニック法については，デジカメ，印刷装置，パソコン（デスクトップ型，ノートブック型，タブレット型），ビデオカメラ，サーバについて，推計結果が日本銀行より定期的に公表されています。(40)そのなかから，ノートパソコンへのヘドニック法

---

(37) 新たな品質調整方法については，日本銀行調査統計局（2015）18-23ページを参照のこと。
(38) 「単価比較法」は，消費者物価指数で説明した「容量比による換算」と同じである。
(39) コスト評価法とヘドニック法の説明は，日本銀行「企業物価指数（2010年基準）の概要」の記述を引用した。

の適用例を取り上げます。

ノートパソコンの性能は，①3次キャッシュ容量，②標準搭載メモリー容量，③SSD容量，④総画素数，⑤バッテリー駆動時間，⑥CPUの種類，⑦ディスプレイ仕様，⑧光ディスクドライブ，⑨初期搭載OSの種類，⑩初期搭載アプリケーションに分解されています。そして，これら性能の差によって価格がどのように変化するか回帰式で求めています。回帰式の被説明変数は，家電量販店におけるパソコンの小売価格であり，①～⑩の機能，メーカー，販売時期が説明変数とされています。そして，2014年7-9月期から2015年4-6月期に新規に発売されたノートパソコン205機種をサンプルとして推計を行い，性能が変化することによる価格変化額を具体的に求めています(41)。そして，この数値を使えば新旧のパソコンの機能を比較することにより，品質向上による価格差を具体的に算出できます(42)。

▶比較が困難なケース

ここまで調査価格の変更時における品質調整の方法を見てきましたが，調査価格が変更されたにもかかわらず，新旧価格の品質調整ができないケース（比較困難なケース）が少なくありません。比較困難なケースの大部分は，調査先企業が変わった，取引先が変わったなどテクニカルな変更によるものです。テクニカルな変更がどの程度価格に影響したのか企業にヒアリングしても，企業もわからないことが多いです。またロボットの新商品のように，多額の設備投資をしたため，改良にいくらかかったかわからないケースもあります。

比較困難なケースとされた際には，全体に影響がおよばないよう，新旧調査

---

(40) 2015年基準では，乗用車，スマートフォン，テレビがヘドニック法の対象になる一方で，サーバ，ビデオカメラ，印刷装置へのヘドニック法の適用はとりやめる方針が示されている。

(41) 日本銀行調査統計局「企業物価指数・企業向けサービス価格指数におけるヘドニック回帰式（再推計結果）―パーソナルコンピュータ（デスクトップ型・ノートブック型）―」（2015年9月）による。

(42) 品質調整の考え方や品質調整の具体的な手法については，日本銀行調査統計局（2007）2-7ページによる。

価格で指数が同じになる処理をします。具体的な例を挙げれば，旧調査価格の基準年の価格を100として，価格変更時点の旧調査価格の価格が120，新調査価格の価格が140であった場合，新調査価格の指数が120になるように処理します。つまり旧調査価格の基準年価格に1.167（140÷120）を乗じて新たな基準年価格にすることで，新旧で指数が変化しないようにします（旧120/100＝新140/116.7）。

▶調査価格から総平均指数へ

　企業物価指数は国内企業物価指数，輸出物価指数，輸入物価指数の基本分類指数に分かれています。それぞれの原点は調査価格であり，これを合成していくことで，国内企業物価指数，輸出物価指数，輸入物価指数の総平均指数を算出します。

　まずは調査価格から品目指数を求めます。最初の作業は調査価格を指数化することですが，調査価格ごとに当月の報告価格を，それぞれの基準時価格で割って100をかけることで算出します。なお基準時価格は基準年の毎月の価格の平均値です。便宜上，調査価格に通し番号を振っていくと，国内企業物価指数に関する調査価格には1から5,977までの番号が付きます。たとえば，調査価格1のT月（たとえば2015年12月）の価格指数は以下のように求められます。

$$\text{調査価格1のT月の価格指数} = \left(\frac{\text{調査価格1のT月の価格}}{\text{調査価格1の基準年の平均価格}} \right) \times 100$$

　これと同じ作業を5,977の調査価格すべてで行った後，これを品目指数に合成します。同一品目内の調査価格のウェイトは，通常は均等とされていますので，一部品目を除いて品目の価格指数は，品目内の調査価格の単純平均により求めることができます。

　品目別の価格指数を求めたら，次はこれを総合指数に合成します。品目別の価格指数を総合指数にする方式は，ラスパイレス方式を採用しています。よって品目別に基準年のウェイトが必要です。国内企業物価指数のウェイトは，原則として「工業統計調査」（品目編）の製造品出荷額から，「貿易統計」の輸出額を引いた金額である国内向け出荷額から算出しています。国内向け出荷額＝

製造品出荷額－輸出額です。「工業統計調査」の品目と「貿易統計」の品目は一致しないので，「品目—工業統計調査・貿易統計コード対応表」によって，工業統計調査用品目分類（6桁）とHS9桁の品目を対応させることで，国内向け出荷額を算出しています。便宜上，国内企業物価指数の822品目に通し番号を振ってウェイトの計算方法を示します。品目1のウェイトは以下のように計算できます。

品目1のウェイト＝

$$\left(\frac{品目1の基準年国内向け出荷額}{品目1の基準年国内向け出荷額＋\cdots＋品目822の基準年国内向け出荷額}\right)$$

輸出物価指数と輸入物価指数のウェイトは，上記の数式の国内向け出荷額を，それぞれ輸出額，輸入額に変えることで算出されます（品目数はそれぞれ210，254と異なります）。

ウェイトが算出できれば，あとはラスパイレス方式を使って，品目別の価格指数をそれぞれのウェイトで加重平均すれば「総平均」指数を求めることができます。品目以上の上位指数についても，四捨五入計算時のラウンド誤差を回避するため，品目指数から一気に算出しています。[43]

（2）企業物価指数の情報収集と読み方
▶企業物価指数の情報収集

まず企業物価指数を見る際に最重要な点は，季節調整がかけられていないことです。これについて日本銀行は，企業物価指数の中には，比較的はっきりした季節変動を示す品目がみられるものの，こうした品目は全体からみればごくわずかで，総平均指数では，明確な季節性は観察されていないためと説明しています。[44]

---

(43) 「総平均指数」の算出方法は，日本銀行「2010年基準企業物価指数の解説」（2015年3月）15ページおよび22-25ページなどによる。

(44) 日本銀行「企業物価指数（2010年基準）のFAQ：2-7．企業物価指数では，季節調整値を作成・公表していますか」による。日本銀行は，季節性が観察される品目として，夏季電力割増料金が適用される小類別「電力」の品目，出回り初期には高めに設定し

内閣府「月例経済報告」の関連指標である「主要経済指標」の表のページには，国内企業物価指数，輸出物価指数，輸入物価指数について，それぞれ「総平均指数」の最新3カ月間の，前月比（季節調整済の値でないことに注意）および前年同月比が掲載されています。また国内企業物価指数については，参考指標として，夏季電力料金調整後指数，消費税を除く指数の前月比と前年同月比が示されています。図のページには，国内企業物価指数（夏季電力料金調整後指数），輸出物価指数，輸入物価指数の原指数のグラフが掲載されています。これら指数については，消費者物価指数と同様に，景気判断に直結する指標ではないため，グラフを眺めつつまずは長めの傾向をとらえたうえで足下の動きを確認することが重要です。国内企業物価指数（夏季電力料金調整後指数），輸出物価指数，輸入物価指数の動きの特徴は，図表8-9で確認してください。
　なお，「夏季電力料金調整後指数」については，日本銀行は以下の説明をし

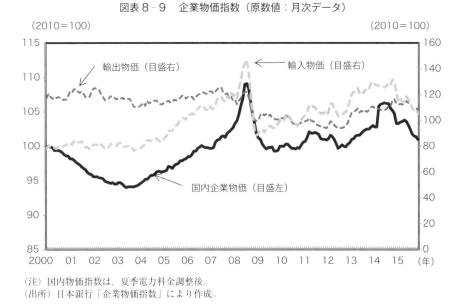

図表8-9　企業物価指数（原数値：月次データ）

(注) 国内物価指数は，夏季電力料金調整後。
(出所) 日本銀行「企業物価指数」により作成。

た価格を出回り終期にセールなどで値下げする小類別「衣類」の品目などを挙げている。

ています。日本では，電力会社の多くが夏場の電力需要の抑制を図るために，7～9月の期間，業務用電力に割増料金を適用します。したがって，総合指数の前月比は，ほかの条件を一定とした場合，7月はプラスに，10月は逆にマイナスとなります。そこで，夏場においても，関連する指数の変動を連続してとらえることが可能となるように，参考指標として，夏季の電力割増料金を控除した「夏季電力料金調整後」の指数が作成・公表されています[45]。また，消費税を除く指数は，消費税率の引上げによる影響を除くため，消費税分を抜いた価格で指数が作成されています。

　また日本銀行の「企業物価指数」ウェブページから，毎月，速報値のプレスリリース資料を入手できます。この資料からは，国内企業物価指数，輸出物価指数，輸入物価指数に関するより詳細な情報（種別の指数や需要段階別・用途別指数）を入手できます。企業物価指数について詳しく調べたい場合は，この資料を入手しましょう。

---

(45) 日本銀行「企業物価指数（2010年基準）のFAQ：2-8．夏季電力料金調整後の指数とは，どのような指数なのですか」による。

<第8章の参考文献・資料>

【文献】

塚崎公義（2015）『よくわかる日本経済入門（増補改訂版）』朝日新書.

日本銀行調査統計局（2002）「連鎖方式による国内企業物価指数の公表―連鎖指数導入の意義とその特徴点」（日本銀行『調査月報』2002年11月号），93-129ページ.

日本銀行調査統計局（2007）「2005年基準企業物価指数におけるヘドニック法の適用」BOJ Reports & Research Papers.

日本銀行調査統計局（2015）「企業物価指数・2015年基準改定の基本方針」BOJ Reports & Research Papers.

【資料】

厚生労働省「求職申込書の書き方」.

厚生労働省「求人申込書の書き方」.

厚生労働省大臣官房統計情報部「毎月勤労労働統計調査全国調査及び地方調査調査票の記入要領」.

厚生労働省大臣官房統計情報部「毎月勤労統計要覧（平成26年版）」.

総務省「小売物価統計調査（動向編）の品目の選定基準（案）」（内閣府統計委員会第59回サービス統計・企業統計部会配布資料1-①：2015年8月13日）.

総務省統計局「消費者物価指数年報」（平成26年版）.

総務省統計局「消費者物価指数のしくみと見方―平成22年基準消費者物価指数―」.

総務省統計局「消費者物価指数2015年基準改定計画」（2015年11月27日）.

総務省統計局「需要不足失業と構造的失業～完全失業者の状況を詳細に分析するために　その2～」（労働力調査の結果を見る際のポイントNo11：2009年8月18日）.

総務省統計局「調査品目及び基本銘柄　平成28年2月分」（小売物価統計調査（動向編）調査結果）.

総務省統計局「労働力調査基礎調査票の記入のしかた」.

総務省統計局「平成22年基準消費者物価指数の解説」.

総務省統計局「労働力調査の解説［第4版］」.

内閣府「平成26年度　年次経済財政報告」.

日本銀行「2010年基準企業物価指数の解説」（2015年3月）.

日本銀行「2010年基準企業物価指数において採用している外部データ一覧（2015年4月時点）」.

日本銀行調査統計局「企業物価指数・企業向けサービス価格指数におけるヘドニック回帰式（再推計結果）―パーソナルコンピュータ（デスクトップ型・ノー

トブック型）―」（2015年 9 月）．
労働政策研究・研修機構「ユースフル労働統計 2015」．

【ホームページ上の資料】
厚生労働省「一般職業紹介状況（職業安定業務統計）：集計結果（用語の解説）」．
総務省統計局「小売物価統計調査（動向編）関連情報」．
総務省統計局「小売物価統計調査のはなし 1-8 調査する商品・サービスはどのように指定しているのですか？」．
総務省統計局「消費者物価指数に関するＱ＆Ａ（回答）：B-3 指数の計算に採用する品目は，どのように決められていますか」．
総務省統計局「消費者物価指数に関するQ&A（回答）：H-1 参考指数の「ラスパイレス連鎖基準方式による消費者物価指数」とはどのような指数ですか」．
総務省統計局「労働力調査 労働力調査に関するQ&A（回答）：F-8 完全失業者の完全とは，どういう意味ですか？」．
日本銀行「企業物価指数（2010年基準）の概要」．
日本銀行「企業物価指数（2010年基準）のFAQ：2-7．企業物価指数では，季節調整値を作成・公表していますか」．
日本銀行「企業物価指数（2010年基準）のFAQ：2-8．夏季電力料金調整後の指数とは，どのような指数なのですか」．
労働政策研究・研修機構「一般職業紹介状況（職業安定業務統計）」．

第9章　金融

本書の最後の章は金融指標を取り上げます。第1章で示したように，金融部門も幅広い経済部門のひとつであり，景気を判断する際にはその動きを見る必要があります。マクロ経済学の教科書では，財市場，貨幣市場，労働市場，債券市場を想定したうえで，これらの市場が均衡する条件などからマクロ経済の動きを説明しています。この4つの市場のうち，貨幣市場と債券市場はまさに金融部門に関する市場であり，マクロ経済理論で金融部門は重要な位置を占めています。また本書では為替レートも金融指標としてあつかいますが，マクロ経済理論では輸出入に影響をおよぼす重要指標です。

本章では金融部門に関する指標のうち，為替レート，株価，金利，通貨量の指標について，それぞれ1節ずつ割いて取り上げます。

第1節　対ドル為替レート（ドル／円）

為替レートにかかる指標として，対ドル為替レートを取り上げます。マクロ経済理論で為替レートは輸出入に影響を与えます。ただし現実には，対ドルレートが大きく変化したからといって，これが輸出の変化につながるとも限りません。対ドル為替レートの変化が輸出数量に影響するといったロジックの背景には，企業が外貨建て輸出価格に変化分を転嫁するということが前提にあります。

1ドル200円から1ドル100円にまで円高が進んだとしましょう。為替レートの変化分がすべて外貨建て輸出価格に転嫁された場合，100万円の自動車の外貨（ドル）建て輸出価格は，5,000ドルから1万ドルに上昇します。しかし実際には，企業が為替レートの変化を外貨建て輸出価格に転嫁する率（為替転嫁率：パス・スルー率）は低いため，為替レートが大きく変動しても外貨建て輸

出価格の変動は小さくとどまるといわれています。先ほどの例で為替転嫁率がゼロとすると，5,000ドルから輸出価格が上昇しません。日本企業は円高時にはシェアを維持するため外貨建て輸出価格を引き上げないかわりに，円安時には輸出価格を引き下げない傾向にある点が指摘されています(1)。

▶指標として使われる対ドル為替レート

　対ドル為替レートについては，教科書という本書の性格上，基礎中の基礎の知識から説明します。2つの通貨間の為替レートには，2つの表現方法がありますが，重要なのは自国通貨建ての為替レートです。これは外国の通貨1単位と交換される自国通貨の額をあらわしています。対ドル為替レートは，自国通貨建ての為替レートであり，1ドルが何円と交換されるかをあらわします。よってこの数値の上昇は，円に対してドルの価値が高まったこと，つまりドル高を意味しています。円・ドル間の関係においては，ドル安＝円高であり，自国通貨建て為替レートの上昇は円安を意味します。

　対ドル為替レートは刻々と変化します。東京外国為替市場は午前9時から午後5時までが取引時間ですが，取引時間が終わった後も，フランクフルト市場，ロンドン市場，ニューヨーク市場，ウェリントン市場，シドニー市場と次々と取引が開始され，そうしているうちに東京市場の取引が開始されます。つまり対ドル為替レートは24時間動き続けているわけです。ただし多くの市場は，月曜日から金曜日までが取引日ですので，365日為替レートが動き続けているわけではありません。

　いずれにせよ対ドル為替レートが24時間，刻々と動くことには変わりがありません。景気判断といった側面からは，刻々と変化する為替レートの変化に一喜一憂する必要はありません。毎日の為替レートを見るならば，東京インターバンク相場（スポット中心相場）でしょう（内閣府「月例経済報告」やその関係資料ではこの数値を採用しています）。そこで「インターバンク取引」，「スポット・レート」，「中心相場」について明らかにしつつ，東京インターバンク相場

（1）　齋藤潤「円安で輸出はもっと伸びるはず？」（日本経済研究センター「齋藤潤の経済バーズアイ」2014年5月14日）による。

（スポット中心相場）とはどのような対ドル為替レートなのか説明します。

▶東京インターバンク相場（スポット中心相場）

まずインターバンク相場です。外国為替の取引は，金融機関同士が直接または外為ブローカーを通じて行う取引，個人や企業が金融機関と行う取引の大きく2つに分けることができ，前者がインターバンク取引，後者が対顧客取引です。インターバンク取引の際に適用される為替レートがインターバンク相場であり，私たちが経済指標として見るのがこれです。外国為替市場とは，市場の参加者がネットワークを通じて取引を行うバーチャルな市場であり，これがインターバンク市場です。つまり東京インターバンク相場とは，東京外国為替市場で行われるインターバンク取引で決まる為替レートといえます。ちなみに対顧客取引に適用される為替レートが対顧客相場であり，銀行が企業や個人向けに為替の売買をする時に使われます。私たちが空港などの銀行で外国通貨を売買する時のレートも対顧客レートです。

次にスポット・レート（直物相場）と中心相場です。スポット・レートとは，売買の取引が成立してから2営業日目に実際の資金の受渡が行われる取引に適用されるレートです。また中心相場とは，取引金額で測ったその日の代表的なスポット・レートです。日本銀行がブローカーにその日に最も多かった出来値（売買が成立した為替レート）を聞き取ることで中心相場がわかります。

日本銀行は毎日，東京インターバンク相場について，対ドル為替レート（ドル／円）のスポット・レートの中心相場，取引開始時点の相場，取引終了時点の相場などをホームページ上で公表しています。[2]

▶対ドル為替レートの情報収集

景気判断の指標として対ドル為替レートを見る際には，できれば日々の動きも把握しておきたいところです。日本銀行のホームページから毎日資料をダウンロードすることもひとつの手ですが，新聞の朝刊の為替欄を読むことが手軽

---

(2) 外国為替市場については，日本銀行「教えて！にちぎん：外国為替市場とは何ですか？」，同「外国為替市況の解説」などによる。

な方法です。ちなみに，日本経済新聞では，東京インターバンク相場（17：00時点の相場＝終値）が掲載されています。

また傾向をつかみたい場合は，「主要経済指標」（12．金融）の表のページに3カ月分のレートが示されています。毎月の数値は，東京インターバンク相場（スポット中心相場）の毎日の数値を平均したものです。また図のページには，直近4カ月ほどの日次データが示されたグラフが掲載されています。さらに次のページ（金融は図が3ページあります）には，1980年以降の長期的な為替レートの月次の動きが示されたグラフが掲載されています。**図表9－1**には参考までに，1980年以降の対ドルレートの月次データを掲載しました。

図表9－1　対ドル為替レート（月次データ：月中平均値）

(注) インターバンク直物中心相場。
(出所) 内閣府のデータにより作成。

第2節　株価―日経平均株価―

　株価と景気の関係について，久留米大学商学部の塚崎教授は以下のように指摘しています。株価は景気の先行指標といわれます。しかし，株価が景気に影響を与えるというよりは，何らかの外部要因によって株価が下がり，景気が悪くなる場合，景気よりも株価が早く反応することから，結果的に株価が景気に先行しているように見えています。景気と株価の間には一定の関係はあるものの，株価を動かしている最大の要因は投資家の思惑であり，多くの投資家が株価はしばらく低迷すると予測すれば，実際の株価も低迷します(3)。

　塚崎教授の指摘によれば，株価が直接的に景気に影響する場面はそれほど多くはありませんが(4)，景気に影響する要因は，いち早く株価に反映されるともいえそうです。

　株価の動きを見る場合，その代表的な指標は日経平均株価です。夕方以降のニュースでは，その日の日経平均株価の終値が伝えられますし，大きな動きがあればトップニュースになることもあります。景気判断の観点からは，日々の動きに神経質になる必要はありませんが，日経平均株価の日々の動きには，景気の局面が変化するシグナルが隠されているかもしれず，これを把握することは重要です。

▶株式市場と日経平均株価

　国税庁によれば2013年度の株式会社数は約247万社です(5)。これらの会社は株式を発行していますが，大多数の会社の株式は非上場株です。上場株は，株式市場において市場参加者間の取引を通じて価格が形成されますが，株式を上場している会社はひと握りです。

---

(3)　塚崎（2015）272-273ページによる。
(4)　ただし，株価の動きが個人消費に影響を与える資産効果など，直接的に影響をおよぼすこともある。
(5)　国税庁長官官房企画課「会社標本調査」（平成25年度分）14ページによる。

日本には，東京，名古屋，札幌，福岡に証券取引所がありますが，2014年における上場株式売買代金の構成比で見ると，東京が99.974％と圧倒的なシェアを占めています(6)。2012年末までは大阪証券取引所もありましたが，2013年1月に，東京証券取引所グループと大阪証券取引所が経営統合して日本取引所グループが発足しました。現在，東京証券取引所は同グループの子会社ですが，旧大阪証券取引所の株式取引が統合され，株式市場として，①市場第一部（東証一部），②市場第二部（東証二部），③マザーズ，④JASDAQ（ジャスダック），⑤TOKYO PRO Marketが開設されています(7)。

　なかでも東証一部は株式市場のヒエラルヒーの頂点にあります。企業は社会的ステータスが高い東証一部上場を目標とする傾向にあり，優良企業は東証一部に集中する傾向となっています。そして，2015年における東京証券取引所の株式時価総額は590兆円ですが，その97.0％を東証一部が占めています(8)。

　日経平均株価とは，日本の株式市場のヒエラルヒーの頂点にある東証一部に上場されている1,934社（2015年12月末現在）の株式のうち，225の銘柄を選定し（以下，「構成銘柄」とします），その株価によって算出される指標です。以下では，日経平均株価の算出方法を日本経済新聞社の資料により，①銘柄の入れ替え，②225の銘柄の株価から日経平均株価を算出する方法の順で解説します。

▶銘柄の入れ替え

　225の銘柄ですがこれは不変ではありません。銘柄は年に1回，定期的に入れ替えられるとともに（定期見直し），採用銘柄が欠けた場合（上場廃止など），これを補充することによる入れ替えがあります。定期見直しは，技術，金融，消費，素材，資本財・その他，運輸・公共の6つのセクター間の銘柄数のバランスを加味しつつ，市場流動性が高い銘柄を採用し，市場流動性が低い銘柄を除外する方式を採用しています。

（6）　日本証券経済研究所「図説 日本の証券市場」（2016年版）49ページによる。
（7）　日本取引所グループ「日本取引所グループとは」による。
（8）　日本証券経済研究所「図説 日本の証券市場」（2016年版）48ページ，日本取引所グループ「統計月報：株式総括表」（2016年1月）による。

定期見直しは，9月終わりから10月初めに行われますが，大幅に入れ替えられるわけではありません。たとえば2015年は，日東紡と平和不動産が除外され，長谷工コーポレーションとディー・エヌ・エーが採用されました。2014年のように入れ替えが見送られる年もありますが，毎年2～3銘柄が定期見直し時に入れ替えられるようです。

　また臨時見直しは，企業再編，倒産，債務超過などが原因で，構成銘柄が東証一部上場銘柄でなくなった場合，それを補充するために行われます。臨時見直しについては，企業再編にともない上場廃止となった銘柄に，その事業を継承する会社が代わって採用されるケースが多いようです。最近の例では，マルハニチロホールディングス→マルハニチロ，日本製紙グループ本社→日本製紙，新日本石油＋新日鉱ホールディングス→JXホールディングス，損保保険ジャパン→NKSJホールディングス，明治製菓＋明治乳業→明治ホールディングスなどがあります[9]。

　日経平均株価の銘柄入れ替えは，2005～2015年の11年間で47銘柄であり，単純に平均すれば毎年5銘柄弱が入れ替わっているといえます。

▶225の銘柄の株価から日経平均株価を算出する方法

　東京証券取引所では，平日の9時から11時半，12時30分から15時まで，株式の取引が行われています。日経平均株価は，15秒間隔で算出されていますが，景気を見るための指標としては，終値を日次データとして把握しておけば十分です。

　225の銘柄の株価は刻々と変化していきますが，日経平均株価はこの225銘柄の株価を単純に平均しているわけではありません。日経平均株価の算出方法は，日本経済新聞社が算出要領を公表しています。以下では，この算出要領に沿って日経平均株価をどのように求めているか見ていきます。

（9）　銘柄変更の具体例は，日本経済新聞社「日経平均株価銘柄変更履歴（2015/10/1現在）」による。なお企業再編による銘柄の入れ替えは，定期見直しによる入れ替えに含めて行う場合も少なくない（たとえば，2012年の定期見直しの際に，住友金属工業＋日新製鋼→日新製鋼ホールディングス，日本軽金属→日本軽金属ホールディングスという入れ替えがなされた）。

日経平均株価を算出するためには，①各構成銘柄の採用株価，②除数が重要です。構成銘柄に便宜上1から225まで番号を振ってみます。

$$日経平均株価 = \frac{銘柄1の採用株価 + 銘柄2の採用株価 + \cdots + 銘柄225の採用株価}{除数}$$

採用株価が株価そのもの，除数が225であれば，日経平均株価は株価の単純平均になるのですが，そのように簡単に算出できません。そこでまず，各銘柄の採用株価について説明します。たとえば銘柄1の採用株価は以下のように求めます。

$$銘柄1の採用株価 = 銘柄1の株価 \times \left(\frac{50（円）}{銘柄1の「みなし額面」（円）} \right)$$

▶みなし額面

「みなし額面」という聞きなれない言葉が出てきましたので，これについても説明しなければなりません。2001年に商法が改正されて株式の額面が廃止されました。しかし引き続き多くの銘柄は50円，500円，5万円などの旧額面水準にもとに価格が形成されています[10]。2001年の商法改正では，単元株制度が導入されました。これは，株式会社は定款（会社の基本規則）によって，一定の数の株式をもって総会などで1個の議決権を行使できる1単元の株式を定めることができる制度です。そして，議決権のみならず，証券取引所での取引単位も1単元です[11]。たとえば，1,000株で1単元であれば，1,000株単位でしか議決権が得られませんし，証券取引所でも売買ができません。1単元は原則として旧額面水準とリンクしているといえます。旧額面が50円であれば1単元は1,000株，500円であれば100株であり，5万円であれば1単元の株式を定めていない（＝1株で議決権行使ができ証券取引所で売買もできる）と考えられます。

1単元が1,000株の銘柄（旧50円額面相当），1単元が100株の銘柄（旧500円額面相当），単元株制度が採用されていない銘柄（旧5万円額面相当）では，当然のことながら株価の水準も異なるため，これらの株式の株価を同等にあつかう

---

(10) 日本経済新聞社「日経平均株価算出要領」（2011年12月30日）による。
(11) 武田昌輔 他編「証券用語辞典」（第5版）による。

ことはできません。そこで出てくるのが「みなし額面」です。具体的には、銘柄の旧額面相当額を「みなし額面」として、「みなし額面」が50円より高い銘柄の株価を、旧50円額面に換算しています。よって「みなし額面」が500円の銘柄の採用株価は、実際の株価を10で割ることで求めます。

ちなみに225社のうち大半の177社の「みなし額面」は50円であり、500円が20社、250円が7社、100～200円が12社、50円未満が9社です。その中には、3分の500円、3分の100円といった整数でないものもあります。[12]

さて採用株価がわかれば次は「除数」です。225銘柄の採用株価の平均であるので、225で割ればよいと考えそうですが、実際には225ではなく、225よりかなり小さな数で割っています。いずれにせよ、225銘柄の採用株価の合計を割るための数が「除数」です。日経平均は基本的には単純平均の考え方にもとづいているため、当初の除数は225であったのですが、単純平均のままでは日経平均株価の連続性が保てない様々な事象が起こるため、「除数」の数を変えることで連続性を保っています。事象の具体例として、銘柄の入れ替えや株式分割・併合があります。

第一に銘柄入れ替えです。銘柄を入れ替える際、除外銘柄と補充銘柄の株価が同じであれば問題が起こりません。しかし補充銘柄の株価が除外銘柄の株価を上回る（下回る）場合、ほかの銘柄の株価の価格が一定であったとしても、日経平均株価が上昇（下落）してしまいます。そこで、銘柄入れ替えの影響を除くための調整を行う必要があります。第二に株式分割・併合です。たとえば、株式分割について考えます。株式が分割されれば、理論上は株価が下がります（理論上は1株を2株に分割すれば株価は半分になります）。

株式分割時（たとえば、1株→2株）に当該株式を所有する株主は、所有する当該株式の数が2倍になる権利を持っています。1万株を持っていれば2万株に増えるわけです。この場合、株式の理論価格は2分の1、株式数は2倍となることで、所有する当該株式の合計価値には変化がないと考えます。株式分割後の株式は、株式が2倍になる権利が付いていない状態、すなわち「権利落

---

(12) 2015年10月1日現在の数値である。日本経済新聞社「日経平均株価みなし額面一覧」（2015/10/1現在）による。

ち」の状態にあり，権利落ち理論値は株式分割前の株価の2分の1となります。

よって銘柄について株式分割（併合）が行われた場合，ほかの銘柄の株価の価格が一定であったとしても，日経平均株価が下落（上昇）してしまいます。そこで，株式分割・併合の影響を除くための調整を行う必要があります。

▶除数の算出方法

銘柄の入れ替えや株式分割・併合が日経平均株価に与える影響をなくすための手法が「除数」による調整です。見かけ上，日経平均株価が高くなる場合には「除数」を大きく，安くなる場合は「除数」を小さくすることで調整を行います。まず，日本経済新聞社の算出要領の式から，当日と翌日の「除数」の関係を見ます。

$$翌日の除数 = 当日の除数 \times \left(\frac{翌日構成銘柄の翌日用基準価格合計}{当日構成銘柄の当日終値採用価格合計} \right)$$

分数部分の分母についてです。これは，当日における構成銘柄の終値採用株価をすべて合計した金額です。分子は「当日構成銘柄」が「翌日構成銘柄」に，また「当日終値採用価格」が「翌日用基準価格」に置き換わっています。

まず，株式分割・併合などが日経平均株価に与える影響をなくすための「除数」の調整ですが，これを理解するためには「翌日用基準価格」とは何か理解することが重要です。株価は市況による値動きと，市況によらない値動きがあります。市況による値動きは，株式市場における取引の状態による値動きです。また，市況によらない値動きは，株式分割・併合などにより株価が下がる（上がる）場合が該当します。

市況によらない値動きがない銘柄については，当日終値採用価格がそのまま「翌日用基準価格」となります。一方，株式分割など市況によらない値動きがある銘柄については，当日終値採用価格ではなく，権利落ち理論値といった市況によらない値動きを反映した価格が「翌日用基準価格」とされます。

たとえば，1株→2株といった株式分割される場合，権利落ち後の理論値は，以前の株価の2分の1とされます。そのような銘柄があれば，分数部分の分子が小さくなるわけですから，「除数」も小さくなります。日経平均株価は，

構成銘柄の採用株価の合計値を「除数」で割った数値です。よって，権利落ちなどによって実際の株価が下がった銘柄の影響で，構成銘柄の採用株価の合計値が下がったとしても，「除数」がその分だけ小さくなるので，日経平均株価が変化することはありません。

次に，銘柄の入れ替えが日経平均株価に与える影響をなくすための「除数」の調整です。補充銘柄の採用株価が除外銘柄の採用株価を上回るケースを例に挙げます。この場合，翌日の「除数」は当日の「除数」より大きくなります。これは翌日の「除数」の算出式の分数部分の分子が分母より大きくなるからです。分数部分を見ると，分母には「当日構成銘柄」，分子には「翌日構成銘柄」という言葉が入っています。これは，水準が高い補充銘柄の採用株価が分子にあり，水準が低い除外銘柄の採用株価が分母にあることを意味します。よって，分数部分が1より大きくなり，翌日の「除数」が大きくなります。

繰り返しになりますが，日経平均株価は，構成銘柄の採用株価の合計値を「除数」で割った数値です。採用株価が低い銘柄が高い銘柄に入れ替えられれば，構成銘柄の採用株価の合計値が上がります。しかし，「除数」がその分だけ大きくなるので，日経平均株価が変化することはありません。

このように，銘柄が入れ替えられる，あるいは株式分割・併合が行われても，「除数」が変化することで調整が行われ，日経平均株価は影響を受けずにすみます。なお，2016年3月8日の「除数」は25.492です。当初の「除数」は225であったわけですから，これが約9分の1まで低下しています。すなわち，「除数」による調整がなければ，日経平均株価は現在より9分の1となり，それだけ過小評価をすることになっていたわけです。[13]

▶日経平均株価の情報収集

日経平均株価の終値は翌日の朝刊の株式欄に掲載されますし，日本経済新聞のインターネット版を閲覧すれば，主な市場指標としてリアルタイムで数値が掲載されます。日経平均株価の動きを一度に確認したい場合には，日経の指数

---

(13) 日経平均株価の算出方法については，日本経済新聞社「日経平均株価算出要領」（2011年12月30日）による。

公式サイト「日経平均プロフィル」から1週間の動きから10年間といった長期的な動きまでグラフで見ることができます。

内閣府「月例経済報告」の関係資料である「主要経済指標」（12. 金融）では，表のページに，日経平均株価の3カ月分の月次平均値（日次終値の平均値），図のページには4カ月間ほどの比較的短期間のグラフ（日次グラフ）が掲載されています。また，1980年からの長期的な動きを示したグラフ（月次平均値）も見ることができます。なお，日経平均株価は1989年12月29日の終値で，38,915円の値をつけました。一方，1989年以降の最安値は2009年3月10日の終値の7,054円です（図表9-2）。

景気を判断するうえで，日経平均株価の日々の動きに神経質になる必要こそありませんが，景気の局面変化のシグナルが隠されている可能性がある最重要な指標として，その動きを把握する必要があります。

図表9-2　日経平均株価（月次データ：月中平均値）

(出所) 内閣府のデータにより作成。

継続して下がれば警戒する必要がありますし，大きな動きがあれば何らかのシグナルであると見る必要があります。ただし，景気に先行するといっても，先行する期間が一定ではないとともに，思惑で動くことも少なくなく，日経平均株価で景気の先行きを予測することは簡単ではありません。

第3節　金利

　金利には実にさまざまな種類があります。私たちが実生活で目にする金利は，預金金利や貸出金利でしょう。金融機関に普通預金や定期預金といった形でお金を預ける際には預金金利が付きますし，金融機関から住宅ローンなど資金を借りれば貸出金利を支払います。この場合の利率は原則として金融機関が一方的に提示しています。

　しかし景気判断で注目しなければならない金利は，私たちが普段の生活では目にしない金融市場で決定された金利です。金融市場では，貸し手と借り手が資金を取引することで金利や取引額が決定されます。金融市場は，資金の運用と調達の期間により，短期金融市場と長期金融市場に大別されます。短期金融市場は運用・調達の期間が1年未満，長期金融市場は1年以上の資金をあつかいます。短期金融市場はさらに，金融機関のみが参加するインターバンク市場，金融市場に加え一般企業も参加するオープン市場に分かれます。長期金融市場は債券市場と株式市場に分かれます。(14)

　短期金融市場や長期金融市場は，さらにさまざまな市場に細分化されます。また細分化された市場で取りあつかわれる資金や債券も，条件や期間などさまざまであり，これらが取引される際の金利や利回りはそれぞれ異なります。しかし，景気に関する指標として金利を見るのであれば，①コールレート，②新発10年国債流通利回りの2つの金利を把握することが必要です。なぜこの2つの指標を見るかといえば，①は日本銀行が金融調節によってコントロールできる政策金利，②は長期金利の指標金利であるからです。

---

(14)　金融市場については，金融庁「インターネットで学ぼう私たちの生活と金融の働き基礎編」第3章1.「短期金融市場と長期金融市場」などによる。

1．コールレート
▶コールレートとは

　短期金融市場の中でもごく短期間の一時的な資金の過不足を調整する市場がコール市場です。コール市場は，金融機関しか参加できないインターバンク市場です。ごく短期間とはどの程度の期間なのでしょうか。コール市場で最も代表的な金利が，無担保翌日物金利（「無担保オーバーナイト（O／N）物金利」とも呼ばれます）です。この金利は，資金の借り手から見れば，担保を必要とせず，今日借りて翌日返済する資金を調達するための金利です。

　私たちの感覚では，1日だけお金を借りる意味があるのかと思ってしまいますが，金融機関においては日々の活動の結果，資金の余剰や不足が発生してしまいます。資金の不足が発生した金融機関は，何らかの方法で資金を調達しなければなりません。一方，金融機関があつかう資金は大きいので，余剰資金が発生した場合，1日たりともその資金を遊ばしているわけにはいきません。金融機関で発生する日々の資金の余剰や不足を調節する市場がコール市場であり，市場取引を介して決まる金利で最も代表的なものがコール市場の無担保翌日物金利（以下，「コールレート」と呼びます）です。

　コールレートは日本銀行が金融政策を行う際に誘導する金利としても重要です。日本銀行の資料より，なぜコールレートを誘導するのか見てみます。第一の理由は，短期金利の中でも最短期物である翌日物は，より長い期間の金利が市場で形成される際の基準となる大変重要な金利であることです。第二の理由は，コールレートは日本銀行がコントロールできる金利であるからです。金利は期間が短いものほど，その時点における資金の需給バランスで決まるようになります。一方，期間が長くなればなるほど，資金の需給のみならず，将来のインフレ予想や不確実性などさまざまな要因が金利に影響するようになります。ほぼ純粋に資金の需給バランスによって決定されるコールレートは，日本銀行が資金の供給量を変動させることで，コントロールが可能です。[15]

---

(15) 日本銀行「日本銀行の金融調節を知るためのQ&A」，金融庁「インターネットで学ぼう私たちの生活と金融の働き基礎編」第3章1．「短期金融市場と長期金融市場」などによる。

▶コールレート誘導水準と指標の情報収集

　コールレートの誘導水準は，日本銀行の金融政策決定会合で決められます。金融政策決定会合は年8回開催されます(16)。ゼロ金利政策とは，コールレートをゼロの近くに誘導する政策です。1999年2月12日に公表された「当面の金融政策運営について」では，「より潤沢な資金供給を行い，無担保コールレート（オーバーナイト物）を，できるだけ低めに推移するよう促す。その際，短期金融市場に混乱の生じないよう，その機能の維持に十分配意しつつ，当初0.15％前後を目指し，その後市場の状況を踏まえながら，徐々に一層の低下を促す」(17)といった文言が入り，ゼロ金利政策が導入されました。その後，ゼロ金利政策は2度にわたり解除と復帰がなされ，2008年12月19日に開催された金融決定会合の結果を受けてコールレートがゼロ近くに誘導されて以来，コールレートはゼロに近い水準で推移しています（図表9-3）。

　ちなみに2016年1月29日に日本銀行はマイナス金利を導入しましたが，コールレートをマイナスに誘導するわけではありません。マイナス金利とは，日銀当座預金の一部に対する金利をマイナスにすることです。日銀当座預金とは，日本銀行が金融機関などから受け入れている当座預金です（個人や金融機関でない企業はお金を預けることはできません）。日本銀行は，当座預金の3つの役割として，「金融機関が他の金融機関や日本銀行，あるいは国と取引を行う場合の決済手段」，「金融機関が個人や企業に支払う現金通貨の支払い準備」，「準備預金制度の対象となっている金融機関の準備預金」を挙げています(18)。マイナス金利とは，この日銀当座預金の一部分にマイナス金利をつけたもので，コールレートをマイナスに誘導するわけではないことに注意が必要です。

　コールレートについては，日本銀行の誘導水準によって決まるので，コールレートそのものを見るよりは，日本銀行の金融政策決定会合の決定に注目することが重要です。コールレートについては，内閣府「月例経済報告」の関係資

---

(16) 2016年1月より。それ以前は年14回程度開催されていた（日本銀行「金融政策決定会合の運営の見直しについて」（2015年6月19日）による）。
(17) 日本銀行「当面の金融政策運営について」（1999年2月12日）より引用。
(18) 日本銀行「教えて！にちぎん：日本銀行当座預金とは何ですか？ 利息は付きますか？」より引用。

図表9-3　コールレートおよび新発10年国債流通利回り（月次データ：月中平均値）

（出所）日本銀行の時系列統計データ検索サイトより入手したデータおよび内閣府のデータにより作成。

料である「主要経済指標」の表のページに，直近3カ月間の日次データの平均値が掲載されています。また図のページには4カ月ほどの日次データのグラフ，1985年以降の長期系列（月次：日次データの毎月の平均値）が示されています。さらに，日本銀行の時系列統計データ検索サイトより，データを入手することが可能です。

2．国債流通利回り

▶新発10年国債流通利回りとは

　長期金利の指標金利は，新規に発行された満期が10年である国債の流通利回りです（これは「新発10年国債流通利回り」と呼ばれます）。資金の借り手は，銀行から資金を借りる方法と，市場から直接調達する方法があります。前者は銀行を介して個人などから資金を調達するため間接金融，後者は直接金融と呼ばれます。直接金融により資金を調達する方法のひとつが，債券市場からの資金

調達です。この場合，資金の借り手が債券，すなわち金額や条件（利子や満期など）を記した有価証券を発行します。債券流通市場で売買することができるため，満期を待たずして債券を現金化することはできます。ただし債券がいくらで取引されるかは，市場の需給により決まります。債券の需要が供給を上回れば債券価格は上昇し，需要が供給を上回れば債券価格は低下します。

　流通市場で売買される債券価格によって債券の利回りが決まります。たとえば，額面が100万円で約束された年間の利率が1％である債券を仮定します。満期までの期間は残り10年で，債券価格が98万円であるとすれば，以下の利回りとなります。まず債券を購入した人は，毎年約束された利子である1万円（100万円×1％）を受け取ることができます。また，満期まで債券を保有すれば購入価格より2万円多く受け取ることができることから，これを満期までの年で割れば2,000円となります。よって，毎年受け取ることのできる金額は1万2,000円と考えることができます。これを98万円で割れば，1.22％となります。これがこの債券の利回りです。このケースでは利回りが利率を上回ります。以上の例では，債券を額面（＝満期時に受け取ることのできる金額）より安く購入した場合を想定しましたが，購入したい人が多い債券の場合，逆に債券価格が額面を上回ることもあります。その場合は，利回りは約束された利率より低くなります。

　新発10年国債流通利回りとは，国が新規に発行する債券（＝国債）のうち，満期が10年の国債の利回りです。10年利付国債は入札により表面利率などが決まります。10年物国債は毎日入札されているわけではなく，このところは，おおむね1カ月ごとに発行されています。具体的には，2016年2月2日に10年国債の341回債，正確には「利付国庫債券（10年）（第341回）」の入札が行われました。そしておおむね1カ月後の2016年3月1日に，342回債の入札が行われました。341回債が入札されてから，342回債が入札されるまでの間，341回債の流通利回りが，新発10年国債流通利回りでした。そして，342回債が入札された後は，これが342回債に入れ替わりました。なお，入札後すぐに国債が発行されるわけではありませんが，入札後で値がつけば業者間での取引が始まりますので，国債に価格が付き利回りも算出されるようになります。

　国債の利回りに限らず長期金利は，短期金利と異なり市場における資金量だ

けで決まるわけではありません。長期金利は，将来の短期金利の推移の予想，将来の物価上昇率など経済情勢に関する予想，将来の不確実性などに左右されます。日本銀行は，市場参加者の予想に影響を与えることはできても，コントロールすることは困難です。よって，長期金利の指標金利である新発10年国債流通利回りについても，コールレートのように日本銀行がコントロールすることはできません。

長期的な動きを見ると，1990年8月および9月の月中平均値のように8％を超えた時期もありました。しかし，その後は低下傾向が続き，2015年にはゼロに近い水準となっています（図表9-3）。

▶情報収集の方法

国債金利は社債や貸出金利といった，ほかの長期的な金融手段と代替的であるため，それらを含めた企業や家計（主に住宅）の長期的な資金調達環境を反映しているといえます。新発10年国債流通利回りが低水準で推移していれば，その分，企業や家計は資金を調達しやすく，景気に好ましい影響を与えることが考えられます。

新発10年国債流通利回りについては，毎日の終値が翌日の日本経済新聞などに掲載されます。また日本経済新聞のインターネット版を閲覧すれば，主な市場指標としてリアルタイムで数値が掲載されます。

また，新発10年国債流通利回りについては，内閣府「月例経済報告」の関係資料である「主要経済指標」の表のページに，直近3カ月間の日次データの平均値が掲載されています。また図のページには4カ月の日次データのグラフ，1985年以降の長期系列（月次：日次データの毎月の平均値）が示されています。

第4節　通貨量

通貨量についてはさまざまな種類がありそれぞれ定義が決まっていますが，

---

(19) 日本銀行「日本銀行の金融調節を知るためのQ&A」，同「長期金利の決まり方……将来の予想が大事」（2000年作成，2006年1月改訂）などによる。

ここではマネタリーベースとマネーストック（M2）について見てみます。マクロ経済の入門書では，中央銀行がマネーサプライを増やせば，貨幣市場における需要と供給の関係から金利が低下し，ひいては生産量が増えると説明されています。ただし中央銀行が実際に増やすのはマネタリーベース（ハイパワードマネー）です。もちろん，マネタリーベースに貨幣乗数を乗ずればマネーサプライになるという関係があれば，中央銀行がマネタリーベースを増やせば，マネーサプライを増やすことができます。しかしながら実際はマネタリーベースを大きく増やしても，マネーサプライはさほど増えないことも多いのが現状です。これは，貨幣乗数の値が安定していないためで，マネタリーベースを増やしても貨幣乗数が低下すれば，マネーサプライは増加しません。なお日本銀行は，通貨量は供給だけでなく需要との相互作用で決まるといった認識から，2008年に従来の「マネーサプライ」という統計名称を「マネーストック」に変更しました（定義の変更も行われました）。

▶マネタリーベースとM2の定義

マネタリーベースは，「日銀が供給する通貨」のことであり，以下の定義式であらわされます[20]。

「マネタリーベース」＝「日本銀行券発行高」＋「貨幣流通量」＋「日銀当座預金」

日本銀行券（紙幣）発行高は，市中に出回っている紙幣の合計金額です[21]。これに対して貨幣流通量は，市中に出回っている貨幣（硬貨）の合計金額です（紙幣は日本銀行が発行し，硬貨は政府が発行しています）。日銀当座預金は，日本銀行が金融機関などから受け入れている当座預金であり，この金額分は市中には流通していません。2015年におけるマネタリーベースの平均残高は313兆円ですが，69.5％を日銀当座預金，29.0％を日本銀行券発行高，1.5％を貨幣流通量が占めています。

---

(20) 日本銀行「マネタリーベースの解説」から引用。
(21) 日本銀行「統計データFAQ（Frequently Asked Questions）：04A-Q01　日本銀行券（紙幣）の発行高を知りたい」より引用。

次にマネーストックの指標として，M1，M2，M3，広義流動性の4つがありますが，ここではM2の定義を見てみましょう。M2は，「現金通貨」と「国内銀行などに預けられた預金」の合計であり，対象金融機関は，日本銀行，国内銀行（除くゆうちょ銀行），外国銀行在日支店，信金中央金庫，信用金庫，農林中央金庫，商工組合中央金庫です。

M2の現金通貨には金融機関保有現金は含まれません[22]。よって，マネタリーベースで説明した，日本銀行券発行高と貨幣流通量の合計額から金融機関が保有する現金の総額を除いた金額が，M2の現金通貨となります。2015年におけるM2の平均残高は907兆円であり，マネタリーベースの2.9倍です。

▶指標の情報収集

マネタリーベースとマネーサプライについては，内閣府「月例経済報告」の関係資料である「主要経済指標」の表のページに，直近3カ月分の前年同月比と季節調整済前月比（年率）が掲載されています。また図のページには，マネタリーベースの月次残高（平均残高）のグラフと，M2の前年同月比のグラフが示されています。さらに，日本銀行の時系列統計データ検索サイトより，データを入手することが可能です。

2000年1月以降のマネタリーベースの残高の動きを見ると（図表9-4），日本銀行の量的緩和政策により，近年急増していることがわかります。一方，M2の前年同月比を見ると（図表9-5），マネタリーベースが急増した後も，前年同月比が急激に高まってはいないことがわかります。

マネタリーベースは，日本銀行の量的緩和政策の動向を確認する意味で動きを追いましょう。M2については現在のところあまり景気に与える影響が小さいと考えられますので，参考程度に動きを見ておくことで十分です。ただし，デフレ脱却という文脈では，M2が今後どれだけ増えていくかが，中長期的な物価動向を占ううえで重要になります。

---

(22) M2の定義については，日本銀行「マネタリーベースの解説」による。

図表9-4 マネーストック（月次データ：平均残高）

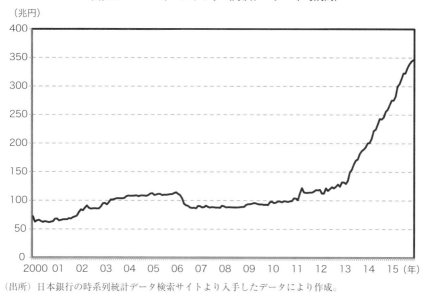

（出所）日本銀行の時系列統計データ検索サイトより入手したデータにより作成。

図表9-5 M2の前年同月比（月次データ：平均残高）

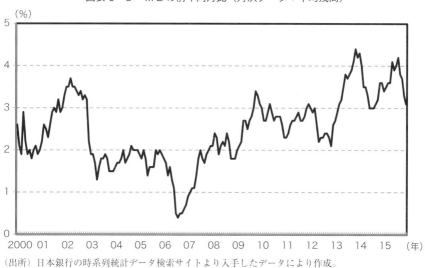

（出所）日本銀行の時系列統計データ検索サイトより入手したデータにより作成。

〈第9章の参考文献・資料〉

【文献】
塚崎公義（2015）『よくわかる日本経済入門』（増補改訂版）朝日新書.

【資料】
国税庁長官官房企画課「会社標本調査」（平成25年度分）（2015年3月）.
武田昌輔・上村達男・森平爽一郎・淵田康之編「証券用語辞典」（第5版）銀行研修社（2010年7月）.
日本経済新聞社「日経平均株価算出要領」（2011年12月30日）.
日本経済新聞社「日経平均株価みなし額面一覧」（2015年10月1日現在）.
日本経済新聞社「日経平均株価銘柄変更履歴」（2015年10月1日現在）.
日本証券経済研究所「図説 日本の証券市場」（2016年版）（2016年2月）.
日本取引所グループ「統計月報：株式総括表」（2016年1月）.
日本銀行「金融政策決定会合の運営の見直しについて」（2015年6月19日）.

【ホームページ上の資料】
金融庁「インターネットで学ぼう私たちの生活と金融の働き基礎編」.
齋藤潤「円安で輸出はもっと伸びるはず？」（日本経済研究センター「齋藤潤の経済バーズアイ」2014年5月14日）.
日本取引所グループ「日本取引所グループとは」.
日本銀行「教えて！にちぎん：外国為替市場とは何ですか？」.
日本銀行「教えて！にちぎん：日本銀行当座預金とは何ですか？ 利息は付きますか？」.
日本銀行「外国為替市況の解説」.
日本銀行「当面の金融政策運営について」（1999年2月12日）.
日本銀行「日本銀行の金融調節を知るためのQ&A」.
日本銀行「長期金利の決まり方……将来の予想が大事」（2000年9月作成, 2006年1月改訂）.
日本銀行「マネタリーベースの解説」.
日本銀行「統計データFAQ（Frequently Asked Questions）：04A-Q01　日本銀行券（紙幣）の発行高を知りたい」.

索　引

あ行

足取りグラフ　204
e-Stat　211
１次QE　40
１世帯当たり消費支出　128
一致指数　5, 57
一般職業紹介状況　283
一般統計調査　84
移動平均　9
意図せざる在庫減　100
意図せざる在庫増　101
インターバンク市場　353
インターバンク相場　343
インフレ　307
ウェイト　86
請負方式　246
売上総利益　263
営業利益　263
HS条約　216
営利法人　189
液晶素子　97
Ｍ２　360
大手旅行業者12社取扱金額　160
オーバーラップ法　319
オプションコスト法　319

か行

海外からの所得の純受取　233
海外経済　34
外食産業市場動向調査　164
外的ショック　30
価格調査　313
価格調査地区　315
夏季電力料金調整後指数　337
確報値　29
確率比例抽出法　131
閣僚会議資料　36
家計最終消費支出　40, 114
家計消費状況調査　120
家計調査　128
家計簿　134
加工統計　40
貸家　241
稼働率　78
株式分割・併合　349
完全雇用生産量　37
完全失業者　290
機械器具小売業販売額　163
機械受注額　197
機械受注統計調査　197
機械設備投資　177
基幹統計調査　21, 84
企業動向関連DI　279
企業物価指数　330
技術のキャッチアップ　53
基準改定　29
季節調整　10
季節変動　11
既存店　154
基本銘柄　313
きまって支給する給与　302
逆サイクル　68
QE　38
休業者　290
求職票　283
求職申込書　283
求人票　284
求人申込書　284
業況判断DI　273
業種　80
業務統計　19
寄与度　17

均衡失業率　296
金融活動　263
金融政策決定会合　355
クロスボーダー取引　231
景気　2
景気ウォッチャー調査　276
景気基準日付　60
景気循環　3, 30
景気動向指数　5
景気の基調　3
景気の基調判断　63
景気の現状判断　3
景気の転換点　3
景気の波及の流れ　30
景気の山・谷　61
景気判断　3
経済センサス－活動調査　140, 149
経済センサス－基礎調査　300
経済部門　30, 59
経常収支　231
経常利益　263, 268
月間有効求職者数　283
月間有効求人数　284
月次　7
月例経済報告　2, 32, 34, 57
月例経済報告等に関する関係閣僚会議　36
現金給与総額　302
原系列　10
現状水準判断DI　279
現状判断DI　278
建設工事受注動態統計調査　249
建設工事施工統計調査　249
建設工事進捗率調査　253
建設財　181
建設総合統計　253
建築着工工事費予定額　208
建築着工統計調査　208, 240
建築着工床面積　211
建築物投資　177

現物社会給付　258
権利落ち　349
コアコア指数　326, 327
コア指数　326, 327
公共工事請負金額　247
公共工事受注額　251
公共工事出来高　253
公共工事前払金保証統計　247
工業統計調査　82
鉱工業在庫指数　100
鉱工業出荷内訳表　182
鉱工業生産指数　76
鉱工業生産の先行き試算値　107
鉱工業総供給表　182
工事進捗率　253
構造的失業　295
構造的・摩擦的失業率　296
小売業販売額　140
小売物価統計調査　309
国際収支状況　231
国勢調査区　132
国内企業物価指数　329
国内総供給　42
国内総生産（GDP）　38
国民経済計算　37
個人消費　114
コスト評価法　333
固定資本形成　176
個別消費支出　258
個別的非市場財・サービスの移転　258
コモディティ・フロー法（コモ法）　42, 120
コール市場　354
コールレート　354

さ行

債券の利回り　357
債券流通市場　357
在庫　78

在庫循環　　100
在庫調整・在庫減らし局面　　101
在庫積み増し局面　　100
在庫率　　78, 102
最終需要財　　181
採用株価　　348
先行き判断DI　　278
サービス収支　　232, 235
3カ月移動平均　　9
産業連関法　　43
CI　　5, 57
GNI　　234
GNP　　234
GfKジャパンの家電販売額　　163
事業所　　79
事業所・企業統計調査　　301
時系列アプローチ　　56
指数　　26
実現率　　105
実質総雇用者所得　　166
実質値　　28
実質輸出　　226
GDP　　4
GDPギャップ　　51, 55
GDP成長率　　45
四半期　　7
四半期GDP成長率　　40, 46, 54
四半期別GDP　　38
四分位範囲　　69
資本財　　180
資本財出荷指数　　181
資本財総供給指数　　182
就業者　　290
従業者　　290
集合消費支出　　257
15歳以上人口　　287
集落調査　　144
主たる営業活動　　263
出荷　　78

出荷・在庫ギャップ　　101, 102
主要経済指標　　34
需要項目　　39
需要不足失業　　295
需要不足失業率　　296
商業統計調査　　149
商業動態統計調査　　140
証券投資収益　　233
消費財　　181
消費支出10大費目　　134
消費者態度指数　　169
消費総合指数　　117
消費動向調査　　169
消費の慣性効果　　114
常用労働者　　299
職業安定業務統計　　283
除数　　349
所定外給与　　303
所定内給与　　303
新規求人数　　283
新車販売台数　　156
新設住宅着工戸数　　239
新発10年国債流通利回り　　356
推計人口　　293
裾切り調査　　21, 82
スーパー　　143
スーパー販売額　　155
スポット・レート　　343
生産関数アプローチ　　56
生産財　　180
生産動態統計調査　　81
生産能力　　78
生産予測指数　　94, 104
製造工業生産予測調査　　104
税引前利益　　263
設備投資計画　　203
設備投資のプロセス　　177
ゼロ金利政策　　355
前月差　　8

索　引　365

前月実績指数　104
前月比　7, 8, 68
先行指数　58
潜在稼動資本量　50
潜在稼動労働量　49
潜在GDP　46
潜在理論指数　219
センサス調査　20
全数調査　20
前年同月比　14
層化抽出法　130
層化2段抽出法　287
層化3段抽出法　129
速報値　29
その他サービス収支　235
その他投資収益　233
ソフトウェア投資　177
損益計算書　262, 264, 268

た行

第一次所得収支　232-235
対顧客相場　343
第3次産業活動指数　109
対称変化率　68
対ドル為替レート　342
第二次所得収支　233
短期金融市場　353
単元株制度　348
単身世帯　129, 130
チェーンストア販売統計　155
遅行指数　58
中間投入額　38
中心相場　343
長期金融市場　353
調査員調査品目　316
調査価格　331
直接投資収益　232
直接比較法　318
DI　57

TFP　48
デフレ　308
デフレータ　41
電子部品・デバイス　97, 103
店舗数調整後　154
等確率系統抽出　146, 190
当期純利益　264
東京インターバンク相場　343
東京外国為替市場　343
東京証券取引所　346
統計品目番号　216
当月見込指数　104
投資財　181
東証一部　346
特別給与　303
特別に支払われた給与　302

な行

内閣府コアコア指数　326, 327
ナウキャスティング　3
7カ月移動平均　9
2次QE　40
二次統計　40
日銀短観　202, 268, 270, 271
日銀当座預金　355
日経平均株価　346
225の銘柄　346
日本標準産業分類　108
年間補正　29
年率換算　46

は行

パーシェ方式　218, 237
％ポイント　27
判断文　6
半導体　97
はん用・生産用・業務用機械　98
比較困難なケース　334
比推定用乗率　294

ヒストリカル DI　5, 61
百貨店　143
百貨店売上高概況　152
百貨店販売額　152
標準誤差率　22, 137
標準偏差　65
標本　21
標本調査　21
非労働力人口　290
品質調整　218, 333
品目　80
フィッシャー方式　217, 218
付加価値額　38
二人以上の世帯　129
分譲住宅　241
ヘドニック法　333
貿易収支　232, 234
貿易統計　214
法人企業景気予測調査　205
法人企業統計調査　188
法人季報　189, 264
訪問留置調査　171
母集団　21

ま行

毎月勤労統計調査　299
マイナス金利　355
前払金　246
前払金保証事業会社　247
摩擦的・構造的失業率　50
摩擦的失業　295
マネーサプライ　359
マネーストック　360
マネタリーベース　359

みなし額面　348
民間企業設備　41
無担保翌日物金利　354
銘柄入れ替え　349
名目値　28
持家　240

や行

有効求人倍率　283
輸出価格指数　217, 226
輸出金額　216
輸出金額指数　217
輸出申告書　214
輸出数量指数　214
輸出物価指数　226, 329
輸送機械　97, 107
輸入数量指数　229
輸入物価指数　329
容量比による換算　319
翌期見通し額　202
翌月予測指数　104
予測修正率　105

ら行

ラスパイレス方式　218, 236
ラスパイレス連鎖方式　324
リード・ラグ　59
旅行収支　235
理論モデルアプローチ　56
リンク係数　319
労働力人口　49, 290
労働力調査　287
労働力率　50, 290
ローテーション・サンプリング　191

【著者紹介】

高安　雄一（たかやす・ゆういち）
大東文化大学経済学部教授
1966年広島県生まれ。
1990年一橋大学商学部卒。2010年九州大学経済学府博士後期課程単位修得満期退学。博士（経済学）。
1990年経済企画庁（現内閣府）に入庁。調査局，人事院長期在外研究員（ケルン大学），在大韓民国日本国大使館一等書記官，国民生活局総務課調査室長，筑波大学システム情報工学研究科准教授などを経て，2013年より現職。著書に『韓国の構造改革』（2005年：NTT出版），『隣の国の真実　韓国・北朝鮮篇』（2012年：日経BP社），『韓国の社会保障』（2014年：学文社）などがある。

やってみよう景気判断─指標でよみとく日本経済

2016年5月30日　第一版第一刷発行
2025年4月30日　第一版第六刷発行

著者　高安　雄一

発行者　田中　千津子
発行所　株式会社　学文社

〒153-0064　東京都目黒区下目黒3-6-1
電話　03(3715)1501(代)
FAX　03(3715)2012
http://www.gakubunsha.com

印刷所　シナノ印刷

©Yuichi TAKAYASU 2016　Printed in Japan
乱丁・落丁の場合は本社でお取替します。
定価は売上カード，カバーに表示。

ISBN 978-4-7620-2646-1